AF829626

Conflicts Evolution

Studien zum vergleichenden und internationalen Recht -
Comparative and International Law Studies

Herausgeber: Bernd von Hoffmann (†), Erik Jayme, Heinz-Peter Mansel,
Christine Budzikiewicz, Michael Stürner, Karsten Thorn
und Marc-Philippe Weller

Band 212

PETER LANG

Vanessa Ludwig

Conflicts Evolution

Die Restatements of Conflict of Laws und ihre Bedeutung für das US-amerikanische Deliktskollisionsrecht unter besonderer Berücksichtigung des neuen Restatement (Third)

PETER LANG

Bibliografische Information der Deutschen Nationalbibliothek
Die Deutsche Nationalbibliothek verzeichnet diese Publikation in der Deutschen Nationalbibliografie; detaillierte bibliografische Daten sind im Internet über http://dnb.d-nb.de abrufbar.

Zugl.: Heidelberg, Univ., Diss., 2021

Umschlaggestaltung: © Olaf Gloeckler, Atelier Platen, Friedberg

Gedruckt auf alterungsbeständigem, säurefreiem Papier

D 16
ISSN 0930-4746
ISBN 978-3-631-86761-7 (Print)
E-ISBN 978-3-631-86651-1 (E-PDF)
E-ISBN 978-3-631-86850-8 (EPUB)
DOI 10.3726/b19137

© Peter Lang GmbH
Internationaler Verlag der Wissenschaften
Berlin 2021
Alle Rechte vorbehalten.

Peter Lang – Berlin · Bern · Bruxelles · New York ·
Oxford · Warszawa · Wien

Das Werk einschließlich aller seiner Teile ist urheberrechtlich geschützt. Jede Verwertung außerhalb der engen Grenzen des Urheberrechtsgesetzes ist ohne Zustimmung des Verlages unzulässig und strafbar. Das gilt insbesondere für Vervielfältigungen, Übersetzungen, Mikroverfilmungen und die Einspeicherung und Verarbeitung in elektronischen Systemen.

Diese Publikation wurde begutachtet.

www.peterlang.com

Meinen Eltern

Vorwort

Die vorliegende Arbeit wurde im Sommersemester 2021 von der Juristischen Fakultät der Ruprecht-Karls-Universität Heidelberg als Dissertation angenommen. Die Entwürfe der Restatements befinden sich im Wesentlichen auf dem Stand September 2020. Literatur und Rechtsprechung konnten bis August 2021 berücksichtigt werden.

Mein herzlichster Dank gilt meinem hoch geschätzten Doktorvater Professor Dr. Marc-Philippe Weller, Licencié en droit privé, für seine unaufhörliche Förderung und Unterstützung während des Studiums und der Promotion. Seine Begeisterung für die Wissenschaft und für das Internationale Privatrecht waren eine große Inspiration und haben meine Freude am juristischen Arbeiten und Forschen geweckt. Die durch ihn geprägte familiäre Atmosphäre am Lehrstuhl und die dadurch bestehende offene Diskussionskultur haben maßgeblich zum Gelingen dieser Arbeit beigetragen.

Ich möchte mich außerdem bei Herrn Prof. Dr. Dres. h.c. Herbert Kronke für die rasche Erstellung des Zweitgutachtens und seine wertvollen Hinweise bedanken. Herrn Professor Dr. Christoph A. Kern, LL.M. (Harvard) danke ich nicht nur für die Übernahme des Prüfungsvorsitzes in der Disputation und die sehr angenehme Prüfungsatmosphäre, sondern auch für seine Unterstützung in den letzten Jahren.

Herrn Professor Dr. Dr. h.c. mult. Erik Jayme, LL.M. (Berkeley), Herrn Professor Dr. Dr. h.c. Heinz-Peter Mansel, Frau Professorin Dr. Christine Budzikiewicz, Herrn Professor Dr. Michael Stürner, M. Jur. (Oxford), Herrn Professor Dr. Karsten Thorn, LL.M. (Georgetown) und Herrn Professor Dr. Marc-Philippe Weller, Licencié en droit privé, danke ich für die Aufnahme in diese Schriftenreihe.

Ohne die Unterstützung und Hilfestellung von Herrn Professor Dr. Ralf Michaels, LL.M. (Cambridge) wäre die Arbeit in dieser Form nicht möglich gewesen, auch ihm gebührt mein herzlicher Dank. Besonderer Erwähnung bedürfen zudem die Angehörigen des Lehrstuhls und des restlichen Instituts für ausländisches und internationales Privat- und Wirtschaftsrecht. Zu nennen sind dabei vor allem Frau Dr. Lucienne Schlürmann, Frau Laura Nasse, Frau Dr. Lisa Engelhardt, Frau Simone Fiebelkorn, Herr PD Dr. Leonhard Hübner, M. Jur. (Oxford) und Herr Dr. Anton Zimmermann; ihr Rat und ihre Unterstützung in fachlicher und persönlicher Hinsicht waren für mich von unschätzbarem Wert.

Für bereichernde Kritik und gewissenhaftes Korrekturlesen danke ich neben den oben Genannten außerdem Frau Julia Wagner.

Ein ganz besonderer Dank gebührt abschließend meiner Familie, auf deren Rückhalt ich mich bedingungslos verlassen konnte. Allen voran danke ich meinen Eltern, Frau Dagmar Reinke-Ludwig und Herrn Hartmut Ludwig. Ohne ihre liebevolle Unterstützung und ihr Vertrauen in mich und meine Fähigkeiten wäre diese Arbeit nicht entstanden. Ihnen ist die Arbeit gewidmet.

Frankfurt am Main, im September 2021
Vanessa Ludwig

Inhaltsverzeichnis

Abkürzungsverzeichnis

1st Cir.	United States Court of Appeals for the First Circuit
2nd Cir.	United States Court of Appeals for the Second Circuit
7th Cir.	United States Court of Appeals for the Seventh Circuit
a.A.	andere Ansicht
A.2d, A.3d	Atlantic Reporter Second Series, Atlantic Reporter Third Series
A.B.A.	American Bar Association
Abs.	Absatz
AcP	Archiv für die civilistische Praxis
AJIL	American Journal of International Law
ALI	American Law Institut
Ann.	Annotated
Ark.	Supreme Court of Arkansas
Art.	Artikel
Aufl.	Auflage
Bd.	Band
BeckOGK	beck-online.GROSSKOMMENTAR zum Zivilrecht
BeckOK	beck-online Kommentar
Begr.	Begründer
BGB	Bürgerliches Gesetzbuch
BGH	Bundesgerichtshof
Brüssel Ia-VO	Verordnung über die gerichtliche Zuständigkeit und die Anerkennung und Vollstreckung von Entscheidungen in Zivil- und Handelssachen
BVerfG	Bundesverfassungsgericht
bzw.	beziehungsweise
Cal.	Supreme Court of California
Co.	company
D.N.D.	United States District Court for the District of North Dakota
D.N.H.	United States District Court for the District of New Hampshire
D.C.	District of Columbia
d.h.	das heißt
D. Hawaii	United States District Court for the District of Hawaii
D. Mass.	United States District Court for the District of Massachusetts

D. Minn.	United States District Court for the District of Minnesota
D. Vt.	United States District Court for the District of Vermont
E.D.N.C.	District Court for the Eastern District of North Carolina
EGBGB	Einführungsgesetz zum Bürgerlichen Gesetzbuch
EU	Europäische Union
EuErbVO	Europäische Erbrechtsverordnung
EuGH	Europäischer Gerichtshof
EVÜ	Europäisches Schuldvertragsübereinkommen
f./ ff.	folgende
F.2d, F.3d	Federal Reporter Second Series, Federal Reporter Third Series
Fn.	Fußnote
FRCP	Federal Rules of Civil Procedure
FS	Festschrift
F.Supp., F.Supp.2d, F.Supp.3d	Federal Supplement, Federal Supplement Second Series, Federal Supplement Third Series
Ga.	Supreme Court of Georgia
ggf.	gegebenenfalls
Haw.	Supreme Court of Hawaii
Hrsg.	Herausgeber
Ill.	Supreme Court of Illinois
Inc.	incorporated
Ind.	Supreme Court of Indiana
IPR	Internationales Privatrecht
IPRax	Praxis des internationalen Privatrechts
JuS	Juristische Schulungen
JZ	Juristenzeitung
KOM	Europäische Kommission
Ky.	Supreme Court of Kentucky
Ky. Ct. App.	Kentucky Court of Appeals
La.	Louisiana
La. Civ. Code	Louisiana Civil Code
Ltd.	limited
LLC	limited liability company
Mass.	Supreme Court of Massachusetts

Mass.Super.	Massachusetts Superior Court
M.D.Fla.	United States District Court for the Middle District of Florida
Minn.	Supreme Court of Minnesota
Minn. Ct. App.	Minnesota Court of Appeals
Mont.	Supreme Court of Montana
MüKo	Münchener Kommentar
m.w.N.	mit weiteren Nachweisen
N.D.	Supreme Court of North Dakota
N.D. Ind.	United States District Court for the Northern District of Indiana
N.D. Iowa	United States District Court for the Northern District of Iowa
N.E., N.E.2d	North Eastern Reporter, North Eastern Reporter Second Series
Nev.	Supreme Court of Nevada
N.H.	Supreme Court of New Hampshire
N.J.	Supreme Court of New Jersey
NJOZ	Neue Juristische Online Zeitschrift
NJW	Neue Juristische Wochenschrift
N.M.	Supreme Court of New Mexico
No.	number
Nov.	November
N.W.2d	North Western Reporter Second Series
NY	New York
N.Y.	New York Court of Appeals
ÖJZ	Österreichische Juristen-Zeitung
O.R.S.	Oregon Revised Statute
P.2d, P.3d	Pacific Reporter Second Series, Pacific Reporter Third Series
Pa.	Supreme Court of Pennsylvania
PIL	Private International Law
RabelsZ	Rabels Zeitschrift für ausländisches und internationales Privatrecht
R.I.	Supreme Court of Rhode Island
Rn.	Randnummer
Rs.	Rechtssache
S.C.	Supreme Court of South Carolina
S.D.	Supreme Court of South Dakota
Rom I-VO	Verordnung über das auf vertragliche Schuldverhältnisse anwendbare Recht

Rom II-VO	Verordnung über das auf außervertragliche Schuldverhältnisse anwendbare Recht
S.	Seite/ Satz
S.E.2d	South Eastern Reporter Second Series
S.W.2d, S.W.3d	South Western Reporter Second Series, South Western Reporter Third Series
Tex. Ins. Code	Texas Insurance Code
u.a.	unter anderem
U.C.C.	Uniform Commercial Code
UNIDROIT	International Institute for the Unification of Private Law
UK	United Kingdom/ Vereinigtes Königreich
U.S.	United States (Reports)
USA	United States of America/ Vereinigte Staaten von Amerika
U.S.C.	United States Code
v./ vs.	versus
Va.	Supreme Court of Virginia
vgl.	vergleiche
Wash.	Supreme Court of Washington
Wis.	Supreme Court of Wisconsin
WL	Westlaw
W.Va.	Supreme Court of Appeals of West Virginia
ZEuP	Zeitschrift für Europäisches Privatrecht
ZPO	Zivilprozessordnung
ZRG GA	Zeitschrift der Savigny-Stiftung für Rechtsgeschichte – Germanistische Abteilung

Einführung

A. Einleitung

„How does one restate gibberish?“[1] – Diese Frage stellte *Friedrich Juenger* im Jahr 2000, als im Rahmen eines Symposiums diskutiert wurde, ob das US-amerikanische Kollisionsrecht für ein drittes Restatement of Conflict of Laws bereit sei. Die Charakterisierung des Kollisionsrechts als „Kauderwelsch“ mag despektierlich wirken, ist aber noch milde gewählt: Andere Autoren bezeichneten das US-amerikanische Kollisionsrecht bereits als „trostlosen Sumpf“[2], „Desaster“[3] oder sogar als die „psychiatrische Abteilung der Rechtswissenschaft“[4]. Worauf basiert die negative Sichtweise? Was ist die Signifikanz der Restatements? Welche Herausforderungen müssen bei der Erstellung einer Neuauflage tatsächlich überwunden werden? Und schließlich: Welche Auswirkungen wird das Restatement (Third) of Conflict of Laws, an dem seit 2014 gearbeitet wird, auf das US-amerikanische Kollisionsrecht haben? Antworten auf diese und weitere Fragen soll die folgende Untersuchung geben.

Die Charakterisierung des Kollisionsrechts als Spielwiese elitärer und exzentrischer Wissenschaftler fußt nicht auf fehlenden Anwendungsfällen – im Gegenteil: Das Kollisionsrecht hat in den USA eine hohe Praxisrelevanz. Es regelt die Bestimmung des anwendbaren Rechts bei interlokalen Streitigkeiten mit Bezugspunkten zu verschiedenen US-Einzelstaaten genauso wie bei

---

1 *Juenger*, 75 Indiana Law Journal 403 (2000).

2 *Prosser*, 51 Michigan Law Review 959, 971 (1952-1953): „The realm of the conflict of laws is a dismal swamp, filled with quaking quagmires, and inhabited by learned but eccentric professors who theorize about mysterious matters in a strange and incomprehensible jargon. The ordinary court, or lawyer, is quite lost when engulfed and entangled in it.“

3 *Reynolds*, 56 Maryland Law Review, 1371 (1997): „Choice of law today, both the theory and practice of it, is universally said to be a disaster. [...] Scholars trash every judicial effort, propound theories by the score to resolve the confused situation, and then criticize other scholars or judges who choose to follow false gods; even worse, perhaps, some judges are polytheistic, following many gods. [...] The poor lawyer who gives advice to clients on choice-of-law matters meets with stares of disbelief.“

4 *Dane*, in: Companion to Philosophy of Law and Legal Theory, S. 197: „More recently, choice of law has sometimes resembled the law's psychiatric ward. It is a place of odd fixations and schizophrenic visions. It abounds with purported cures to alleged diseases, and questions about which are crazier.“

international-grenzüberschreitenden Sachverhalten.[5] Dementsprechend häufig treten kollisionsrechtliche Fragestellungen auf. Da die Gesetzgebungskompetenz für die meisten Bereiche des Privatrechts bei den Einzelstaaten liegt, unterscheidet sich das jeweilige Sachrecht teilweise grundlegend.[6] Welches Recht zur Anwendung kommt, kann den Ausgang eines Rechtsstreits daher auch bei inner-amerikanischen Konstellationen maßgeblich beeinflussen. In der juristischen Ausbildung in den USA wird dem Rechtsgebiet *Conflict of Laws* aber trotz seiner Bedeutung erstaunlicherweise wenig Aufmerksamkeit geschenkt.[7] Dieses Phänomen und die oben angesprochene Kritik lassen sich wohl am ehesten mit der Komplexität der Materie erklären.

Inhaltlich hat sich das US-amerikanische Kollisionsrecht in den vergangenen 150 Jahren beeindruckend entwickelt. *Conflict of Laws* gehört zu den wenigen Gebieten im US-Recht, die maßgeblich von der Wissenschaft geprägt wurden.[8] *Joseph Story*, *Joseph H. Beale*, *Brainerd Currie* und *Albert F. Ehrenzweig* sind nur einige Juristen, deren Theorien weitreichenden Anklang in Literatur und Praxis gefunden haben und auch dem deutschen Rechtswissenschaftler[9] geläufig sein werden. Die Masse an wissenschaftlichem Input über die Jahre führte allerdings auch dazu, dass sich das Kollisionsrecht zu einer unübersichtlichen Thematik entfaltete. Vor allem die *Conflicts Revolution* in den 60er Jahren bewirkte, dass manche Gerichte im Vertrags- und Deliktsrecht die bisher vorherrschende Anknüpfung an der Rechtsfrage hinter sich ließen und sich bei der Bestimmung des anwendbaren Rechts stattdessen für eine der vielen Alternativen aus

---

5 *Hay*, US-Amerikanisches Recht, 2015, S. 91.

6 Article 10 U.S. Constitution: „The powers not delegated to the United States by the Constitution, nor prohibited by it to the States, are reserved to the States respectively, or to the people […].“; vgl. auch *Reimann*, in: Amerikanische Rechtskultur und europäisches Privatrecht, S. 135; *Zweigert/Kötz*, Einführung in die Rechtsvergleichung, 1996, S. 244 f.

7 Vorlesungen zu *Conflict of Laws* werden nur noch an wenigen Law Schools angeboten, in den meisten Bundesstaaten wird der Bereich nicht mehr in den Zulassungsprüfungen für die Anwaltskammern (*bar exam*) abgefragt; eine ähnliche Entwicklung ist auch in Deutschland zu erkennen, vgl. *Mansel/von Hein/Weller*, JZ 2016, 855.

8 *Symeonides*, Choice of Law, 2016, S. 93; *Reynolds* sieht daher die Wissenschaft als verantwortlich für das „Debakel“ im Kollisionsrecht, vgl. *Reynolds*, 56 Maryland Law Review 1371 (1997), Fn. 5.

9 In dieser Arbeit wird aus Gründen der besseren Lesbarkeit für personenbezogene Bezeichnungen die maskuline Form verwendet. Weibliche und anderweitige Geschlechteridentitäten sind ausdrücklich gleichgestellt.

der Wissenschaft entschieden, die den Inhalt des Sachrechts berücksichtigten.[10] Inzwischen lässt sich die kollisionsrechtliche Methodik der Einzelstaaten im Deliktskollisionsrecht acht verschiedenen Kategorien zuordnen.[11] Empirische Studien zeigen, dass diese dogmatischen Unterschiede in der Praxis Auswirkungen auf die Ermittlung des anwendbaren Rechts haben.[12] Methodische Erwägungen sind somit zu einem zentralen Bestandteil der kollisionsrechtlichen Analyse geworden. Die föderale Struktur der USA verstärkt die Komplexität des Kollisionsrechts: Ein einheitliches US-amerikanisches *Conflicts Law* existiert nicht, das Kollisionsrecht wird von jedem Bundesstaat selbstständig geregelt.[13]

An dieser Stelle tritt die Bedeutung der Restatements des American Law Institute (im Folgenden: ALI) hervor. Die Multidimensionalität der kollisionsrechtlichen Analyse hat dazu geführt, dass die Restatements of Conflict of Laws in der Praxis einen hohen Stellenwert besitzen. Als „Quasi-Kodifikation" der bisherigen Rechtsprechung mit einer *lex ferenda*-Komponente haben die Regelungswerke zwar keine Bindungswirkung.[14] Nichtsdestotrotz sind die *Conflicts* Restatements ein maßgeblicher Richtungsweiser für die Gerichte; die Rechtsprechung übernimmt häufig Regelungen aus diesen Texten.[15] Zudem waren die Restatements vielfach der Ausgangspunkt wissenschaftlicher Diskussionen, so beispielsweise bei der *Conflicts Revolution*.[16] Die Restatements stellen folglich den Motor einer US-amerikanischen *Conflicts Evolution*[17] dar, die das Rechtsgebiet in den vergangenen 150 Jahren durchlaufen hat. Dieser Einfluss macht die Restatements zum zentralen Untersuchungsgegenstand für das US-amerikanische Kollisionsrecht und gebietet eine detaillierte Analyse der Neuauflage.

---

10 *Silberman*, in: Encyclopedia of Private International Law, S. 67.

11 Vgl. hierzu die jährlich erscheinende methodische Übersicht von *Symeonides*, der anhand sieben verschiedener Kategorien differenziert, *Symeonides*, 69 American Journal of Comparative Law (im Erscheinen 2021); die nachfolgende Analyse identifiziert allerdings acht Kategorien, vgl. Teil 1, B.I.3.

12 Hierzu vor allem *Whytock*, 84 New York University Law Review 719, 747 ff. (2009).

13 *Silberman*, in: Encyclopedia of Private International Law, S. 2637.

14 *The American Law Institute*, Handbook for ALI Reporters, S. 4 f.

15 *Symeonides*, in: Encyclopedia of Private International Law, S. 1545.

16 *Michaels*, in: FS Kronke, S. 389: „[...] the Restatement has always served as both a significant scholarly achievement and a relevant focal point for discussions."

17 Der Begriff wird schon von *Siehr* für das europäische IPR verwendet; er möchte hierdurch den Unterschied zur US-*Conflicts Revolution* deutlich machen, vgl. *Siehr*, 60 Louisiana Law Review 1353 (2000).

Im November 2014 gab das ALI bekannt, dass mit der Erstellung eines dritten Restatement of Conflict of Laws begonnen werde.[18] Als federführenden Reporter benannte das Institut *Kermit Roosevelt III*; *Laura E. Little* und *Christopher A. Whytock* sollen ihn als Associate Reporters unterstützen. Die Nachricht über die Neuauflage ist in der juristischen akademischen Welt der Vereinigten Staaten auf große Resonanz gestoßen. Während viele die geplante Reform begrüßen und sich in ihrer jahrzehntelangen Kritik am Restatement (Second) bestätigt fühlen,[19] gibt es auch Stimmen, die lieber an der aktuellen Version des Restatement festhalten und eine „Verschlimmbesserung" verhindern wollen.[20] Die Anforderungen an die Neufassung sind dementsprechend hoch. Eine besondere Herausforderung liegt darin, der soeben beschriebenen Komplexität des Kollisionsrechts Herr zu werden und die verschiedenen methodischen Strömungen innerhalb der Rechtsprechung zu systematisieren. Aus diesem Grund haben die Reporter bereits zu Beginn ihrer Arbeit klargestellt, dass sie ein besonderes Augenmerk auf die Etablierung einer klaren und benutzerfreundlichen Methodik legen wollen, die sich durch das gesamte Restatement ziehen soll.[21]

---

18 Vgl. hierzu die Pressemitteilung des ALI vom 17.11.2014, verfügbar unter https://www.ali.org/news/articles/american-law-institute-announces-four-new-projects/ (zuletzt abgerufen am 12.08.2021).

19 So beispielsweise *Michaels*, 110 AJIL Unbound 155 (2016); *Posnak*, 75 Indiana Law Journal 561 (2000); *Richman/Reynolds*, 75 Indiana Law Journal 417 (2000); *Symeonides*, 56 Maryland Law Review 1248 (1997).

20 Statt vieler *Brilmayer*, 110 AJIL Unbound 144 (2016); *Simson*, 75 Indiana Law Journal 649 (2000).

21 Restatement (Third) of Conflict of Laws, Tentative Draft No. 1, Reporters' Memorandum, S. xx: „We have two ancillary goals. First, we hope to produce a more user-friendly document than the second Restatement. We seek to be more explicit and transparent about the theoretical framework within which the third Restatement operates, about how its rules were derived, and about how to use them. To that end, we include an introductory section on choice of law […] which restates the methodology of modern choice of law, before proceeding to the specific rules. We will also include explicit instruction on how to use the Restatement, and on when exceptional and unforeseen circumstances may justify departure from its rules. Second, we hope to make choice of law intelligible in terms of ordinary legal concepts. Choice of law is often seen as a forbiddingly esoteric subject with its own specialized concepts and vocabulary. We have tried instead to describe it as ordinary legal analysis, which requires courts first to identify the rights that parties can invoke and second, if necessary, to resolve conflicts between those rights."

In der deutschen Wissenschaft ist die geplante Reform des Restatement bisher weitgehend unbeachtet geblieben.[22] Diese Haltung überrascht ein wenig angesichts der Bedeutung der Restatements für die methodische Entwicklung des US-amerikanischen Kollisionsrechts. Allerdings ist anzumerken, dass die *Conflicts Restatements* als solche meist nur inzidenter Teil wissenschaftlicher Untersuchungen sind.[23] Stattdessen konzentriert man sich vorrangig auf die wissenschaftlichen Theorien hinter der *Conflicts Revolution*.[24] Die Arbeit zielt folglich darauf ab, durch ihren Fokus auf die Restatements einen Beitrag für das Verständnis des US-amerikanischen Kollisionsrechts zu leisten. Dies kann auch für das deutsche und europäische Internationale Privatrecht (im Folgenden: IPR) von Relevanz sein: Trotz der dogmatischen Unterschiede der beiden Rechtskreise hat sich der Blick aus Europa über den Atlantik in der Vergangenheit häufig als fruchtbar erwiesen, beispielsweise bei der Erstellung des Europäischen Schuldvertragsübereinkommens (EVÜ).[25]

B. Fragestellung und Themenbegrenzung

Im Zentrum der Untersuchung steht die Frage, welche Bedeutung die Restatements of Conflict of Laws für das US-amerikanische Kollisionsrecht haben und inwiefern das neue Restatement (Third) das Kollisionsrecht in Zukunft beeinflussen wird. Damit wirft die Untersuchung sowohl einen Blick in die Vergangenheit als auch in die Zukunft. Der Fokus auf die bisherige Entwicklung des Kollisionsrechts ist aus zwei Gründen bedeutsam: Zum einen kann nur so beurteilt werden, ob und inwiefern ein drittes Restatement die Rechtsprechung in Zukunft prägen wird. Zum anderen haben diese Erkenntnisse inhaltliche Relevanz: Die Neufassung soll vor allem das geltende Recht zusammenfassen und systematisieren; um an die bisherige

22 Es wird lediglich auf die laufenden Reformbestrebungen verwiesen, vgl. beispielsweise MüKo BGB/*von Hein*, Einleitung zum Internationalen Privatrecht, Rn. 26.

23 In der Regel werden die Regelungen der Restatements im Rahmen rechtsvergleichender Arbeiten behandelt, so beispielsweise *Dietrich*, Die situative Anwendung von Art. 17 Brüssel Ia-VO und Art. 6 Rom I-VO, 2020; *Sammeck*, Die internationale Produkthaftung nach Inkrafttreten der Rom II-VO im Vergleich zu der Rechtslage in den USA, 2017; *Mennenöh* beschäftigt sich mit dem US-amerikanischen Deliktskollisionsrecht, legt aber keinen speziellen Fokus auf die Restatements, vgl. *Mennenöh*, Das Deliktskollisionsrecht in der Rechtsprechung der Vereinigten Staaten von Amerika, 1990.

24 So beispielsweise *V. Schröder*, Die Verweisung auf Mehrrechtsstaaten im deutschen Internationalen Privatrecht, 2012.

25 Statt vieler *Jayme*, in: Forty Years On - The Evolution of Postwar Private International Law in Europe, S. 15 ff.; näher dazu in Teil 2, D.III.1.

Rechtsprechung anknüpfen zu können, müssen folglich auch die Reporter rechtshistorisch arbeiten.[26]

Zentraler Aspekt der Untersuchung ist die methodische Herangehensweise bei der Bestimmung des anwendbaren Rechts. Dieser Ansatzpunkt ist nicht zufällig gewählt. Das Kollisionsrecht dient der Koordination verschiedener Rechtsordnungen; um eine Konfrontation zu vermeiden, ist es notwendig, den Vorgang der Rechtsfindung auf schlüssige und strukturierte Art und Weise durchzuführen.[27] Im US-Recht, das als *common law*-Jurisdiktion auf dem Analogieprinzip aufbaut,[28] besteht ein besonderes Bedürfnis, Entscheidungen methodisch sauber zu treffen. Hierauf muss folglich auch ein Restatement achten. Des Weiteren ist die kollisionsrechtliche Methodik seit jeher eine zentrale Streitfrage im US-amerikanischen Kollisionsrecht. Die *Conflicts Revolution* sorgte dafür, dass bis dahin geltende Grundsätze bei der Bestimmung des anwendbaren Rechts in Frage gestellt wurden.[29] Seitdem befindet sich das Kollisionsrecht methodisch in Aufruhr: Ein Blick auf die Rechtsprechung der Einzelstaaten zeigt, dass verschiedene Herangehensweisen bei der Bestimmung des anwendbaren Rechts existieren.[30] Das neue Restatement muss somit einen Weg finden, den Methodenpluralismus im US-amerikanischen Kollisionsrecht zu bewältigen. Nur wenn es den Reportern gelingt, ein methodisch schlüssiges Regelungswerk zu schaffen, wird die Neufassung die US-amerikanische *Conflicts Evolution* der letzten 150 Jahre weiterführen können.

Bei der methodischen Analyse des Kollisionsrechts bezieht sich die Arbeit vorrangig auf das Deliktskollisionsrecht. Diese thematische Begrenzung ist aus mehreren Gründen zweckmäßig. Einerseits gehören vertrags- und deliktskollisionsrechtliche Fragestellungen zu den häufigsten Anwendungsfällen im Kollisionsrecht.[31] Ein neues Restatement wird daher in den beiden Rechtsgebieten

---

26 *Childress* beschreibt die Entstehung der *Conflicts* Restatements als Teil eines Kreislaufs, *Childress III*, 27 Duke Journal of Comparative & International Law 361, 362 (2017): „A brief history of this dialogic process is as follows: conflict-of-laws rules are identified and (re)stated; conflicts rules beget judicial exceptions; judicial exceptions engender criticism; criticism produces reconceptualization; reconceptualization begets a new attempt to bring order to conflict chaos through the identification and restatement of new standards and rules."

27 *Mills*, 23 Duke Journal of Comparative & International Law 445, 474 (2013): „Private international law is thus not only important for *what* it does, but for *how* it does it."

28 Zur Ausgestaltung des *common law* als Fallrecht vgl. *Kischel*, Rechtsvergleichung, 2015, S. 244 ff.

29 Im Überblick dazu *Silberman*, in: Encyclopedia of Private International Law, S. 66.

30 Vgl. *Symeonides*, 69 American Journal of Comparative Law (im Erscheinen 2021).

31 Vgl. *Symeonides*, Choice of Law, 2016, S. 673.

am ehesten zur Anwendung kommen. Im Verhältnis untereinander ist das Deliktsrecht als Untersuchungsgegenstand geeigneter, da in diesen Fällen in der Regel eine „vollständige" kollisionsrechtliche Analyse, d.h. die Bestimmung des anwendbaren Rechts anhand der in der Kollisionsregel vorgegebenen Faktoren unter Berücksichtigung des grenzüberschreitenden Bezugs, durchgeführt werden muss. Viele Verträge, insbesondere im internationalen Kontext, enthalten Rechtswahlklauseln, durch die die Bestimmung des anwendbaren Rechts „abgekürzt" wird.[32] Außerdem ist das Deliktskollisionsrecht in methodischer Hinsicht besonders interessant. *Torts* waren das vorherrschende „battlefield" der *Conflicts Revolution*,[33] hier haben auch die Gerichte am meisten „ausprobiert". Dementsprechend beschäftigt sich ein Großteil der methodischen Untersuchungen in der Wissenschaft mit dem Deliktskollisionsrecht.[34]

Aus deutscher Sicht ist das Deliktskollisionsrecht ebenfalls besonders relevant: Weil die meisten Verträge mit US-amerikanischen Einzelpersonen oder Unternehmen neben Rechtswahl- auch Gerichtsstandsklauseln enthalten, besteht vor allem bei deliktsrechtlichen Ansprüchen für ausländische Beklagte die Gefahr, vor US-amerikanischen Gerichten zu landen und die Anwendung US-amerikanischen Rechts fürchten zu müssen. Welches Deliktsrecht letztlich anwendbar ist, kann vor allem mit Blick auf *punitive damages* relevant werden;[35] die Einzelstaaten haben diesbezüglich verschiedene Standards und Voraussetzungen.[36]

---

32 Im US-Recht ist der Grundsatz der Parteiautonomie inzwischen beinahe durchgängig anerkannt, im Falle einer Rechtswahl wird lediglich ihre Zulässigkeit überprüft, vgl. *Hay/Borchers et al.*, Conflict of Laws, 2018, S. 1007 ff.

33 *Vischer*, in: FS von Mehren, S. 459.

34 *Borchers*, 49 Washington and Lee Law Review 357 (1992); *Solimine*, 24 Georgia Law Review 49 (1989); *Whytock*, 84 New York University Law Review 719 (2009).

35 *Punitive damages* (=Strafschadensersatz) werden verhängt, wenn der Beklagte für sein rechtswidriges Verhalten besonders bestraft und Dritte von einem ähnlichen Verhalten abgeschreckt werden sollen; vgl. BMW of North America, Inc. v. Gore, 517 U.S. 559 , 568 (1996): „Punitive damages may properly be imposed to further a State's legitimate interests in punishing unlawful conduct and deterring its repetition."; zu den Voraussetzungen und Grenzen siehe *Burnham*, Introduction to the Law and Legal System of the United States, 2016, S. 528 ff.; *Hay*, US-Amerikanisches Recht, 2015, S. 159 ff. ; in Deutschland können Urteile, die zur Zahlung von *punitive damages* verpflichten, nach ständiger Rechtsprechung des BGH wegen Verstoßes gegen den materiellen *ordre public* nicht vollstreckt werden, vgl. BGH, Urteil vom 04.06.1992 - IX ZR 149/91, NJW 1992, 3096, 3103.

36 Vgl. hierzu *Klode*, NJOZ 2009, 1762, 1767.

C. Gang der Untersuchung

Die soeben identifizierte Fragestellung, welche Bedeutung die Restatements of Conflict of Laws für das US-amerikanische Deliktskollisionsrechts haben und inwiefern das neue Restatement (Third) dieses Rechtsgebiet in Zukunft beeinflussen wird, wird in zwei Teilen untersucht. Der erste Teil der Arbeit widmet sich der bisherigen Entwicklung des US-amerikanischen Deliktskollisionsrechts und seiner Methodik und arbeitet die potenzielle Bedeutung eines dritten Restatement heraus. Um ein besseres Verständnis für den Untersuchungsgegenstand zu entwickeln, beginnt dieser Teil mit einer kurzen Darstellung der Entstehung des ALI und der Funktion der Restatements im US-amerikanischen Recht (Teil 1, A.). Sodann wird ein Blick auf das US-amerikanische Kollisionsrecht geworfen; der Schwerpunkt liegt auf seiner historischen Entwicklung und den verschiedenen Strömungen in der heutigen Rechtsprechung zum Deliktskollisionsrecht (Teil 1, B.). Der nachfolgende Abschnitt behandelt die methodische Vielfalt innerhalb des US-amerikanischen Kollisionsrechts. Zunächst werden vier kollisionsrechtliche Denkmodelle identifiziert: das zuständigkeitsorientierte, das rechtsfragenorientierte, das sachrechtsorientierte sowie das effizienzorientierte Denkmodell (Teil 1, C.II.). Die anschließende Untersuchung kontextualisiert auf Basis dieser Modelle die methodischen Ansätze der beiden ersten Restatements sowie der Rechtsprechung (Teil 1, C.III.). Sodann widmet sich die Analyse der Frage, ob und unter welchen Voraussetzungen das neue Restatement den zuvor aufgezeigten Methodenpluralismus auflösen kann (Teil 1, D.).

Der zweite Teil der Arbeit wendet sich dem Restatement (Third) of Conflict of Laws zu und diskutiert, welchen Einfluss das neue Regelungswerk in Zukunft auf das Kollisionsrecht nehmen kann. Dafür werden die aktuellen Entwürfe des neuen Restatement im Detail untersucht: Zunächst wird der two-step-test als methodisches Grundkonzept des neuen Restatement dargestellt (Teil 2, A.), danach behandelt die Arbeit die Regelungen zum allgemeinen Teil des Kollisionsrechts (Teil 2, B.) und schließlich exemplarisch das Deliktskollisionsrecht (Teil 2, C.). Die Ausführungen bieten die Basis für eine Bewertung der Restatement *Drafts* und eine Prognose hinsichtlich der Auswirkungen des Restatement (Third) of Conflict of Laws für das US-amerikanische Kollisionsrecht (Teil 2, D.I. + II.). Zuletzt wird untersucht, welche Implikationen das neue Regelungswerk für das deutsche und europäische IPR haben könnte (Teil 2, D.III.).

Die Arbeit schließt mit einer Zusammenfassung der wesentlichen Ergebnisse in Thesenform.

Teil 1: From Past to Present – Restatements und Methodik im US-amerikanischen Kollisionsrecht

A. Restatements als Rechtsquelle des US-amerikanischen Rechts

Die Restatements nehmen unter den Rechtstexten wegen ihrer fehlenden Bindungswirkung eine ungewöhnliche Rolle ein. Ein Restatement ist kein Gesetz im eigentlichen Sinne und wird (in der Regel) nicht von einem Gesetzgeber erlassen.[37] Stattdessen ist es ein Produkt, das unter Mitwirkung von Wissenschaft und Praxis entsteht. Trotzdem ähneln Restatements auf Grund ihres Inhalts und ihrer Struktur einer Kodifikation, weshalb sie vielfach als „Privatkodifikation" oder „Quasi-Kodifikation" bezeichnet werden.[38] Folgt man der Etymologie des Begriffs, erfüllen die Regelungswerke eine Doppelfunktion: „to restate" bedeutet sowohl „etwas erneut vorzutragen als auch etwas neu zu formulieren".[39] Ein Restatement fasst dem Wortsinn nach somit das geltende Recht zusammen und beinhaltet unter Umständen zugleich neue Regelungsvorschläge.[40] Rechtstatsächlich gleichen die Regelungswerke daher einem Gesetzestext.

Der Begriff „Restatement" und der dazugehörige Regelungsgehalt sowie die Funktion sind nachhaltig durch die Restatements des ALI geprägt worden.[41] Auch wenn man das zugrundeliegende Konzept heutzutage weltweit wiederfindet,[42] wird der Begriff „Restatement" im Folgenden im Sinne dieser

37 Vgl. hierzu *Michaels*, in: Encyclopedia of European Private Law, S. 1464.

38 *Lewis*, 6 New York University Law Review 337, 340 (1929); *Michaels*, in: Encyclopedia of European Private Law, S. 1465; *Yntema*, 34 Michigan Law Review 461, 469 (1936); sowohl *Yntema* als auch *Lewis* bezeichnen die Restatements als eine Art der Kodifikation, da sie bestehendes Recht wiedergeben.

39 Vgl. hierzu den Eintrag im Oxford Learner's Dictionary, abrufbar unter http://www.oxfordlearnersdictionaries.com/definition/english/restate?q=restate: „to say something again or in a different way, especially so that it is more clearly or strongly expressed" (zuletzt aufgerufen am 18.10.2020).

40 *Michaels*, in: Encyclopedia of European Private Law, S. 1464.

41 *Michaels*, in: Encyclopedia of European Private Law, S. 1466.

42 So haben beispielsweise die *UNIDROIT Principles of International Commercial Contracts* den Anspruch, bestehende Prinzipien des internationalen Vertragsrechts wiederzugeben und gleichzeitig Rechtsfortbildung zu betreiben; dementsprechend wird

Restatements of the Law verwendet. Die Untersuchung widmet sich daher zu Anfang der Entstehung des ALI und der Funktion der Regelungswerke im US-amerikanischen Recht.

I. Gründung und Entwicklung des American Law Institute

Das ALI gehört heute zu den führenden wissenschaftlichen juristischen Organisationen und ist über die Grenzen der USA hinaus anerkannt. Es hat einen beträchtlichen Beitrag für die Rechtsentwicklung in den USA geleistet und diente als Vorbild für sein europäisches Gegenstück, das European Law Institute.[43] Zu seinen Mitgliedern zählen herausragende Rechtswissenschaftler, Richter und Praktiker aus den USA und der ganzen Welt.[44] Die Erfolgsgeschichte des ALI umfasst inzwischen beinahe 100 Jahre und ist Zeugnis für die progressive und zukunftsträchtige Vision seiner Denkväter.

Der Gründung des ALI am 23. Februar 1923 gingen beinahe zehn Jahre Arbeit voraus.[45] Bereits 1914 hatten Wissenschaftler wiederholt die Etablierung einer „Schule der Jurisprudenz und des Rechts“ gefordert,[46] deren Aufgabe die Fortentwicklung und Verbesserung des US-amerikanischen Rechts sein sollte.

---

der Begriff „Restatement“ in der Literatur im Zusammenhang mit den *UNIDROIT Principles* verwendet, vgl. *Bonell*, 36 Revue juridique Thémis 335 (2002); *Michaels*, in: FS Kronke, S. 387; *Vischer* zieht ebenfalls eine Parallele zwischen den *Principles* und den US-amerikanischen Restatements, vgl. *Vischer*, in: FS von Mehren, S. 470.

43 Vgl. dazu den Tagungsbericht zum Gründungskongress des European Law Institute, *Kleinschmidt*, JZ 2011, 1063.

44 Mitglieder des ALI werden gewählt; die Wahl einer Person beginnt mit einer vertraulichen Nominierung durch ein ALI-Mitglied, die von zwei weiteren Mitgliedern unterstützt werden muss; die Vorschläge werden von einem Mitgliedschaftsausschuss bewertet, der die Mitglieder auf der Grundlage mehrerer Faktoren auswählt, darunter berufliche Leistungen, persönlicher Charakter und ein nachgewiesenes Interesse an der Verbesserung des Rechts, vgl. https://www.ali.org/members/.

45 Eine sehr ausführliche Darstellung der Entstehungsgeschichte des American Law Institute findet sich bei *Hull*, 8 Law and History Review 55 (1990).

46 *Frank*, 26 Hofstra Law Review 615, 616 (1998); demzufolge stammt der Begriff von *Wesley N. Hohfeld*, der 1914 eine Rede vor Mitgliedern der Association of American Law Schools mit dem Titel „A Vital School of Jurisprudence and Law: Have American Universities Awakened to the Enlarged Opportunities and Responsibilities of the Present Day?“ hielt.

1921 rief die Association of American Law Schools schließlich ein „Committee on the Establishment of a Juristic Center" ins Leben.[47]

William Draper Lewis, ein Mitglieder des Committee und Dekan der juristischen Fakultät der University of Pennsylvania, wandte sich 1922 im Zuge dieser Arbeit an *Elihu Root*, ehemaliger Außenminister, Friedensnobelpreisträger und Gründungsmitglied der Haager Akademie für Internationales Recht, und stellte ihm Pläne für die Gründung einer solchen Organisation vor.[48] Unter der Führung von *Root*, der Verbindungen zur American Bar Association hatte, wurde daraufhin am 10. Mai 1922 ein weiteres „Committee on the Establishment of a Permanent Organization for the Improvement of the Law Proposing the Establishment of an American Law Institute" konstituiert. Aufgabe des Komitees war die Untersuchung von Störfaktoren und ihren Ursachen im US-amerikanischen Rechtssystem sowie Vorschläge für eine Verbesserung der Lage durch den juristischen Berufsstand.[49]

Während des ersten Treffens des ALI wurde den Gründungsmitgliedern der Abschlussbericht dieses „Committee on the Establishment of a Permanent Organization" präsentiert, der später als Leitlinie für die zukünftigen Aufgaben des Instituts diente.[50] In ihrem Report kritisierten die Verfasser den „kläglichen Zustand" des US-amerikanischen Rechts.[51] Dessen Hauptmakel seien seine Rechtsunsicherheit und seine Komplexität.[52] Als Ursache identifizierte das Committee vor allem die Vielfalt einzelstaatlicher Regelungen und die steigende Zahl der Gerichtsentscheidungen.[53] Die Konsequenz sei, dass juristische Begriffe und fundamentale Prinzipien nicht einheitlich anerkannt und verwendet würden

---

47 *Committee on the Establishment of a Permanent Organization for the Improvement of the Law Proposing the Establishment of an American Law Institute*, Report of the Committee, S. 2; *LaPiana*, 11 Nova Law Review 1085, 1119 (1987).

48 *Frank*, 26 Hofstra Law Review 615, 616 (1998); *Goodrich*, 1951 Washington University Law Quarterly 283 (1951).

49 *Lewis*, 9 A.B.A. Journal 77 (1923).

50 *Goodrich*, 1951 Washington University Law Quarterly 283, 285 (1951).

51 *Frank*, 26 Hofstra Law Review 615, 616 (1998).

52 *Committee on the Establishment of a Permanent Organization for the Improvement of the Law Proposing the Establishment of an American Law Institute*, Report of the Committee, S. 8: „The two chief defects in American Law are its uncertainty and its complexity."

53 *Committee on the Establishment of a Permanent Organization for the Improvement of the Law Proposing the Establishment of an American Law Institute*, Report of the Committee, S. 8 f.

und es mangels zusammenhängender Aufzeichnungen keine Rechtssicherheit gebe.[54] Daraus resultiere eine grundlegende Unzufriedenheit mit der Rechtspflege.[55] Der Mangel an Präzision bei Rechtsbegriffen und -prinzipien könne jedoch durch die Arbeit eines „American Law Institute" aufgefangen werden.[56]

Die Verfasser des Berichts schlugen als Lösung ein Restatement of the Law vor. Die Idee dahinter war, dass die Mitglieder des Instituts einen Rechtstext herausgeben sollten, in dem geltendes Recht wiedergegeben wurde, um jedem (US-amerikanischen) Juristen eine einfache und übersichtliche Recherche zur aktuellen Rechtslage und der bisherigen Rechtsprechung zu ermöglichen.[57] Da dieses Restatement, anders als die meisten Lehrbücher und Enzyklopädien, von einer Vielzahl namhafter Juristen aus dem ganzen Land unterstützt werden würde, habe es – so die Verfasser – trotz seiner fehlenden Bindungswirkung Autorität und könne erheblichen Einfluss entfalten.[58] Dafür müsse die Arbeit am Restatement jedoch nicht nur mit höchster Präzision erledigt werden, sondern vor allem deutlich machen, dass sie als Pflichterfüllung des juristischen Berufsstandes an der US-amerikanischen Bevölkerung erfolge.[59] Man solle mit den Bereichen *Conflict of Laws*, *Torts* und *Business Corporations* beginnen, da diese Themengebiete aufgrund ihrer Komplexität und mangelnden Zuwendung seitens der Wissenschaft prädestiniert für eine tiefergehende Untersuchung und Klarstellung durch ein Restatement seien.[60] Der Bericht enthielt weiterhin

---

54 *Michaels*, in: Encyclopedia of European Private Law, S. 1465; *Harper*, RabelsZ 9 (1935), 821, 822.

55 *Committee on the Establishment of a Permanent Organization for the Improvement of the Law Proposing the Establishment of an American Law Institute*, Report of the Committee, S. 1.

56 *Committee on the Establishment of a Permanent Organization for the Improvement of the Law Proposing the Establishment of an American Law Institute*, Report of the Committee, S. 9.

57 *Goodrich*, 1951 Washington University Law Quarterly 283, 286 (1951); zur Kodifikationsidee in den USA allgemein *Herman*, in: Amerikanische Rechtskultur und europäisches Privatrecht, S. 45 ff.

58 *Goodrich*, 1951 Washington University Law Quarterly 283, 286 (1951); *The American Law Institute*, Handbook for ALI Reporters, S. 5.

59 *Committee on the Establishment of a Permanent Organization for the Improvement of the Law Proposing the Establishment of an American Law Institute*, Report of the Committee, S. 29.

60 *Committee on the Establishment of a Permanent Organization for the Improvement of the Law Proposing the Establishment of an American Law Institute*, Report of the Committee, S. 44 f.

detaillierte Vorschläge für die Struktur und Organisation der neuen Institution[61] sowie die Aufforderung an die Anwesenden des Treffens am 23. Februar, die Konstituierung eines „American Law Institute“ voranzutreiben.[62]

Eben dieser Aufforderung wurde am 23. Februar 1923 in Washington D.C. nachgekommen. Die anwesenden Richter, Anwälte und Rechtswissenschaftler, unter ihnen namhafte Mitglieder des U.S. Supreme Court und der American Bar Association, beschlossen die Gründung des Instituts.[63] *William Draper Lewis* wurde zum ersten Direktor ernannt.[64] Damit legte die Arbeit des Committee den Grundstein für die Gründung des ALI, dessen neue Mitglieder einen Großteil der Vorschläge der Berichterstatter aufgriffen.[65]

Die Gründungsmitglieder des ALI formulierten als Ziel der neuen Vereinigung, das komplexe System des *common law* in den Vereinigten Staaten systematisieren und vereinfachen zu wollen.[66] Handwerkszeug dieses Prozesses sollten die Restatements of the Law sein.[67] Finanziert wurde das Institut zu Beginn durch eine Spende der *Carnegie Corporation*.[68]

Der Council des Instituts beschloss am 19. Mai 1923, mit der Arbeit an einem Restatement zu *Contracts*, *Conflict of Laws*, *Torts* und *Agency* zu beginnen und ernannte für jedes Themengebiet einen Reporter, der für die Erstellung eines

---

61 *Committee on the Establishment of a Permanent Organization for the Improvement of the Law Proposing the Establishment of an American Law Institute*, Report of the Committee, S. 40 ff.

62 *Committee on the Establishment of a Permanent Organization for the Improvement of the Law Proposing the Establishment of an American Law Institute*, Report of the Committee, S. 39.

63 Hierzu ausführlich *Frank*, 26 Hofstra Law Review, 615 ff. (1998); *Lewis*, 9 A.B.A. Journal 77 (1923).

64 *Frank*, 26 Hofstra Law Review 615, 619 (1998).

65 Vgl. *Frank*, 26 Hofstra Law Review 615, 616 (1998), er bezeichnet den Bericht als „Blaupause“ für das neue Institut.

66 Vgl. hierzu das *Certificate of Incorporation* des ALI, abrufbar unter https://www.ali.org/media/filer_public/10/62/106284da-ddfe-4ff4-a698-0a47f268ee4c/certificate-of-incorporation.pdf (zuletzt abgerufen am 12.08.2021); hier heißt es: „The particular business and objects of the society are educational, and are to promote the clarification and simplification of the law and its better adaptation to social needs, to secure the better administration of justice, and to encourage and carry on scholarly and scientific legal work.“; siehe hierzu auch *Schindler*, ZEuP 1998, 277, 283; *Harper*, RabelsZ 9 (1935), 821.

67 *Schindler*, ZEuP 1998, 277, 279.

68 *Lewis*, 9 A.B.A. Journal 366 (1923); *Schindler*, ZEuP 1998, 277, 278.

ersten Entwurfs zuständig sein sollte.[69] In den folgenden Jahren wurden diese Projekte weiterverfolgt und die Arbeit an immer mehr Restatements aufgenommen. Die erste Serie der Restatements wurde 1944 mit dem Erscheinen des Restatement zu *Property* beendet.[70] Es war jedoch schnell klar, dass die erste Auflage wegen der stetigen Rechtsprechungsentwicklung überarbeitet werden musste, sodass ab 1953 die Vorbereitungen für die Arbeit an den Neuauflagen der bisherigen Restatements begannen. Diese wurden im Folgenden als „Restatement (Second)" veröffentlicht.[71] Mittlerweile wird in einigen Rechtsgebieten bereits an der vierten Auflage der Restatements gearbeitet.[72] Eine solche Entwicklung war schon in den Anfängen des Instituts prophezeit worden: Die Mitglieder des Committee von 1923 hatten in ihrem Abschlussbericht festgestellt, dass angesichts der ständig voranschreitenden Entwicklung des Rechts die Arbeit des ALI nie vollständig abgeschlossen sein werde.[73]

Das Repertoire des Instituts beschränkt sich heute nicht mehr auf Restatements, sondern umfasst auch die Erstellung von *Model Codes* und *Principles of the Law*.[74] Diese beiden Regelungswerke richten sich vorrangig an den Gesetzgeber und sollen Impulse für die Fortentwicklung des Rechts geben.[75] Ausschlaggebend für den Beginn jedes Projekts des ALI ist die Frage, ob das Werk einen

---

69 *Lewis*, 9 A.B.A. Journal 366 (1923).

70 *Frank*, 26 Hofstra Law Review 615, 619 (1998); *Schindler*, ZEuP 1998, 277, 281.

71 Vgl. dazu *Frank*, 26 Hofstra Law Review 615, 623 (1998); *Wechsler*, 55 A.B.A. Journal 147 (1969); *Yntema*, 34 Michigan Law Review 461, 467 (1936).

72 So wird laut der Liste der Projekte des ALI momentan an einer vierten Auflage der Restatements of Property gearbeitet, vgl. https://www.ali.org/media/filer_public/16/07/1607363a-b607-4f21-9842-16f757e592f0/ali-projects-past-present_042020.pdf (zuletzt abgerufen am 12.08.2021).

73 *Committee on the Establishment of a Permanent Organization for the Improvement of the Law Proposing the Establishment of an American Law Institute*, Report of the Committee, S. 43: „There will never be a time when the work is done and its result is labelled 'A Complete Restatement of the Law'. The work of restating the law is rather like that of adapting a building to the ever-changing needs of those who dwell therein. Such a task by the very definition of its object is continuous."

74 Bei den *Model Codes* handelt es sich um konkrete Gesetzvorschläge, sie richten sich an den Gesetzgeber; *Principles of the Law* nehmen eine intensive Untersuchung eines Rechtsgebiets vor und beschäftigen sich vor allem mit Bereichen, in denen bisher wenig Rechtsprechung ergangen oder eine grundlegende Reform notwendig ist; vgl. dazu die Informationen auf der Website des ALI, https://www.ali.org/about-ali/how-institute-works/ (zuletzt abgerufen am 12.08.2021).

75 *The American Law Institute*, Handbook for ALI Reporters, S. 3 f.

Beitrag zur Entwicklung des US-Rechts im Ganzen leisten kann.[76] Zum derzeitigen Zeitpunkt sind vom ALI Restatements zu 21 Rechtsgebieten, *Principles* zu 14 Rechtsgebieten sowie zahlreiche Modellgesetze, unter anderem der Uniform Commercial Code, herausgegeben worden.[77] Alle Projekte betreffen Bereiche des Privatrechts.

Viele Regelungen des ALI wurden von der Rechtsprechung rezipiert bzw. von den Gesetzgebern der Bundesstaaten als Anstoß für ihre eigene Gesetzgebung aufgegriffen.[78] Mithin hat das ALI die Rechtsentwicklung der USA in den letzten Jahrzehnten entscheidend mitgeprägt. Es ist davon auszugehen, dass das Institut die wichtige Rolle, die es bis heute für die Klarstellung und Fortentwicklung des Rechts spielt, auch in Zukunft beibehalten wird. Der Wunsch der Vordenker und Gründer des ALI, eine Schule der Jurisprudenz und des Rechts zu schaffen, die für die Verbesserung des Rechts sorgen kann, hat sich folglich vollumfänglich erfüllt.

II. Die Vision des American Law Institute für die Restatements of Law

Als zentralen Grundgedanken der Restatements formuliert das ALI in seinem *Handbook for ALI Reporters* von 2015 die Klarstellung und Vereinfachung des bestehenden Rechts sowie dessen Fortbildung.[79] Damit befinden sich die Restatements in einem Spannungsfeld zwischen der bloßen Wiedergabe des Rechts und der Neufassung oder Umgestaltung bestehender Grundsätze.[80] Nach der Idee des ALI soll ein Restatement der Kodifikation ähneln, aber gleichzeitig die Flexibilität und Perspektive eines *common law*-Richters widerspiegeln und sich so in das komplexe Fallrechtssystem in den USA eingliedern.[81]

---

76 *Traynor*, 32 Southern Illinois University Law Journal 145, 161 (2007).

77 Vgl. dazu die Liste aller ALI Projekte, verfügbar unter https://www.ali.org/media/filer_public/16/07/1607363a-b607-4f21-9842-16f757e592f0/ali-projects-past-present_042020.pdf (zuletzt abgerufen am 12.08.2021).

78 *Schindler*, ZEuP 1998, 277, 294 f.; näher zur Adaption der Restatements in Teil 1, B.I.3.

79 *The American Law Institute*, Handbook for ALI Reporters, S. 4: „Restatements […] aim at clear formulation of common law and its statutory elements or variations and reflect the law as it presently stands or might appropriately be stated by a court."

80 *The American Law Institute*, Handbook for ALI Reporters, S. 4: „[…] central tension between the two impulses […], the impulse to recapitulate the law as it presently exists and the impulse to reformulate it."

81 *The American Law Institute*, Handbook for ALI Reporters, S. 5.

Diese beiden Komponenten offenbaren die zentrale Problemstellung bei der Erstellung eines Restatement: Der Reporter muss eine Balance zwischen dem rechtsfortbildenden und dem reproduzierenden Aspekt des Regelungswerkes finden.

1. Die Rolle der Restatements im common law

Einleitend zunächst einige kurze und sehr vereinfachte Erläuterungen zum Begriff *common law*: Das US-amerikanische *common law* ist Fallrecht und beruht auf dem Analogieprinzip.[82] Ein Richter entscheidet, indem er auf bereits ergangene Urteile höherer Gerichte zurückgreift, aus ihnen induktiv eine Regel ableitet und nach einem Vergleich der Sachverhalte die Rechtsgrundsätze dieser Entscheidungen auf den vorliegenden Fall anwendet.[83] Gesichert wird der Kreislauf durch den Grundsatz der *stare decisis*, wonach der Richter an vorangegangene Entscheidungen gebunden ist, sofern diese von einem höherrangigen Gericht stammen und es keine relevanten Unterschiede zwischen den zu entscheidenden Sachverhalten gibt.[84] Rechtsfortbildung erfolgt somit meist durch die jeweils höchsten Gerichte, die bestehende Präjudize aufheben oder durch differenzierende Sachverhaltsanalysen eine neue Rechtskonstellation schaffen können.[85] Auch das gesetzte Recht muss durch die Judikative ausgelegt werden; seine Geltungskraft folgt nicht aus dem Gesetz an sich, sondern aus der das Gesetz anwendenden Entscheidung.[86] Damit kommt dem gesetzten Recht eine wesentlich geringere Bedeutung als im *civil law* zu.[87]

Zu beachten ist allerdings, dass Gerichte stets nur den konkreten Fall entscheiden und gerade nicht das Ziel haben, allgemeingültige Regeln für künftige Fälle zu bilden.[88] Insofern muss die aus einer Entscheidung abgeleitete Regel

---

82 *Hay*, US-Amerikanisches Recht, 2015, S. 7; *Kischel*, Rechtsvergleichung, 2015, S. 244; für einen historischen Überblick zur Rechtstradition des *common law* statt vieler *von Mehren/Murray*, Das Recht in den Vereinigten Staaten von Amerika, 2008, S. 1 ff.

83 *Hay*, US-Amerikanisches Recht, 2015, S. 9: „Rechtliche Argumentation ist also zum großen Teil vergleichende Sachverhaltsanalyse."; *Zweigert/Kötz*, Einführung in die Rechtsvergleichung, 1996, S. 257.

84 *Burnham*, Introduction to the Law and Legal System of the United States, 2016, S. 70; *Kischel*, Rechtsvergleichung, 2015, S. 256.

85 *Hay*, US-Amerikanisches Recht, 2015, S. 8; *Zweigert/Kötz*, Einführung in die Rechtsvergleichung, 1996, S. 255.

86 *Hay*, US-Amerikanisches Recht, 2015, S. 7; *Kischel*, Rechtsvergleichung, 2015, S. 261.

87 *Kischel*, Rechtsvergleichung, 2015, S. 244.

88 *Kischel*, Rechtsvergleichung, 2015, S. 245 ff.; *von Mehren/Murray*, Das Recht in den Vereinigten Staaten von Amerika, 2008, S. 54.

zwingend analogiefähig sein, um überhaupt in einem anderen Sachverhalt angewendet werden zu können. Gleichzeitig bedeutet dies mit den Worten *Kischels*, dass „der induktive Schluß von den Einzelfällen auf die Regel nicht streng logisch zwingend und unwiderlegbar sein kann."[89] Das Bild eines lückenlosen Fallrechtssystems ist somit unter Vorbehalt zu betrachten. Trotzdem bleibt das Denken von Fall zu Fall das charakteristische Merkmal des *common law*.[90]

Das kohärente System aus aufeinander aufbauenden Entscheidungen droht jedoch zu wackeln, wenn einzelne Urteile übersehen oder verkannt werden. Diese Gefahr wird umso höher, je größer die Anzahl bindender Gerichtsentscheidungen ist. An diesem Punkt findet man das Einfallstor der Restatements. Die ersten Mitglieder des ALI waren der Auffassung, dass die Grundprinzipien des *common law* durch die ständig wachsende Fülle an Gerichtsentscheidungen verschleiert würden.[91] Das Recht drohe unübersichtlich zu werden und dadurch zu unstimmigen Entscheidungen zu führen.[92] Die Restatements sollten dieser drohenden Inkonsistenz entgegenwirken.[93]

Tatsächlich kann ein Restatement helfen, die soeben genannten Mängel zu beseitigen. An dieser Stelle muss auf die vom kontinentaleuropäischen Verständnis abweichende Rolle des Richters im US-amerikanischen Zivilprozess hingewiesen werden. Das Zivilverfahren ist ein *adversary process*,[94] d.h. es obliegt den Parteien, dem Richter den zugrunde liegenden Sachverhalt sowie das einschlägige Recht vorzutragen bzw. zu beweisen.[95] Der Richter agiert eher passiv, sein Kenntnisstand ist vom Vortrag der Parteien abhängig.[96] Sie sind die Herren des Verfahrens, woraus im Gegenzug besondere Pflichten resultieren.[97] So müssen

89 *Kischel*, Rechtsvergleichung, 2015, S. 247.

90 *Kischel*, Rechtsvergleichung, 2015, S. 255; *Zweigert/Kötz*, Einführung in die Rechtsvergleichung, 1996, S. 257.

91 *The American Law Institute*, Handbook for ALI Reporters, S. 4: „[...] the underlying principles of the common law had become obscured by the ever-growing mass of decisions in the many different jurisdictions [...] within the United States."

92 *The American Law Institute*, Handbook for ALI Reporters, S. 4.

93 *Lewis*, 9 A.B.A. Journal 636 (1923).

94 *Hay*, US-Amerikanisches Recht, 2015, S. 44 f.

95 *Friedenthal/Kane/Miller*, Civil Procedure, 2005, S. 2: „[...] the adversary model places enormous emphasis and responsibility on the lawyers; the court maintains a relatively passive role throughout the proceedings."; vgl. dazu weiterhin *Harzard Jr./Leubsdorf et al.*, Civil Procedure, 2011, S. 4; *Kischel*, Rechtsvergleichung, 2015, S. 311; *Zweigert/Kötz*, Einführung in die Rechtsvergleichung, 1996, S. 257.

96 *Zweigert/Kötz*, Einführung in die Rechtsvergleichung, 1996, S. 268.

97 *Harzard Jr./Leubsdorf et al.*, Civil Procedure, 2011, S. 10.

die Parteien bzw. ihre Anwälte nach Rule 11 (b) Federal Rules of Civil Procedure (FRCP)[98] sowie Rule 3.3 (a)(2) Model Rules of Professional Conduct[99] während der Verhandlung auf alle relevanten Präjudizen hinweisen. Unterläuft den Parteien hier insofern ein Fehler, als dass sie einschlägiges Recht übersehen, sind im Ergebnis auch dem Richter die Hände gebunden.[100] Dieser „collaborative process" ist nach *Vischer* ein wesentliches Element der Rechtsfindung, das nicht unberücksichtigt bleiben darf.[101]

Restatements können an dieser Stelle Abhilfe schaffen. Die Zusammenfassung und Vereinheitlichung der Rechtsprechung in einer zentralen und einfach zugänglichen Quelle erleichtert sowohl Parteivertretern die Recherche als auch dem Richter die Anwendung. So kann vermieden werden, dass auf Grund einer undurchsichtigen Rechtslage widersprüchliche oder unzusammenhängende Entscheidungen ergehen. In diesem Kontext ist außerdem zu berücksichtigen, dass die Reporter eines Restatement – anders als der Richter – auf weitgefächerte Ressourcen zurückgreifen können und keiner zeitlichen Beschränkung unterliegen, sodass eine tiefergehende und ausführlichere Recherche möglich ist.[102]

Trotzdem wird der spezielle Charakter des *common law* durch den Rückgriff auf die Restatements nicht beeinträchtigt, da die Regelungswerke keine Bindungswirkung haben. Der Präzedenzfall stellt weiterhin den Dreh- und Angelpunkt der Rechtsfindung dar, auch das Recht an sich wird wie bisher vom Richter geschaffen.[103] Bis zu einem gewissen Punkt lässt sich die Einbeziehung

98 Rule 11 FRCP: „Signing Pleadings, Motions, and Other Papers; Representations to the Court; Sanctions: By presenting to the court a pleading, written motion, or other paper – whether by signing, filing, submitting, or later advocating it – an attorney or unrepresented party certifies that to the best of the person's knowledge, information, and belief, formed after an inquiry reasonable under the circumstances: [...] (2) the claims, defenses, and other legal contentions are warranted by existing law or by a nonfrivolous argument for extending, modifying, or reversing existing law or for establishing new law."

99 Rule 3.3 Model Rules of Professional Conduct: „Candor Toward the Tribunal: (a) A lawyer shall not knowingly: [...] (2) fail to disclose to the tribunal legal authority in the controlling jurisdiction known to the lawyer to be directly adverse to the position of the client and not disclosed by opposing counsel.

100 *Hay*, US-Amerikanisches Recht, 2015, S. 44 f.; *Kischel*, Rechtsvergleichung, 2015, S. 311; *Zweigert/Kötz*, Einführung in die Rechtsvergleichung, 1996, S. 267.

101 *Vischer*, RabelsZ 38 (1974), 128, 130.

102 So auch die Argumentation des ALI, vgl. *The American Law Institute*, Handbook for ALI Reporters, S. 6.

103 *Herman*, in: Amerikanische Rechtskultur und europäisches Privatrecht, S. 72.

der Restatements stattdessen mit der des gesetzten Rechts vergleichen, dessen Auslegung ebenfalls im Zuständigkeitsbereich des Gerichts liegt.[104] Dem Richter wird durch die Restatements lediglich ein weiteres Werkzeug an die Hand gegeben, das ihn dabei unterstützen soll, das bestmögliche Recht zu formen.[105]

Das ALI argumentiert in seinem *Handbook for Reporters* sogar, dass die Restatements die Flexibilität des *common law* besonders bewahrten.[106] Durch ihre Kommentierungen und Illustrationen sowie die beschreibend formulierten Regelungen unterschieden sie sich von der klassischen Kodifikation, deren Regelungen meist einen klaren Rechtsanwendungsbefehl enthielten und abstrakt formuliert seien.[107] Diese Begründung wirft indes Zweifel auf, da der abstrakte Regelungscharakter der *black-letter provisions*[108] des Restatement auch durch Beispielsfälle nicht verborgen werden kann. Zutreffend ist jedoch, dass Restatements weiterhin der Rechtsfortbildung durch die Gerichte unterliegen und insofern keine starre Richtung vorschreiben. Sie spiegeln lediglich die Tendenz einer Systematisierung des Rechtsstoffes wider, die man in der Vergangenheit z.B. ebenso bei der Erstellung des Uniform Commercial Code beobachten konnte.[109]

Zusammenfassend bleibt festzustellen, dass die Restatements trotz ihrer Ähnlichkeit zur Kodifikation keinen Fremdkörper im US-amerikanischen *common law* darstellen. Tatsächlich kann sich diese Art von Rechtstext mühelos in das komplexe System des US-amerikanischen Fallrechts einordnen und es vorteilhaft ergänzen.[110] Auch das ALI sieht die Restatements in der Tradition des *common law*, da sie aus der Perspektive eines *common law*-Richters verfasst werden sollen.[111]

---

104 Hierin liegt der zentrale Unterschied zwischen kodifiziertem und gesetztem Recht in den USA; mit Bezug auf das englische Recht ebenso *Herman*, in: Amerikanische Rechtskultur und europäisches Privatrecht, S. 53.

105 A.A. *Franklin*, 47 Harvard Law Review 1367, 1369 ff. (1934); *Franklin* argumentiert, dass die Restatements eine Abkehr von der traditionellen *common law*-Doktrin einläuteten und den Weg für ein kodifiziertes Recht ebneten: „[...] the Restatements are themselves a divergence from the main tradition of Anglo-American law, and indicate the beginning of the end of that tradition."

106 Vgl. *The American Law Institute*, Handbook for ALI Reporters, S. 6.

107 *The American Law Institute*, Handbook for ALI Reporters, S. 5.

108 So werden die Regelungen der Restatements bezeichnet, näher dazu Teil 1, A.III.3.

109 *Zweigert/Kötz*, Einführung in die Rechtsvergleichung, 1996, S. 264.

110 Zur Kritik an den Restatements wegen ihrer Nähe zur Kodifikation vgl. ausführlich *Adams*, 40 Indiana Law Journal 205, 226 ff. (2007); *Franklin*, 47 Harvard Law Review 1367 (1934); *LaPiana*, 11 Nova Law Review 1085, 1090 ff. (1987).

111 *The American Law Institute*, Handbook for ALI Reporters, S. 4.

2. *Die Restatements im Spannungsfeld von lex lata und lex ferenda*

Der Begriff „Restatement“ beinhaltet bereits die Doppelfunktion dieser Regelungswerke. Die Komponente der Rechtsfortbildung wurde indes lange außer Acht gelassen und konnte sich erst einige Jahrzehnte nach Gründung des ALI durchsetzen.

Die Grundidee der Restatements entstammt dem Abschlussbericht des Committee on the Establishment of a Permanent Organization von 1923. Er enthält genaue Vorgaben für die Wirkungsweise und den Inhalt eines Restatement und gibt drei zentrale Eigenschaften vor: Ein Restatement müsse analytisch, kritisch und konstruktiv sein.[112]

Die analytische Herangehensweise werde durch eine thematische Aufteilung nach Rechtsgebieten erreicht, die vorrangig auf die aktuelle Rechtslage und gerade nicht auf die historische Entwicklung eingehen solle.[113] Des Weiteren müsse die Behandlung von Rechtsfragen kritisch sein, indem sie eine gründliche Untersuchung der theoretischen Grundlage vornehme.[114] Schließlich sei der konstruktive Charakter der Regelungswerke zu berücksichtigen: Das Ziel eines Restatement solle die Wiedergabe des bestmöglichen Rechts sein.[115] Auch wenn sich die Ausführungen vor allem auf *statutes* und Gerichtsentscheidungen bezögen, solle das Restatement zudem Konstellationen behandeln, die bisher noch nicht Gegenstand der Rechtsprechung gewesen seien.[116] In Fällen, in

---

112 *Committee on the Establishment of a Permanent Organization for the Improvement of the Law Proposing the Establishment of an American Law Institute*, Report of the Committee, S. 14: „The character of the restatement which we have in mind can be best described by saying that it should be at once analytical, critical and constructive.“

113 *Committee on the Establishment of a Permanent Organization for the Improvement of the Law Proposing the Establishment of an American Law Institute*, Report of the Committee, S. 14: „Those who state the law must, of course, do so with full understanding of its development, but the primary object of the restatement is to set forth the law, not to give an account of its growth.“

114 *Committee on the Establishment of a Permanent Organization for the Improvement of the Law Proposing the Establishment of an American Law Institute*, Report of the Committee, S. 14: „There should be a thorough examination of legal theory.“

115 *Committee on the Establishment of a Permanent Organization for the Improvement of the Law Proposing the Establishment of an American Law Institute*, Report of the Committee, S. 17.

116 *Committee on the Establishment of a Permanent Organization for the Improvement of the Law Proposing the Establishment of an American Law Institute*, Report of the Committee, S. 15: „In the first place, while necessarily based on the two official sources of

denen Rechtsunsicherheit wegen widerstreitender Regelungen bestehe, habe das Restatement außerdem darzulegen, welche Rechtsregel vorzugswürdig sei, es sei denn, beide Ansichten seien vertretbar.[117] In diesem Kontext sah das Committee eine klare Begrenzung für die Arbeit des Instituts vor: Rechtsänderungen, die die breite Öffentlichkeit beträfen, sollten nicht von einem Restatement begründet werden.[118] Außerdem seien nur Änderungen zulässig, die als erstrebenswert akzeptiert würden.[119] In diesen Fällen könne ein Restatement das Recht entscheidend verbessern und seine Entwicklung maßgeblich mitprägen.[120]

Damit nimmt der Committee Report bereits Bezug auf eine Problematik, die in den folgenden Jahren ausführlich diskutiert werden sollte: die Frage, ob ein Restatement nur das geltende Recht wiedergeben oder auch Rechtsfortbildung betreiben könne.[121] Ausgelöst wurde die Debatte durch die Veröffentlichung von Teilen des zweiten *Torts* Restatement sowie einen Bericht des damaligen ALI-Direktors *Herbert Wechsler* aus dem Jahr 1968. *Wechsler* argumentierte in seinem Beitrag, dass es angesichts der stetigen Veränderungen in der Gesellschaft notwendig sei, das Recht entsprechend anzugleichen.[122] Die Restatements – wie

---

the law, statutes and decisions, it should [...] also take account of situations not yet discussed by courts or dealt with by legislatures."

117 *Committee on the Establishment of a Permanent Organization for the Improvement of the Law Proposing the Establishment of an American Law Institute*, Report of the Committee, S. 15: „Again, where the law is uncertain or where differences in the law or different jurisdictions exist, [...] the restatement [...] should make clear what is believed to be the proper rule of law."

118 *Committee on the Establishment of a Permanent Organization for the Improvement of the Law Proposing the Establishment of an American Law Institute*, Report of the Committee, S. 15: „Changes in the law which are, or which would, if proposed, become a matter of general public concern and discussion should not be considered [...] in any restatement of law."; der Bericht benennt im Folgenden mehrere Gebiete, die nicht als Regelungsinhalt eines Restatement geeignet sind: Regierungsorganisationen, das Gerichtssystem, Steuerrecht, Verwaltungsangelegenheiten und Sozialangelegenheiten.

119 *Committee on the Establishment of a Permanent Organization for the Improvement of the Law Proposing the Establishment of an American Law Institute*, Report of the Committee, S. 5 f.

120 *Committee on the Establishment of a Permanent Organization for the Improvement of the Law Proposing the Establishment of an American Law Institute*, Report of the Committee, S. 6.

121 Die Problematik wird in der Literatur als „problem of the is or the ought" bezeichnet; ablehnend gegenüber der rechtsfortbildenden Komponente *Zweigert/Kötz*, Einführung in die Rechtsvergleichung, 1996, S. 246.

122 *Wechsler*, 13 Saint Louis University Law Journal 185, 190 (1968).

auch der Richter – müssten daher abwägen, welche Regelung (in Zukunft) die angemessenste sei.[123] *Wechsler* verteidigte damit die Einführung von § 402A des zweiten *Torts* Restatement, durch den eine völlig neue Regelung zur Produkthaftung geschaffen worden war, die keinerlei Grundlage in der Rechtsprechung hatte.[124] Das Liaison Committee des Defense Research Institute[125] hatte im Zuge dessen 1968 in einem Memorandum gefordert, dass das ALI zu seiner ursprünglichen Praxis zurückkehren und einzig die aktuelle Rechtslage wiedergeben solle.[126] Nur so könne die immer noch bestehende Unsicherheit und Komplexität des US-amerikanischen Rechts beseitigt werden.[127] Außerdem werde verhindert, dass die Restatements ihre erlangte Vormachtstellung verlören.[128] Prognosen zu ökonomisch und sozial motivierten Rechtsentwicklungen solle man der Wissenschaft überlassen.[129] Letztlich konnte die Kritik des Defense

---

123 *Wechsler*, 13 Saint Louis University Law Journal 185, 189 (1968).

124 Die Regelung sieht eine weitreichende Gefährdungshaftung vor, vgl. Restatement (Second) of Torts, "§ 402A: „Special Liability of Seller of Product for Physical Harm to User or Consumer: (1) One who sells any product in a defective condition unreasonably dangerous to the user or consumer or to his property is subject to liability for physical harm thereby caused to the ultimate user or consumer, or to his property, if (a) the seller is engaged in the business of selling such a product, and (b) it is expected to and does reach the user or consumer without substantial change in the condition in which it is sold.
(2) The rule stated in Subsection (1) applies although (a) the seller has exercised all possible care in the preparation and sale of his product, and (b) the user or consumer has not bought the product from or entered into any contractual relation with the seller."; gegenwärtig hat ein Großteil der US-amerikanischen Bundesstaaten diesen Haftungsmaßstab übernommen, vgl. *Wajert*, in: Westlaw Practical Law; inzwischen gibt es eine dritte Auflage des *Torts* Restatement, in dem zwischen Fabrikationsschäden sowie Konstruktions- und Instruktionsfehlern unterschieden wird; eine verschuldensunabhängige Haftung wird nur bei Fabrikationsfehlern angenommen; das dritte Restatement of Torts wurde bisher lediglich in wenigen Bundesstaaten übernommen, vgl. *Wajert*, in: Westlaw Practical Law.

125 Das Defense Reserach Institute ist eine 1960 gegründete private Vereinigung von Strafverteidigern und Unternehmensjuristen, die der fachlichen Vernetzung und gemeinsamen Nutzung von Ressourcen dienen soll, vgl. dazu im Detail https://www.dri.org/about/about-us (zuletzt abgerufen am 12.08.2021).

126 *Helms*, 56 A.B.A. Journal, 152 (1970) mit Verweis auf das Memorandum.

127 *Helms*, 56 A.B.A. Journal 152, 153 (1970).

128 *Helms*, 56 A.B.A. Journal 152, 153 (1970).

129 *Helms*, 56 A.B.A. Journal 152, 154 (1970).

Research Institute aber keine Früchte tragen: Das Council des ALI erteilte der Forderung eine Absage und stimmte *Wechslers* Ansatz einstimmig zu.[130]

Diese Entscheidung mag insofern überraschen, als dass sich die Restatements der ersten Generation noch auf die Wiedergabe der aktuellen Rechtslage beschränkt hatten. Obwohl in den Diskussionen über die ersten Entwürfe wiederholt die Problematik des „ought to be" aufkam, wurde man sich schnell einig, dass Unzulänglichkeiten im geltenden Recht durch den Gesetzgeber gelöst werden müssten.[131] Das ALI könne jedoch durch Regelungsvorschläge, die den Restatements beigefügt werden könnten, unterstützend tätig werden.[132] In der Einführung zum ersten *Contracts* Restatement hieß es daher explizit, dass es nur Aufgabe des Instituts sei, die Prinzipien und das Recht des *common law* anhand der zugrunde liegenden Entscheidungen wiederzugeben.[133] Trotzdem konnte sich diese enge Sichtweise nicht lange halten. *Wechslers* Vorgänger *Herbert F. Goodrich* erklärte 1948, dass es im Falle divergierender Rechtsprechung nötig sei, sich für die Variante zu entscheiden, die nach Auffassung des ALI die richtige sei.[134] In seinen Augen entsprach diese in der Regel der herrschenden Ansicht.[135] *Goodrich* legte damit schon vor der eigentlichen Kontroverse den Grundstein für die *lex ferenda*-Komponente der Restatements.

Das Vorpreschen *Wechslers* und der neue Ansatz des zweiten *Torts* Restatement verfestigten somit den Richtungswechsel des ALI. Die nachfolgenden Restatements berücksichtigten verstärkt den rechtfortbildenden Aspekt der Regelungswerke. Auch das ALI wies in seinem *Handbook for ALI Reporters* von 2015 ausdrücklich darauf hin, dass es Aufgabe eines Reporters sei, die bessere Regelung auszuwählen, unabhängig davon, ob damit die vorherrschende Meinung wiedergegeben werde.[136] Letzten Endes habe das ALI auch die Aufgabe, Trends in der Rechtsentwicklung zu antizipieren und Regelungen zu schaffen, die mit der Entwicklung der bisherigen Prinzipien im Einklang stünden.[137]

---

130 *Wechsler*, 13 Saint Louis University Law Journal 185, 189 (1968).

131 *Unbekannt*, ABA Journal 22 (1936), 36.

132 *Unbekannt*, ABA Journal 22 (1936), 36.

133 Restatement of Contracts, Introduction: „The function of the Institute is to state clearly and precisely in the light of the decisions the principles and rules of the common law."

134 *Elson*, 23 Law & Social Inquiry 625, 628 (1998); *Wechsler*, 13 Saint Louis University Law Journal 185, 190 (1968).

135 *Wechsler*, 13 Saint Louis University Law Journal 185, 190 (1968).

136 *The American Law Institute*, Handbook for ALI Reporters, S. 5.

137 *The American Law Institute*, Handbook for ALI Reporters, S. 5.

Damit befürwortet das ALI inzwischen klar den rechtsfortbildenden Aspekt der Restatements und knüpft an die Vision seiner Gründer an, die die Restatements als ein Instrument zur ständigen Entwicklung des Rechts konzipiert hatten.

3. *Die Herausforderungen an den Reporter*

Jeder Reporter eines Restatement steht angesichts des Spannungsfeldes zwischen *lex lata* und *lex ferenda* vor der Herausforderung, beiden Komponenten unter Berücksichtigung des *common law* gleichermaßen gerecht zu werden.

Das *Handbook for ALI Reporters*, das jeden Reporter als Richtungsweiser und Anleitung unterstützen soll, hebt dieses Spannungsfeld explizit hervor.[138] Der Reporter müsse bei der Erstellung des Restatement die Sichtweise eines *common law*-Richters einnehmen.[139] Er sei dementsprechend verpflichtet, die bestehende Rechtsprechung zu rezipieren – allerdings nur bis zu dem Punkt, an dem sie die vorzugswürdige Rechtsansicht wiedergebe. Wenn ein Präjudiz unvereinbar mit bestehenden Rechtsgrundsätzen sei, dürfe von ihm abgewichen werden.[140] Wie im vorangehenden Absatz dargestellt, gehöre es indes ebenfalls zur Aufgabe des Reporters, Trends in der Rechtsentwicklung vorherzusehen und durch neue Impulse die Rechtsfortbildung voranzutreiben.[141] Angesichts dieser Vorgaben überrascht es daher nicht, dass das ALI das Recht der Restatements als *common law* ansieht.[142]

Anders als die Rechtsprechung ist das Restatement jedoch nicht auf das Recht für eine bestimmte Fallkonstellation beschränkt, sondern kann ein kohärentes und einheitliches System erschaffen, das auf einer gemeinsamen Terminologie und einer klaren Sprache basiert.[143] Hierin liegt eine weitere Schwierigkeit: Während der Richter zu einem angemessenen Ergebnis im konkreten Fall kommen soll, hat der Reporter die Aufgabe, eine möglichst weitreichende und abstrakte Regelung zu finden.[144] Gleichzeitig muss diese auch die Flexibilität und

138 *The American Law Institute*, Handbook for ALI Reporters, S. 4.
139 *The American Law Institute*, Handbook for ALI Reporters, S. 5.
140 *The American Law Institute*, Handbook for ALI Reporters, S. 5.
141 *The American Law Institute*, Handbook for ALI Reporters, S. 5.
142 *The American Law Institute*, Handbook for ALI Reporters, S. 4: „The law of the Restatements is generally common law, the law developed and articulated by judges in the course of deciding specific cases."
143 *Schindler*, ZEuP 1998, 277, 285.
144 *Schindler*, ZEuP 1998, 277, 285.

Entwicklungsfähigkeit des *common law* widerspiegeln.[145] Als Hilfestellung erklärt das ALI in seinem *Handbook for ALI Reporters*, die Restatements sollten keine zwingenden Vorschriften, sondern deskriptive Formulierungen verwenden, die an den Duktus eines Richters in einem konkreten Fall erinnerten.[146] Inwiefern solche deskriptiven Formulierungen konkret helfen sollen, wird allerdings nicht erklärt. *Schindler* kritisiert daher, die Restatements führten in keinem Fall zu einer Vereinfachung oder Klärung des Rechts.[147]

Das Handbuch beschreibt die Arbeit des Reporters als einen aus vier Schritten bestehenden Prozess. Zunächst müsse der Reporter die herrschende Ansicht identifizieren.[148] Angesichts der Fülle an Entscheidungen aus 50 Einzelstaaten liegt hier ein Großteil des Aufwands. In einem zweiten Schritt hat der Reporter sodann die Aufgabe, Trends und Entwicklungen in der Rechtsprechung festzustellen.[149] Es sei zu untersuchen, inwiefern Rechtsänderungen in den verschiedenen Gerichtsbarkeiten miteinander korrespondierten. So werde sichergestellt, dass das ALI Rechtsfortbildung unterstütze anstatt sie zu blockieren.[150] Im Folgenden solle dann geprüft werden, welche Rechtsregel am besten in das bestehende System passe und zu mehr Kohärenz führe.[151] Die beschlossene Regelung müsse nicht zwingend die herrschende Ansicht wiedergeben, ein Abweichen solle aber zumindest begründet werden.[152] An letzter Stelle stehe schließlich eine Bewertung der konkurrierenden Regelungen mit Hilfe von empirischen Analysen und sozialwissenschaftlichen Untersuchungen.[153]

Innerhalb dieser vier beschriebenen Arbeitsschritte steht ein Reporter vor der Herausforderung, die imaginären Grenzen der Rechtsfortbildung nicht zu überschreiten. Das ALI stellt klar, dass es nicht Aufgabe des Reporters sei, öffentliche Werteentscheidungen grundlegend zu verändern.[154] Ebenso wenig wie der

145 *The American Law Institute*, Handbook for ALI Reporters, S. 5: „Restatements [...] are also intended to reflect the flexibility and capacity for development and growth of the common law. "

146 *The American Law Institute*, Handbook for ALI Reporters, S. 5: „They are therefore phrased not in the mandatory terms of a statute but in the descriptive terms of a judge announcing the law to be applied in a given case."

147 *Schindler*, ZEuP 1998, 277, 285.

148 *The American Law Institute*, Handbook for ALI Reporters, S. 5.

149 *The American Law Institute*, Handbook for ALI Reporters, S. 5.

150 *The American Law Institute*, Handbook for ALI Reporters, S. 5.

151 *The American Law Institute*, Handbook for ALI Reporters, S. 5.

152 *The American Law Institute*, Handbook for ALI Reporters, S. 5.

153 *The American Law Institute*, Handbook for ALI Reporters, S. 5.

154 *The American Law Institute*, Handbook for ALI Reporters, S. 6.

common law-Richter könne auch ein Restatement keine krassen Richtungswechsel begründen, sondern müsse immer auf Rückhalt in den verschiedenen Rechtsquellen zurückgreifen können.[155]

Es lässt sich festhalten, dass die Arbeit eines Reporters in vielen Teilen der eines *common law*-Richters ähnelt und ihn somit vor vergleichbare Herausforderungen stellt. Der Reporter muss eine Fülle an gerichtlichen Entscheidungen aus verschiedenen Jurisdiktionen berücksichtigen und darf gleichzeitig innerhalb gewisser Grenzen Rechtsfortbildung betreiben. Letztlich stellen aber die besondere Funktion der Restatements im *common law* und die daraus resultierenden Anforderungen die größte Herausforderung für den Reporter dar.

III. Entstehung und Inhalt eines Restatement

Ein Restatement besteht aus mehreren Komponenten, die wiederum aus verschiedenen Materialien zusammengeführt werden müssen. Auf Grund der Fülle an Informationen und der zahlreichen Zustimmungserfordernisse während des Projekts kann sich der Entstehungsprozess eines Restatement über Jahre hinziehen.

1. Die Arbeitsschritte

Die Entscheidung über den Beginn der Arbeit an einem neuen Restatement of the Law wird vom Council des ALI getroffen.[156] Nicht alle Themengebiete eignen sich für ein Restatement, angesichts des großen Arbeitsaufwands sollte das Projekt für ein weitgefächertes Publikum von allgemeinem Interesse sein.[157] Vor dem offiziellen Beginn muss zunächst ein Mitglied des ALI, idealerweise ein Experte auf dem zu bearbeitenden Gebiet und daher oftmals ein Professor an einer Law School, als Reporter ausgewählt werden.[158] Der Reporter trägt die zentrale Verantwortung für die Erstellung des Restatement und den Erfolg des Projekts. Je nach Umfang des Themengebietes können auch Associate

155 *The American Law Institute*, Handbook for ALI Reporters, S. 6.

156 Für detaillierte Informationen über die Organisation des ALI und seine Aufgaben, vgl. https://www.ali.org/about-ali/how-institute-works/ (zuletzt abgerufen am 12.08.2021).

157 *Goodrich*, 1951 Washington University Law Quarterly 283, 288 (1951): „Every subject of the law could not be undertaken. Some subjects were not worth the time and effort required."

158 *Goodrich*, 1951 Washington University Law Quarterly 283, 287 (1951).

Reporters bestimmt werden, die den Reporter bei seinen Aufgaben zur Seite stehen sollen.[159]

Der designierte Reporter bereitet zunächst einen ersten Entwurf (Preliminary Draft) vor, der mit einer Kommission aus Advisers für dieses Projekt besprochen und überarbeitet wird.[160] Die Mitglieder dieses Ausschusses kommen aus Wissenschaft und Praxis und sind ebenfalls Spezialisten aus dem Sachgebiet des Restatement.[161] Durch die Advisers soll eine thematisch und geographisch möglichst breit aufgestellte Kontrollgruppe gebildet werden, deren Expertise den Reporter bei der Erstellung des Restatement unterstützt.[162] Der Reporter hat durch den regelmäßigen Austausch die Möglichkeit, seine methodischen Ansätze einer Gruppe von Fachleuten vorzustellen und so direktes Feedback zu erhalten.[163] Ursprünglich sollten die Advisers als Drafting Committee dienen und – wie der Reporter – für die Entwürfe direkt mitverantwortlich sein.[164] Es ist heutzutage allerdings gängige Praxis, dass die Advisers zwar beratend tätig werden, aber keinen direkten Einfluss auf die Entwurfsfassung haben.[165] Letzten Endes entscheidet immer der Reporter selbst, welche methodischen Ansätze und Formulierungen in den Entwürfen verwendet werden.

In der Regel behandelt der erste Preliminary Draft noch nicht alle in einem Restatement enthaltenen Rechtsfragen. Stattdessen wird mit Grundlagen oder zentralen Aspekten begonnen, um eine Grundtendenz des Projekts festlegen zu können. Alle neuen Teile des Restatement durchlaufen jedoch denselben Arbeitskreislauf und beginnen mit einem Preliminary Draft.[166]

Sofern der Direktor des ALI der Auffassung ist, der Preliminary Draft könne dem Council des Instituts vorgelegt werden, erstellt der Reporter einen Council Draft, in dem die in der Diskussion mit den Advisers angeregten Änderungen enthalten sind. Anders als die Advisers dürfen die Mitglieder des Council Änderungen im Entwurf vornehmen und den Reporter zu einer Richtungsänderung verpflichten. Da die zuständigen Mitglieder meist keine Spezialisten auf dem Themengebiet des Restatement sind, können durch diesen Prozess die

159 Vgl. hierzu die Informationen auf der Website des ALI, https://www.ali.org/about-ali/how-institute-works/ (zuletzt abgerufen am 12.08.2021).

160 *The American Law Institute*, Handbook for ALI Reporters, S. 25.

161 *The American Law Institute*, Handbook for ALI Reporters, S. 15 f.

162 *The American Law Institute*, Handbook for ALI Reporters, S. 15 f.

163 *The American Law Institute*, Handbook for ALI Reporters, S. 16.

164 *The American Law Institute*, Handbook for ALI Reporters, S. 16.

165 *The American Law Institute*, Handbook for ALI Reporters, S. 16.

166 *The American Law Institute*, Handbook for ALI Reporters, S. 16.

Verständlichkeit und der logische Zusammenhang sowie die Überzeugungskraft des methodischen Ansatzes getestet werden.[167]

Mithilfe der Anmerkungen des Council erstellt der Reporter entweder einen Discussion Draft oder einen Tentative Draft, der während des Annual Meeting des ALI allen Mitgliedern vorgestellt wird.[168] Der Discussion Draft dient bereits dem Namen nach der Diskussion, wohingegen der Tentative Draft den Mitgliedern zur finalen Abstimmung vorgelegt wird.[169] Je nach Anklang im Plenum kann es vorkommen, dass der Entwurf zusammen mit den Anmerkungen der Mitglieder erneut überarbeitet werden muss und die zuvor beschriebenen Arbeitsschritte noch einmal zu durchlaufen sind. Sofern jedoch sowohl der Council als auch alle Mitglieder dem Entwurf zugestimmt haben, erstellt der Reporter einen Final Draft, der nach letzten redaktionellen Änderungen den offiziellen Text des Restatement darstellt.[170] Mit Ausnahme der Reporter's Notes gilt das ALI als Autor des gesamten Restatement-Textes.[171]

2. *Die Bezugsquellen*

Der Reporter kann bei der Ausarbeitung des Restatement auf verschiedene Quellen zurückgreifen. Als eine Quasi-Kodifikation des *common law* basiert das Recht der Restatements vorrangig auf US-amerikanischer Rechtsprechung.[172] Der Reporter ist allerdings – anders als der Richter – nicht verpflichtet, die herrschende Meinung der Rechtsprechung zu übernehmen, sondern darf davon abweichen.[173] Ebenso kann er bei Formulierungen wesentlich freier agieren und ist nicht an einen bestimmten Wortlaut gebunden.[174]

Als weitere primäre Bezugsquelle dienen die *statutes*, die in der Rechtsprechung des *common law* zunehmend an Bedeutung gewonnen haben.[175] Gesetzesrecht hat den Vorteil, dass es in seiner Struktur und seinen Formulierungen nah an den formalen Anforderungen eines Restatement ist.[176] Das *Handbook for*

---

167 *The American Law Institute*, Handbook for ALI Reporters, S. 17.
168 *The American Law Institute*, Handbook for ALI Reporters, S. 18.
169 *The American Law Institute*, Handbook for ALI Reporters, S. 18 f.
170 *The American Law Institute*, Handbook for ALI Reporters, S. 19.
171 *The American Law Institute*, Handbook for ALI Reporters, S. 19.
172 *The American Law Institute*, Handbook for ALI Reporters, S. 7.
173 *The American Law Institute*, Handbook for ALI Reporters, S. 5.
174 *The American Law Institute*, Handbook for ALI Reporters, S. 8.
175 *Hay*, US-Amerikanisches Recht, 2015, S. 5.
176 *The American Law Institute*, Handbook for ALI Reporters, S. 8.

ALI Reporters weist indes explizit darauf hin, dass ein Reporter stets dazu verpflichtet sei, die Formulierungen einer *statutory rule* zu überprüfen und gegebenenfalls anzupassen bzw. zu verbessern, damit die Regelungen des Restatement letztlich das bestmögliche Recht enthalten.[177]

Des Weiteren können Reporter in ihrer Arbeit auf Sekundärquellen aus der Wissenschaft zurückgreifen.[178] Wissenschaftliche Abhandlungen und Aufsätze beleuchten rechtliche Prinzipien in manchen Fällen detaillierter als Gerichtsentscheidungen oder gesetztes Recht. Hier finden sich vielfach auch methodische Erläuterungen, die für die Erstellung des Restatement grundlegend sein können. Verweise auf diese Materialien unterstützen daher das methodische Fundament des Regelungswerkes und dienen der Zweckmäßigkeit der Reporter's Notes.[179]

Eine weitere zentrale Bezugsquelle des Reporters ist die vorherige Fassung eines Restatement.[180] Auch wenn diese keine Bindungswirkung hat, kann sie dem Reporter als Richtschnur für seinen Entwurf dienen, vor allem für den Aufbau.[181] Je nach Erfolg und Autorität der Vorgängerversion muss der Reporter entscheiden, ob er die Neufassung an die vorherige Auflage anlehnen oder für einen völligen Umbruch sorgen möchte. Laut dem Handbuch darf auch auf ausländisches Recht zurückgegriffen werden.[182] Dieses hat zwar ebenfalls keinerlei Bindungswirkung, kann aber Denkanstöße für bisher ungeklärte oder umstrittene Rechtsfragen geben. Tatsächlich wird jedoch in den meisten Restatements nur vereinzelt Rechtsvergleichung betrieben.[183] Damit stehen dem Reporter neben den klassischen Bezugsquellen des *common law*-Richters noch weitere wichtige Materialien bei der Erstellung eines Restatement zur Verfügung.

3. *Der formale Aufbau*

Das ALI hat für die Erstellung der Restatements in seinem *Handbook for ALI Reporters* genaue Vorgaben hinsichtlich des formalen Aufbaus erlassen.[184]

---

177 *The American Law Institute*, Handbook for ALI Reporters, S. 9.

178 *The American Law Institute*, Handbook for ALI Reporters, S. 11.

179 *The American Law Institute*, Handbook for ALI Reporters, S. 11.

180 *The American Law Institute*, Handbook for ALI Reporters, S. 11.

181 *The American Law Institute*, Handbook for ALI Reporters, S. 11.

182 *The American Law Institute*, Handbook for ALI Reporters, S. 10 f.

183 Ein Beispiel dafür findet man im Restatement (Third) of the Law of Agency, Introduction, Reporter's Notes: „Unlike Restatement Second, Agency, this Restatement also makes explicit reference to foreign law for purposes of comparison."

184 *The American Law Institute*, Handbook for ALI Reporters, S. 33 ff.

Hierdurch wird eine Einheitlichkeit sichergestellt, die einen sicheren und einfachen Umgang mit den Texten erlauben soll.

Bereits der Bericht des Committee von 1923 äußerte sich sehr detailliert zu den formalen Kriterien des Restatement und erklärte, dass Fragen der Form für die Einheitlichkeit von grundlegender Bedeutung seien.[185] Die Mitglieder des Committee lehnten es explizit ab, die Regelungen des Restatement in Form eines *Code* zu formulieren, da dadurch die Flexibilität des *common law* verloren gehe.[186] Stattdessen solle es klar getrennte Bestandteile geben: eine Darstellung der geltenden Rechtsprinzipien, eine Untersuchung der Rechtsprobleme, eine Erläuterung der aktuellen Rechtslage und eine Begründung der gewählten Prinzipien.[187] Die Darstellung der Rechtsprinzipien müsse mit der gleichen Präzision wie bei einem Gesetz (*statute*) erfolgen.[188] Allerdings sollten die Prinzipien weniger abstrakt formuliert sein als im kontinental-europäischen Raum.[189] Die Gerichte in den USA seien durch die detaillierten Vorgaben des *case law* meist stärker in ihrem Ermessen beschränkt als Gerichte des *civil law*; daher müssten auch die Restatements diese Eigenart widerspiegeln.[190] Die Rechtsprechung sowie andere Rechtsquellen seien vollständig zu zitieren, damit gewährleistet

---

185 *Committee on the Establishment of a Permanent Organization for the Improvement of the Law Proposing the Establishment of an American Law Institute*, Report of the Committee, S. 19; *Lewis*, 9 A.B.A. Journal 77, 79 (1923).

186 *Committee on the Establishment of a Permanent Organization for the Improvement of the Law Proposing the Establishment of an American Law Institute*, Report of the Committee, S. 21; *Frank*, 26 Hofstra Law Review 615, 618 (1998).

187 *Committee on the Establishment of a Permanent Organization for the Improvement of the Law Proposing the Establishment of an American Law Institute*, Report of the Committee, S. 19.

188 *Committee on the Establishment of a Permanent Organization for the Improvement of the Law Proposing the Establishment of an American Law Institute*, Report of the Committee, S. 19: „The statement of the principles should be made with the care and precision of a well-drawn statute."

189 *Committee on the Establishment of a Permanent Organization for the Improvement of the Law Proposing the Establishment of an American Law Institute*, Report of the Committee, S. 20.

190 *Committee on the Establishment of a Permanent Organization for the Improvement of the Law Proposing the Establishment of an American Law Institute*, Report of the Committee, S. 21.

werden könne, dass die Rechtsprinzipien des Restatement auf einer kritischen und umfassenden Analyse der bisherigen Rechtsprechung beruhten.[191]

In einer Konferenz unmittelbar nach der Gründung des ALI wurden einige Vorschläge des Committee aufgegriffen und ein Entwurf der Formvorschriften beschlossen.[192] So sollten die Publikationen des Instituts zwei Textarten umfassen: die Restatements und die zugehörigen Treatises. Als Bestandteil eines Restatement waren zum einen die Rechtsprinzipien (Black Letter)[193] und zum anderen alle zu deren Verständnis notwendigen Erläuterungen (Comments) und Illustrationen (Illustrations) vorgesehen.[194] Die Darstellung der aktuellen Rechtslage sowie die Erwähnung der einschlägigen Rechtsprechung sollten nicht im Restatement, sondern stattdessen in der dazugehörigen Treatise erfolgen.[195]

Die frühen Restatements folgten dieser Vorgabe zu einem großen Teil und bestanden nur aus der *black-letter provision*, einer kurzen Kommentierung und Anwendungsbeispielen.[196] Urteilsanmerkungen oder Rechtsprechungshinweise gab es nicht.[197] Daher wurden die Anwaltskammern dazu aufgerufen, Anmerkungen für das Recht ihres jeweiligen Bundesstaates als Treatise herauszugeben.[198] Das Konzept konnte sich aber wegen des großen Zeitaufwandes bei der Erstellung nicht durchsetzen.[199] Der daraus resultierende Mangel an ausführlicher Rechtsprechungsauswertung und Analyse wurde in der Literatur stark kritisiert.[200] Daher entschied das ALI 1930, die Explanatory Notes einzuführen, die das wichtigste Fallrecht enthalten sollten.[201] In der zweiten Auflage der Restatements wurden diese Erklärungen durch die Reporter's Notes ersetzt, in

---

191 *Committee on the Establishment of a Permanent Organization for the Improvement of the Law Proposing the Establishment of an American Law Institute*, Report of the Committee, S. 21.

192 *Lewis*, 9 A.B.A. Journal 495 (1923).

193 Der Name leitet sich von der Schreibweise im Restatement ab: die *black-letter provision* wird stets fett abgedruckt, vgl. *The American Law Institute*, Handbook for ALI Reporters, S. 36.

194 *Lewis*, 9 A.B.A. Journal 495 (1923).

195 *Lewis*, 9 A.B.A. Journal 495 (1923).

196 *Frank*, 26 Hofstra Law Review 615, 621 (1998); so ist beispielsweise das erste Restatement of Conflict of Laws aufgebaut.

197 *Frank*, 26 Hofstra Law Review 615, 621 (1998).

198 Restatement of Conflict of Laws, Reporter's Memorandum, S. xiv; *Frank*, 26 Hofstra Law Review 615, 621 (1998).

199 *Frank*, 26 Hofstra Law Review 615, 621 (1998).

200 *Yntema*, 34 Michigan Law Review 461, 465 (1936).

201 *Frank*, 26 Hofstra Law Review 615, 621 f. (1998).

denen der Reporter wichtige Entscheidungen zitieren und Hinweise auf weiterführende Literatur geben kann.[202]

Seit 2015 richtet sich der formale Aufbau eines Restatement nach dem vom ALI herausgegebenen *Handbook for ALI Reporters*. Danach ist vorgesehen, dass sich das Restatement in getrennten Abschnitten zunächst generellen Fragestellungen widmet, bevor es auf spezielle Konstellationen eingeht.[203] Jede einzelne Thematik wird im Rahmen einer Section behandelt, die ihrerseits aus drei Teilen besteht: Black Letter, Comments und Reporter's Notes.[204]

Eine *black-letter provision* soll kurz, knapp und präzise, d.h. in klar strukturierter und einfacher Sprache das jeweilige Rechtsprinzip (*principle*), die Regel (*rule*) oder Rechtsaussage (*statement of law*) darlegen.[205] Anders als im Committee-Bericht vorgesehen beschränkt das Handbuch die *black-letter provision* nicht länger auf die Wiedergabe von Rechtsprinzipien, sondern schließt auch Regeln mit ein. Eine nach *Alexy* notwendige „saubere“ Unterscheidung zwischen Regeln und Prinzipien[206] wird nicht gemacht.[207] Mit Blick auf den Zweck der *black-letter provisions* und der Restatements im Allgemeinen ist allerdings davon auszugehen, dass es sich – in der Terminologie von *Alexy* – um Regeln handeln soll.[208]

---

202 *Wechsler*, 13 Saint Louis University Law Journal 185, 193 (1968).

203 *The American Law Institute*, Handbook for ALI Reporters, S. 33.

204 *The American Law Institute*, Handbook for ALI Reporters, S. 34.

205 *The American Law Institute*, Handbook for ALI Reporters, S. 36.

206 Vgl. hierzu *Alexy*, Theorie der Grundrechte, 1985, S. 71 ff.; nach *Alexy* enthalten Prinzipien ein Optimierungsgebot, dessen Maß an Erfüllung von tatsächlichen und rechtlichen Möglichkeiten abhängt; Regeln setzen hingegen Festsetzungen im Rahmen des tatsächlich und rechtlich Möglichen um, vgl. *Alexy*, Theorie der Grundrechte, 1985, S. 75 f.

207 Die Begriffe „principles“ und „rules“ werden in Literatur und Rechtsprechung teilweise sogar synonym gebraucht, vgl. Black's Law Dictionary: „principle: a basic rule, law, or doctrine“; allerdings wurde auch in den USA die Differenzierung zwischen Rechtsprinzipien und Regeln thematisiert, vgl. beispielsweise *Dworkin*, 35 University of Chicago Law Review 14, 22 ff. (1967).

208 Auch das Handbuch spricht an mehreren Stellen von „black-letter rules“, vgl. beispielsweise *The American Law Institute*, Handbook for ALI Reporters, S. 42; dass sowohl der Committee-Bericht als auch das Handbuch trotzdem vorrangig den Begriff “Prinzipien” verwenden, ist vermutlich dem “anti-rule symptom” der US-amerikanischen Rechtswissenschaft geschuldet, vgl. *Symeonides*, Choice of Law, 2016, S. 701; auf diese Weise soll die Vergleichbarkeit mit gesetztem Recht verschleiert werden.

Damit die *black-letter provision* in ihren Formulierungen nicht zu detailreich wird, sind die sich anschließenden Comments essenziell. Hier werden Hintergrund, Leitgedanke und Anwendungsbereich der Regelung erläutert.[209] Gleichzeitig soll erklärt werden, welche alternativen Ansätze in der Rechtsprechung und Literatur vertreten werden und warum sich das ALI gerade für diesen Weg entschieden hat.[210] Teilweise werden die Comments durch Illustrations ergänzt, in denen hypothetische Sachverhalte gebildet werden, anhand derer die Anwendung der *black-letter provision* im konkreten Fall dargestellt wird.[211] Oftmals basieren die Sachverhalte auf den Fakten tatsächlicher Gerichtsentscheidungen.[212]

Am Ende jeder Section folgen die Reporter's Notes, die manchmal durch Statutory Notes ergänzt werden. Anders als Black Letter, Comments und Illustrations sind die Reporter's Notes und Statutory Notes allein Produkt des Reporters und werden daher nicht vom ALI beschlossen und herausgegeben.[213] In den Reporter's Notes erläutert der Reporter die bei der Erstellung der Section verwendeten Quellen und sonstige Hintergrundinformationen, die er für das Verständnis als wesentlich erachtet.[214] Sofern *statutes* für die Auslegung der konkreten Rechtsfrage von Relevanz sein können, wird auf diese in den Statutory Notes hingewiesen.[215]

IV. Der Einfluss der Restatements im US-amerikanischen Recht

Die Gründer des ALI hatten das Ziel, mit Hilfe der Restatements das US-amerikanische Recht zu vereinheitlichen und zu vereinfachen. Inwieweit sich dieses Bestreben verwirklichen ließ, kann man anhand des Einflusses erkennen, den die Projekte des Instituts auf die Rechtsprechung, die Gesetzgebung und die Wissenschaft genommen haben.[216]

---

209 *The American Law Institute*, Handbook for ALI Reporters, S. 42.

210 *The American Law Institute*, Handbook for ALI Reporters, S. 43.

211 *The American Law Institute*, Handbook for ALI Reporters, S. 44.

212 *The American Law Institute*, Handbook for ALI Reporters, S. 44.

213 *Frank*, 26 Hofstra Law Review 615, 622 (1998); *The American Law Institute*, Handbook for ALI Reporters, S. 45.

214 *The American Law Institute*, Handbook for ALI Reporters, S. 45.

215 *The American Law Institute*, Handbook for ALI Reporters, S. 46.

216 *Goodrich*, 1951 Washington University Law Quarterly 283, 290 (1951): „While such an evaluation may be pleasant […] this is not, however, the final test of whether the work was worth doing it. That must be found in the use that has been made of the Restatement by the bench, bar and law schools."; *Lewis*, 9 A.B.A. Journal 636, 637 (1923).

1. *Einfluss in der Rechtsprechung*

Den mit Abstand größten Einfluss haben die Restatements auf die US-amerikanische Rechtsprechung.[217] Gerichte nehmen häufig Bezug auf die Regelungswerke, sodass diese zu den einflussreichsten Sekundärquellen gehören.[218] Der Stellenwert eines Restatement hängt von der jeweiligen Thematik ab: Während beispielsweise im Vertragsrecht den Regelungen des ALI weitgehend gefolgt wird[219] und § 45 und § 90 des Restatement (Second) of Contracts zu den meist zitierten Vorschriften gehören,[220] können Vorschriften zur Produkthaftung aus dem Restatement (Third) of Torts mangels Akzeptanz in der Rechtsprechung kaum Allgemeinwirkung beanspruchen.[221]

Grundsätzlich lässt sich beobachten, dass Gerichte vor allem in solchen Bereichen den Restatements folgen, in denen von der bisherigen Rechtsprechung abgewichen oder neue Regelungen geschaffen werden.[222] In manchen Bundesstaaten, in denen es zu bestimmten Rechtsfragen keine *statutes* oder *case law* gab, übernehmen die Gerichte das Recht der Restatements oftmals sogar wörtlich.[223] Die Übernahme der Restatement-Regelungen in die Entscheidungsgründe sorgt dafür, dass diese Teil des bindenden *common law* werden.[224] Auf den amerikanischen Jungferninseln, die als nicht korporiertes Außengebiet kein Teil der Vereinigten Staaten sind, wurde das Recht der Restatements sogar als *de facto common law* eingeführt.[225]

Die Gründe für die positive Resonanz der Restatements bei den Gerichten sind verschieden. Zum einen hat auch die Rechtsprechung ein Interesse daran, Vorhersehbarkeit zu fördern und so den Parteien und sich selbst „die Arbeit zu erleichtern".[226] *Adams* argumentiert, dass die Gerichte bei fehlender *binding*

217 *Reimann*, in: Amerikanische Rechtskultur und europäisches Privatrecht, S. 142.

218 *Nevers*, 42 The Student Lawyer 19 (2013).

219 *Reimann*, in: Amerikanische Rechtskultur und europäisches Privatrecht, S. 143.

220 Dazu näher *Gray*, RabelsZ 50 (1986), 111, 120.

221 *Reimann*, in: Amerikanische Rechtskultur und europäisches Privatrecht, S. 143; in einer Studie zum Einfluss des Restatement of Torts in Pennsylvania aus den 40er Jahren kam man zum Ergebnis, dass das Recht des Restatement zur „primary authority" geworden sei, vgl. *Goodrich*, 1951 Washington University Law Quarterly 283, 290 (1951).

222 *Gray*, RabelsZ 50 (1986), 111, 120.

223 Vgl. *Frank*, 26 Hofstra Law Review 615, 638 (1998).

224 Vgl. *Nevers*, 42 The Student Lawyer 19 (2013).

225 *Adams*, 33 Hofstra Law Review 423, 425 f. (2004); ausführlich dazu *Revesz*, 40 The ALI Reporter 1 (2018).

226 So auch *Adams*, 33 Hofstra Law Review 423, 443 (2004).

authority[227] der Auffassung seien, dass das Recht der Restatements die vorzugswürdige Variante beinhalte.[228] Es sei anerkannt, dass die Regelungswerke das *general common law* der USA widerspiegelten.[229] Daher wird ein Rückgriff auch aus ökonomischen Aspekten als sinnvoll angesehen.

Des Weiteren werden die Restatements geschätzt, da sie das Produkt ausführlicher Recherche, Revision und Diskussion hochrangiger Rechtswissenschaftler sind.[230] Ein Richter kann davon ausgehen, dass die vorgeschlagene Lösung der Restatements unter den Mitgliedern des ALI eine Mehrheit gefunden hat und als vertretbar befunden wurde. Damit wird seine Entscheidung zwar nicht weniger angreifbar, kann sich aber zumindest auf ein gefestigtes Fundament stützen.

Der große Einfluss der Restatements ist unter anderem dem föderalen Rechtssystem der USA geschuldet. Die Rechtszersplitterung unter den 50 Bundesstaaten führt zu einem größeren Bedürfnis nach Einigkeit.[231] Obwohl die Rechtssysteme der US-Bundesstaaten auf den gleichen Wertevorstellungen und derselben Verfassung beruhen, finden sich im „nicht-kodifizierten" Recht häufig große Unterschiede. Auch in der Rechtsprechung wurde daher bereits der Ruf nach mehr Einheitlichkeit laut.[232]

Allerdings gibt es auch Stimmen, die die Verwendung der Restatements in der Rechtsprechung kritisieren. Der U.S. Supreme Court-Richter *Scalia* wies beispielsweise in seiner *dissenting opinion* in der Entscheidung Kansas v. Nebraska darauf hin, dass man auf die modernen Restatements nicht vorbehaltlos zurückgreifen könne, da sie nicht mehr nur vorrangig das bestehende Recht wiedergäben, sondern stattdessen vermehrt neue Regelungen beinhalteten.[233] Diese neuen Regelungen dürften gerade nicht von der Rechtsprechung kommentarlos übernommen, sondern müssten mit derselben *scrutiny* wie jeder Parteivortrag untersucht werden.[234]

---

227 Bezeichnet die Bindung eines Gerichts an höherinstanzliche Urteile, vgl. Black's Law Dictionary.

228 So der United States Court of Appeals, Seventh Circuit in der Entscheidung In re Air Crash Disaster Near Chicago, Ill., On May 25, 1979, 803 F.2d 304, 311 (7th Cir. 1986); vgl. *Adams*, 33 Hofstra Law Review 423, 443 (2004).

229 *Adams*, 33 Hofstra Law Review 423, 443 (2004).

230 *Nevers*, 42 The Student Lawyer 19 (2013).

231 *Harzard Jr.*, 26 Hofstra Law Review 661, 665 (1998).

232 Nichols v. Union Underwear Co., 602 S.W.2d 429, 432 n.1 (Ky. 1980).

233 Kansas v. Nebraska, 135 S. Ct. 1046, 1064 (2015): „I write separately to note that modern Restatements [...] are of questionable value, and must be used with caution."

234 Kansas v. Nebraska, 135 S. Ct. 1046, 1064 (2015).

Anzumerken ist abschließend, dass Restatements in einigen Fällen vor allem als Bekräftigung einer bereits getroffenen Entscheidung herangezogen werden.[235] Für die Rechtsfindung der Gerichte sind sie dann nicht allein ausschlaggebend.[236] Letztlich schmälert dies aber nicht den grundsätzlichen Einfluss der Regelungswerke auf die Rechtsprechung.

2. *Einfluss auf den Gesetzgeber*

Die Einflüsse der Restatements auf den Gesetzgeber sind überschaubar. Tatsächlich haben andere Werke des ALI, wie die *Principles* und *Model Codes,* eine weitaus größere Wirkung ausgeübt. Der Uniform Commercial Code, der vom ALI in Kooperation mit der National Conference of Commissioners on Uniform State Law herausgegeben wird, ist ein prominentes Beispiel für ein gelungenes Gesetzgebungsprojekt.[237] Der geringere Einfluss der Restatements erstaunt jedoch nicht, wenn man bedenkt, dass sie vor allem an Gerichte gerichtet sind.

3. *Einfluss in der Wissenschaft*

Restatements sind immer ein „Kind der Wissenschaft".[238] Zum einen werden Inhalt, Struktur und Methodik eines Restatement stark vom jeweils verantwortlichen Reporter beeinflusst, der in der Regel in der Wissenschaft tätig ist. Zum anderen hat das ALI als „juristic center"[239] auch den Anspruch, den wissenschaftlichen Diskurs voranzutreiben. *Yntema* beschreibt die Verbindung von Wissenschaft und ALI als symbiotisch: Die Arbeit an den Restatements biete für die Wissenschaft große Möglichkeiten, sodass diese gleichzeitig auch für den Fortbestand und Erfolg des ALI verantwortlich sei.[240] Insofern ist ein Diskurs zwischen Wissenschaft und den zuständigen Personen bereits im Ansatz notwendig.

---

235 *Schindler*, ZEuP 1998, 277, 288.

236 *Schindler*, ZEuP 1998, 277, 288.

237 *Frank*, 26 Hofstra Law Review 615, 638 (1998); mit Ausnahme von Louisiana haben alle Bundesstaaten der USA die Handelsrechtvorschriften des U.C.C. übernommen.

238 A.A. *Reimann*, in: Amerikanische Rechtskultur und europäisches Privatrecht, S. 143.

239 Vgl. *Committee on the Establishment of a Permanent Organization for the Improvement of the Law Proposing the Establishment of an American Law Institute*, Report of the Committee, S. 2.

240 *Yntema*, 34 Michigan Law Review 461, 462 (1936): „The Institute has been a great opportunity for the law teacher; it is correspondingly his responsibility."

In der Literatur werden die Regelungen der Restatements – je nach Rechtsgebiet – mehr oder weniger kontrovers diskutiert. Oftmals kommt der Impuls für ein neues Projekt oder eine Neuauflage aus der Wissenschaft.[241] In diesem Zusammenhang werden häufig konkrete Regelungsvorschläge gemacht, die dem Reporter erste Anhaltspunkte bei seiner Arbeit geben können. Auch während des Drafting Process gibt es immer wieder Rückmeldungen aus der Literatur, was sowohl positive als auch negative Auswirkungen haben kann.[242] Im Ergebnis bedeutet dies, dass die Restatements den wissenschaftlichen Diskurs mittelbar stark beeinflussen können.

V. Ergebnis

Die Restatements sind seit der Gründung des ALI ein wichtiger Bestandteil des US-amerikanischen Rechts und haben die Rechtsentwicklung in den letzten 90 Jahren maßgeblich mitgeprägt. Die Regelungswerke werden von den Gerichten als eine zuverlässige Rechtsquelle geschätzt – besonders wegen ihrer kodifikationsähnlichen Struktur. Sie stehen nicht im Widerspruch zum *common law*-Ansatz des US-amerikanischen Rechts, sondern ergänzen das Rechtsgefüge gewinnbringend. Dabei muss beachtet werden, dass die Restatements inzwischen auch eine *lex ferenda*-Komponente besitzen, die bei der Analyse nicht außer Acht gelassen werden darf. Das heutige Konzept des ALI für die Restatements verfolgt den ursprünglichen Zweck, ein einfach zu handhabendes Übersichtswerk des US-amerikanischen Rechts zu schaffen. Ob und wie dies in der praktischen Umsetzung gelingt, sodass die Restatements auch im Kollisionsrecht ein „Erfolgsprodukt" sein können, soll im Folgenden untersucht werden.

B. Die Restatements of Conflict of Laws

Conflict of Laws gehört zu den vier Rechtsgebieten, für die das ALI bereits in seiner Gründungssitzung im Jahr 1923 die Erstellung eines Restatement of the Law beschloss. Inzwischen existiert neben der ersten Fassung von 1934 eine

241 So beispielsweise im Falle des Restatement (Third) of Conflict of Laws; hierzu fand bereits 1999 ein Symposium an der Indiana Law School zu der Thematik „Preparing for the Next Century – A New Restatement of Conflicts?" statt, vgl. *Shreve*, 75 Indiana Law Journal 399 (2000).

242 Das zweite *Conflicts* Restatement wurde bereits während seiner Entstehung von mehreren Wissenschaftlern „zerrissen", vgl. *Ehrenzweig*, 113 University of Pennsylvania Law Review 1230 (1965).

zweite Auflage von 1969. Seit 2015 sind die Arbeiten an einer dritten Version im Gange. Die Erwartungen von Wissenschaft und Praxis an die Neuauflage sind hoch: Sie soll das US-amerikanische Kollisionsrecht für die Herausforderungen des 21. Jahrhunderts rüsten. Ob diese Hoffnungen erfüllt werden können, hängt auch davon ab, ob und inwieweit die Restatements das Kollisionsrecht in der Vergangenheit beeinflussen konnten. Im Folgenden soll daher zunächst ein Überblick über den Regelungsgegenstand des US-amerikanischen Kollisionsrechts, seine historische Entwicklung sowie den *status quo* in der Rechtsprechung der US-amerikanischen Einzelstaaten gegeben werden. Auf Basis dieser Ausführungen wird dann beurteilt, welche Bedeutung die Restatements des ALI bisher für das Kollisionsrecht der USA gehabt haben.

I. *Conflict of Laws*: ein Überblick

1. *Grundlagen*

a. *Begriffsverständnis*

Das Rechtsgebiet *Conflict of Laws* umfasst sämtliche Regelungen, die im Zusammenhang mit grenzüberschreitenden Streitigkeiten zwischen natürlichen oder juristischen Personen stehen. Konkret werden folgende Fragestellungen behandelt: Wo kann im Falle einer solchen Streitigkeit geklagt werden? Welches Recht ist auf den Sachverhalt anzuwenden? Wird die Entscheidung auch außerhalb des *forum* respektiert?[243] Die Frage des anwendbaren Rechts, die im deutschen Sprachgebrauch Regelungsinhalt des Kollisionsrechts ist, fällt in den USA unter den Begriff *Choice of Law*, häufig wird auch der eigentliche Oberbegriff *Conflict of Laws* verwendet.[244] Damit weicht man von der in Kontinentaleuropa anerkannten Bezeichnung „Internationales Privatrecht" ab – obwohl dieser Terminus ursprünglich von einem US-amerikanischen Rechtswissenschaftler geprägt wurde.[245]

Bei Lichte besehen ist die terminologische Abweichung jedoch zweckmäßig, da sie die zentralen Unterschiede zwischen dem kontinentaleuropäischen und dem US-amerikanischen Verständnis widerspiegelt: Zum einen beschäftigt sich

243 *Juenger*, 73 Tulane Law Review 1309, 1310 (1999).

244 Ähnlich auch in Deutschland, wo die Begriffe IPR und Kollisionsrecht meist synonym verwendet werden, vgl. *von Hoffmann/Thorn/Firsching*, Internationales Privatrecht, 2007, S. 7 f.

245 *Story*, Commentaries on the Conflict of Laws, 1857, § 9: „This branch of public law may, therefore, be fitly denominated private international law […]."

das Rechtsgebiet nicht nur mit internationalen Sachverhalten (*international conflicts*), sondern ist ebenso – und sogar in erster Linie – bei Streitigkeiten zwischen Beteiligten aus den Einzelstaaten der USA, den sog. *interstate conflicts*, anwendbar. Da in den USA kein vereinheitlichtes Privatrecht existiert, müssen die *Conflicts Rules* auch interlokale Streitigkeiten regeln.[246] Angesichts unterschiedlicher Wertungen auf materiell-rechtlicher Ebene, insbesondere in Fällen mit international-grenzüberschreitendem Bezug, ist dieser Gleichlauf durchaus kritisch zu sehen.[247] Zum anderen ist die Unterscheidung zwischen öffentlichem Recht und Privatrecht in *common law*-Jurisdiktionen weniger absolut als im *civil law*.[248] In den USA wird seit jeher angenommen, dass es in grenzüberschreitenden Fällen nicht nur um die Auflösung von Interessenskonflikten von privaten Akteuren, sondern vor allem um staatliche Interessen geht.[249] Aus diesen Gründen wäre eine Bezeichnung als „international private law" letztlich irreführend.

Das Kollisionsrecht fällt in den USA in den Zuständigkeitsbereich der Einzelstaaten. Die Verfassung ordnet die Kompetenz für die Gesetzgebung im Privatrecht nicht dem Bund zu, sodass sie gemäß des 10. Zusatzartikels bei den Staaten verbleibt.[250] Ein einheitliches US-amerikanisches *Conflicts Law* existiert somit nicht, es gibt stattdessen 50 verschiedene Kollisionsrechte, die teilweise völlig gegensätzlichen Methodenströmungen folgen.[251] Daher kann es einen großen Unterschied machen, ob eine Streitigkeit vor einem Gericht in Massachusetts verhandelt wird oder ob ein Richter in Virginia denselben Fall zu entscheiden hat. Zu beachten ist in diesem Zusammenhang allerdings, dass das Recht der Einzelstaaten nach den Grundsätzen des Föderalismus weiterhin

246 *Juenger* spricht daher von einer Doppelfunktion, vgl. *Juenger*, 73 Tulane Law Review 1309, 1310 (1999).

247 *Junker*, Internationales Privatrecht, 2021, S. 50; für separate Regelungen plädierte bereits *Ehrenzweig*, 41 Minnesota Law Review 717 (1957).

248 *Hay/Borchers et al.*, Conflict of Laws, 2018, S. 2.

249 *Symeonides*, Recueil des cours 384 (2017), 1, 101.

250 Article 10 U.S. Constitution: „The powers not delegated to the United States by the Constitution, nor prohibited by it to the States, are reserved to the States respectively, or to the people […]."; vgl. auch *Zweigert/Kötz*, Einführung in die Rechtsvergleichung, 1996, S. 244 f.

251 Eine detaillierte Zusammenfassung über die Rechtsprechungsentwicklung in den einzelnen Bundesstaaten wurde bis 2020 von *Symeonides* im American Journal of Comparative Law veröffentlicht; für das Jahr 2020 *Symeonides*, 69 American Journal of Comparative Law (im Erscheinen 2021); vgl. auch *Kegel/Schurig*, Internationales Privatrecht, 2004, S. 201, die die Situation als „cocktail-ähnliche Mischung" bezeichnen.

den verfassungsrechtlichen Grenzen unterliegt. Im Bereich des Kollisionsrechts können vor allem der *Due Process Clause*, der *Full Faith and Credit Clause*, der *Commerce Clause*, der *Privileges and Immunities Clause* und der *Equal Protection Clause* Auswirkungen auf die Wahl des anwendbaren Rechts haben.[252] Entscheidungen des U.S. Supreme Court beschäftigen sich nur mit der Einhaltung bzw. Auslegung dieser verfassungsrechtlichen Prinzipien im Kollisionsrecht, nicht jedoch mit der Frage des anwendbaren Rechts an sich.[253]

Zusätzlich erschwert wird der Umgang mit grenzüberschreitenden Sachverhalten durch das komplexe Gerichtssystem der USA. *Federal* und *state courts* existieren gleichrangig nebeneinander, ein föderales Kollisionsrecht gibt es jedoch nicht.[254] Stattdessen müssen *federal courts* das Kollisionsrecht des Staates anwenden, in dem sie ansässig sind.[255] Im Falle eines Gerichtsstandswechsels (*change of venue*)[256] innerhalb der *federal jurisdiction* ist für das neu zuständige Gericht trotzdem das ursprünglich anwendbare einzelstaatliche Kollisionsrecht ausschlaggebend.[257] Hierdurch soll *forum shopping* verhindert werden.[258] Letztlich bedeutet dies, dass ein Gericht auf Bundesebene unter Umständen „fremdes" Kollisionsrecht anwenden muss.

---

252 Siehe dazu ausführlich *Brilmayer*, Conflict of Laws, 1991, S. 112 ff. sowie *Sedler*, in: FS von Mehren, S. 373 ff.

253 *Lipstein*, Recueil des cours 135 (1972), 72, 149 ff.; danach verfolgt der U.S. Supreme Court in kollisionsrechtlichen Fallkonstellationen inzwischen zwei primäre Aufgaben: den Schutz (einzel-) staatlicher Interessen sowie die Gewährleistung von Gerechtigkeit zwischen den betroffenen Parteien; der U.S. Supreme Court erklärte 2003 zudem explizit, dass er keine Entscheidung bezüglich der Abwägung einzelstaatlicher Interessen im Kollisionsrecht treffen werde, vgl. Franchise Tax Bd. of California v. Hyatt, 538 U.S. 488, 499 (2003).

254 Näher dazu Teil 1, D.I.

255 So die ständige Rechtsprechung nach Klaxon Co. v. Stentor Electric Mfg. Co., 313 U.S. 487 (1941); ausführlicher dazu Teil 1, D.I.

256 Das Gericht kann einen *change of venue* nach 28. U.S.C. § 1404 (a) zulassen, wenn eine Partei dies zuvor beantragt hat und der Wechsel im Interesse der Rechtsfindung („in the interest of justice") ist; der neue Gerichtsstand muss die persönliche und örtliche Zuständigkeit besitzen oder von den Parteien übereinstimmend gewählt worden sein.

257 Vgl. Van Dusen v. Barrack, 376 U.S. 612, 639 (1964): „A change of venue under s 1404(a) generally should be, with respect to state law, but a change of courtrooms."

258 Van Dusen v. Barrack, 376 U.S. 612, 639 (1964).

b. *Kollisionsrecht im Prozess*

Zuletzt muss noch auf die Behandlung des Kollisionsrechts im Rahmen des US-amerikanischen Zivilprozesses eingegangen werden. Wie bereits an anderer Stelle erläutert, liegt im US-amerikanischen Zivilprozess die Beibringungslast für prozessrelevante Tatsachen und rechtliche Wertungen bei den Parteien.[259] Das wirkt sich auch auf die Bestimmung des anwendbaren Rechts aus.[260] Sofern die Parteien ausländisches Recht – sei es im Rahmen einer interlokalen oder einer internationalen Streitigkeit – anwenden möchten, müssen sie sich darauf berufen. Anders als im deutschen Verfahren, wo das anwendbare Recht von Amts wegen vom Richter bestimmt wird,[261] hängt es in den USA maßgeblich vom Vortrag der Parteien als „Herren des Verfahrens" ab, ob eine kollisionsrechtliche Untersuchung vorgenommen wird.[262] In der Literatur wird daher von einem fakultativen Kollisionsrecht gesprochen.[263] Der fakultative Charakter beschränkt sich jedoch auf das Aufwerfen der kollisionsrechtlichen Fragestellung: Sofern sich zumindest eine Partei auf ausländisches Recht beruft, erfolgt die eigentliche Bestimmung des anwendbaren Rechts unter Anwendung des Kollisionsrechts von Amts wegen.[264] Das Kollisionsrecht ist als Rechtsanwendungsrecht für die Gerichte des Forumstaates bindend.[265] Die Parteien sind nicht verpflichtet, die anzuwendende Kollisionsregel zu benennen. Ausreichend ist, dass sie sich auf die Anwendbarkeit des ausländischen Rechts berufen. Trägt indes keine Partei etwas zur möglichen Anwendbarkeit ausländischen Rechts vor, wird sich in der Praxis kein Gericht die Mühe machen, eine kollisionsrechtliche Analyse vorzunehmen.[266]

Komplexer ist indes die Frage, wie und vor allem von wem zum Inhalt des ausländischen Rechts vorgetragen werden muss. Auch hier wirkt sich das *adversary*

---

259 *Kischel*, Rechtsvergleichung, 2015, S. 311 f.

260 *Burnham*, Introduction to the Law and Legal System of the United States, 2016, S. 830.

261 MüKo ZPO/*Prütting*, § 293 ZPO, Rn. 8 f.

262 *Hay*, 62 American Journal of Comparative Law 213, 215 (2014): „Foreign law therefore must be invoked – raised by at least one of the parties – otherwise its possible applicability is not in issue."

263 Staudinger/*Looschelders*, Einleitung IPR, Rn. 133; in Deutschland wurde dieser Begriff von *Flessner* geprägt, vgl. *Flessner*, RabelsZ 34 (1970), 547.

264 *Hay*, 62 American Journal of Comparative Law 213, 216 (2014); *Nishitani*, in: Private International Law, Contemporary Challenges and Continuing Relevance, S. 420.

265 So pointiert für das deutsche Recht *von Bar/Mankowski*, Internationales Privatrecht, 2003, S. 393.

266 *Symeonides*, Choice of Law, 2016, S. 90.

system aus. Ursprünglich wurde im *common law* ausländisches Recht als reine Tatsachenfrage angesehen, sodass es den Parteien oblag, alle notwendigen Informationen vorzutragen.[267] Grundlage dieser Ansicht war der Gedanke, dass das Gericht eines souveränen Staates nur „eigenes" Recht anwenden könne.[268] Um ausländischem Recht trotzdem Geltung verschaffen zu können, musste dieses als Tatsache in den Prozess eingeführt werden.[269] Misslang der Beweis, wurde die Klage mangels Schlüssigkeit abgewiesen.[270] Aus der Behandlung als Tatsachenfrage folgte auch, dass die Auslegung ausländischen Rechts auf Berufungsebene nicht revisibel war.[271]

Mit der Zeit begannen einige einzelstaatliche Gerichte jedoch, für das Recht von *sister states*, d.h. anderen U.S. Bundesstaaten, das Prinzip der *judicial notice* einzuführen.[272] Daraus folgte, dass diese Gerichte selbstständig den Inhalt des ausländischen Rechts feststellen konnten und so die Beweislast der Parteien vereinfacht wurde.[273] Andere Einzelstaaten gingen stattdessen dazu über, eine *presumption of forum law* anzunehmen und bei fehlendem oder lückenhaftem Vortrag zum ausländischen Recht pauschal die *lex fori* anzuwenden.[274] Inwieweit die *presumption* auch auf *civil law jurisdictions* ausgeweitet werden konnte, war in der Rechtsprechung umstritten: Während manche Gerichte sie auf andere US-Staaten beschränkten, gingen andere von einer grundsätzlichen Vergleichbarkeit aus.[275]

Inzwischen hat die Behandlung ausländischen Rechts als *question of fact* überwiegend ein Ende gefunden. Für das Recht anderer US-Staaten wird auf föderaler Ebene und in den meisten Einzelstaaten *judicial notice* angewendet.[276] Die *state statutes* dehnen *judicial notice* meist auch auf das Recht ausländischer Staaten

---

267 Ausführlich dazu *Nussbaum*, 50 Yale Law Journal 1018 (1941); *Teitz*, Transnational Litigation, 1996, S. 205 ff.

268 *Hay*, 62 American Journal of Comparative Law 213, 216 (2014).

269 Vgl. zur prozessualen Behandlung bei *Story* Teil 1, B.I.2.a.

270 So beispielsweise in Walton v. Arabian American Oil Company, 233 F.2d 541, 546 (2nd Cir. 1965).

271 *Hay/Borchers et al.*, Conflict of Laws, 2018, S. 550.

272 *Hay/Borchers et al.*, Conflict of Laws, 2018, S. 550.

273 *Hay*, 62 American Journal of Comparative Law 213, 224 (2014).

274 *Hay/Borchers et al.*, Conflict of Laws, 2018, S. 550 f.

275 *Hay/Borchers et al.*, Conflict of Laws, 2018, S. 551.

276 Für die *federal courts*: *George*, 25 Texas Tech Law Review 833, 847 (1994); ständige Rechtsprechung seit Lamar v. Micou, 114 U.S. 218, 223 (1885).

aus.[277] In den *federal courts* ist die Behandlung des Rechts nicht-amerikanischer Staaten seit 1966 in den Federal Rules of Civil Procedure in Rule 44.1 geregelt:

> A party who intends to raise an issue about a foreign country's law must give notice by a pleading or other writing. In determining foreign law, the court may consider any relevant material or source, including testimony, whether or not submitted by a party or admissible under the Federal Rules of Evidence. The court's determination must be treated as a ruling on a question of law.

Danach muss eine Partei, die sich auf ausländisches Recht berufen möchte, das Gericht und die gegnerische Partei rechtzeitig schriftlich darüber informieren. Sinn und Zweck dieses Erfordernisses ist die Vermeidung von unfairen Überraschungen für gegnerische Parteien.[278] Die inhaltlichen und formalen Anforderungen an diese *notice* sind gering, eine zeitliche Beschränkung gibt es nicht.[279] In der Rechtsprechung wurde sogar der bloße Verweis auf mehrere Auslandskontakte als ausreichender Hinweis angesehen.[280] Rule 44.1 besagt weiterhin, dass das Gericht bei der Ermittlung des ausländischen Rechts alle ihm zur Verfügung stehenden Informationen verwenden kann und nicht auf die von den Parteien beigebrachten Materialien beschränkt ist.[281] Hierin liegt die zentrale Neuerung der Regelung: Die *federal courts* sind demnach ermächtigt (aber nicht verpflichtet),[282] auf Grundlage der *notice* von Amts wegen zu ermitteln.[283] Mit Blick auf die zulässigen Materialien hierfür musste der U.S. Supreme Court jüngst die

277 Siehe hierzu im Einzelnen die Verweise in den Fußnoten 211 und 212 bei *Hay/Borchers et al.*, Conflict of Laws, 2018, S. 553.

278 Rule 44.1 FRCP, Notes of Advisory Committee on Rules (1966): „To avoid unfair surprise, the first sentence of the new rule requires that a party who intends to raise an issue of foreign law shall give notice thereof [...].“

279 Rule 44.1 FRCP, Notes of Advisory Committee on Rules (1966); FRCP Commentary/*Gensler/Mulligan*, Rule 44.1.

280 In re Griffin Trading Co., 683 F.3d 819, 823 (7th. Cir. 2012); ob dies aber tatsächlich ausreicht, ist mit Blick auf den Wortlaut kritisch zu sehen; aus den Auslandskontakten würde sich nicht direkt ergeben, dass die Parteien sich tatsächlich auf ausländisches Recht beziehen wollten, vgl. Fn. 16 bei FRCP Commentary/*Gensler/Mulligan*, Rule 44.1.

281 Rule 44.1 FRCP, Notes of Advisory Committee on Rules (1966); näher dazu *Hay*, 62 American Journal of Comparative Law 213, 222 (2014).

282 Zu der Kontroverse innerhalb der Rechtsprechung *Teitz*, in: Private International Law, Contemporary Challenges and Continuing Relevance, S. 451 f.

283 *Hay/Borchers et al.*, Conflict of Laws, 2018, S. 557.

Verwertbarkeit von Aussagen ausländischer Regierungen zum eigenen Recht beurteilen. Das Gericht kam zu dem Ergebnis, dass solche Aussagen zwar berücksichtigt werden könnten, der Richter aber nicht an die darin vertretene Rechtsauffassung gebunden und stattdessen frei darin sei, selbstständig zu ermitteln.[284] Damit folgte das Gericht dem Trend der bisherigen Rechtsprechung, Parteivorträge zum ausländischen Recht unter Vorbehalt zu betrachten. Bereits 2010 hatte der Seventh Circuit diesbezüglich darauf hingewiesen, dass ein Parteigutachten immer einen „adversary spin" enthalte und daher kaum objektiv sei.[285]

Insgesamt hat sich infolge zahlreicher Gesetzgebungsverfahren eine hybride Ansicht bezüglich des Beweises von ausländischem Recht durchgesetzt.[286] In den *federal courts* und in einem Großteil der *state courts* wird die Ermittlung ausländischen Rechts wie eine Rechtsfrage behandelt, bei der der Richter tätig wird.[287] Gleichzeitig bleiben aber eine Hinweispflicht der Parteien und der Aufruf zu ihrer Mitwirkung bei der Ermittlung ausländischen Rechts bestehen. Die Konsequenz der Behandlung ausländischen Rechts als *question of law* ist die Reversibilität der Entscheidung in der Berufungsinstanz.[288] Das Berufungsgericht kann das Ergebnis der Vorinstanz *de novo* überprüfen und gegebenenfalls zu einem anderen Ergebnis kommen. Damit gilt der im deutschen Recht anerkannte Grundsatz *iura novit curia*[289] in Bezug auf ausländisches Recht auch in den Vereinigten Staaten. Zu bedenken ist aber, dass der „Aufschlag zum Kollisionsrechts-Spiel" weiterhin bei den Parteien verbleibt.[290] Von ihrem Vortrag ist abhängig, ob ein mögliches Rechtsanwendungsproblem überhaupt zur Sprache gebracht wird.

Problematisch wird die Sachlage daher, wenn die Parteien nichts zum ausländischen Recht vortragen. Die meisten Gerichte wenden in diesen Fällen in der Regel die *lex fori* an.[291] Begründet wird dies damit, dass die Parteien eine

---

284 Animal Science Products, Inc. v. Hebei Welcome Pharmaceutical Co. Ltd., 138 S.Ct. 1865, 1873 f. (2018); siehe dazu außerdem die Anmerkung von *Hay*, IPRax 2019, 169.

285 Bodum USA, Inc. v. La Cafeterie, Inc., 621 F.3d 624, 629 (7th Cir. 2010).

286 *Burnham*, Introduction to the Law and Legal System of the United States, 2016, S. 832.

287 *Hay/Borchers et al.*, Conflict of Laws, 2018, S. 552; Minnesota verfolgt beispielsweise weiterhin den *fact approach*, vgl. dazu Ramsey County v. Yee Lee, 770 N.W.2d 572, 577 (Minn. Ct. App. 2009).

288 *Burnham*, Introduction to the Law and Legal System of the United States, 2016, S. 834.

289 Vgl. dazu näher MüKo ZPO/*Prütting*, § 293 ZPO, Rn. 2 ff.

290 *Hay*, 62 American Journal of Comparative Law 213, 222 (2014).

291 FRCP Commentary/*Gensler/Mulligan*, Rule 44.1; vgl. außerdem *Hay/Borchers et al.*, Conflict of Laws, 2018, S. 558; Staudinger/*Looschelders*, Einleitung IPR, Rn. 133; gegen eine solche Vorgehensweise argumentiert explizit *Teitz*, in: Private International Law, Contemporary Challenges and Continuing Relevance, S. 451 f.

implizite Rechtswahl vorgenommen hätten, durch die die Frage des anwendbaren Rechts unstreitig gestellt worden sei.[292] Dogmatisch überzeugen kann diese Lösung allerdings nur schwer. Zum einen beißt sich die Argumentation mit dem anerkannten Prinzip, wonach im US-amerikanischen Kollisionsrecht eine Rechtswahl nur dann möglich ist, wenn das gewählte Recht eine Verbindung zum Sachverhalt hat.[293] Weiterhin ist zu bedenken, dass die Parteien durch eine solche Rechtswahl zwingendes Recht umgehen könnten.[294] Zum anderen kann bereits angesichts der vorgetragenen Tatsachen klar sein, dass die *lex fori* nicht anwendbar ist.[295] Vor dem Hintergrund des *adversary system* lässt sich diese Herangehensweise mithin nur bis zu einem gewissen Punkt rechtfertigen: Tragen die Parteien keine Tatsachen vor, die auf einen grenzüberschreitenden Sachverhalt hinweisen, hat das Gericht keinerlei Anlass, eine kollisionsrechtliche Prüfung vorzunehmen. Ein *ex officio*-Aufwerfen der kollisionsrechtlichen Prüfung würde den Parteien die Herrschaft über das Verfahren nehmen. Weist hingegen der vorgetragene Sachverhalt auf einen Auslandsbezug hin, sollte das Gericht von Amts wegen tätig werden.[296] Dass sich die etablierte Praxis in Zukunft ändern wird, ist allerdings nicht sehr wahrscheinlich, vor allem da damit ein erhöhter Arbeitsaufwand für die Gerichte verbunden wäre.[297]

Die vorangegangenen Ausführungen machen deutlich, dass die Anwendung des Kollisionsrechts in den USA verschiedene Herausforderungen birgt. Die Komplexität des Rechtsgebiets angesichts der stark verwobenen strukturellen und prozessualen Umstände legt die Schlussfolgerung nahe, dass das Kollisionsrecht aus Gründen der Effizienz und der Rechtssicherheit möglichst klar und einfach geregelt sein sollte. Die nachfolgende Darstellung zeigt, dass dieses Anliegen bisher kaum verwirklicht werden konnte.

---

292 So beispielsweise Soojung Jang v. Trustees of St. Johnsbury Academy, 331 F.Supp.3d 312, 330 (D.Vt. 2018); Carey v. Bahama Cruise Lines, 864 F.2d 201, 205 f. (1st Cir. 1988).

293 *Hay/Borchers et al.*, Conflict of Laws, 2018, S. 559; *Teitz*, in: Private International Law, Contemporary Challenges and Continuing Relevance, S. 452.

294 *Teitz*, in: Private International Law, Contemporary Challenges and Continuing Relevance, S. 452.

295 *Zekoll/Collins/Rutherglen*, Transnational Civil Litigation, 2013, S. 525; auch *Kramer* schlägt stattdessen vor, dass in diesem Fall die Nichtanwendbarkeit des ausländischen Rechts explizit vorgetragen werden müsse, vgl. *Kramer*, 56 The University of Chicago Law Review 1301, 1306 (1989).

296 A.A. *Reynolds*, 48 Mercer Law Review 775, 776 (1997).

297 So auch die Argumentation von *Reynolds*, 48 Mercer Law Review 775 (1997).

2. *Die historische Entwicklung*

a. *Die Anfänge*

Als Ursprung des US-amerikanischen *Conflicts Law* gelten die *Commentaries* von *Joseph Story*.[298] *Story*, zugleich Professor an der Harvard Law School und Richter am U.S. Supreme Court,[299] legte in seinem 1834 erschienenen Werk den Grundstein der US-amerikanischen Kollisionsrechtsdogmatik.[300] Sein erklärtes Ziel war es, aus der bisherigen Rechtsprechung der US-amerikanischen Gerichte einen zusammenhängenden methodischen Ansatz herauszuarbeiten.[301]

Bis zur Mitte des 19. Jahrhunderts war das US-amerikanische Kollisionsrecht ein spärlich beachtetes Feld. Aufgrund der geringen Zahl grenzüberschreitender Fälle wurde lange keine Notwendigkeit für feststehende kollisionsrechtliche Regelungen gesehen.[302] Waren US-amerikanische Gerichte dann doch mit kollisionsrechtlichen Entscheidungen konfrontiert (meist im Rahmen von Statusfragen[303]), konnten weder das römische noch das englische Recht als Anhaltspunkte für eine kollisionsrechtliche Analyse dienen. Beide wiesen das Vorliegen einer Rechtskollision ab und wendeten stattdessen durchgehend die *lex fori* an.[304] Daher orientierten sich die Gerichte der ehemaligen Kolonien an kontinentaleuropäischen Systemen.[305] Besonders die *comitas*-Lehre von *Ulrich Huber* aus den Niederlanden fand großen Anklang und wurde von der US-amerikanischen Rechtsprechung in mehreren Entscheidungen als Rechtfertigung für die Anwendung ausländischen Rechts herangezogen.[306]

---

298 *Story*, Commentaries on the Conflict of Laws, 1857; vgl. dazu *Ehrenzweig*, A Treatise on the Conflict of Laws, 1962, S. 4; *Symeonides*, 32 Southern Illinois University Law Journal 39, 43 (2007); a.A. *Nadelmann*, in: FS Gutzwiller, S. 263 ff.; seiner Meinung nach hat *Story* lediglich die bereits bestehende Praxis zusammengefasst.

299 *Michaels*, in: Encyclopedia of Private International Law, S. 1660.

300 *Wolff* nennt *Story* gar den „heimliche[n] Lehrer der Welt", vgl. *Wolff*, Internationales Privatrecht, 1933, S. 17.

301 *Michaels*, in: Encyclopedia of Private International Law, S. 1662.

302 Näher dazu *Ehrenzweig*, A Treatise on the Conflict of Laws, 1962, S. 4.

303 *Volken*, YPIL 1 (1999), 85, 92.

304 *Ehrenzweig*, A Treatise on the Conflict of Laws, 1962, S. 5; *Nadelmann*, in: FS Gutzwiller, S. 263; *Symeonides*, Choice of Law, 2016, S. 48.

305 *Nadelmann*, in: FS Gutzwiller, S. 265 ff.

306 Vgl. hierzu *Nadelmann*, 5 American Journal of Legal History 230, 231 (1961); *Nadelmann*, in: FS Gutzwiller, S. 263 ff.; *Yntema*, 2 American Journal of Comparative Law 297, 307 (1953).

Story übernahm den in Europa vorherrschenden Territorialitätsgrundsatz und das Prinzip der *comitas*.[307] Er ging dementsprechend davon aus, dass ein Staat innerhalb seines Territoriums uneingeschränkte Souveränität besitze.[308] Daher war die Geltungswirkung von Recht in seinen Augen grundsätzlich auf das Gebiet des rechtsetzenden Staates beschränkt.[309] Ein souveräner Staat könne jedoch die Anwendung fremden Rechts ausdrücklich zulassen.[310] Um beim Fehlen eines solchen Anwendungsbefehls trotzdem zur Anwendung fremden Rechts zu kommen, ohne dabei die staatliche Souveränität zu verletzten, wurde der *comitas*-Gedanke herangezogen.[311] Die Anwendung fremden Rechts sei eine Notwendigkeit, da das *forum* im Gegenzug ein Interesse daran habe, dass in anderen Fällen auch sein Recht extraterritorial zur Anwendung komme.[312] Das „höfliche Entgegenkommen" gegenüber fremdem Recht sah *Story* als völkerrechtliches Prinzip an, sodass seine Anwendung nicht im Ermessen des US-amerikanischen *state judge* liegen konnte.[313]

Auf Basis dieser beiden Maxime formulierte *Story* sodann Kollisionsregeln für verschiedene Rechtsgebiete (Geschäftsfähigkeit, Ehe, Verträge, dingliche Rechte etc.), die zugleich auf *interstate* und *international conflicts* anwendbar waren.[314] *Story* wich damit methodisch von dem bis zu diesem Zeitpunkt in Europa

307 *Von Bar/Mankowski*, Internationales Privatrecht, 2003, S. 537.

308 *Story*, Commentaries on the Conflict of Laws, 1857, S. 26, § 18: „The first and most general maxim […] is that […] every nation possesses an exclusive sovereignty and jurisdiction within its own territory."

309 *Story*, Commentaries on the Conflict of Laws, 1857, S. 28, § 20: „[…] no State or nation can […] directly affect, or bind property out of its own territory, or bind persons not resident therein […]."

310 *Story*, Commentaries on the Conflict of Laws, 1857, S. 31, § 23.

311 *Volken*, in: FS Siehr, S. 823.

312 *Story*, Commentaries on the Conflict of Laws, 1857, S. 41 f., § 33-35: „[…] every nation must judge for itself what is its true duty of justice in its domestic tribunals […] The true foundation on which the administration of international law must rest is, that the rules which are to govern are those which arise from mutual interest and utility, from a sense of the inconveniences which would result from a contrary doctrine, and from a sort of moral necessity to do justice, in order that justice may be done to us in return […]."; vgl. auch *Symeonides*, Choice of Law, 2016, S. 52.

313 *Lipstein*, Recueil des cours 135 (1972), 72, 130; *Michaels*, in: Encyclopedia of Private International Law, S. 1662.

314 *Michaels*, in: Encyclopedia of Private International Law, S. 1666; *Reimann* spricht dementsprechend von einer Phase des „shared internationalism", vgl. *Reimann*, in: FS Juenger, S. 111.

vorherrschenden Statutensystem ab.[315] Gleichzeitig markierte sein Rückgriff auf feststehende Regeln eine Abkehr von der auf den Einzelfall konzentrierten *common law*-Doktrin.[316] Angesichts *Storys* grundsätzlicher Befürwortung einer Kodifikation des US-amerikanischen Rechts und der Entwicklung eines „system of international jurisprudence“[317] überrascht dieses Vorgehen allerdings nicht.[318]

In der Rechtsprechung waren *Storys Commentaries* lange Zeit das Standardwerk für kollisionsrechtliche Fragen.[319] Die Jahre später folgenden Publikationen von *Wharton*[320] und *Minor*[321] konnten keinen überzeugenden Ansatz liefern und daher nicht an den Erfolg von *Story* anknüpfen.[322] Rückblickend legte *Story* mit seiner Dogmatik den Grundstein für das in den USA bis heute typische Verständnis, dass Aufgabe des Kollisionsrechts die Auflösung von Konflikten zwischen den Rechtsanwendungsinteressen souveräner Staaten sei.[323] In den folgenden Jahrhunderten änderte sich allerdings mehrfach der Begründungsansatz für die Auflösung dieses Spannungsfeldes.

b. Das erste Restatement of Conflict of Laws

Eine erste Richtungskorrektur von der bisherigen Herangehensweise wurde durch das erste Restatement vorgenommen. Zu Beginn des 20. Jahrhunderts stieg die Zahl der kollisionsrechtlichen Fälle immer weiter an.[324] Vor diesem Hintergrund entschied sich das ALI für die Erstellung eines Restatement für

---

315 *Lorenzen*, Selected Articles on the Conflict of Laws, 1947, S. 185, 193.

316 *Michaels*, in: Encyclopedia of Private International Law, S. 1663.

317 *Story*, Commentaries on the Conflict of Laws, 1857, S. 1019, § 645.

318 *Michaels*, in: Encyclopedia of Private International Law, S. 1661.

319 Sogar der U.S. Supreme Court verwies 1839 auf *Storys* Werk, vgl. Bank of Augusta v. Earle, 38 U.S. 519 (1839), und erkannte dessen *comity approach* an; ebenso *Lorenzen*, Selected Articles on the Conflict of Laws, 1947, S. 194; *Michaels*, in: Encyclopedia of Private International Law, S. 1665.

320 *Wharton*, A Treatise on the Conflict of Laws, or Private International Law, 1872.

321 *Minor*, Conflict of Laws, 1901.

322 *Symeonides*, 32 Southern Illinois University Law Journal 39, 44 (2007); während *Whartons* Systematisierungsversuch des Kollisionsrechts keinen klaren dogmatischen Ansatz enthielt, wählte *Minor* als Anknüpfungspunkt einzig und allein das Recht des situs, vgl. *S.J.R.*, 19 Harvard Law Review 75 (1905); *Minor*, Conflict of Laws, 1901, S. 51.

323 *Michaels*, in: Encyclopedia of Private International Law, S. 1666; hier liegt einer der wesentlichen Unterschiede zum Verständnis in Europa, wo die Interessen Privater im Vordergrund stehen; vgl. dazu im Folgenden Teil 1, C.II.2.a.

324 *Rabel*, The Conflict of Laws: A Comparative Study, 1958, S. 13.

dieses Rechtsgebiet. Reporter des 1934 veröffentlichten Restatement war *Joseph H. Beale*, Professor an der Harvard Law School. *Beale* war einer der Vorreiter[325] auf dem Gebiet des *Conflict of Laws*: 1893 hielt er in Harvard die erste Vorlesung an einer US-amerikanischen Law School zu dieser Thematik[326] und veröffentlichte von 1900 bis 1902 eine dreibändige Reihe, die alle bisherigen Entscheidungen zum *Conflict of Laws* enthielt – ein Novum zu jener Zeit.[327]

In seinen Werken etablierte *Beale* die Prinzipien *territoriality* und *vested rights* als dogmatische Grundlagen des Kollisionsrechts.[328] Er ging davon aus, dass Rechte, die innerhalb eines Staates erworben wurden, auch über die Staatsgrenzen hinweg anerkannt werden müssten.[329] In einem grenzüberschreitenden Sachverhalt sei daher entscheidend, unter welcher Rechtsordnung ein Recht entstanden sei.[330] Dies sei nach den Grundsätzen der Territorialität zu beantworten.[331] *Beale* hatte die *vested rights*-Idee von *Dicey* übernommen und lehnte wie dieser die bisher vorherrschende *comity*-Doktrin ab.[332] Grund für die Durchsetzung fremden Rechts sei gerade nicht ein auf Gegenseitigkeit beruhendes höfliches Entgegenkommen der Staaten, sondern ein aus praktischen Erwägungen resultierendes Bestreben, erworbene Rechte extraterritorial durchsetzen zu können.[333] Damit ging es aus Sicht *Beales* im Kollisionsrecht nicht mehr um die Anwendung von fremdem Recht, sondern lediglich um die Anerkennung von

325 *Rabel* vergleicht *Beale* sogar mit einem „Glossa Magistralis", vgl. *Rabel*, The Conflict of Laws: A Comparative Study, 1958, S. 13.

326 *Symeonides*, 32 Southern Illinois University Law Journal 39, 42 (2007).

327 *Beale*, A Treatise on the Conflict of Laws, 1935; vgl. dazu *Symeonides*, 32 Southern Illinois University Law Journal 39, 44 (2007).

328 *Silberman*, in: Encyclopedia of Private International Law, S. 2640.

329 *Beale*, A Selection of Cases on the Conflict of Laws, 1902, S. 501: „The topic called 'Conflict of Laws' deals with the recognition and enforcement of foreign created rights [...] When a right has been created by law, this right itself becomes a fact [...]."; vgl. auch *Nadelmann*, Some Historical Notes on the Doctrinal Sources of American Conflicts Law, S. 279.

330 *Basedow*, in: Encyclopedia of Private International Law, S. 1814.

331 *Beale*, A Selection of Cases on the Conflict of Laws, 1902, S. 501 ff.: „For the creation of rights [...] there must exist some law with power to create them [...] Since there can be but one law in a place [...], it follows that every question there arising must be determined by the law of that place. "

332 *Nadelmann*, in: FS Gutzwiller, S. 278.

333 *Dicey*, A Digest of the Law of England with Reference to the Conflict of Laws, 1908, S. 10 ff.; dazu näher *Yntema*, 2 American Journal of Comparative Law 297, 307 f. (1953).

unter diesem Recht erworbenen Rechtspositionen.[334] Da das Gericht das fremde Recht nur als Tatsache behandelte, wurde durch diesen Kunstgriff ein Eingriff in die Souveränität des *forum* vermieden. Letztlich wirkte sich diese Denkweise auf den Regelungsgegenstand des Kollisionsrechts aus: Weil Sachnormen durch ihren Anwendungsbereich territorial beschränkt waren, konnten die Normen an sich nicht kollidieren, sondern nur die daraus entstandenen Rechtspositionen.[335]

Die auf den Prinzipien von *territoriality* und *vested rights* basierende Denkstruktur übertrug *Beale* auf das erste Restatement. Hintergrund seiner Kollisionsregeln war stets die Frage, wo eine Rechtsposition entstanden war. Im Bereich der *Torts* wurde beispielsweise nach § 378 des ersten Restatement für das Bestehen eines Haftungsanspruchs auf das Recht des Staates abgestellt, in dem die unerlaubte Handlung stattgefunden hatte (*place of wrong*).[336] Für die Bestimmung des Schadensortes war – im Einklang mit dem Territorialitätsgrundsatz[337] – gemäß § 377 die *lex loci delicti*-Regel entscheidend: Ausschlaggebend ist, an welchem Ort die Rechtsverletzung eingetreten ist.[338]

Ein Großteil der bundesstaatlichen Gerichte übernahm die Regelungen des Restatement zunächst – auch wenn es entgegen der ursprünglichen Konzeption des ALI weniger das bis zu diesem Zeitpunkt ergangene *case law*, sondern stattdessen *Beales* eigene Konzeption von Kollisionsrecht wiedergab.[339] *Symeonides* erklärt dieses Phänomen damit, dass es für die Gerichte einfacher und effektiver gewesen sei, auf ein in sich geschlossenes und vollständiges System zurückzugreifen, als die Qualität der Regelungen zu hinterfragen.[340] Kurz gesagt: Es fehlte eine bessere Alternative.[341] Diesbezügliche Abhilfe schafften schließlich die im Zuge der *Conflicts Revolution* und des zweiten Restatement entwickelten Ansätze. Nichtsdestotrotz findet sich *Beales* Dogmatik in Verbindung mit den

334 *Dicey*, A Digest of the Law of England with Reference to the Conflict of Laws, 1908, S. 11.

335 Vgl. *Roosevelt III*, 97 Michigan Law Review 2448, 2457 (1999).

336 Restatement of Conflict of Laws Restatement of the Law, § 378: „The law of the place of wrong determines whether a person has sustained a legal injury."

337 *Symeonides*, 32 Southern Illinois University Law Journal 39, 58 (2007).

338 Restatement of the Law, § 377: „The place of wrong is in the state where the last event necessary to make an actor liable for an alleged tort takes place."

339 *Symeonides*, in: Encyclopedia of Private International Law, S. 1546.

340 *Symeonides*, 32 Southern Illinois University Law Journal 39, 78 (2007).

341 Pointiert *Symeonides*, in: Encyclopedia of Private International Law, S. 1547: „[…] it was the only game in town."

Regelungen des ersten Restatement noch heute als sogenannter *traditional approach* in der US-amerikanischen Kollisionsrechtsprechung wieder.[342]

c. *Die amerikanische Conflicts Revolution*

Beales Restatement blieb nicht ohne Kritik[343] und läutete schließlich die US-amerikanische *Conflicts Revolution* ein.[344] Diese begann zunächst auf wissenschaftlicher Ebene. Grund für die Ablehnung des *traditional approach* waren zum einen das Konzept der *vested rights* und zum anderen die starren Verweisungsregeln des Regelungswerks. Die Kritiker der *vested rights*-Theorie argumentierten, dass das Prinzip der wohlerworbenen Rechte zirkulär sei, da man bereits für die Frage des Bestehens einer Rechtsposition das hierauf anwendbare Recht bestimmen müsse.[345] Des Weiteren wurde die Starrheit der Regelungen angemahnt, die keinen Raum für Flexibilität lasse und stattdessen zu unpassenden Ergebnissen führe.[346] Zu den einflussreichsten zeitgenössischen Kritikern *Beales* gehörten *Walter W. Cook*, *Ernst G. Lorenzen* und *David F. Cavers*, deren Gedanken von den Vertretern der *Conflicts Revolution* in Teilen aufgegriffen wurden und so den Boden für den wissenschaftlichen Diskurs über eine neue kollisionsrechtliche Methode bereiteten: Alle drei Wissenschaftler lehnten in ihren Arbeiten die Anwendung der *vested rights*-Theorie und des Territorialitätsgrundsatzes ab und rückten stattdessen den Inhalt des Sachrechts und das Ergebnis der materiellen Rechtsanwendung in den Fokus der kollisionsrechtlichen Analyse. [347]

---

342 Vgl. zum *traditional approach* die Ausführungen in Teil 1, B.I.3.a.

343 Vgl. dazu *Brilmayer/Seidell*, 86 University of Chicago Law Review 2031, 2040 f. (2019).

344 *Joerges* ist entgegen der gebräuchlichen Bezeichnung der Ansicht, es handele sich nur um eine Modernisierung des IPR, nicht jedoch um eine Revolution, vgl. *Joerges*, Zum Funktionswandel des Kollisionsrechts, 1971, S. 169: „Die amerikanische ‚Krise' des IPR scheint in einem Anpassungsprozeß zu münden; eine ‚Revolution' findet nicht statt."

345 Statt vieler *von Wächter*, AcP 25 (1842), 5; vgl. dazu ferner *Basedow*, in: Encyclopedia of Private International Law, S. 1815; *von Bar/Mankowski*, Internationales Privatrecht, 2003, S. 538.

346 *Symeonides*, 32 Southern Illinois University Law Journal 39, 75 f. (2007).

347 Vgl. dazu näher *Scoles/Hay et al.*, Conflict of Laws, 2004, S. 22 ff.; *Cook* ging davon aus, dass das *forum* gerade kein fremdes Recht anwenden, sondern stattdessen einen eigenen Rechtsbehelf bilden müsse, der das Ergebnis des ausländischen Rechts widerspiegele (*local law theory*); gleichzeitig sei es aufgrund der Komplexität der kollisionsrechtlichen Analyse nicht möglich, feststehende Regeln zu bilden, vgl. *Cook*, 33 Yale Law Journal 457, 469 (1924); *Cavers* lehnte eine Generalisierung des Kollisionsrechts ebenfalls ab und plädierte für eine Neugestaltung der IPR-Methode, bei der

Trotz dieser bedeutenden Vorarbeiten gilt *Brainerd Currie* als Hauptprotagonist der *Choice of Law Revolution.*[348] Seine *governmental interest analysis*, die er in einer Reihe von Essays über mehrere Jahre hinweg entwickelte, bildet die Basis der modernen kollisionsrechtlichen Ansätze.[349] *Currie* wandte sich gegen die bisher vorherrschenden feststehenden Kollisionsnormen[350] und griff den Gedanken, dass der Inhalt des ausländischen Sachrechts im Rahmen der Bestimmung des anwendbaren Rechts nicht unbeachtet bleiben dürfe, auf.[351] Als Begründung für diese Herangehensweise diente sein politisch gefärbtes Verständnis von Privatrecht, das er als ein vom Staat eingesetztes Instrument zur sozialen Kontrolle ansah.[352] Er argumentierte, dass das Sachrecht Ausdruck einer *policy*[353] des gesetzgebenden Staates zu einem bestimmtem Rechtsproblem

---

die Gerichte das Ergebnis der Rechtsanwendung der kollidierenden Regelungen und damit den Inhalt des Sachrechts vergleichen sollten; die traditionelle Verweisungsmethode *Beales* sei ein unzumutbarer „blindfold test" für den Richter, vgl. *Cavers*, 47 Harvard Law Review 173, 180, 192 f. (1933): „[…] choice of […] law would not be the result of the automatic operation of a rule or principle of selection but of a search for the just decision in the principal case […]."; genauso sah *Lorenzen* den Mittelpunkt der kollisionsrechtlichen Analyse in der Frage nach der zugrundeliegenden *policy*, vgl. *Lorenzen*, Selected Articles on the Conflict of Laws, 1947, S. 15: „The general problem is, therefore, always the same: What are the demands of justice in the particular situation; what is the controlling policy?"

348 *Symeonides*, 2015 University of Illinois Law Review 1847, 1849 (2015): "chief protagonist".

349 Eine Zusammenschau dieser Essays findet sich in *Currie*, Selected Essays on the Conflict of Laws, 1963.

350 *Currie*, Selected Essays on the Conflict of Laws, 1963, S. 183: „We would be better off without choice-of-law rules."

351 *Currie*, Selected Essays on the Conflict of Laws, 1963, S. 6 mit Verweis auf Cook: „[…] one of the most penetrating studies in our literature demonstrated that there can be no defense for a system of conflict of laws that ignores the content of the foreign law that is designated as controlling."

352 *Currie*, Selected Essays on the Conflict of Laws, 1963, S. 64: „Law is an instrument of social control. Recognition of this fact, and emphasis on the economic and social policies expressed in laws, would lead to a fresh and constructive approach to conflict-of-laws problems."

353 Der Begriff *policy* kann am ehesten als „Leitgedanke" bzw. „Regelungsziel" übersetzt werden; *Curries governmental policy* umfasste soziale, ökonomische und verwaltungstechnische Zielsetzungen, deren Verwirklichung ein Staat bei der Formulierung seiner Rechtssätze im Sinn hatte, vgl. *Currie*, Selected Essays on the Conflict of Laws, 1963, S. 189; tatsächlich kann der Terminus nicht nur politische Ziele des Staates, sondern auch Parteiinteressen beinhalten; *Vischer* übersetzt den Begriff mit

sei.[354] Auch wenn der grenzüberschreitende Sachverhalt eine Ausnahme darstelle, da das materielle Recht grundsätzlich für die Anwendung im Inland gebildet werde,[355] müsse ein Staat in Fällen mit Auslandsbezug in der Lage sein, seine *policy* durchzusetzen.[356] Ein Staat habe ein Interesse an der Anwendung seines Rechts und der damit verbundenen Durchsetzung einer *policy*, wenn es eine hinreichende Verbindung zwischen dem zu entscheidenden Sachverhalt und seinen staatlichen Belangen gebe.[357] Der Gegenstand der kollisionsrechtlichen Analyse sei daher die Frage, welche Sachnorm in den Fällen anzuwenden sei, in denen die Interessen von zwei oder mehr Staaten in einem Konflikt zueinander stünden.[358] Um das anwendbare Recht zu finden, musste somit nach *Currie* zunächst die zugrunde liegende *policy* bestimmt und dann ein entsprechendes Interesse des Staates an ihrer Durchsetzung festgestellt werden.[359]

Für die Bestimmung der jeweiligen *governmental policy* einer Sachnorm ist laut *Currie* der Zweck der Regelung ausschlaggebend. Es sei zu untersuchen, welche Ziele der Gesetzgeber bei Erlass des Sachrechts verfolgen wolle.[360] *Currie* schlug vor, dafür bereits etablierte Auslegungsmethoden zu verwenden, da die Regelungsziele des Gesetzgebers nur selten expliziter Teil der Norm seien.[361] Sobald man die zugrunde liegende *policy* gefunden habe, sei – analog wie im Inlandsfall – zu ermitteln, ob die gesetzgeberische Intention erfüllt werde, sofern der ausländische Sachverhalt unter den Tatbestand der Sachnorm subsumiert

---

der „rechtspolitischen Aufgabe von Normen“, vgl. *Vischer*, RabelsZ 38 (1974), 128, 133; aufgrund der weitreichenden Bedeutung des Begriffs wird im Folgenden von einer Übersetzung abgesehen.

354 *Currie*, Selected Essays on the Conflict of Laws, 1963, S. 60.

355 *Currie*, Selected Essays on the Conflict of Laws, 1963, S. 82.

356 *Silberman*, in: Encyclopedia of Private International Law, S. 508.

357 *Currie*, Selected Essays on the Conflict of Laws, 1963, S. 60 f.: „The law […] expresses a governmental policy with respect to those problems. But [the state] has an interest in the application of this policy only where its relation to the event or to the parties is such as to bring the matter within the reach of the state's legitimate governmental concerns.“

358 *Currie*, Selected Essays on the Conflict of Laws, 1963, S. 178: „The central problem of conflict of laws may be defined, then, as that of determining the appropriate rule of decision when the interests of two or more states are in conflict – in other words, of determining which interest shall yield.“

359 *Silberman*, in: Encyclopedia of Private International Law, S. 508.

360 *Kay*, Recueil des cours 215 (1989), 13, 50.

361 *Currie*, Selected Essays on the Conflict of Laws, 1963, S. 183 f.: „This process is essentially the familiar one of construction or interpretation.“

werde.[362] Ausschlaggebend dafür seien die Kontaktpunkte des Sachverhalts zu der jeweiligen Rechtsordnung.[363]

Currie nahm in seinen Überlegungen den Blickwinkel eines Richters ein, der über einen Sachverhalt mit Auslandsbezug zu entscheiden hat.[364] Dieser müsse zunächst die Sachnormen der *lex fori* und dann die des ausländischen Rechts nach den soeben dargestellten Prinzipien untersuchen.[365] Am Ende dieser Analyse standen nach *Curries* Ansicht drei mögliche Ergebnisse: (1) Keiner der betroffenen Staaten hat ein Interesse an der Anwendung seines Sachrechts (*unprovided-for*-Fälle), (2) nur einer der Staaten hat ein Interesse (*false conflict*) oder (3) zwei oder mehrere Staaten haben ein Interesse (*true conflict*).[366] Bei einem *false conflict* komme es automatisch zur Anwendung des Rechts des interessierten Staates,[367] während die *unprovided-for*-Fälle nach Forumrecht zu entscheiden seien.[368] Nur im Falle der *true conflicts* müsse eine tatsächliche kollisionsrechtliche Entscheidung gefällt werden.[369] Hier plädierte *Currie* für eine Anwendung der *lex fori* mit der Begründung, dass es für den Richter unmöglich sei, die *governmental policies* zweier Staaten gegeneinander abzuwägen.[370]

---

362 *Currie*, Selected Essays on the Conflict of Laws, 1963, S. 184: „Just as we determine by that process how a statute applies in time, and how it applies to marginal domestic situations, so we may determine how it should be applied to cases involving foreign elements in order to effectuate the legislative purpose."

363 *Currie*, Selected Essays on the Conflict of Laws, 1963, S. 621: „An interest […] is the product of (a) a governmental policy and (b) the concurrent existence of an appropriate relationship between the state having the policy and the transaction, the parties, or the litigation."; vgl dazu *Kay*, Recueil des cours 215 (1989), 13, 50.

364 *Kay*, Recueil des cours 215 (1989), 13, 48.

365 *Currie*, Selected Essays on the Conflict of Laws, 1963, S. 189; ursprünglich ging *Currie* davon aus, dass die Analyse ausländischen Rechts obsolet sei, sofern ein Interesse des Forumstaates bestehe, da in diesem Fall ohnehin die *lex fori* anzuwenden sei; später plädierte er jedoch für eine Untersuchung des ausländischen Rechts und die Berücksichtigung ausländischer Interessen durch eine enge Auslegung der *lex fori*, vgl. *Currie*, Selected Essays on the Conflict of Laws, 1963, S. 368; dazu *Kay*, Recueil des cours 215 (1989), 13, 69 ff.

366 *Roosevelt III*, Conflict of Laws, 2014, S. 51.

367 *Currie*, Selected Essays on the Conflict of Laws, 1963, S. 189.

368 *Silberman*, in: Encyclopedia of Private International Law, S. 509.

369 *Junker*, Internationales Privatrecht, 2012, S. 48.

370 *Currie*, Selected Essays on the Conflict of Laws, 1963, S. 117: „The policies are here in direct conflict. Who is to say which is the more important, or the more deserving, or the more enlightened? Not even the United States Supreme Court is in a position to do so."

Eine solche Entscheidung könne nur auf Ebene der Legislative getroffen werden, sodass die Anwendung der *lex fori* das einzig vertretbare Ergebnis sei.[371]

Die Aufteilung in *true conflicts*, *false conflicts* und *unprovided-for*-Fälle wurde von vielen Vertretern der *Conflicts Revolution* übernommen[372] und ist inzwischen zu einem zentralen Bestandteil der US-amerikanischen Kollisionsrechtsterminologie geworden.[373] Bereits während des Umbruchs stießen *Curries* Ausführungen zu den *false conflicts* auf Zustimmung.[374] Wesentlich strittiger war jedoch seine Behandlung der *true conflicts*.[375] Die aus *Curries* Ansatz resultierende Bevorzugung der *lex fori* forderte nachdrückliche Kritik heraus. Verschiedene Wissenschaftler entwickelten daraufhin abweichende Lösungsvorschläge[376] und verstärkten so die Intensität und das Ausmaß der *Conflicts Revolution*.

Die *functional analysis*-Ansätze von *Arthur von Mehren*, *Donald Trautmann* und *Russel Weintraub* nahmen beispielweise eine – von *Currie* explizit abgelehnte – Abwägung der betroffenen *policies* vor.[377] Während *von Mehren* und *Trautman* sehr abstrakt vorgingen und ohne nähere Erklärung die Regelungsziele der Sachnormen vergleichen wollten,[378] schlug *Weintraub* vor, das Ergebnis der Rechtsanwendung ins Zentrum der Abwägung zu stellen.[379] *Robert Leflar* begründete hingegen den *better law approach*, wonach das Gericht bei der Bestimmung des anwendbaren Rechts u.a. berücksichtigen sollte, welches Recht

---

371 *Currie*, Selected Essays on the Conflict of Laws, 1963, S. 182: „This is a job for a legislative committee."; vgl. dazu *Kegel/Schurig*, Internationales Privatrecht, 2004, S. 199.

372 *Silberman*, in: Encyclopedia of Private International Law, S. 510.

373 *Hay/Borchers et al.*, Conflict of Laws, 2018, S. 31; allerdings herrscht in Rechtsprechung und Literatur Uneinigkeit darüber, wann ein *true conflict* vorliegt, d.h. nach welchen Kriterien ein solcher zu bestimmen ist, vgl. *Kegel*, in: FS Beitzke, S. 568; *Leflar* ging beispielsweise davon aus, dass dafür ein inhaltlicher Unterschied zwischen den betroffenen Regelungen gegeben sein müsse, vgl. *Leflar*, 48 Boston University Law Review 164, 171 (1968); die Rechtsprechung der Einzelstaaten diesbezüglich wird in Teil 1, B.I.3. thematisiert.

374 *Symeonides*, 2015 University of Illinois Law Review 1847, 1863 (2015): „[…] one of the few breakthroughs in the recent history of private international law […]."

375 *Hay/Borchers et al.*, Conflict of Laws, 2018, S. 31.

376 *Silberman*, in: Encyclopedia of Private International Law, S. 510.

377 *Symeonides*, Choice of Law, 2016, S. 108 ff.

378 *Von Mehren/Trautman*, The Law of Multistate Problems, 1965, S. 76 f.

379 Vgl. *Weintraub*, Commentary on the Conflict of Laws, 1986, S. 360; im Deliktsrecht sollte bei *true conflicts* beispielsweise grundsätzlich das Recht Anwendung finden, das den Kläger begünstige.

aus sozial-ökonomischer Sicht die „bessere" Lösung darstelle.[380] Beim Ergebnis der Rechtsanwendung setzte ebenfalls *William Baxter* an. Er untersuchte deren Auswirkungen und plädierte dafür, dem Recht des Staates, dessen Interessen bei Nichtanwendung am meisten beeinträchtigt werden würden, Vorrang zu geben (*comparative impairment approach*).[381] Die diesen Ansätzen immanente Einzelfallabhängigkeit der kollisionsrechtlichen Analyse wurde von *David Cavers* kritisch gesehen.[382] Er entwickelte daher *principles of preference,* denen er aber im selben Atemzug die Bindungswirkung absprach.[383] Stattdessen sollten sie dem Richter lediglich als Anhaltspunkte für die Auslegung des Sachrechts bei *true conflicts* dienen und so die Rechtsfindung erleichtern.[384]

Neben *Currie* und den soeben Genannten gehörte *Albert Ehrenzweig* zu den prominenten Vertretern der *Conflicts Revolution.* Sein Ansatz unterscheidet sich allerdings in seinen Grundlagen von den bisher dargestellten Theorien.[385] *Ehrenzweig* ging von der vorrangigen Geltung geschriebener Kollisionsregeln (*formulated rules*) aus und befürwortete einen Rückgriff auf das materielle Recht nur, wenn es keine solchen Regeln oder feststehende Rechtsprechung (*unformulated rules*) gebe.[386] In diesen Fällen sei das Sachrecht der *lex fori* auszulegen und darauf zu untersuchen, ob es im zu entscheidenden Sachverhalt die Anwendung einer ausländischen Regelung vorsehe.[387] Sei dies nicht der Fall, solle die

---

380 *Leflar*, 54 California Law Review 1584, 1587 f. (1966): „The inclination of any reasonable court will be rules of law which make good socio-economic sense for the time court speaks, whether they be its own or another state's rules."; neben der *better rule of law* stellte *Leflar* außerdem auf die Vorhersehbarkeit von Entscheidungen, den Entscheidungseinklang auf interlokaler und internationaler Ebene, die Vereinfachung juristischer Entscheidungen sowie die Förderung der staatlichen Interessen des Forumstaates ab, vgl. dazu *Reimann*, in: Encyclopedia of Private International Law, S. 180.

381 *Baxter*, 16 Stanford Law Review 1, 17 f. (1963); dazu *Symeonides*, Choice of Law, 2016, S. 106.

382 *Symeonides*, Choice of Law, 2016, S. 96.

383 *Cavers*, The Choice-of-Law Process, 1965, S. 136.

384 *Cavers*, The Choice-of-Law Process, 1965, S. 136 ff.; *Junker*, Internationales Privatrecht, 2021, S. 49.

385 *Siehr*, RabelsZ 34 (1970), 585, 599.

386 *Ehrenzweig*, A Treatise on the Conflict of Laws, 1962, S. 350; *Hay/Borchers et al.*, Conflict of Laws, 2018, S. 39; *Kegel/Schurig*, Internationales Privatrecht, 2004, S. 199.

387 *Ehrenzweig*, A Treatise on the Conflict of Laws, 1962, S. 311; *Ehrenzweig*, Recueil des cours 124 (1968), 167, 182 ; *Siehr*, in: Encyclopedia of Private International Law, S. 586.

sachrechtliche *lex fori* angewandt werden.[388] Anders als bei *Currie* waren für *Ehrenzweig* somit die Regelungsziele des ausländischen Rechts völlig irrelevant.[389] Sein Fokus lag stattdessen auf dem Recht des *forum*.[390]

Die Bemühungen der Wissenschaft blieben auch in der Rechtsprechung nicht unbemerkt. Zuvor hatten Gerichte die Regelungen des *traditional approach* häufig umgangen, indem sie Rechtsverhältnisse anders qualifizierten oder die *public policy*-Ausnahme ausweiteten.[391] Mit der wachsenden Anzahl methodischer Variationen in der Literatur begann die Rechtsprechung ebenfalls, auf Basis dieser Ansätze neue Wege zu gehen. 1954 gab der New York Court of Appeals in Auten v. Auten die *lex loci contractus*-Theorie auf[392] und verabschiedete sich 1963 in der viel beachteten Entscheidung Babcock v. Jackson von der *lex loci delicti rule*.[393] Beide Entscheidungen waren wegweisend für andere Bundesstaaten, die sich der Argumentation der New Yorker Gerichte vielfach anschlossen. Anstatt auf territoriale Anknüpfungspunkte zurückzugreifen, entschieden sich die Gerichte dafür, zur Bestimmung des anwendbaren Rechts die betroffenen

388 *Ehrenzweig*, Recueil des cours 124 (1968), 167, 215; *Siehr*, in: Encyclopedia of Private International Law, S. 586.

389 *Hay/Borchers et al.*, Conflict of Laws, 2018, S. 40.

390 *Ehrenzweig*, A Treatise on the Conflict of Laws, 1962, S. 350: „[...] this doctrine is essentially concerned with the interpretation of the forum's policy as expressed in its rules of domestic law."

391 *Symeonides*, 32 Southern Illinois University Law Journal 39, 79 (2007); *Southerland*, 27 Vermont Law Review 1, 3 (2002).

392 Auten v. Auten, 124 N.E.2d 99, 101 f. (N.Y. 1954): „[...] the courts, instead of regarding as conclusive the parties' intention or the place of the making and performance, lay emphasis rather upon the law of the place 'which has the most significant contacts with the matter in dispute' [...] the merit of this approach is that it gives the place 'having the most interest in the problem' paramount control over the legal issues [...] thus allowing the forum to apply the policy of the jurisdiction most intimately concerned with the outcome of the particular litigation [...]."; dieses Urteil ist besonders in zweierlei Hinsicht interessant: Zum einen geht es um einen *international conflict* – eine Seltenheit; zum anderen kommt es im Rahmen der Interessenabwägung zur Anwendung britischen Rechts, sodass von der sonst üblichen Bevorzugung der *lex fori* abgewichen wird.

393 Babcock v. Jackson, 191 N.E.2d 279, 281 (N.Y. 1963): „[...] the vested rights doctrine has long since been discredited because it fails to take account of underlying policy considerations [...] and ignores the interests which jurisdictions other than that where the tort occurred may have in the resolution of particular issues."

staatlichen Interessen gegeneinander abzuwägen.[394] Bezüglich der Kriterien, nach denen diese Abwägung erfolgen sollte, konnte aber unter den Bundesstaaten kein Konsens gefunden werden – auch auf Grund der zahlreichen unterschiedlichen Ansätze, die in der Wissenschaft entwickelt worden waren.[395]

Anzumerken ist, dass sowohl *Currie* als auch die weiteren Vertreter der *Conflicts Revolution* das Kollisionsrecht als reine „domestic affair“[396] ansahen. Der von *Story* erdachte internationale Aspekt des Rechtsgebiets rückte damit in den Hintergrund und konnte sich bis heute nicht wieder durchsetzen. Stattdessen sind inzwischen die *interstate conflicts* Hauptanwendungsbereich des Kollisionsrechts, auch wenn die Regelungen weiterhin auf internationalgrenzüberschreitende Fälle angewendet werden.[397] Vor diesem Hintergrund muss insbesondere *Curries* Ansatz bei den *policies* gewertet werden: Staatliche Interessen an der Rechtsanwendung innerhalb der USA festzustellen, deren Wertungsprinzipien weitgehend homogen sind, ist wesentlich unproblematischer, als dieselbe Analyse im internationalen Kontext durchzuführen.[398]

d. Das zweite Restatement of Conflict of Laws

Die Kritik am ersten Restatement und die stiefmütterliche Behandlung in der Rechtsprechung blieben beim ALI nicht unbemerkt. Daher begann man bereits 1952, also vor der eigentlichen Hochphase der *Conflicts Revolution*, mit der Arbeit an einer Neufassung des Restatement. Als Reporter wurde *Willis L.M. Reese* ausgewählt, der zu diesem Zeitpunkt Professor an der Columbia University School of Law war. Anders als *Beale*, der rigoros seinen eigenen dogmatischen Ansatz durch das Restatement etabliert hatte, versuchte *Reese*, die Anmerkungen und Kritiken der Wissenschaft an den Entwürfen aufzugreifen und bei der Formulierung des neuen Restatement zu berücksichtigen.[399] Dieser Verfahrensweise ist wohl auch die lange Dauer des Reformprozesses geschuldet; insgesamt benötigte man 17 Jahre bis zur Fertigstellung. Gleichzeitig muss die *Conflicts Revolution*

---

394 Babcock v. Jackson, 191 N.E.2d 279, 284 (N.Y. 1963); ebenso Griffith v. United Air Lines, Inc., 203 A.2d 796, 805 f. (Pa. 1964); Watts v. Pioneer Corn Co., 342 F.2d 617, 620 (7th Cir. 1965).

395 *Silberman*, in: Encyclopedia of Private International Law, S. 67.

396 *Reimann*, in: FS Juenger, S. 111.

397 *Reimann*, in: FS Juenger, S. 112; *Juenger* plädierte aber bereits früh für separate Kollisionsregeln für *international conflicts.*

398 *Zimmermann* spricht von einer „Einheitlichkeit des US-amerikanischen Rechts“, vgl. *R. Zimmermann*, in: Amerikanische Rechtskultur und europäisches Privatrecht, S. 5.

399 *Symeonides*, 32 Southern Illinois University Law Journal 39, 80 (2007).

als Grund für die zähe Entstehung genannt werden. Die Fülle der wissenschaftlichen Diskussionen und die Richtungswechsel in der Rechtsprechung machten es schier unmöglich, eine klare Linie zu finden.[400]

Die Neufassung hatte im Gegensatz zum ersten Restatement den Anspruch, keine statischen Verweisungsnormen zu beinhalten.[401] Das anwendbare Recht sollte grundsätzlich anhand der *most significant relationship* zum Sachverhalt bestimmt werden, den Gerichten aber weiterhin die Möglichkeit lassen, ihr Ergebnis je nach Sachverhalt anzupassen. Daher wurden zugunsten der Flexibilität alternative Anknüpfungspunkte und die Interessenabwägung in § 6 (2) als „dynamic element“[402] eingeführt, die den Gerichten eine Richtung weisen, sie aber nicht im Sinne einer starren Regel verpflichten sollten.[403] Durch die neuen Regelungen sollte der Entscheidungsprozess des Gerichts im Vordergrund stehen und das *common law* als „adjudicative law“ bestätigt werden.[404]

Die Rechtsprechung hatte bereits während der Entstehungszeit des zweiten Restatement wiederholt Bezug auf die Entwürfe genommen.[405] Nach Erscheinen des Restatement setzte sich dieser Trend fort: Immer mehr Bundesstaaten begannen, auf die Regelungen des zweiten Restatement zurückzugreifen. Die Literatur geht davon aus, dass das zweite Restatement gerade wegen seiner offen gehaltenen Regelungen bei den Gerichten so populär wurde.[406] Zu dieser These

---

400 *Borchers*, 56 Maryland Law Review 1232, 1236 (1997).

401 Ausnahmen hierzu finden sich allerdings im Bereich der Statusrechte, im Immobiliarsachenrecht und im Gesellschaftsrechts, vgl. *Vischer*, RabelsZ 38 (1974), 128, 140 f.

402 Restatement (Second) of Conflict of Laws, S. VIII.

403 Restatement (Second) of Conflict of Laws, S. VIII.

404 *Vischer*, RabelsZ 38 (1974), 128, 140; dieser Grundgedanke wird auch in § 5 des Restatement deutlich gemacht: „The rules of Conflict of Laws, and especially the rules of choice of law, are largely decisional and, to the extent that this is so, are as open to reexamination as any other common law rules. The process of formulation and reexamination of these rules requires consideration not only of the specific policies of the relevant local law rules but also of the general policies relating to multi-state occurrences.“; zu einzelnen Regelungen des Restatement im Detail vgl. Teil 1, B.I.3.c. sowie C.III.1.b.

405 In der Babcock-Entscheidung wurde explizit Bezug auf den Tentative Draft No. 6 des zweiten Restatement genommen und die dort enthaltene Interessenabwägung zur Bestimmung des anwendbaren Rechts angewendet, vgl. Babcock v. Jackson, 191 N.E.2d 279, 284 (N.Y. 1963).

406 *Borchers*, 56 Maryland Law Review 1232, 1233 (1997); ebenso *Juenger*, 75 Indiana Law Journal 403, 406 (2000); *Reynolds*, 56 Maryland Law Review 1371, 1394 f. (1997); *Southerland*, 27 Vermont Law Review 1 (2002).

passt, dass vor allem die Generalklauseln häufig zitiert werden, während man spezifische Regelungen eher ignoriert.[407] Gleichzeitig offenbart sich durch die Interessenanalyse nach § 6 (2) des Restatement die Möglichkeit einer Bevorzugung der *lex fori* bei der Bestimmung des anwendbaren Rechts.[408]

Die vorwiegend positive Rezeption des zweiten Restatement durch die Rechtsprechung wurde von der Wissenschaft nicht geteilt.[409] Bereits während des Reformprozesses kommentierte und bewertete man die von *Reese* integrierten neuen Ansätze kritisch. Statt an *Beales* regelbasierender Verweisung störte man sich nun an der „wishy-washy“[410]-Methodik von *Reese*. Man dürfe die Rechtssicherheit nicht zugunsten der Flexibilität opfern.[411] Daher wurden früh Rufe nach einer erneuten Reform des *Conflicts Restatement* laut. Das ALI kam diesem Wunsch der Wissenschaft allerdings erst sehr spät nach: Im November 2014 kündigte es eine dritte Neuauflage des Restatement of Conflict of Laws an.[412]

e. *Zwischenergebnis*

Das US-amerikanische Kollisionsrecht hat in den vergangenen 150 Jahren eine beeindruckende Entwicklung durchlaufen. Auch wenn das Rechtsgebiet zunächst nur ein „Ableger“ der europäischen Methodik war, wurde durch *Story* und *Beale* ein eigenständiges System etabliert, dessen starre Kollisionsregeln in gewisser Weise an kontinentaleuropäische Normen erinnern. Die *Conflicts Revolution* stellte diese Ansätze wiederum auf den Prüfstand und brachte neue

---

407 Vgl. hierzu *Borchers*, 56 Maryland Law Review 1232, 1241 ff. (1997), der hier eine tabellarische Übersicht über die Häufigkeit der Verweise auf die Regelungen des Restatement, insbesondere im Bereich der *Torts*, in der Rechtsprechung vorstellt.

408 *Juenger*, 75 Indiana Law Journal 403, 411 (2000).

409 *Borchers*, 56 Maryland Law Review 1232, 1246 (1997); *Juenger*, 75 Indiana Law Journal 403, 406 (2000); eine andere Ansicht vertritt *Morris*, 21 American Journal of Comparative Law 322, 330 (1973), der das Restatement als „most impressive, comprehensive and valuable work on the conflict of laws that has ever been produced in any country, in any language, at any time“ bezeichnet.

410 *Southerland*, 27 Vermont Law Review 1, 46 (2002); *Juenger* nennt den Inhalt des Restatement u.a. „gibberish“ und „mishmash“, vgl. *Juenger*, 75 Indiana Law Journal 403, 405 (2000).

411 *Symeonides*, 2015 University of Illinois Law Review 1847, 1906 (2015): „ The revolution has gone too far in embracing flexibility to the exclusion of all certainty […] The revolution has also lasted too long […].“

412 Vgl. hierzu die Pressemitteilung des ALI vom 17.11.2014, verfügbar unter https://www.ali.org/news/articles/american-law-institute-announces-four-new-projects/ (zuletzt abgerufen am 12.08.2021).

Theorien hervor, die sich vorrangig auf flexible Lösungen unter Berücksichtigung materieller Wertungen fokussierten. Insgesamt zieht sich jedoch eine Grundprämisse durch das gesamte US-amerikanische Kollisionsrecht: Primäre Aufgabe der *Choice of Law*-Regeln soll die Auflösung von Konflikten zwischen souveränen Staaten sein. Damit unterscheidet sich das amerikanische Verständnis grundlegend von der deutschen Denkweise, wonach der Fokus dieser Normen auf der Vermittlung zwischen den Interessen Privater liegt.[413]

3. *Der status quo der Rechtsprechung*

Im Folgenden soll die derzeitige Rechtsprechung der Einzelstaaten im Deliktskollisionsrecht dargestellt und nach verschiedenen methodischen Ansätzen geordnet werden. Die gewählten acht Kategorien lehnen sich zu einem großen Teil an die von *Symeonides* vorgenommene Einordnung an, die bis 2020 jährlich in einem Beitrag mit dem Titel „Choice of Law in American Courts" erschien.[414] Es wird zwischen folgenden Rubriken unterschieden:

- traditional approach
- significiant-contacts approach
- *most significant relationship*-Test des zweiten Restatement
- interest analysis
- lex fori approach
- better law approach
- combined modern approaches
- Kodifikationen

Trotz aller Bemühungen um eine Kategorisierung ist zu beachten, dass eine eindeutige Zuordnung in vielen Fällen nicht möglich ist. Teilweise gibt es in manchen Bundesstaaten keine neuere (geschweige denn aktuelle) Rechtsprechung zum Deliktskollisionsrecht.[415] In anderen Fällen beinhaltet die Rechtsprechung einzelne methodische „Ausfälle", die nicht eindeutig darauf hinweisen, dass sich

413 *Michaels*, in: FS Kropholler, S. 155; *von Bar/Mankowski*, Internationales Privatrecht, 2003, S. 9.

414 Für das Jahr 2020 *Symeonides*, 69 American Journal of Comparative Law (im Erscheinen 2021); im Reporters' Memorandum zum vierten Council Draft des neuen Restatement nahmen die Reporter eine ähnliche Einordnung anhand von sieben Kategorien vor, vgl. Restatement (Third) of Conflict of Laws, Council Draft No. 4, Reporters' Memorandum, S. xxv ff.

415 *Hay/Borchers et al.*, Conflict of Laws, 2018, S. 75 ff.

die Herangehensweise der Gerichte tatsächlich ändern soll.[416] Insofern ist die im Folgenden gewählte Einordnung unter Vorbehalt zu betrachten. Für den angestrebten Zweck, nämlich den „Methodenwirrwar" im US-amerikanischen Kollisionsrecht darzustellen, soll sie aber genügen.

Anzumerken ist weiterhin, dass sich die Frage, wann ein Gericht eine kollisionsrechtliche Analyse wegen eines *conflict* vorzunehmen hat, in der Vergangenheit gewandelt hat und inzwischen in den Einzelstaaten unterschiedlich beantwortet wird. Während ein Teil der Bundesstaaten weiterhin einen grenzüberschreitenden Bezug als ausreichend ansieht, wird in anderen Staaten die von *Currie* entwickelte Terminologie der *true* und *false conflicts* übernommen: Das Gericht muss nur dann das anwendbare Recht bestimmen, wenn ein *true conflict* vorliegt. Wann ein solcher *true conflict* gegeben ist, wird hingegen nicht einheitlich behandelt. Zum einen wird – im Einklang mit *Curries* Theorie – auf die zugrunde liegenden *policies* eingegangen, zum anderen sind der Inhalt der Regelungen oder das Ergebnis ihrer Rechtsanwendung ausschlaggebend.

a. *Traditional approach*

Der *traditional approach* setzt zur Bestimmung des anwendbaren Rechts beim Rechtsverhältnis an. Basierend auf den Prinzipien der *vested rights* und des Territorialitätsgrundsatzes wird davon ausgegangen, dass jedes Rechtsverhältnis räumlich genau einer Rechtsordnung zuzuordnen ist.[417] Insgesamt folgten 2019 neun Staaten (Alabama, Georgia, Kansas, Maryland, New Mexico, North Carolina, South Carolina, Virginia, West Virginia) dem *traditional approach* im Deliktsrecht.[418] Seit der *Conflicts Revolution* in den 60er Jahren haben viele Einzelstaaten von seiner Anwendung Abstand genommen. Die jüngere Rechtsprechungsentwicklung deutet jedoch darauf hin, dass sich dieser Trend nicht mehr fortsetzen wird.[419]

Um die anzuwendende Rechtsordnung zu identifizieren, wird zunächst untersucht, unter welche Rechtsfrage der vorgetragene Anspruch fällt (*characterization*).[420] Anhand dieser Einordnung wird auf das anzuwendende Recht

---

416 *Hay/Borchers et al.*, Conflict of Laws, 2018, S. 78 mit Verweis auf eine Entscheidung des Supreme Court von Rhode Island von 1997, in der gleichzeitig fünf verschiedene methodische Herangehensweisen angewendet werden sollen, Cribb v. Augustyn, 696 A.2d 285, 288 (R.I. 1997).

417 *Roosevelt III*, Conflict of Laws, 2014, S. 5 f.

418 *Symeonides*, 67 American Journal of Comparative Law 1, 36 (2019).

419 *Scoles/Hay et al.*, Conflict of Laws, 2004, S. 82.

420 *Larsen/Oakes*, § 5: „In other words, the court must initially, whether consciously or not, go through the process of determining the nature of the problem; otherwise, the court will not know which choice-of-law rule to apply to the case."

verwiesen.[421] In deliktsrechtlichen Konstellationen ist die *lex loci delicti* ausschlaggebend. In der Rechtsprechung hat sich für die Bestimmung dieses Anknüpfungspunkts die „last act doctrine" etabliert.[422] Danach liegt der *locus delicti* an dem Ort, an dem die Verletzung, d.h. das letzte haftungsbegründende Ereignis, eingetreten ist.[423] Es wird mithin an den Erfolgsort angeknüpft.

Die Herangehensweise des *traditional approach* findet sich in den Regelungen des ersten Restatement wieder. Viele Staaten verweisen daher direkt auf das Regelungswerk.[424] Im Deliktsrecht wird für das anzuwendende Recht gemäß § 377 auf den *place of wrong*[425] abgestellt. Die folgenden Beispiele zeigen jedoch, dass ein Großteil der Staaten versucht, die strenge Verweisung auf die *lex loci delicti* zu umgehen bzw. zu korrigieren.[426] Vor allem diese Entwicklung ist der Grund, warum der *traditional approach* in den verbliebenen neun Staaten weiterhin zur Anwendung kommt.[427]

Ein beliebtes Korrekturinstrument ist der *ordre public*. Sofern das durch die Verweisung bestimmte Recht gegen die *public policy* des *forum* verstößt, wird stattdessen die *lex fori* angewandt.[428] Der Supreme Court von South Carolina

---

421 *Roosevelt III*, Conflict of Laws, 2014, S. 7: „ […] assign a unique location to each legal event."

422 *Brilmayer/Goldsmith/O'Connor*, Conflict of Laws, 2015, S. 47.

423 Vgl. dazu beispielhaft Bullard v. MRA Holding, LLC et al., 740 S.E.2d 622, 625 (Ga. 2013): „[…] for over 100 years, the state of Georgia has followed the doctrine of lex loci delicti in tort cases, pursuant to which 'a tort action is governed by the substantive law of the state where the tort was committed'. […] The place where the tort was committed, or, the locus delicti, is the place where the injury sustained was suffered rather than the place where the act was committed, or, as it is sometimes more generally put, it is the place where the <u>last event necessary</u> to make an actor liable for an alleged tort takes place." (Hervorhebung durch Verfasserin, Verweise wurden weggelassen); ebenso *Brilmayer/Goldsmith/O'Connor*, Conflict of Laws, 2015, S. 47; *Larsen/Oakes*, § 109.

424 Flemma v. Halliburton Energy Services, Inc., 303 P.3d 814, 819 (N.M. 2013): „New Mexico follows the Restatement (First) of Conflict of Laws when analyzing choice of law issues."

425 Restatement of Conflict of Laws, § 377: „PLACE OF WRONG: The place of wrong is in the state where the last event necessary to make an actor liable for an alleged tort takes place."

426 Vgl. hierzu die detaillierte Auswertung der Rechtsprechung in *Hay/Borchers et al.*, Conflict of Laws, 2018, S. 83 ff.

427 *Scoles/Hay et al.*, Conflict of Laws, 2004, S. 82.

428 Als grundlegende Entscheidung zur *public policy*-Ausnahme gilt Loucks v. Standard Oil Co. of New York, 120 N.E. 198, 202 (N.Y. 1918); Richter *Cardozo* begrenzte darin die Anwendung des Korrekturmechanismus auf Fälle, in denen das ausländische

entschied sich in Boone v. Boone gegen die Anwendung der *lex loci delicti*, da deren Haftungsausschluss wegen *interspousal immunity* gegen das natürliche Gerechtigkeitsempfinden („natural justice") verstieße.[429] Ähnlich argumentierte der Supreme Court von West Virginia in seinem Urteil Mills v. Quality Supplier Trucking, Inc., indem er die nach dem Recht des Schadensortes anzuwendende *contributory-negligence* als Widerspruch zu West Virginias öffentlicher Ordnung charakterisierte.[430]

Einen anderen Weg ging der Supreme Court von Virginia, er nutzte die Qualifikation als „escape mechanism". In Dreher v. Budget Rent-A-Car System, Inc. qualifizierte das Gericht die zugrunde liegende Rechtsfrage als vertraglich und vermied so die Anwendung der *lex loci delicti*.[431] Andere Gerichte

---

Recht "violate[s] some fundamental principle of justice, some prevalent conception of good morals, some deep-rooted tradition of the common weal [...]."

429 Boone v. Boone, 546 S.E.2d 191, 194 (S.C. 2001); die Ehefrau hatte hier ihren Mann auf Schadensersatz wegen der Verletzungen verklagt, die sie bei einem Autounfall erlitten hatte, bei dem ihr Mann am Steuer des Wagens saß; die Entscheidung wird in der Literatur kritisiert, da der Supreme Court weder eine klassische *ordre public*-Prüfung vornahm noch die Regelungsinteressen des *lex loci*-Staates berücksichtigte, vgl. *Hay/Borchers et al.*, Conflict of Laws, 2018, S. 84 f.

430 Mills v. Quality Supplier Trucking, Inc., 510 S.E.2d 280, 283 (W.Va. 1998); in dieser Sache verklagte die Witwe den Arbeitgeber des Truck-Fahrers, der ihren Mann in Maryland erschossen hatte, wegen fahrlässiger Anstellung (*negligent hiring*) und widerrechtlicher Tötung (*wrongful death*); nach dem in Maryland geltenden Prinzip der *contributory negligence* wäre ein Anspruch im Ganzen ausgeschlossen gewesen, wenn das Gericht ein Mitverschulden ihres Ehemannes festgestellt hätte; in West Virginia galt jedoch das Prinzip der *comparative negligence*, wonach das Verschulden aufgeteilt und der Anspruch nach dem jeweiligen Schuldanteil bemessen werden kann.

431 Dreher v. Budget Rent-A-Car System, Inc., 634 S.E.2d 324, 328 (Va. 2006): „[...] the validity, interpretation, application and effect of the provisions of a motor vehicle insurance contract should be determined in accordance with the laws of the state in which the contract was made, unless those provisions are contrary to the public policy of Oklahoma, or unless the facts demonstrate that another jurisdiction has the most significant relationship with the subject matter and the parties."; Hintergrund der Entscheidung war die Klage eines Autofahrers gegen eine Autovermietung; der Kläger trug vor, dass die Vermietung stellvertretend für das fahrlässige Fahrverhalten ihres Kunden hafte, der in Virginia einen Autounfall verursacht hatte; der Mietvertrag war in New York geschlossen worden; während das Recht von Virginia eine Haftung des Autoeigentümers für fremdes Verschulden ausschloss, sah das Recht von New York eine solche Haftung vor; durch die Qualifikation der Fragestellung als vertraglich konnte der aus Virginia stammende Kläger einen Anspruch geltend machen.

haben Ausnahmen definiert, in denen statt der *lex loci* das Recht des Staates mit der engsten Verbindung zum entscheidenden Sachverhalt zur Anwendung kommt.[432]

Bezüglich der Anwendbarkeit der *choice of law*-Regeln gehen die Gerichte von der Prämisse des ersten Restatement aus:[433] Ausgangspunkt einer kollisionsrechtlichen Untersuchung ist ein grenzüberschreitender Bezug, da in diesem Fall ein *conflict* zwischen verschiedenen Rechtsordnungen besteht.[434]

b. *Significant-contacts approach*

Der *significant-contacts approach*[435] stellt bei der Bestimmung des anwendbaren Rechts darauf ab, welche Rechtsordnung die wesentlichsten Kontaktpunkte mit dem Sachverhalt und den Parteien hat und daher im Zentrum der Streitigkeit steht.[436] Nach Stand 2020 wird er im Deliktsrecht nur noch in Indiana[437] angewendet.[438] Damit zählt der Ansatz zu den weniger vertretenen Theorien im US-amerikanischen „Methoden-Cocktail“[439].

---

432 Bohannan v. Allstate Ins. Co., 820 P.2d 787, 797 (Okla. 1991).

433 Statt vieler Martinez v. National Union Fire Ins. Co., 911 F.Supp.2d 331, 336 (E.D.N.C. 2012); das Vorliegen eines *conflict* wird allerdings in der Regel nicht separat thematisiert.

434 Restatement of Conflict of Laws, § 1, Comment a: „[…] the legal relations resulting from a combination of events [,] may depend on the law of some other state or states. When such a case arises, the extend to which the legal situation depends upon the law of another state is a question of Conflict of Laws.“

435 Alternativ werden auch die Begriffe “grouping of contacts“ oder „center of gravity“ verwendet, vgl. *Hay/Borchers et al.*, Conflict of Laws, 2018, S. 92.

436 W. H. Barber Co. v. Hughes, 63 N.E.2d 417, 423 (Ind. 1945): „[…] the court will consider all acts of the parties touching the transaction in relation to the several states involved and will apply as the law governing the transaction the law of that state with which the facts are in most intimate contact […].“; siehe auch *Hay/Borchers et al.*, Conflict of Laws, 2018, S. 92.

437 Nach *Symeonides* Einteilung aus 2019 folgt auch North Dakota im Deliktsrecht dem *significant-contacts-approach*, vgl. *Symeonides*, 67 American Journal of Comparative Law 1, 36 (2019); der North Dakota Supreme Court sprach sich jedoch gegen ein bloßes Zusammenzählen der Kontaktpunkte aus und untersuchte sie stattdessen im Lichte von *Leflars choice-influencing-considerations*, vgl. Issendorf v. Olson, 194 N.W.2d 750, 755 (N.D. 1972); daher ist North Dakota methodisch den *combined modern approaches* zuzuordnen.

438 *Symeonides*, 69 American Journal of Comparative Law (im Erscheinen).

439 Der Begriff lehnt sich an die Bezeichnung „cocktail-ähnliche Mischung“ von *Kegel/Schurig* an, vgl. *Kegel/Schurig*, Internationales Privatrecht, 2004, S. 201.

Nach der Rechtsprechung des Supreme Court von Indiana gehören zu den wesentlichen Kontaktpunkten beispielsweise der Handlungsort, der Aufenthalts- bzw. Geschäftsort der Parteien sowie das Zentrum der Rechtsbeziehung der Parteien.[440] Trotzdem stellte ein District Court 2011 fest, dass die wesentliche Verbindung grundsätzlich am *locus delicti* vermutet werde.[441]

Der Inhalt des Sachrechts oder die Regelungsziele des Gesetzgebers haben keinen Einfluss auf die kollisionsrechtliche Analyse.[442] Auch wenn es grundsätzlich auf die Qualität der Berührungspunkte statt deren bloße Anzahl ankommen soll, [443] werden in der Rechtsprechung häufig „Erbsen gezählt".[444] Dies liegt daran, dass es keine Größe gibt, an der die Bedeutung der Berührungspunkte gemessen werden kann: Es kommt das Recht des Staates mit den meisten Kontaktpunkten zur Anwendung.[445] Deshalb wird der *significant-contacts approach* in der Literatur stark kritisiert: Es sei unmöglich, unabhängig von staatlichen Regelungszielen festzulegen, in welcher Rechtsordnung sich die wesentlichsten Kontaktpunkte befänden.[446]

Hinsichtlich der Frage, wann eine kollisionsrechtliche Analyse vorzunehmen ist, hat sich die Rechtsprechung in Indiana gewandelt. Während ursprünglich

---

440 Hubbard Mfg. Co., Inc. v. Greeson, 515 N.E.2d 1071, 1073 f. (Ind. 1987): „[…] this Court will permit the consideration of other factors such as: 1) the place where the conduct causing the injury occurred; 2) the residence or place of business of the parties; and 3) the place where the relationship is centered […]."; das Gericht stellte später klar, dass diese drei Anknüpfungspunkte nicht abschließend seien, vgl. Simon v. U.S., 805, N.E.2d 798, 902 (Ind. 2004).

441 Popovich v. Weingarten, 779 F.Supp.2d 891, 896-97 (N.D. Ind. 2011).

442 Simon v. U.S., 805, N.E.2d 798, 902 (Ind. 2004): „Indiana does not require that courts undertake the difficult and ultimately speculative task of identifying the policies underlying the laws of multiple states and weighing the potential advancement of each in the context of the case. Indiana courts, assuming they reach the second step of the *Hubbard* analysis, simply look at the contacts that exist between the action and the relevant states and determine which state has the most significant relationship with the action.", vgl. auch *Hay/Borchers et al.*, Conflict of Laws, 2018, S. 92.

443 *Hay/Borchers et al.*, Conflict of Laws, 2018, S. 93.

444 In der ersten Entscheidung, die den *significant-contacts approach* verwendete, wurden beispielsweise die fünf Kontaktpunkte zu Illinois mit dem Berührungspunkt in Indiana ins Verhältnis gesetzt, vgl. W. H. Barber Co. v. Hughes, 63 N.E.2d 417, 423 (Ind. 1945).

445 Standard Leasing Corp. v. Schmidt Aviation, Inc., 576 S.W.2d 181, 184 (Ark. 1979); ebenso *Hay/Borchers et al.*, Conflict of Laws, 2018, S. 93.

446 *Hay/Borchers et al.*, Conflict of Laws, 2018, S. 93.

grenzüberschreitende Bezüge ausschlaggebend waren,[447] kommt es inzwischen darauf an, ob die Unterschiede zwischen den möglicherweise betroffenen Regelungen wichtig genug sind, um den Ausgang des Verfahrens zu beeinflussen.[448]

c. *Der most significant relationship-Test des zweiten Restatement*

Der *most significant relationship*-Test des zweiten Restatement beruht auf folgender Prämisse: Auf grenzüberschreitende Sachverhalte soll das Recht des Staates anwendbar sein, das die wichtigste und engste Verbindung zum zu entscheidenden Sachverhalt und den betroffenen Parteien aufweist.[449] Diese Verbindung ist nach § 6 (2) anhand der folgenden sieben Faktoren zu bestimmen: (a) den Bedürfnissen und Interessen interregionaler und internationaler Systeme, (b) den Rechtsanwendungsinteressen des *forum* sowie (c) anderer betroffener Staaten, (d) dem Schutz berechtigter Erwartungen, (e) Rechtssicherheit und Entscheidungseinklang, (f) den grundlegenden Ziele des betroffenen Rechtsgebiets sowie (g) allgemeiner kollisionsrechtlicher Ordnungsinteressen.[450]

Ergänzt wird das Prinzip der engsten Verbindung durch Generalklauseln und besondere Kollisionsnormen zu den einzelnen Rechtsgebieten. Die Generalklauseln verweisen in der Regel auf den *most significant relationship*-Test in § 6 (2) und nennen alternative Anknüpfungspunkte, die bei der Bestimmung des Rechts mit der engsten Verbindung berücksichtigt werden sollen. Dieser Struktur folgt beispielsweise die allgemeine Kollisionsnorm für *Torts* in § 145:

---

447 W.H. Barber Co. v. Hughes, 63 N.E.2d 417, 423 (Ind. 1945).

448 Simon v. U.S., 805 N.E.2d 798, 805 (Ind. 2004): As a preliminary matter, the court must determine whether the differences between the laws of the states are 'important enough to affect the outcome of the litigation'."

449 Restatement (Second) of Conflict of Laws, S. VII-VIII: Restatement Second supplants these rules by the broad principle that rights and liabilities with respect to a particular issue are determined by the local law of the State which, as to that issue, has 'the most significant relationship' to the occurrence and the parties.

450 Restatement (Second) of Conflict of Laws, § 6 (2): When there is no such directive, the factors relevant to the choice of the applicable rule of law include
(a) the needs of the interstate and international systems,
(b) the relevant policies of the forum,
(c) the relevant policies of other interested states and the relative interests of those states in the determination of the particular issue,
(d) the protection of justified expectations,
(e) the basic policies underlying the particular field of law,
(f) certainty, predictability and uniformity of result, and
(g) ease in the determination and application of the law to be applied.

> (1) The rights and liabilities of the parties with respect to an issue in tort are determined by the local law of the state which, with respect to that issue, has the most significant relationship to the occurrence and the parties under the principles stated in § 6.
> (2) Contacts to be taken into account in applying the principles of § 6 to determine the law applicable to an issue include:
> (a) the place where the injury occurred,
> (b) the place where the conduct causing the injury occurred,
> (c) the domicil, residence, nationality, place of incorporation and place of business of the parties, and
> (d) the place where the relationship, if any, between the parties is centered.
> These contacts are to be evaluated according to their relative importance with respect to the particular issue.

Die besonderen Kollisionsnormen beziehen sich auf spezielle Rechtsfragen bzw. Fallkonstellationen innerhalb eines Rechtsgebiets und legen hierfür einen Anknüpfungspunkt fest. Das Ergebnis der Anknüpfung steht immer unter dem Vorbehalt, dass nicht ein anderer Staat eine engere Verbindung im Sinne von § 6 (2) zum Sachverhalt hat. So regelt beispielsweise § 146:

> In an action for a personal injury, the local law of the state where the injury occurred determines the rights and liabilities of the parties, unless, with respect to the particular issue, some other state has a more significant relationship under the principles stated in § 6 to the occurrence and the parties, in which event the local law of the other state will be applied.

Danach soll bei einem deliktsrechtlichen Anspruch wegen Körperverletzung an den Erfolgsort angeknüpft werden, es sei denn, die Abwägung nach § 6 (2) ergibt etwas anderes. Den besonderen Kollisionsnormen werden von einem Großteil der Rechtsprechung Vorrang vor der allgemeinen Regelung eingeräumt.[451] Trotzdem dominieren in der Praxis die Generalklauseln und die allgemeinen Prinzipien in § 6 (2) letztlich die kollisionsrechtliche Analyse.[452]

---

451 Vgl. beispielsweise General Motors Corp. v. Eighth Judicial Dist. Court of State of Nev. ex rel. County of Clark, 134 P.3d 111, 116 (Nev. 2006): „We take this opportunity to clarify Nevada's choice-of-law jurisprudence and hold that the Second Restatement's most significant relationship test governs choice-of-law issues in tort actions unless another, more specific section of the Second Restatement applies to the particular tort […].".

452 Vgl. beispielsweise Townsend v. Sears, Roebuck and Co., 879 N.E.2d 893, 903 (Ill. 2007): „We now test this presumptive choice against the principles of section 6 in light of the contacts identified in section 145 (2)."; ebenso *Borchers*, 56 Maryland Law Review 1232, 1241 (1997).

Aus numerischer Sicht ist das zweite Restatement mit seinem *most significant relationship*-Test der erfolgreichste methodische Ansatz in den Einzelstaaten. Im Deliktsrecht greifen 25 Staaten (Alaska, Arizona, Colorado, Connecticut, Delaware, Florida, Idaho, Illinois, Iowa, Maine, Mississippi, Missouri, Montana, Nebraska, Nevada, New Jersey, Ohio, Oklahoma, South Dakota, Tennessee, Texas, Utah, Vermont, Washington, Wyoming) auf seine Regelungen zurück.[453] Die starke Resonanz des Restatement ist allerdings unter Vorbehalt zu betrachten. Während einige Gerichte den Sachverhalt explizit unter die Regelungen des Restatement subsumieren,[454] dienen die dort genannten Anknüpfungspunkte in anderen Einzelstaaten nur als Anhaltspunkte für die Gerichte.[455] Dies ist insofern nicht überraschend, als die flexiblen Regelungen des Restatement den Gerichten große Freiheit lassen und beinahe jedes Ergebnis belegen können.[456] Es ist denkbar, dass der Rückgriff auf das Restatement oftmals nur im Sinne der Glaubwürdigkeit und Transparenz der Entscheidung erfolgt,[457] aber gerade kein klares „methodisches Bekenntnis" darstellt.

Bezüglich der Frage, wann ein Gericht eine kollisionsrechtliche Analyse vorzunehmen hat, sind die Aussagen des zweiten Restatement widersprüchlich. Während in den Comments zu § 1 relevante Unterschiede zwischen sachrechtlichen Regelungen genannt werden,[458] verweisen § 1 sowie die Comments zu § 2 auf grenzüberschreitende Elemente.[459] Als Erklärung für diesen Gegensatz sind

453 *Symeonides*, 67 American Journal of Comparative Law 1, 36 (2019).

454 So beispielsweise Chapman v. DePuy Orthopedics, Inc., 760 F.Supp.2d 1310, 1313 (M.D.Fla. 2011); Jones ex rel. Jones v. Winnebago Industries, Inc., 460 F.Supp.2d 953, 966 ff. (N.D.Iowa 2006).

455 So beispielsweise Cornelius v. DeLuca, 709 F.Supp.2d 1003, 1014 (D.Idaho 2010).

456 *Hay/Borchers et al.*, Conflict of Laws, 2018, S. 97.

457 *Hay/Borchers et al.*, Conflict of Laws, 2018, S. 97 mit Verweis auf *Borchers*, 56 Maryland Law Review 1232, 1233 (1997); *Symeonides*, 56 Maryland Law Review 1248, 1269-1279 (1997).

458 Restatement (Second) of Conflict of Laws, § 1 Comment b: „If the local law rules of X and Y differ in relevant respects, the X court may be called upon to decide whether to apply the rules of one state rather than the rules of the other."

459 Restatement (Second) of Conflict of Laws, § 1: „Events and transactions occur [...] that may have a significant relationship to more than one state, making necessary a special body of rules."; § 2 Comment a: „Each state has its own methods and rules for determining whether particular issues in a suit involving foreign elements should be determined by its own local law rules or by those of another state."

die lange Entstehungsdauer des Restatements sowie der Versuch des Reporters, eine Zusammenschau aller bestehenden methodischen Ansätze zu dieser Zeit zu erstellen, anzunehmen. Es erstaunt vor diesem Hintergrund nicht, dass auch die Einzelstaaten die kollisionsrechtliche Analyse von verschiedenen Faktoren abhängig machen. Während beispielsweise der Supreme Court von New Jersey einen *conflict* nur dann annimmt, wenn die möglicherweise anwendbaren Regelungen zu unterschiedlichen Ergebnissen führen oder der Inhalt einer Regelung gegen die *public policy* eines anderen interessierten Staates verstößt,[460] kommt es in Florida auf einen inhaltlichen Unterschied oder ein unterschiedliches Ergebnis an.[461] In South Dakota reicht hingegen ein grenzüberschreitender Bezug aus.[462]

d. Interest analysis

Die *governmental interest analysis* wird nur noch in Kalifornien praktiziert.[463] Auch wenn die Begrifflichkeit impliziert, dass es sich methodisch um die von *Currie* begründete Lehre handelt, divergiert die Herangehensweise der kalifornischen Gerichte in mehreren Punkten grundlegend von seiner Theorie. Zum einen nehmen die Gerichte eine von *Currie* explizit abgelehnte Abwägung staatlicher Interessen vor.[464] Des Weiteren wurden Elemente des von *Baxter* entwickelten *comparative impairment approach* in die Analyse eingegliedert, sodass kein Vergleich der *policies* an sich, sondern der Auswirkungen ihrer Nichtdurchsetzung stattfindet.[465]

---

460 In re Accutane Litigation, 194 A.3d 503, 517 (N.J. 2018): „A conflict of law arises when the application of one or another state's law may alter the outcome of the case, […] or when the law of one interested state is 'offensive or repugnant' to the public policy of the other."

461 Chapman v. DePuy Orthopedics, Inc., 760 F.Supp.2d 1310, 1313 (M.D.Fla. 2011): „A true conflict exists when two or more states have a legitimate interest in a particular set of facts in litigation and the laws of those states differ or would produce a different result."

462 Butts v. Evangelical Lutheran Good Samaritan Soc., 852 F.Supp.2d 1139, 1147 (D.S.D. 2012); Chambers v. Dakotah Charter, Inc., 488 N.W.2d 63, 66 ff. (S.D. 1992).

463 *Symeonides*, 67 American Journal of Comparative Law 1, 36 (2019).

464 So erstmals unter der Federführung von Richter *Traynor* in Reich v. Purcell, 432 P.2d 727, 730 (Cal. 1967).

465 Erstmals in Bernhard v. Harrah's Club, 546 P.2d 719, 723 (Cal. 1976); bestätigt in Offshore Rental Co. v. Continental Oil Co., 583 P.2d 721, 726 (Cal. 1978).

Der Supreme Court von Kalifornien beschrieb 2006 die kollisionsrechtliche Analyse kalifornischer Gerichte als Dreischritt.[466] Zunächst sei festzustellen, ob sich die möglicherweise anwendbaren Rechtsregelungen inhaltlich unterschieden.[467] Nur in diesem Fall liege ein Kollisionsfall vor, der eine kollisionsrechtliche Analyse erfordere.[468] Danach müsse untersucht werden, ob es sich im Sinne *Curries* um einen *true conflict* handele.[469] Zuletzt werde nach dem *comparative impairment approach* ein Vergleich der betroffenen Interessen vorgenommen.[470] Ausschlaggebend sei, die Interessen welches Staates am meisten beeinträchtigt würden, sofern sie nicht durchgesetzt werden können.[471] Dadurch solle das Ausmaß des staatlichen Interesses an der Durchsetzung seines Rechts bestimmt werden.[472]

---

466 Kearney v. Salomon Smith Barney, Inc., 137 P.3d 914, 922 (Cal. 2006): „California has applied the so-called governmental interest analysis in resolving choice-of-law issues. In brief outline, the governmental interest approach generally involves three steps."

467 Kearney v. Salomon Smith Barney, Inc., 137 P.3d 914, 922 (Cal. 2006): „First, the court determines whether the relevant law of each of the potentially affected jurisdictions with regard to the particular issue in question is the same or different."

468 So grundlegend Hurtado v. Superior Court, 522 P.2d 666, 669 (1974): „There is obviously no problem where the laws of the two states are identical."

469 Kearney v. Salomon Smith Barney, Inc., 137 P.3d 914, 922 (Cal. 2006): „Second, if there is a difference, the court examines each jurisdiction's interest in the application of its own law under the circumstances of the particular case to determine whether a true conflict exists."

470 Kearney v. Salomon Smith Barney, Inc., 137 P.3d 914, 922 (Cal. 2006): „Third, if the court finds that there is a true conflict, it carefully evaluates and compares the nature and strength of the interest of each jurisdiction in the application of its own law 'to determine which state's interest would be more impaired if its policy were subordinated to the policy of the other state', and then ultimately applies 'the law of the state whose interest would be the more impaired if its law were not applied'." (Verweise wurden weggelassen).

471 Kearney v. Salomon Smith Barney, Inc., 137 P.3d 914, 922 (Cal. 2006).

472 Offshore Rental Co. v. Continental Oil Co., 583 P.2d 721, 727 (Cal. 1978): „In sum, the comparative impairment approach to the resolution of true conflicts attempts to determine the relative commitment of the respective states to the laws involved. The approach incorporates several factors for consideration: the history and current status of the states' laws; the function and purpose of those laws."

e. *Lex fori approach*

Der *lex fori approach* wird in Kentucky und in Michigan angewendet.[473] Danach kommt es auch bei grenzüberschreitenden Sachverhalten grundsätzlich zur Anwendung der *lex fori*. Zu beachten sind in diesem Kontext die verfassungsrechtlichen Grenzen des *Due Process* und des *Full Faith and Credit Clause*.[474] Nach der Rechtsprechung des U.S. Supreme Court muss eine Verbindung zwischen dem Sachverhalt und der gewählten Rechtsordnung bestehen, damit die Rechtsanwendung nicht willkürlich ist.[475]

Der Court of Appeals von Kentucky entschied dementsprechend in Foster v. Leggett, dass die *lex fori* Anwendung finden solle, sofern der Sachverhalt eine Verbindung zum Forumstaat aufweise.[476] In diesem Fall sei es nicht gerechtfertigt, die *lex fori* durch ein fremdes Recht zu verdrängen.[477] Der Supreme Court von Michigan argumentierte ähnlich: Die *lex fori* sei so lange maßgeblich, wie kein rationaler Grund für die Anwendung eines anderen Rechts bestehe.[478] Ein

---

473 *Symeonides*, 67 American Journal of Comparative Law 1, 36 (2019).

474 Der *Due Process Clause* ergibt sich aus dem fünften und 14. Amendment: 5th Amendment to the U.S. Constitution: „No person shall [...] be deprived of life, liberty, or property, without due process of law [...].“; 14th Amendment: „[...] nor shall any State deprive any person of life, liberty, or property, without due process of law.“; der Full Faith and Credit Clause findet sich in Article IV, § 1, U.S. Constitution: „Full Faith and Credit shall be given in each State to the public Acts, Records, and judicial Proceedings of every other State. And the Congress may by general Laws prescribe the Manner in which such Acts, Records and Proceedings shall be proved, and the Effect thereof.“

475 Allstate Ins. v. Hague, 449 U.S. 302, 313 (1981): „[...] that state must have a significant contact or significant aggregation of contacts, creating state interests, such that choice of its law is neither arbitrary nor fundamentally unfair [...].“

476 Foster v. Leggett, 484 S.W.2d 827, 829 (Ky. 1972): „[...] if there are significant contacts – not necessarily the most significant contacts – with Kentucky, the Kentucky law should be applied.“

477 Foster v. Leggett, 484 S.W.2d 827, 829 (Ky. 1972): „When the court has jurisdiction of the parties its primary responsibility is to follow its own substantive law. The basic law is the law of the forum, which should not be displaced without valid reasons.“; bestätigt jüngst in Reichwein v. Jackson Purchase Energy Corp., 397 S.W.3d 413, 416 (Ky. Ct. App. 2012); R.J. Corman Derailment Services, LLC v. Center for Toxicology and Environmental Health, LLC, 2019 WL 4127611 at *5 (Ky. Ct. App. 2019).

478 Sutherland v. Kennington Truck Service, Ltd., 562 N.W.2d 466, 471 (Mich. 1997): „That is, we will apply Michigan law unless a ‘rational reason’ to do otherwise exists.“

solcher Grund liege vor, wenn ein anderer Staat im Gegensatz zum *forum* ein Interesse an der Anwendung seines Rechts habe.[479]

Auch wenn die Frage nach dem Bestehen eines *conflict* im *lex fori approach* nicht direkt diskutiert wird, ergibt sich aus dem Zusammenhang, dass ein grenzüberschreitender Bezug ausreicht. Ob das *forum* kein Interesse an der Anwendung seines Rechts hat, wird lediglich in diesem Fall relevant.

f. Better law approach

Der maßgeblich durch die von *Leflars* Lehre beeinflusste *better law approach* wird von fünf Staaten (Arkansas, Minnesota, New Hampshire, Rhode Island, Wisconsin) angewendet.[480] Hintergrund der Herangehensweise ist der Wunsch der Gerichte, bei der Bestimmung des anwendbaren Rechts die *policies* der betroffenen Staaten berücksichtigen zu können.[481] Tatsächlich ist die Bezeichnung *better law approach* insofern unvollständig, als viele Gerichte nicht nur für die Anwendung der *better rule of law* plädieren, sondern auch die übrigen vier *choice-influencing-considerations* in ihre Überlegungen miteinbeziehen.[482]

Der Supreme Court von Arkansas verwies 1977 erstmals auf die von *Leflar* entwickelten fünf Faktoren: (1) die Vorhersehbarkeit von Entscheidungen, (2) der Entscheidungseinklang auf interlokaler und internationaler Ebene, (3) die

---

479 Sutherland v. Kennington Truck Service, Ltd., 562 N.W.2d 466, 471 (Mich. 1997): „[…] determining whether a rational reason to displace Michigan law exists, we undertake a two-step analysis. First, we must determine if any foreign state has an interest in having its law applied. If no state has such an interest, the presumption that Michigan law will apply cannot be overcome. If a foreign state does have an interest in having its law applied, we must then determine if Michigan's interests mandate that Michigan law be applied, despite the foreign interests.“

480 *Symeonides*, 67 American Journal of Comparative Law 1, 36 (2019).

481 So beispielsweise explizit Clark v. Clark, 222 A.2d 205, 207 (N.H. 1966): „This court prefers not to rely on such a technique because it overlooks policy considerations that should underlie choice of law adjudication.“

482 So die Entscheidung Clark v. Clark, 222 A.2d 205, 208-10 (N.H. 1966); der Supreme Court von Minnesota erklärte sogar in einem Urteil von 2000, dass die Bestimmung des besseren Rechts nicht länger Teil der kollisionsrechtlichen Analyse sein solle, vgl. Nodak Mut. Ins. Co. v. American Family Mut. Ins.Co., 604 N.W.2d 91, 96-97 (Minn. 2000): „Regarding the fifth factor, application of the better rule of law, we note that this court has not placed any emphasis on this factor in nearly 20 years and conclude that it is likewise unnecessary to reach it here. Therefore, as the strongest governmental interest factor here favors application of North Dakota law, and the other relevant factors favor neither state's law, North Dakota law should apply.“

Vereinfachung juristischer Entscheidungen, (4) die Förderung der staatlichen Interessen des Forumstaats sowie (5) die Anwendung des besseren Rechts.[483] Das Gericht stellte im Rahmen der kollisionsrechtlichen Analyse jedoch nur auf die Förderung staatlicher Interessen sowie die Anwendung des besseren Rechts ab.[484] 2005 untersuchte dasselbe Gericht hingegen alle fünf *choice-influencing-considerations* im Detail.[485] Der Supreme Court von Minnesota erklärte 1973 hinsichtlich der Bedeutung der Erwägungen zueinander, dass dem vierten und dem fünften Kriterium die höchste Bedeutung zuzumessen sei.[486] Ein District Court desselben Bundesstaates stellte 2013 indes fest, dass der *better law factor* nur dann zur Anwendung komme, wenn der Kollisionsfall nicht anhand der ersten vier Faktoren entschieden werden könne.[487]

Die Rechtsprechung in den oben genannten *better law*-Bundesstaaten variiert bezüglich der Frage, welche konkrete Funktion die *choice-influencing-considerations* in der kollisionsrechtlichen Analyse einnehmen soll. In Arkansas wurden die fünf Faktoren beispielsweise als Korrekturmechanismus der strengen Verweisung auf die *lex loci delicti* verstanden.[488] Der Supreme Court von Wisconsin wandte *Leflars* Kriterien hingegen an, um zwischen dem Recht zweier Staaten zu entscheiden, nachdem feststand, dass diese tatsächlich Bezugspunkte

---

483 *Leflar*, 41 New York University Law Review 267, 282 (1966): „A. Predictability of results; B. Maintenance of interstate and international order; C. Simplification of the judicial task; D. Advancement of the forum's governmental interests; E. Application of the better rule of law."

484 Wallis v. Mrs. Smith's Pie Co., 550 S.W.2d 453, 457 (Ark. 1977): „It is this Court's duty to further this State's governmental interests."; ähnlich Milkovich v. Saari, 203 N.W.2d 408, 417 (Minn. 1973).

485 Schubert v. Target Stores, Inc., 201 S.W.3d 917, 922-23 (Ark. 2005).

486 Milkovich v. Saari, 203 N.W.2d 408, 412 (Minn. 1973): „[…] in selecting the law of a particular case the last two considerations carry most weight. In the case before it, the court found adequate governmental interest in applying its state's law and concluded that the New Hampshire law was unquestionably the better law and should be applied."

487 Dryer v. Nat'l Football League, 2013 WL 5888231, at *5 (D. Minn. Nov. 1, 2013).

488 So beispielsweise Schubert v. Target Stores, Inc., 201 S.W.3d 917, 921-22 (Ark. 2005): „[…] the adoption of the Leflar factors in Wallis and subsequent cases appears to be merely a softening of what previously had been a rigid formulaic application of the former rule of law […] this court adopted the choice-influencing factors in Wallis to soften the formulaic application of lex loci delicti."

zum zu entscheidenden Sachverhalt hatten.[489] Nach der Rechtsprechung von Rhode Island sind die Faktoren als Basis für die Abwägung der betroffenen staatlichen Interessen zu verwenden.[490] Da die fünf Faktoren allerdings deutlich den Schwerpunkt der kollisionsrechtlichen Analyse darstellen, sind auch diese drei Bundesstaaten zum *better law approach* anstatt zu den *combined modern approaches* zu zählen.

Um überhaupt zu einer Anwendung der *choice-influencing-considerations* zu kommen, muss nach der Rechtsprechung der Einzelstaaten ein *conflict* zwischen den betroffenen Regelungen vorliegen. Während Arkansas, Wisconsin und Rhode Island hierfür einen grenzüberschreitenden Bezug im Sachverhalt ausreichen lassen,[491] müssen nach der Rechtsprechung von Minnesota – und im Einklang mit *Leflars* Theorie[492] – inhaltliche Unterschiede zwischen den betroffenen Regelungen bestehen.[493] New Hampshire sieht hingegen dann einen *conflict*, wenn mehrere Staaten ein Interesse an der Anwendung ihres Rechts haben.[494]

g. *Combined modern approaches*

Die übrigen fünf Staaten werden von *Symeonides* unter dem Begriff *combined modern approaches* zusammengefasst, da sie sich nicht nur einer der zuvor erläuterten Herangehensweisen zuordnen lassen, sondern ein Konglomerat verschiedener Ansätze verwenden.[495] Die Interessenanalyse ist in fast allen Staaten ein Teil der kollisionsrechtlichen Methodik, allerdings in unterschiedlichen Ausprägungen.

In **Massachusetts** wird eine Kombination aus *traditional approach* und *most significant relationship*-Test angewendet. Letzterer dient als ein Korrekturmechanismus der *lex loci delicti*-Regel.[496] Sofern eine andere Rechtsordnung eine engere Verbindung zum Sachverhalt aufweist, soll dieses Recht anstatt des durch

---

489 Drinkwater v. American Family Mut. Ins. Co., 714 N.W.2d 568, 576 (Wis. 2006): „The application of either Gillette's 'first rule' or Beloit Liquidating's first test to the facts here necessitates that we apply the five choice-influencing factors."

490 Harodite Industries, Inc. v. Warren Elec. Corp., 24 A.3d 514, 534-35 (R.I. 2011).

491 Schubert v. Target Stores, Inc., 201 S.W.3d 917, 922 (Ark. 2005); Drinkwater v. American Family Mut. Ins. Co., 714 N.W.2d 568, 576 (Wis. 2006); Woodward v. Stewart, 243 A.2d 917, 919 (R.I. 1968).

492 *Leflar*, 48 Boston University Law Review 164, 171 (1968).

493 Dryer v. Nat'l Football League, 2013 WL 5888231, at *5 (D. Minn. 2013).

494 Knightly v. Gula, 2016 WL 4401996, at *1 (D.N.H. 2016).

495 *Hay/Borchers et al.*, Conflict of Laws, 2018, S. 98.

496 Watkins v. Omni Life Science, Inc., 692 F.Supp.2d 170, 174 (D. Mass. 2010).

die Tatortregel bestimmten zur Anwendung kommen.[497] Um eine solche engere Verbindung festzustellen, greift die Rechtsprechung auf verschiedene kollisionsrechtliche Erwägungen, insbesondere aber die des zweiten Restatement, zurück.[498] In Cosme v. Whitin Mach. Works, Inc. ermittelte der Supreme Judicial Court dementsprechend die in § 145 und § 146 des zweiten Restatement genannten Anknüpfungspunkte und prüfte sodann anhand der Erwägungen aus § 6 (2), ob Massachusetts eine engere Verbindung zum Sachverhalt hatte. Das Gericht wog dafür die Interessen der betroffenen Staaten an der Anwendung ihrer einschlägigen Haftungsregel gegeneinander ab.[499] Als Ausgangspunkt für die kollisionsrechtliche Analyse sind in Massachusetts Kontaktpunkte zu verschiedenen Rechtsordnungen im Sachverhalt ausreichend.[500]

Eine andere Vorgehensweise findet man in **North Dakota**. Dort werden *choice of law*-Prinzipien erst dann angewendet, wenn ein inhaltlicher Unterschied zwischen den betroffenen Regelungen besteht.[501] Danach beginnt die eigentliche Analyse: Es werden zunächst Verbindungspunkte im Rahmen des *significant-contacts*-Tests ermittelt; diese werden dann in einem zweiten Schritt anhand von *Leflars choice-influencing-considerations* untersucht.[502] Entscheidend ist letztlich, welche Rechtsordnung angesichts dieser Erwägungen das größte Interesse an der Anwendung seiner Regelungen hat.[503] Der Supreme Court stellte bezüglich seiner Herangehensweise 1998 klar, dass North Dakota weiterhin dem *significant-contacts*-Test folge,[504] obwohl er in zuvor ergangenen Entscheidungen

497 Cohen v. McDonnell Douglas Corp., 450 N.E.2d 581, 585 (Mass. 1983); Pevoski v. Pevoski, 358 N.E.2d 416, 417 (Mass. 1976).

498 Cosme v. Whitin Mach. Works, Inc., 632 N.E.2d 832, 834 (Mass.1994): „[…] we consider choice-of-law issues 'by assessing various choice-influencing considerations', including those provided in the Restatement (Second) of Conflict of Laws (1971), and those suggested by various commentators."

499 Cosme v. Whitin Mach. Works, Inc., 632 N.E.2d 832, 835 (Mass. 1994).

500 Cohen v. McDonnell Douglas Corp., 450 N.E.2d 581, 584 (Mass. 1983); Ogburn-Sisneros v. Fresenius Medical Care Holdings, Inc., 2015 WL 6437773 at * 1 (Mass. Super. 2015).

501 Rostvet v. Lock City Transportation Co., Inc., 2013 WL 11941563 at *3 (D.N.D. 2013).

502 Polensky v. Continental Cas. Co., 397 F.Supp.2d 1164, 1169 (D.N.D. 2005); so erstmals in Issendorf v. Olson, 194 N.W.2d 750, 755 (N.D. 1972); bestätigt in Apollo Sprinkler Co., Inc. v. Fire Sprinkler Suppliers & Design, Inc., 382 N.W.2d 386, 390 (N.D. 1986) sowie in Nodak Mut. Ins. Co. v. Wamsley, 687 N.W.2d 226, 231 (N.D. 2004).

503 Polensky v. Continental Cas. Co., 397 F.Supp.2d 1164, 1172 (D.N.D. 2005).

504 Daley v. American States Preferred Ins. Co., 587 N.W.2d 159, 163 (N.D. 1998): „Our significant contacts test remains the same as when it was first enunciated in Issendorf."

mehrmals auf Comments des zweiten Restatement zu § 6 (2) verwiesen hatte.[505] Das Gericht unterstrich jedoch, dass die von ihm gewählte Methode zwar die Vorgehensweise des zweiten Restatement widerspiegele, der Verweis auf das Restatement jedoch keinen Methodenwechsel bedeute.[506]

Der Supreme Court von **Hawaii** wendet hingegen eine Mischung aus *most significant relationship*-Test und Interessenanalyse an, ohne dabei explizit auf das zweite Restatement zu verweisen.[507] Im Rahmen der Abwägung wird nicht auf den Inhalt der jeweiligen Regelungen eingegangen, sondern nur abstrakt das Interesse des Staates an der Anwendung seines Rechts angesichts der jeweiligen Verbindung zum Sachverhalt untersucht.[508] Letztlich werden also die jeweiligen Anknüpfungspunkte gegeneinander abgewogen.[509] Bezüglich der Anwendbarkeit der Kollisionsregeln wird nicht auf den Inhalt des Sachrechts bzw. die zugrunde liegenden *policies* verwiesen, sodass ein grenzüberschreitender Bezug ausreichend ist.[510]

---

505 Apollo Sprinkler Co., Inc. v. Fire Sprinkler Suppliers & Design, Inc., 382 N.W.2d 386, 390 (N.D. 1986).

506 Daley v. American States Preferred Ins. Co., 587 N.W.2d 159, 162-63 (N.D. 1998): „Our significant contacts method of analysis mirrors the Second Restatement's […] Our reference in Apollo to the commentary to section 6 during our analysis of the Leflar factors was merely an attempt to further define the contours of those factors. The reference to the Second Restatement did not signal an intent to forge 'a new' choice of law approach or express dissatisfaction with our current approach. Our significant contacts test remains the same as when it was first enunciated in Issendorf."

507 Lewis v. Lewis, 748 P.2d 1362, 1365 (Haw. 1988): „We have moved away from the traditional approach […] towards a more flexible approach looking to the state with the most significant relationship to the parties and the subject matter […] Primary emphasis is placed on deciding which state would have the strongest interest in seeing its laws applied to the particular case." (Verweise wurden weggelassen); zuvor hatte sich das Gericht für eine Analyse der betroffenen Interessen und *policies* als Methode ausgesprochen, vgl. Peters v. Peters, 634 P.2d 568, 593 (Haw. 1981).

508 Lewis v. Lewis, 748 P.2d 1362, 1365 (Haw. 1988).

509 Nach *Hay/Borchers et al.*, Conflict of Laws, 2018, S. 99 gehören *Leflars choice-influencing-considerations* ebenfalls zur kollisionsrechtlichen Analyse in Hawaii; dieser Ansicht kann jedoch nicht gefolgt werden; auch wenn der Supreme Court in Peters auf *Leflars* Erwägungen eingeht, werden sie nie Teil der eigentlichen Analyse, vgl. Peters v. Peters, 634 P.2d 568, 593 (Haw. 1981).

510 Peters v. Peters, 634 P.2d 568, 593 (Haw. 1981); St. James v. JP Morgan Chase Bank Corporation, 2017 WL 4392040 at *4-5 (D. Hawaii 2017).

In **Pennsylvania** kommt es bei der Bestimmung des anwendbaren Rechts darauf an, welcher Staat ein größeres Interesse an der Anwendung seines Rechts auf Grund einer engeren Verbindung zum Sachverhalt und den Parteien hat.[511] Dafür wird eine Abwägung der betroffenen Interessen und *policies* vorgenommen, unter zusätzlicher Berücksichtigung von *Cavers' principles of preference*.[512] Diese Rechtsprechungslinie wurde jüngst 2019 bestätigt.[513] Der Supreme Court entschied, dass es nicht angemessen sei, einem in Pennsylvania ansässigen Pflegeheim einen höheren Haftungsstandard aufzuerlegen, nur weil der betroffene Patient aus einem Staat mit höheren Standards komme.[514] Diese Argumentation basiert auf *Cavers'* Gerechtigkeitserwägungen, die dieser als Begründung für eines seiner *principles of preference* gewählt hatte.[515] Für die Anwendbarkeit der kollisionsrechtlichen Analyse kommt es auf das Vorliegen eines *true conflict* an; das ist der Fall, wenn das möglicherweise anwendbare Recht zum selben Ergebnis führt oder beide Rechtsordnungen ein Interesse an der Anwendung ihres Rechts haben.[516]

In **New York** wird das anwendbare Recht grundsätzlich im Rahmen einer Interessenanalyse bestimmt, für die sich in den vergangenen Jahren feststehende

511 Melmark, Inc. v. Schutt by and Through Schutt, 206 A.3d 1096, 1107 (Pa. 2019): „The overriding consideration is which state has 'a priority of interest in the application of its rule of law' so as to vindicate the policy interests underlying that law."

512 *Cavers'* Erwägungen wurden erstmals hinzugezogen in Cipolla v. Shaposka, 267 A.2d 854, 856 f. (Pa. 1970).

513 Melmark, Inc. v. Schutt by and Through Schutt, 206 A.3d 1096 (Pa. 2019).

514 Melmark, Inc. v. Schutt by and Through Schutt, 206 A.3d 1096, 1108 (Pa. 2019).

515 Vgl. *Cavers*, The Choice-of-Law Process, 1965, S. 146 f.: „Consider the response that would be accorded a proposal that was the opposite of this principle if it were advanced against a person living in the state of injury on behalf of a person coming there from a state having a higher standard of care or of financial protection. The proposal thus advanced would require the community the visitor entered to step up its standard of behavior for his greater safety or lift its financial protection to the level to which he was accustomed. Such a proposal would be rejected as unfair. By entering the state or nation, the visitor has exposed himself to the risk of the territory and should not subject persons living there to a financial hazard that their law had not created."

516 Melmark, Inc. v. Schutt by and Through Schutt, 206 A.3d 1096, 1104 (Pa. 2019): „Pennsylvania courts first consider whether a 'true conflict' exists between the two states [...] This is because in some instances the purported conflict is ultimately revealed to be a 'false conflict' – meaning that the laws of both states would produce the same result, [...] or that one of the states has no meaningful policy-based interest in the issue raised."

Parameter etabliert haben.[517] Ziel der Untersuchung soll sein, die Rechtsordnung zu finden, die aufgrund ihrer Verbindung zum Sachverhalt das größte Interesse an der Anwendung ihres Rechts hat. Ansatzpunkt der Interessenabwägung ist der Zweck der von den Parteien vorgetragenen Regelungen. Die Rechtsprechung zum Deliktsrecht unterscheidet zwischen verhaltenssteuernden (*conduct-regulation*) und schadenszuweisenden (*loss-allocation*) Regeln.[518] Der New Yorker Court of Appeals argumentierte bereits 1963, dass der Staat, in dem die unerlaubte Handlung stattfand, ein vorrangiges Interesse an der Durchsetzung seiner Verhaltensstandards im eigenen Hoheitsgebiet habe.[519] Daher komme es im Falle von verhaltenssteuernden Vorschriften immer auf die *lex loci delicti* an.[520] Für Fragen der Schadenszuweisung entwickelte das Gericht hingegen mit der gleichnamigen Entscheidung die sog. *Neumeier rules*, die den Staat mit dem größeren Interesse anhand der jeweiligen Sachverhaltskonstellation bestimmen sollten.[521] Hintergrund dieser Regeln war der Gedanke, die kollisionsrechtliche Analyse vorhersehbarer und einheitlicher zu gestalten.[522] Im Einzelnen legte der Court of Appeals in der *Neumeier*-Entscheidung drei Regeln fest: (1) Sofern die Parteien dasselbe *domicile* haben, ist das Recht dieses Staates anzuwenden; (2) bei abweichendem *domicile* (gleichzeitig ein *true conflict*) ist grundsätzlich die *lex loci delicti* anzuwenden, wenn dieses Recht den eigenen Gebietsansässigen (*domiciliary*) schützt; (3) ist dies nicht der Fall, so kann ein anderes mit dem Sachverhalt besonders verbundenes Recht als die *lex loci delicti* nur dann angewendet werden, wenn dadurch der Zweck dieser materiell-rechtlichen Regelung

---

517 Die endgültige Abkehr vom traditionellen *lex loci delicti* Ansatz wurde 1963 in der viel zitierten Entscheidung Babcock v. Jackson, 191 N.E.2d 279 (N.Y. 1963) begründet; zunächst etablierte der New Yorker Court of Appeals stattdessen einen *center of gravity approach*, der sich allerdings später zu einer immer ausführlicheren Interessenanalyse entwickelte, vgl. hierzu die Ausführungen in Edwards v. Erie Coach Lines Co., 952 N.E.2d 1033, 1336 (N.Y. 2011).

518 So bereits in Babcock v. Jackson, 191 N.E.2d 279, 284 (N.Y. 1963).

519 Schultz v. Boy Scouts of America, Inc., 480 N.E.2d 679, 684 f. (N.Y. 1985).

520 Babcock v. Jackson, 191 N.E.2d 279, 284 (N.Y. 1963); bestätigt in Cooney v. Osgood Machinery, Inc., 612 N.E.2d 277, 280 (N.Y. 1993).

521 Neumeier v. Kuehner, 286 N.E.2d 454, 457 (N.Y. 1972); ursprünglich wurden die Regeln für die sog. *guest statutes* angewendet; seit Schultz v. Boy Scouts of America, Inc., 480 N.E.2d 679 (N.Y. 1985) kommen sie aber auch bei anderen deliktsrechtlichen Fragen zur Anwendung.

522 Cooney v. Osgood Machinery, Inc., 612 N.E.2d 277, 281 (N.Y. 1993): „[…] seeking to return greater predictability and uniformity to the law […].“

besonders gestärkt wird und es nicht zu Rechtsunsicherheit für die Beteiligten und einer Beeinträchtigung des mehrstaatlichen Systems kommt.[523] Die Wahl des Erfolgsortes als Anknüpfungspunkt begründete das Gericht mit der Überlegung, dass dieser für die Parteien grundsätzlich neutral und vorhersehbar sei und im Übrigen so *forum shopping* verhindert werden könne.[524] Ausgangspunkt für kollisionsrechtliche Überlegungen ist in New York das Vorliegen eines *true conflict*: Ein solcher ist nach der Rechtsprechung gegeben, wenn ein inhaltlicher Unterschied zwischen den betroffenen Regelungen des Sachrechts besteht.[525]

h. Die Kodifikationen

Oregon und **Louisiana** werden von *Symeonides* ebenfalls den *combined modern approaches* zugeordnet. Allerdings nehmen sie eine besondere Stellung ein, da sie das Kollisionsrecht (zumindest in Teilen) kodifiziert haben. Sie sind daher separat zu betrachten. Während Louisianas Kodifikation das gesamte Kollisionsrecht umfasst, beziehen sich die beiden Oregon *statutes* lediglich auf das anwendbare Recht in vertrags- bzw. deliktsrechtlichen Konstellationen.

Das am 01.01.1992 in Kraft getretene IPR-Gesetz von Louisiana erinnert terminologisch stark an *Baxters comparative impairment approach*.[526] In der Generalklausel in Art. 3515 La. Civ. Code heißt es, im Kollisionsfall solle das Recht des Staates angewendet werden, dessen *policies* im Falle einer Nichtanwendung

---

523 Neumeier v. Kuehner, 286 N.E.2d 454, 457-58 (N.Y. 1972): „1. When the guest-passenger and the host-driver are domiciled in the same state, and the car is there registered, the law of that state should control and determine the standard of care which the host owes to his guest. 2. When the driver's conduct occurred in the state of his domicile and that state does not cast him in liability for that conduct, he should not be held liable by reason of the fact that liability would be imposed upon him under the tort law of the state of the victim's domicile. Conversely, when the guest was injured in the state of his own domicile and its law permits recovery, the driver who has come into that state should not – in the absence of special circumstances – be permitted to interpose the law of his state as a defense. 3. In other situations, when the passenger and the driver are domiciled in different states, the rule is necessarily less categorical. Normally, the applicable rule of decision will be that of the state where the accident occurred but not if it can be shown that displacing that normally applicable rule will advance the relevant substantive law purposes without impairing the smooth working of the multi-state system or producing great uncertainty for litigants."

524 Cooney v. Osgood Machinery, Inc., 612 N.E.2d 277, 283 (N.Y. 1993).

525 GlobalNet Financial.Com, Inc. v. Frank Crystal & Co., Inc., 449 F.3d 377, 382 (2d Cir. 2006).

526 *Jayme*, IPRax 1993, 56.

am stärksten beeinträchtigt seien.[527] Als Kollisionsfall wird ein Sachverhalt angesehen, der Berührungspunkte zu mehreren Rechtsordnungen hat.[528] Laut dem für dieses Projekt zuständigen Reporter *Symeonides* wurde der Verweis auf die Folgen der Nichtanwendung bewusst gewählt, um die Vorgehensweise von *Curries* Interessenanalyse abzugrenzen und eine mit diesem Ansatz verbundene Bevorzugung der *lex fori* zu vermeiden.[529] Trotz dieser Übereinstimmungen unterscheidet sich Louisianas Herangehensweise von *Baxters* Lehre, da bei der Bestimmung des am meisten betroffenen Staates ein starker Fokus auf die Parteiinteressen gelegt und in den Kollisionsregeln eine Anknüpfung vorgegeben wird.[530]

In deliktsrechtlichen Kollisionsfällen sind nach der allgemeinen Deliktskollisionsregel in Art. 3542 La. Civ. Code die Relevanz und Durchsetzungsfähigkeit der *policies* der betroffenen Staaten im Lichte ihrer Berührungspunkte mit dem Sachverhalt und den Parteien, den Parteierwartungen sowie ihrer Verhaltenssteuerungs- und Kompensationswirkung gegeneinander abzuwägen.[531] Die nachfolgenden besonderen Kollisionsnormen unterscheiden zunächst zwischen „issues of conduct and safety"[532] sowie „issues of loss

---

527 Art. 3515 La. Civ. Code.: „[…] an issue in a case having contacts with other states is governed by the law of the state whose policies would be most seriously impaired if its law were not applied to that issue […]."; der Gesetzestext ist abgedruckt in IPRax 1993, 56 ff.

528 Vgl. Art. 14 La. Civ. Code: „Unless otherwise provided […], cases having contacts with other states are governed by […] this Code […]."

529 *Symeonides*, 66 Tulane Law Review 677, 690 (1991-1992).

530 *Jayme*, IPRax 1993, 56; siehe dazu Art. 3515 La. Civ. Code: „That state is determined by evaluating the strength and pertinence of the relevant policies of all involved states in the light of: (1) the relationship of each state to the parties and the dispute; and (2) the policies and needs of the interstate and international systems, including the policies of upholding the justified expectations of parties and of minimizing the adverse consequences that might follow from subjecting a party to the law of more than one state."

531 Art. 3542 La. Civ. Code: „That state is determined by evaluating the strength and pertinence of the relevant policies of the involved states in the light of: (1) the pertinent contacts of each state to the parties and the events giving rise to the dispute, including the place of conduct and injury, the domicile, habitual residence, or place of business of the parties, and the state in which the relationship, if any, between the parties was centered; and (2) the policies referred to in Article 3515, as well as the policies of deterring wrongful conduct and of repairing the consequences of injurious acts."

532 Art. 3543 La. Civ. Code: „Issues pertaining to standards of conduct and safety are governed by the law of the state in which the conduct that caused the injury occurred,

distribution and financial protection".[533] Bei ersteren wird territorial angeknüpft, bei letzteren bei übereinstimmendem *domicile* der Parteien personal, ansonsten ebenfalls territorial. Die weiteren Regelungen beziehen sich auf spezielle Fragen des Deliktsrechts (Produkthaftung, *punitive damages* etc.) und bestimmen, welcher Staat in diesen Fällen am meisten beeinträchtigt ist. [534]

Das um einige Jahre jüngere Kollisionsrecht von Oregon möchte in grenzüberschreitenden Konstellationen, in denen das möglicherweise anwendbare Recht zu unterschiedlichen Ergebnissen führt (*false conflict*),[535] grundsätzlich das für den Einzelfall „most appropriate law" anwenden.[536] Dieses Recht ist anhand der Berührungspunkte des Sachverhalts mit den betroffenen Rechtsordnungen, dem Zweck der jeweiligen Regelungen sowie der Durchsetzungsfähigkeit der entsprechenden *policies* im Lichte der interstaatlichen Zusammenarbeit

---

if the injury occurred in that state or in another state whose law did not provide for a higher standard of conduct. In all other cases, those issues are governed by the law of the state in which the injury occurred, provided that the person whose conduct caused the injury should have foreseen its occurrence in that state. The preceding paragraph does not apply to cases in which the conduct that caused the injury occurred in this state and was caused by a person who was domiciled in, or had another significant connection with, this state. These cases are governed by the law of this state."

533 Art. 3544 La. Civ. Code: „Issues pertaining to loss distribution and financial protection are governed, as between a person injured by an offense or quasi-offense and the person who caused the injury, by the law designated in the following order: (1) If, at the time of the injury, the injured person and the person who caused the injury were domiciled in the same state, by the law of that state. Persons domiciled in states whose law on the particular issue is substantially identical shall be treated as if domiciled in the same state. (2) If, at the time of the injury, the injured person and the person who caused the injury were domiciled in different states: (a) when both the injury and the conduct that caused it occurred in one of those states, by the law of that state; and (b) when the injury and the conduct that caused it occurred in different states, by the law of the state in which the injury occurred, provided that (i) the injured person was domiciled in that state, (ii) the person who caused the injury should have foreseen its occurrence in that state, and (iii) the law of that state provided for a higher standard of financial protection for the injured person than did the law of the state in which the injurious conduct occurred."

534 *Symeonides*, 66 Tulane Law Review 677, 697 (1991-1992).

535 Angelini v. Delaney, 966 P.2d 223, 227 (Or.Ct.App. 1998).

536 Vgl. O.R.S. § 15.445; das Deliktskollisionsrecht ist seit 2009 in O.R.S. § 15.400 - 15.460 geregelt, vgl. *Hay/Borchers et al.*, Conflict of Laws, 2018, S. 101; Gesetzestexte verfügbar unter https://www.oregonlaws.org/ors/chapter/15 (zuletzt abgerufen am 12.08.2021).

und der Abschreckungsfunktion des Deliktsrechts zu bestimmen.[537] Damit gleicht Oregons Generalklausel der von Louisiana, verzichtet jedoch auf die missverständliche *comparative impairment*-Terminologie.[538] § 15.440 enthält die allgemeine Kollisionsregel für deliktsrechtliche Fragestellungen.[539] Es wird

---

537 O.R.S. § 15.445: „[…] the rights and liabilities of the parties with regard to disputed issues in a noncontractual claim are governed by the law of the state whose contacts with the parties and the dispute and whose policies on the disputed issues make application of the state's law the most appropriate for those issues. The most appropriate law is determined by: (1) Identifying the states that have a relevant contact with the dispute, such as the place of the injurious conduct, the place of the resulting injury, the domicile, habitual residence or pertinent place of business of each person, or the place in which the relationship between the parties was centered; (2) Identifying the policies embodied in the laws of these states on the disputed issues; and (3) Evaluating the relative strength and pertinence of these policies with due regard to: (a) The policies of encouraging responsible conduct, deterring injurious conduct and providing adequate remedies for the conduct; and (b) The needs and policies of the interstate and international systems, including the policy of minimizing adverse effects on strongly held policies of other states."

538 *Hay/Borchers et al.*, Conflict of Laws, 2018, S. 102.

539 O.R.S. § 15.440: „(1) Noncontractual claims between an injured person and the person whose conduct caused the injury are governed by the law of the state designated in this section.

(2) (a) If the injured person and the person whose conduct caused the injury were domiciled in the same state, the law of that state governs. However, the law of the state in which the injurious conduct occurred determines the standard of care by which the conduct is judged. If the injury occurred in a state other than the one in which the conduct occurred, the provisions of subsection (3)(c) of this section apply. (b) For the purposes of this section, persons domiciled in different states shall be treated as if domiciled in the same state to the extent that laws of those states on the disputed issues would produce the same outcome.

(3) If the injured person and the person whose conduct caused the injury were domiciled in different states and the laws of those states on the disputed issues would produce a different outcome, the law of the state designated in this subsection governs. (a) If both the injurious conduct and the resulting injury occurred in the same state, the law of that state governs if either the injured person or the person whose conduct caused the injury was domiciled in that state. (b) If both the injurious conduct and the resulting injury occurred in a state other than the state in which either the injured person or the person whose conduct caused the injury were domiciled, the law of the state of conduct and injury governs. If a party demonstrates that, under the circumstances of the particular case, the application of that law to a disputed issue will not serve the objectives of that law, that issue will be governed by the law selected under ORS 15.445 (General and residual approach). (c) If the injurious conduct occurred in one state and

zwischen Fallkonstellationen mit übereinstimmendem und auseinanderfallendem *domicile* der Parteien unterschieden. Bei einem gemeinsamen *domicile* wird an dieses angeknüpft, es sei denn, es handelt sich um eine Verhaltensregel. In diesem Fall kommt es auf den Handlungsort an. Damit unterscheidet auch das Kollisionsrecht von Oregon implizit zwischen *conduct-regulating* und *loss-allocating issues.* Bei auseinanderfallendem *domicile* wird vorrangig territorial angeknüpft. Es kommt hier auf den Handlungsort an, solange der Geschädigte nicht die Anwendung des Rechts am Erfolgsort verlangt und der Erfolgseintritt vorhersehbar war.

Neben dieser allgemeinen Kollisionsregel beinhaltet das Gesetz außerdem eine Kollisionsregel für Produkthaftungsfälle, gesamtschuldnerische Haftungsfragen und die Voraussetzungen einer Rechtswahl. Auffallend ist, dass das Recht von Oregon zusätzlich eine einseitige Kollisionsnorm enthält, die für die dort festgelegten deliktsrechtlichen Anspruchskonstellationen unabhängig von einer kollisionsrechtlichen Analyse die Anwendung des Rechts von Oregon vorschreibt.[540]

i. Zwischenergebnis

Die vorangegangenen Ausführungen machen deutlich, dass kollisionsrechtliche Fallkonstellationen in den Einzelstaaten der USA auf verschiedene Art gelöst werden. Trotz der Zuordnung in acht methodische Herangehensweisen bestehen selbst innerhalb dieser Kategorien große Unterschiede. Eine einheitliche Herangehensweise gibt es nicht – es findet sich ein „hodgepodge“[541] an Methoden. Die Implikationen der Methodenvielfalt, auch mit Blick auf die verschiedenen Herangehensweisen zu der Frage, wann ein *conflict* vorliegt, werden im nächsten

---

the resulting injury in another state, the law of the state of conduct governs. However, the law of the state of injury governs if: (A)The activities of the person whose conduct caused the injury were such as to make foreseeable the occurrence of injury in that state; and (B)The injured person formally requests the application of that state's law by a pleading or amended pleading. The request shall be deemed to encompass all claims and issues against that defendant.

(4) If a party demonstrates that application to a disputed issue of the law of a state other than the state designated by subsection (2) or (3) of this section is substantially more appropriate under the principles of ORS 15.445 (General and residual approach), that issue is governed by the law of the other state."

540 Vgl. hierzu O.R.S. § 15.320 bzw. O.R.S. § 15.430.

541 *Brilmayer/Goldsmith/O'Connor*, Conflict of Laws, 2015, S. xxviii: „Today choice of law in the United States is something of a hodgepodge.“

Abschnitt näher untersucht. Als Konsequenz dieser Variabilität lassen sich aber bereits jetzt die Unvorhersehbarkeit kollisionsrechtlicher Entscheidungen und eine starke Abhängigkeit vom jeweiligen *forum* feststellen. *Symeonides* fasst diesen Zustand pointiert wie folgt zusammen: Von allen Faktoren, die den Ausgang eines Kollisionsfalles beeinflussen, ist die methodische Herangehensweise des Gerichts die inkonsequenteste.[542]

4. *Ergebnis*

Ein einheitliches US-amerikanisches Kollisionsrecht existiert nicht – stattdessen findet man 50 selbstständig nebeneinanderstehende Rechtsregime, die bei ihrer Herangehensweise an deliktsrechtliche Fragestellungen große Unterschiede aufweisen. Der angesichts der strukturellen und prozessualen Umstände immanenten Komplexität des Rechtsgebiets wurde durch die historische Entwicklung, insbesondere in den Jahren seit der *Conflicts Revolution*, zusätzlicher Zündstoff gegeben. Der Drang der Wissenschaft, neue Methoden zu entwickeln, ist die Ursache des heutigen Methodenchaos; eine systematische Durchdringung konnte bisher nicht stattfinden. Die Einzelstaaten dienten als „legal laboratories",[543] um die Praxisfähigkeit der neuen Ansätze zu testen. Die Zahl der methodischen Strömungen zeigt, dass sich kein Ansatz erfolgreich gegen alle anderen durchsetzen konnte.[544]

II. Die Bedeutung der Restatements für das Kollisionsrecht

Die Restatements nehmen im US-amerikanischen Kollisionsrecht eine besondere Stellung ein: Sie sind tief mit dem Entwicklungsprozess dieses Rechtsgebiets verflochten und mangels eines einheitlichen föderalen Kollisionsrechts eine häufig hinzugezogene Bezugsquelle US-amerikanischer Gerichte.[545] Die

---

542 *Symeonides*, 43 American Journal of Comparative Law 1, 3 (1995): „[…] of all the factors that may affect the outcome of a conflicts case, the factor that is the most inconsequential is the choice-of-law methodology followed **by** the court […]."; zum gleichen Ergebnis kommt *Borchers* in seiner Studie zum Deliktskollisionsrecht, vgl. *Borchers*, 49 Washington and Lee Law Review 357, 379 ff. (1992).

543 *Juenger*, in: FS Siehr, S. 290; der Begriff „legal laboratories" wurde ursprünglich von Richter *Brandeis* in seinem Dissent in New State Ice Co v. Liebermann, 285 U.S. 262, 311 (1932) verwendet.

544 Kritisch diesbezüglich *Hay/Borchers et al.*, Conflict of Laws, 2018, S. 104.

545 *Silberman*, in: Encyclopedia of Private International Law, S. 2637: „substantial influence"; *Childress III*, 27 Duke Journal of Comparative & International Law, 361 f. (2017).

vorangegangenen Ausführungen zum *status quo* zeigen, dass mehr als die Hälfte aller Einzelstaaten im Deliktskollisionsrecht die Regelungen der ersten beiden Restatements übernommen hat – wenn auch in unterschiedlicher Intensität.[546] Damit sind die Restatements die zentrale Rechtsquelle im US-amerikanischen „Kollisionsrechts-Sumpf"[547]. Grund für den großen Einfluss der Regelungswerke sind verschiedene Faktoren.

Die historische Entwicklung des Rechtsgebiets zeigt, dass das Kollisionsrecht der Vereinigten Staaten von Amerika maßgeblich von der Wissenschaft beeinflusst wurde.[548] Ohne die Beiträge von *Story*, *Beale*, *Currie* und anderen wäre das Kollisionsrecht in seiner heutigen Form nicht existent. Auslöser für wissenschaftlichen Diskurs war häufig die Anwendung der Regelungen der Restatements in der Praxis und die daraus resultierenden Schwierigkeiten.[549] Insofern sind die Restatements nicht nur Rechtsquelle, sondern auch Motor der Kollisionsrechtsentwicklung.

Dass das Kollisionsrecht ein in der Wissenschaft besonders stark diskutiertes Feld ist, liegt an seinem komplexen Regelungsgegenstand: Es geht um die kollidierenden Interessen mehrerer Staaten, nicht nur um die Wertungsprinzipien eines einzelnen Staates, die sich lediglich in seinem eigenen Sachrecht niederschlagen. Verschiedene Ansichten bei der Gewichtung dieser Interessen erstaunen nicht. Angesichts des Wandels des amerikanischen Rechts zu einem „sozialpolitischen Gestaltungsmittel"[550] ist es indes sogar zwingend, dass die Abwägung staatlicher *policies* die zentrale Streitfrage des Kollisionsrechts geworden ist. Verstärkt wird diese Problematik durch die föderale Struktur der Vereinigten Staaten, durch die jeder Einzelstaat unterschiedliche Schwerpunkte setzen kann – das perfekte „Spielfeld" für die Wissenschaft. *Lipstein* folgert, dass wegen der großen Bedeutung von *policy*-Erwägungen Lehrmeinungen von besonderer Wichtigkeit im Internationalen Privatrecht seien.[551]

---

546 Siehe Teil 1, B.I.3.

547 Die viel zitierte Bezeichnung als „Sumpf" stammt von *Prosser*, der das Kollisionsrecht als „dismal swamp" bezeichnete, vgl. *Prosser*, 51 Michigan Law Review 959, 971 (1952-1953).

548 *Hay/Borchers et al.*, Conflict of Laws, 2018, S. 65: „It is generally believed that academic commentators have had a greater influence in the development of conflicts law than any other branch of American law."

549 Vgl. dazu die Darstellung der bisherigen Kollisionsrechtsentwicklung in Teil 1, B.I.2.

550 *Reimann*, in: Amerikanische Rechtskultur und europäisches Privatrecht, S. 152.

551 *Lipstein*, Recueil des cours 135 (1972), 72, 164: „Private International Law [...] is determined partly by tradition and partly by policy. Since it is of recent growth, the importance of policy in its development is greater than in other branches of law which

Trotz des großen Einflusses der Wissenschaft greifen die Gerichte bei der kollisionsrechtlichen Analyse nicht vorrangig auf die Ansätze der wissenschaftlichen Beiträge zurück, sondern ziehen die Restatements vor. Dies liegt am häufig fehlenden Praxisbezug der Wissenschaft. *Zimmermann* stellt diesbezüglich fest, dass sich der US-amerikanische Richter von der Wissenschaft im Stich gelassen fühle. Es werde zu stark „theoretisiert" und nicht mehr praktisch gedacht.[552] Ähnlich argumentiert *Reimann*: „[D]ie Analyse juristischer Probleme in einer für die praktische Rechtsanwendung förderlichen Weise [,] wird an den Elitehochschulen nicht selten geradezu mit einer gewissen Herablassung betrachtet".[553] In komplexen grenzüberschreitenden Fällen, in denen die Gerichte mit einer *Choice of Law*-Frage konfrontiert werden, liegt der Rückgriff auf ein kompaktes Regelungswerk mit feststehenden Regeln somit näher als die Analyse von wissenschaftlichen Beiträgen, die nur abstrakte Konzepte enthalten. Die Restatements des ALI sind explizit für die Anwendung in der Praxis konzipiert und enthalten daher Erläuterungen und Fallbeispiele, sodass den Gerichten die Rechtsanwendung zusätzlich erleichtert wird. Besonders in Fällen, in denen sich ein Gericht noch nicht mit einer bestimmten Fallkonstellation beschäftigt hat, können die Regelungswerke eine Richtung vorgeben.[554] Dass inzwischen auch in den USA eine „wachsende Begeisterung für Kodifikationen"[555] zu beobachten ist, sorgt zusätzlich für den Auftrieb der Restatements.

Letztlich besteht zwischen Wissenschaft und Restatements eine Symbiose. Der wissenschaftliche Diskurs baut auf den Regelungen der Restatements auf; diese sind wiederum bemüht, die verschiedenen Strömungen aus der Wissenschaft zu berücksichtigen.[556] Die bisherige Rechtsprechungsentwicklung zeigt, dass zeitnah nach Erscheinen des jeweiligen Restatement die Gerichte begannen,

---

can look back to a longer history. For the same reason it had relied more upon doctrine than is usual in domestic law."

552 *R. Zimmermann*, in: Amerikanische Rechtskultur und europäisches Privatrecht, S. 111.

553 *R. Zimmermann*, in: Amerikanische Rechtskultur und europäisches Privatrecht, S. 123.

554 *Wolfram*, 26 Hofstra Law Review 817, 819 (1998).

555 *Herman*, in: Amerikanische Rechtskultur und europäisches Privatrecht, S. 81.

556 Insbesondere das zweite Restatement sollte eine Mischung der verschiedenen Ansätze sein, was im Endeffekt jedoch zum größten Kritikpunkt an diesem Werk führte; man kritisierte, es mangele an einer einheitlichen Methodik; zur methodischen Inkonsistenz vgl. im Folgenden Teil 1, C.III.1.b.

die darin enthaltenen Regelungen zu übernehmen.[557] *Childress* bezeichnet die Restatements daher zutreffend als Teil eines Kreislaufs, den das Recht im Laufe der Zeit immer wieder durchläuft.[558] Dieses Bild verdeutlicht die doppelte Funktion der Regelungswerke und zeigt, dass ihr Einfluss auch in Zukunft bestehen bleiben wird.

Somit lässt sich insgesamt feststellen, dass die Restatements für das US-amerikanische Kollisionsrecht von ganz besonderer Bedeutung sind. Sie sind Rechtsquelle, aber gleichzeitig auch Motor für den wissenschaftlichen Diskurs. Der Einfluss der bisherigen Regelungswerke indiziert, dass eine Neufassung der Restatements of Conflict of Laws das US-amerikanische Kollisionsrecht auch in Zukunft maßgeblich beeinflussen wird.

III. Ergebnis

Die Restatements of Conflict of Laws sind ein herausragendes Beispiel für den Einfluss, den das ALI mit Hilfe dieser Regelungswerke auf die US-amerikanische Rechtsprechung genommen hat und in Zukunft nehmen kann. Der ursprüngliche Plan der Gründungsväter, durch ein zusammenhängendes Regelungswerk eine Vereinheitlichung und Vorhersehbarkeit von Entscheidungen zu erreichen, konnte sich zwar nicht durchsetzen. Aufgrund des großen Einflusses der Wissenschaft in der Entwicklung dieses Rechtsgebiets ist von Einheitlichkeit heutzutage kaum etwas zu spüren. Stattdessen herrscht ein Methodenwirrwarr, den auch die Restatements (bisher) nicht auflösen können. Trotzdem lässt sich nicht bestreiten, dass das Kollisionsrecht der USA und die Restatements untrennbar miteinander verbunden sind. Sie haben die Evolution dieses Rechtsgebietes maßgeblich vorangetrieben. Die zentrale Bedeutung der Regelungswerke gibt hinreichend Grund zu der Annahme, dass ein drittes Restatement of Conflict of Laws, bei dem aus den Fehlern seiner Vorgängerversionen gelernt wurde, der Rechtsprechung im Kollisionsrecht Rechtssicherheit und methodische Einheitlichkeit bringen und so den „Methodensumpf“[559] austrocknen kann.

---

557 Vgl. dazu die jährliche Übersicht bei *Symeonides*, Choice of Law in the American Courts; für 2019 *Symeonides*, 68 American Journal of Comparative Law 1 (2020).

558 *Childress III*, 27 Duke Journal of Comparative & International Law 361, 362 (2017): „[…] conflict-of-laws rules are identified and (re)stated; conflicts rules beget judicial exceptions; judicial exceptions engender criticism; criticism produces reconceptualization; reconceptualization begets a new attempt to bring order to conflict chaos through the identification and restatement of new standards and rules.“

559 So die eingangs genannte Formulierung von *Prosser*, 51 Michigan Law Review 959, 471 (1952-1953).

C. Methodik im US-amerikanischen Kollisionsrecht

Der folgende Abschnitt untersucht die Methodik im US-amerikanischen Kollisionsrecht. Dafür bedarf es zunächst einiger allgemeiner Erläuterungen zur Begrifflichkeit und zum Stellenwert von Methodik im Kollisionsrecht. In einem nächsten Schritt werden sodann vier kollisionsrechtliche Denkmodelle identifiziert, die sich anhand ihres jeweiligen Ansatzpunktes bei der kollisionsrechtlichen Analyse unterscheiden. Ziel dieser Darstellung ist, trotz des im US-amerikanischen Kollisionsrechts herrschenden „Methodenwirrwarrs" eine Systematisierung anhand der Modelle durchzuführen und so Tendenzen in der Rechtsprechung und insbesondere in den Restatements bezüglich der Herangehensweise in grenzüberschreitenden Fragestellungen aufzuzeigen. Diese Erkenntnisse sind notwendig, um im nachfolgenden Abschnitt herausarbeiten zu können, welche Anforderungen das neue Restatement in methodischer Hinsicht zu erfüllen hat.

I. Die Bedeutung von Methodik im Kollisionsrecht

Das Kollisionsrecht behandelt die Bestimmung des anwendbaren Rechts in Sachverhalten mit Bezugspunkten zu verschiedenen Rechtsordnungen.[560] Gegenstand der kollisionsrechtlichen Methodik ist die Frage, wie im Rahmen dieser Analyse vorgegangen wird. Kollisionsrechtssysteme variieren insbesondere darin, wo bei der Bestimmung des anwendbaren Rechts angesetzt wird und welche Wertungen hierbei zu berücksichtigen sind. Aber warum ist ein Blick auf die methodische Vorgehensweise im Kollisionsrecht überhaupt wichtig? Kommt es nicht allein auf das Ergebnis der Analyse, d.h. darauf an, welches Recht zur Anwendung kommt?

Einleitend zunächst einige kurze Erläuterungen zur Begrifflichkeit. Der Begriff „Methode" beinhaltet eine strukturierte Vorgehensweise, die auf die Verwirklichung einer Zielsetzung gerichtet ist.[561] Die Methodenlehre in der

---

560 *Kronke*, in: FS Kirchhof, S. 1305.

561 Der Begriff „Methode" leitet sich vom griechischen μέθοδος (méthodos) ab; er setzt sich aus den Wörtern μετά (metá), der Weg, und ὁδός (hodós), hinter" bzw. „nach", zusammen; wörtlich bezeichnet μέθοδος (méthodos) somit „das Nachgehen: de[n] Weg zu etwas hin", vgl. Das Herkunftswörterbuch, 2015, S. 559; *Zippelius*, Juristische Methodenlehre, 2021, S. 1; demgegenüber bezeichnet „Methodik" die Gesamtheit der angewandten Methoden in einem Fachgebiet, vgl. *Bitter/Rauhut*, JuS 2009, 289.

Rechtswissenschaft untersucht den Vorgang der Rechtsfindung,[562] d.h. die juristische Begründung einer Entscheidung. Im Englischen wird daher von „legal reasoning“ gesprochen.[563] Die Existenz von Methodik ist für ein Rechtssystem wesentlich: Sie dient „der Legitimation von Entscheidungen des Rechtsanwenders gegenüber den Rechtsunterworfenen.“[564] Des Weiteren ermöglicht sie die Selbstkontrolle des Rechtsanwenders, da er einer feststehenden Struktur folgen kann.[565] Ein methodisches Vorgehen bei der Rechtsfindung gewährleistet also im Ergebnis Rechtssicherheit und Gleichbehandlung und schützt vor Willkür und Rechtsmissbrauch.[566] *Rüthers/Fischer/Birk* bezeichnen sie daher als „Voraussetzung für die innere Moralität des Rechts.“[567]

Vor diesem Hintergrund ist auf die besondere Stellung von Methodik im US-amerikanischen Recht hinzuweisen. In den USA wird in der juristischen Ausbildung großes Augenmerk auf die Vermittlung juristischer Methodik gelegt.[568] Anstatt allgemeine Grundprinzipien zu lehren, soll den Studierenden anhand von Einzelentscheidungen ein Gefühl für die Vorgehensweise der Gerichte gegeben werden.[569] Angesichts der herausragenden Bedeutung des Analogieprinzips im *common law* überraschen diese Lehrmethoden wenig: Gerichte stellen bei der Rechtsfindung maßgeblich auf die Vorgehensweise der *binding authority* ab.[570]

562 Dazu ausführlich *Rüthers/Fischer/Birk*, Rechtstheorie, 2021, S. 594 ff.; grundlegend *Larenz/Canaris*, Methodenlehre, 1995; *Möllers*, Juristische Methodenlehre, 2017; ferner *Henninger*, Europäisches Privatrecht und Methode, 2009, S. 41 ff.

563 *Möllers*, Juristische Methodenlehre, 2017, S. 2; zu den unterschiedlichen methodischen Herangehensweisen von *civil law* und *common law* im Deliktsrecht *McGrath/Koziol*, RabelsZ 78 (2014), 709.

564 So *Bitter/Rauhut*, JuS 2009, 289, 290; ferner *Möllers*, Juristische Methodenlehre, 2017, S. 18 ff.

565 *Larenz/Canaris*, Methodenlehre, 1995, S. 65; *Möllers*, Juristische Methodenlehre, 2017, S. 7 ff.

566 *Rüthers/Fischer/Birk*, Rechtstheorie, 2021, Rn. 403 ff.; nach *Bitter/Rauhut* stellt die Methodenlehre damit „das Rüstzeug bereit, um auf juristische Fragen verwertbare Antworten zu finden.“, vgl. *Bitter/Rauhut*, JuS 2009, 289.

567 *Rüthers/Fischer/Birk*, Rechtstheorie, 2021, S. 405; zur „inner morality of law“ grundlegend *Fuller*, The Morality of Law, 1978, S. 42 ff.

568 *Reimann*, in: Amerikanische Rechtskultur und europäisches Privatrecht, S. 149.

569 So formulierte bereits *Holmes*: „The life of the law has not been logic; it has been experience. [...] In order to know what it is, we must know what it has been, and what it tends to become.“, vgl. *Holmes*, The Common Law, 1923, S. 1.

570 Hierzu *Ellsworth*, in: Handbook of Thinking and Reasoning, 2005, S. 687; *Ellsworth* bezeichnet die Vorgehensweise der Gerichte als „analogical (case-based) reasoning“; ferner *Kischel*, Rechtsvergleichung, 2015, S. 244 ff.; *Scalia*, 56 University of Chicago

Diese Beobachtungen heben somit die Notwendigkeit hervor, bei der Analyse US-amerikanischen Rechts einen Schwerpunkt auf die verwendeten Methoden zu legen.

Im Kollisionsrecht ist ein methodisches Vorgehen von wesentlicher Relevanz. *Basedow* stellt in seinem Festvortrag anlässlich der zweiten IPR-Nachwuchstagung 2019 zwar die These auf, die Methoden des IPR seien nur von sekundärer Bedeutung.[571] Er argumentiert, dass das Kollisionsrecht stattdessen durch seinen Gegenstand, genauer durch seine soziale Aufgabe definiert werde und diese in der „Koordination von Rechtsordnungen mit dem Ziel einer rechtssicheren Lösung von Konflikten mit grenzüberschreitendem Element"[572] liege. Dem ist entgegenzuhalten, dass die Methodik der maßgebliche Mechanismus ist, um die soziale Aufgabe des IPR überhaupt durchsetzen zu können. Gerade bei Beteiligung mehrerer Rechtsordnungen kommt es ohne feststehende Struktur eher zu einer Konfrontation statt einer Koordination, da hierfür ein gegenseitiges Abstimmen notwendig ist. Ohne eine methodische Herangehensweise ist es außerdem nicht möglich, Rechtssicherheit zu gewährleisten. Insofern haben Methoden wegweisende Bedeutung für die Funktionsfähigkeit des Kollisionsrechts.[573] Das Ergebnis der Rechtsanwendung kann diesbezüglich keine Antworten geben.

Methodik allein garantiert indes nicht das Bestehen von Recht. Dafür bedarf es außerdem feststehender abstrakter Prinzipien und Wertungen, die die Grundlage des Systems,[574] sein „Herzstück", bilden.[575] Nach *Canaris* machen

---

Law Review 1175 (1989); *Sellers*, 54 American Journal of Comparative Law 67 (2006); kritisch zu den Unterschieden zwischen Rechtstheorie und Rechtsanwendung bereits *Pound*, 44 American Law Review 12 (1910); *Pound* kommt zu dem Ergebnis, dass sich das *law in books* am *law in action* orientieren müsse.

571 Eine Schriftfassung des Vortrags findet sich bei *Basedow*, in: IPR zwischen Tradition und Innovation, S. 2.

572 *Basedow*, in: IPR zwischen Tradition und Innovation, S. 2; zur Aufgabe des IPR ähnlich *Batiffol*, Recueil des cours 120 (1967), 165 („coordination des systèmes); *Mansel*, in: FS Canaris, S. 741 („Abgrenzung des Anwendungsbereichs konkurrierender Privatrechtsordnungen"); MüKo BGB/*von Hein*, Einleitung zum Internationalen Privatrecht, Rn. 2 („muss das IPR die Anwendung dieser [Sachrechtsordnungen] … auf international verknüpfte Sachverhalte koordinieren").

573 *Mills*, 23 Duke Journal of Comparative & International Law 445, 474 (2013): „Private international law is thus not only important for *what* it does, but for *how* it does it."

574 Zum Systembegriff grundlegend *Canaris*, Systemdenken und Systembegriff, 1983; ferner *Larenz/Canaris*, Methodenlehre, 1995, S. 302 ff.

575 *Rüthers/Fischer/Birk*, Rechtstheorie, 2021, Rn. 197; *Mansel*, in: FS Canaris, S. 740 f.

Rechtsprinzipien die innere Einheit und Folgerichtigkeit einer Rechtsordnung sichtbar.[576] Die Frage nach den zugrundeliegenden Wertungen einer Rechtsordnung ist Gegenstand der Rechtsdogmatik, die nach *Möllers* die Aufgabe hat, „dem Recht eine Struktur und innere Schlüssigkeit [zu geben], indem sie Prinzipientreue postuliert.“[577] Im grenzüberschreitenden Kontext ist die Erfüllung solcher Wertungsprinzipien von besonderem Interesse, da nicht nur eine, sondern mehrere Rechtsordnungen betroffen sind. Es muss somit entschieden werden, welche Wertungsprinzipien sich im Ergebnis durchsetzen sollen.

Zuzustimmen ist daher *Basedows* folgender These, spiegelt sie doch das Zusammenspiel von Methodik und Dogmatik wider: *Basedow* erklärt, das Kollisionsrecht kenne verschiedene gleichrangig nebeneinanderstehende Methoden, die von der „rechtssoziologischen Betrachtung des wirtschaftlichen und gesellschaftlichen Umfeldes [abhingen], aus dem sich die Koordinierungsaufgabe und die jeweiligen Methodenpräferenzen“[578] ergäben. Vereinfacht ausgedrückt bedeutet dies, dass Wertungsprinzipien und die daraus resultierende soziale Wirklichkeit einer Rechtsordnung die Art und Weise prägen, wie diese Rechtsordnung grenzüberschreitende Sachverhalte koordinieren möchte. Jeder souveräne Staat kann diese Frage angesichts divergierender sozialer, politischer, demografischer und auch historischer Hintergründe unterschiedlich beantworten.[579] Damit liegt es in der Natur der Sache, dass verschiedene methodische Herangehensweisen entwickelt werden, um ein Aufeinanderprallen mehrerer Rechtsordnungen aufzulösen. Die Symbiose von Methodik und Dogmatik manifestiert sich also in besonderer Weise im Kollisionsrecht. Die Ausführungen machen deutlich, dass

---

576 *Canaris*, Systemdenken und Systembegriff, 1983, S. 46 f.; *Canaris* unterscheidet zwischen allgemeinen Rechtsprinzipien und Wertungen, weist aber darauf hin, dass der Übergang fließend ist, vgl. *Canaris*, Systemdenken und Systembegriff, 1983, S. 48, 51.

577 *Möllers*, Juristische Methodenlehre, 2017, S. 350 f.; ferner *Lobinger*, AcP 216 (2016), 28, 34: „[Die Rechtsdogmatik] geht […] davon aus, dass [die zur Beantwortung der aufgeworfenen Rechtsfrage erforderliche] Regel einem außerhalb des Anwenders bestehenden, diesem verbindlich vorgegebenen Ordnungssystem zu entnehmen ist.“; *Stürner*, JZ 2012, 10: „Die Grundfunktion der Dogmatik besteht vor allem darin, Gleichheit, Ungleichheit und Ähnlichkeit transparent zu halten.“; *Stürner*, AcP 214 (2014), 7.

578 *Basedow*, in: IPR zwischen Tradition und Innovation, S. 10.

579 *Mills*, 23 Duke Journal of Comparative & International Law 445, 472 (2013): „Private international law is […] what we choose it to be, and this choice reflects (or ought to reflect) the values we have what we think it might serve to promote.“

bei der Analyse der methodischen Herangehensweise auch die zugrunde liegenden Prinzipien und Wertungen zu berücksichtigen sind.

II. Die kollisionsrechtlichen Denkmodelle

Die Untersuchungen im ersten Abschnitt der Arbeit haben gezeigt, dass die Gerichte der Einzelstaaten der USA verschiedene Herangehensweisen verfolgen, um das anwendbare Recht in grenzüberschreitenden Sachverhalten zu bestimmen. Trotz dieser Unterschiede lassen sich innerhalb der Ansätze vier kollisionsrechtliche Denkmodelle identifizieren, die im Folgenden näher untersucht werden. Ausschlaggebend für diese Einteilung ist der jeweilige Ansatzpunkt der kollisionsrechtlichen Analyse, genauer gesagt die Frage, auf welcher Basis die Koordination der Rechtsordnungen durchgeführt werden soll: Es wird zwischen dem zuständigkeitsorientierten, dem rechtsfragenorientierten, dem sachrechtsorientierten und dem effizienzorientierten Ansatz unterschieden. Die verschiedenen Ansatzpunkte der Modelle werden maßgeblich von den zugrunde liegenden dogmatischen Grundsätzen geprägt, die wiederum die methodische Herangehensweise bei der Bestimmung des anwendbaren Rechts beeinflussen. Ziel der Analyse ist es, die im amerikanischen Recht existierenden Ansätze den kollisionsrechtlichen Denkmodellen zuzuordnen – in den Worten von Shakespeare: „Though this be madness, yet there is method in it."[580]

1. *Orientierung an der Zuständigkeit*

Das zuständigkeitsorientierte Denkmodell geht von einer durchgehenden Anwendung des Sachrechts der *lex fori* aus.[581] Eine kollisionsrechtliche Analyse im eigentlichen Sinne findet nicht statt, separate Kollisionsregeln existieren nicht.[582] Stattdessen wird das anwendbare Recht inzident im Rahmen der Zuständigkeitsprüfung bestimmt. Insofern lässt sich argumentieren, dass das Modell bereits im Ansatz kein kollisionsrechtliches Denkmodell sein kann.[583] Nichtsdestotrotz wird auch im Rahmen dieses Ansatzes das Ziel des Kollisionsrechts, nämlich die Bestimmung des anwendbaren Rechts in grenzüberschreitenden

580 *Shakespeare,* The Tragedy of Hamlet, Prince of Denmark, S. 95 (Act 2, Scene 2).

581 Nach *Wendehorst* findet sich diese Denkweise vor allem in *common law*-Jurisdiktionen, *Wendehorst,* in: Paradigmen im internationalen Recht, S. 40.

582 MüKo BGB/*von Hein*, Einleitung zum Internationalen Privatrecht, Rn. 3.

583 *Dolinger*, in: FS Juenger, S. 37: „The application of foreign law is actually the essence of what private international law is all about […]."

Konstellationen durch die Koordination von Rechtsordnungen, erreicht. Damit ist eine separate Erörterung dieser Herangehensweise als kollisionsrechtliches Denkmodell sachgerecht.

a. *Die historischen Wurzeln*

Historisch betrachtet liegen die Wurzeln des zuständigkeitsorientierten Ansatzes vor der Entwicklung des eigentlichen Kollisionsrechts. Vor Begründung der mittelalterlichen Statutentheorie hatte ausländisches Recht praktisch keine Bedeutung.[584] Die Gerichte wendeten durchgehend ihr eigenes Recht (*lex fori*) an.[585] Zuständigkeit und anwendbares Recht waren untrennbar miteinander verknüpft, es bestand ein Gleichlauf. Ausschlaggebend war, wer dem eigenen Recht unterstand. In der Antike wurde hierfür nach dem Personalitätsprinzip auf den Geburtsort (*lex originis*) einer Person abgestellt.[586] Dieses Prinzip wurde auch während der Völkerwanderung weitgehend beibehalten: Jeder sollte nach dem Recht seines Stammes leben können und nur dessen Grundsätzen unterworfen sein.[587] Im 12. Jahrhundert ging das System der persönlichen Rechte in das Territorialitätsprinzip über.[588] Recht wurde als in seiner Geltung auf das Territorium eines Staates begrenzt angesehen.[589] Gleichzeitig bedeutete das, dass alle auf diesem Gebiet befindlichen Personen diesem Recht unterworfen waren.[590] Die Frage des anwendbaren Rechts beschränkte sich auf die Bestimmung des persönlichen Anwendungsbereichs der *lex fori* und die daraus resultierende Zuständigkeit der Gerichte. Ein separates Kollisionsrecht war somit nicht notwendig.[591]

---

584 *Gutzwiller*, Recueil des cours 29 (1929), 287, 298 ff.

585 *Von Hoffmann/Thorn/Firsching*, Internationales Privatrecht, 2007, S. 44 ff.; zur Anwendung von fremdem Recht kam es nur in besonderen Ausnahmefällen, siehe hierzu *Kegel/Schurig*, Internationales Privatrecht, 2004, S. 164; in der Literatur wird daher von der *lex-fori*-Epoche gesprochen, so beispielsweise *E. Lorenz*, Zur Struktur des internationalen Privatrechts, 1977, S. 26.

586 *Junker*, Internationales Privatrecht, 2021, S. 37; *Kegel/Schurig*, Internationales Privatrecht, 2004, S. 162 f.

587 *Kegel/Schurig*, Internationales Privatrecht, 2004, S. 164.

588 *Von Bar/Mankowski*, Internationales Privatrecht, 2003, S. 475 f.

589 *Von Bar/Mankowski*, Internationales Privatrecht, 2003, S. 476.

590 *Junker*, Internationales Privatrecht, 2021, S. 37; *von Hoffmann/Thorn/Firsching*, Internationales Privatrecht, 2007, S. 46.

591 *Von Bar/Mankowski*, Internationales Privatrecht, 2003, S. 477.

In den nachfolgenden Jahrhunderten wurde das zuständigkeitsorientierte Denkmodell größtenteils von seinen Nachfolgern[592] verdrängt, die eine von der Zuständigkeit unabhängige kollisionsrechtliche Betrachtung des Sachverhalts vornahmen. Einige Ansätze, zum Beispiel *Curries* ursprüngliche Interessenanalyse oder *Ehrenzweigs lex fori approach*, plädierten zwar erneut für eine Anwendung der *lex fori*. Da diese Entscheidung aber nicht unmittelbar an die Zuständigkeit des *forum* anknüpfte, sondern beim Sachrecht ansetzte, lassen sich diese Theorien nicht dem zuständigkeitsorientierten Modell zuordnen.[593] Auch die Beobachtung, dass im heutigen europäischen Kollisionsrecht die prozessuale Behandlung von grenzüberschreitenden Sachverhalten bereits häufig eine wesentliche Vorentscheidung der Koordinationsaufgabe bedeutet,[594] spricht nicht dafür, dass eine vollständige Überlagerung der unabhängigen Bestimmung des anwendbaren Rechts stattgefunden hat.

b. Prinzipien und Wertungen

Das zuständigkeitsorientierte Denkmodell basiert auf der Überlegung, dass Personen, die unter die Gerichtsbarkeit eines Staates fallen, auch dessen materiellem Recht unterliegen. Durch diese Praxis wird gewährleistet, dass die Rechtsstandards des *forum* eingehalten und so seine *policies* durchgesetzt werden.[595] Ein Gericht ist beispielsweise nicht dazu gezwungen, einem Kläger eine Rechtsposition zuzusprechen, die er nach der *lex fori* gar nicht hätte.[596] Der Geltungsanspruch des „eigenen" materiellen Rechts wird mithin gewahrt. Korrekturmechanismen wie der *ordre public* sind also schon im Ansatz überflüssig. Gleichzeitig geht der zuständigkeitsorientierte Ansatz von der Prämisse aus, dass das materielle Recht grundsätzlich einen Anwendungsanspruch in der eigenen Gerichtsbarkeit hat.[597] Der Auslandsbezug eines Sachverhalts hat hierauf keinen Einfluss.

---

592 Dazu im Folgenden in Teil 1, C.II.2. sowie C.II.3.

593 Zum sachrechtsorientierten Denkmodell im Detail in Teil 1, C.II.3.

594 Vgl. *Basedow*, in: IPR zwischen Tradition und Innovation, S. 6.

595 Diese Begründung findet sich ebenfalls bei *Weinberg*, wenn auch nicht im Rahmen des zuständigkeitsorientierten Denkmodells, *Weinberg*, 80 Georgetown Law Journal 53, 62 f. (1991).

596 *Weinberg*, 80 Georgetown Law Journal 53, 62 (1991).

597 Letztlich handelt es sich hierbei um eine Konsequenz des Territorialitätsprinzips, vgl. *von Bar/Mankowski*, Internationales Privatrecht, 2003, S. 476 f.

Durch den Gleichlauf von *forum* und *ius* werden Rechtssicherheit geschaffen und ein forumsinterner Entscheidungseinklang gesichert.[598] Sowohl die Kläger als auch die Beklagten wissen bereits zum Zeitpunkt der Klageerhebung, auf welches Rechtsregime sie sich einstellen müssen. Unabhängig davon, ob die Prozessbeteiligten aus dem Ausland kommen oder der Sachverhalt grenzüberschreitende Elemente beinhaltet, wird der Fall innerhalb des *forum* immer gleich entschieden.[599]

Weiterhin sorgt eine zuständigkeitsorientierte Herangehensweise für effiziente Rechtsdurchsetzung.[600] Ein Richter kann sein „eigenes" Recht wesentlich schneller anwenden; eine detaillierte Recherche ausländischen Rechts wird vollständig vermieden. Neben der Zeitersparnis bedeutet dies geringere Kosten. Zudem ist das Ergebnis der Rechtsanwendung weniger fehlerbehaftet. Die Kenntnis des eigenen Sachrechts ist immer umfassender und tiefergehender als die eines fremden Rechts, das wohlmöglich eine völlig andere Dogmatik und Methodik besitzt. Der Effizienzgedanke wird aber nur gewahrt, wenn die betroffene Rechtsordnung über angemessene Zuständigkeitsregeln verfügt. So kann beispielsweise der Aufenthaltsort der Prozessparteien Voraussetzung für die Zuständigkeit der eigenen Gerichte sein. Zu weit gefasste Regelungen, die eine „Allzuständigkeit" vorsehen, können zu einer völligen Überlastung des Gerichtssystems führen, was kaum im Interesse des Regelungsgebers sein wird.

Weiteren Problemszenarien wie einem *race to the courtroom* oder *forum shopping* zulasten von schwächeren Parteien muss ebenfalls mit entsprechenden Zuständigkeitsregelungen begegnet werden. Hier können besondere Gerichtsstände und Fristen oder auch Instrumente wie *forum non convenience*[601] Abhilfe

---

598 Diese Wertung findet man beispielsweise im europäischen internationalen Erbrecht; die Zuständigkeitsvorschrift in Art. 4 EuErbVO sowie die allgemeine Kollisionsnorm in Art. 21 Abs. 1 EuErbVO knüpfen an den gewöhnlichen Aufenthalt des Erblassers an; hierdurch soll u.a. die Durchsetzung erbrechtlicher Rechtspositionen gestärkt werden, vgl. MüKo BGB/*Dutta*, Vorbemerkung zu Art. 4 EuErbVO, 2; zum Gleichlauf im europäischen Kollisionsrecht ferner *Weller*, in: FS Coester-Waltjen, S. 908 ff.

599 Kritisch bezüglich der Anwendung der *lex fori* im Zusammenhang mit einem fakultativen Kollisionsrecht Staudinger/*Looschelders*, Einleitung IPR, Rn. 135.

600 Die gleiche Argumentation bringt *Flessner* als Beleg für die Vorteilhaftigkeit eines fakultativen Kollisionsrechts vor, vgl. *Flessner*, RabelsZ 34 (1970), 547, 550; das fakultative Kollisionsrecht fällt indes nicht unter das zuständigkeitsorientierte Denkmodell, da es bei entsprechendem Parteivortrag durch die Kollisionsregeln zur Anwendung von ausländischem Recht kommen kann.

601 Dazu grundlegend *Hay/Borchers et al.*, Conflict of Laws, 2018, S. 507 ff.; die vor allem im *common law* verwendete *forum non convenience*-Doktrin besagt, dass in

schaffen. Letztlich müssen die Zuständigkeitsregelungen immer vor dem Hintergrund formuliert werden, dass sie gleichzeitig zur Anwendung des Sachrechts führen.[602]

c. *Die methodische Umsetzung*

In methodischer Hinsicht entspricht die Bestimmung des anwendbaren Rechts im Rahmen des zuständigkeitsorientierten Denkmodells der Identifizierung des zuständigen Gerichts. Hierfür müssen in den USA – ähnlich wie im deutschen Recht – die sachliche (*subject-matter jurisdiction*), örtliche (*venue*) und persönliche (*personal jurisdiction*) Zuständigkeit gegeben sein. Diese folgt für die *federal courts* aus der Verfassung, den *Federal Rules of Civil Procedure* und der Rechtsprechung. Die Einzelstaaten haben für ihre *state courts* größtenteils ähnliche Regelungen.[603] Schließlich muss die Wahl des Gerichtsstands noch den verfassungsrechtlichen Grundsätzen genügen. Im US-amerikanischen Recht sind hier vor allem der *Due Process Clause* sowie der *Full Faith and Credit Clause* zu beachten.[604] Insgesamt besitzt das zuständigkeitsorientierte Modell allerdings keine alleinstehende kollisionsrechtliche Methodik.

2. *Orientierung an der Rechtsfrage*

Das rechtsfragenorientierte[605] Denkmodell setzt beim zu beurteilenden Rechtsverhältnis an. Das Kollisionsrecht steht unabhängig neben dem Sachrecht, materiell-rechtliche Erwägungen sind im Rahmen der kollisionsrechtlichen Analyse grundsätzlich nicht zu berücksichtigen.

---

bestimmten Fällen ein anderes Gericht besser über den Sachverhalt entscheiden kann; das angerufene Gericht kann die Klage in diesem Fall abweisen.

602 *Lipstein*, Recueil des cours 135 (1972), 72, 147.

603 Vgl. dazu im Detail *Burnham*, Introduction to the Law and Legal System of the United States, 2016, S. 282 ff.

604 Vgl. hierzu *Hay/Borchers et al.*, Conflict of Laws, 2018, S. 315 ff.; von besonderer Relevanz ist in diesem Kontext das Urteil des U.S. Supreme Court zu Allstate Ins. v. Hague, 449 U.S. 302, 313 (1981).

605 Der Begriff lehnt an *Rabels* Beschreibung zum Aufbau einer typischen Kollisionsnorm dieses Denkmodells an, vgl. *Rabel*, The Conflict of Laws: A Comparative Study, 1958, S. 47: „[…] the first part raises, and the second part answers, a legal question."

a. Die historischen Wurzeln

Die historischen Wurzeln des rechtsfragenorientierten Ansatzes liegen gleichermaßen in Deutschland wie in den USA. Sowohl *Friedrich Carl von Savigny* als auch *Joseph Story* wandten sich methodisch von der bis zu diesem Zeitpunkt geltenden Statutentheorie ab[606] und setzten bei der dem Sachverhalt zugrunde liegenden Rechtsfrage anstatt beim Sachrecht an.[607]

Story kann als der eigentliche Begründer der klassischen Denkweise angesehen werden. Er formulierte bereits 1834 in seinen Commentaries Kollisionsregeln für verschiedene Rechtsfragen (Geschäftsfähigkeit, Ehewirkungen, Verträge, dingliche Rechte etc.).[608] Das anwendbare Recht wurde (meist) anhand territorialer Anknüpfungspunkte bestimmt.[609] Für die Wirksamkeit eines Vertrages sollte beispielsweise an das Recht des Ortes angeknüpft werden, an dem er geschlossen worden war, es sei denn, der Erfüllungsort lag in einem anderen Staat.[610] Für die Wirkungen einer Scheidung kam es hingegen auf das Recht des Staates an, in dem die Eheleute ihr *domicile* hatten oder in dem die scheidungsbegründende Handlung stattgefunden hatte.[611]

---

606 Tatsächlich bezeichnete *Savigny* die Herangehensweise der Statutentheorie nie ausdrücklich als falsch, sondern warf ihr lediglich Unvollständigkeit und Ungenauigkeit vor, vgl. *Savigny*, System des heutigen Römischen Rechts VIII, 1849, S. 123; dazu ferner *Neuhaus*, RabelsZ 15 (1949/50), 364, 370; *Story* verwies sogar explizit auf den territorialen Grundgedanken der Statutentheorie, vgl. *Story*, Commentaries on the Conflict of Laws, 1857, S. 31, § 22; ein wichtiger Wegbereiter *Savignys* ist *Carl Georg von Wächter*, der in seinem 1841/42 erschienenen zweiteiligen Aufsatz „Über die Collision der Privatrechtsgesetze verschiedener Staaten" erstmals die bisher vorherrschende Statutentheorie explizit ablehnte, vgl. *von Wächter*, AcP 24 (1841), 230; *von Wächter*, AcP 25 (1842), 1.

607 *Savigny*, System des heutigen Römischen Rechts VIII, 1849, S. 28, 108; *Story*, Commentaries on the Conflict of Laws, 1857, S. 18, § 16; ferner *Lorenzen*, Selected Articles on the Conflict of Laws, 1947, S. 185; zu *Savignys* Verständnis vom Rechtsverhältnis ausführlich *Rademacher*, RabelsZ 81 (2017), 661, 669 ff.

608 *Story*, Commentaries on the Conflict of Laws, 1857; dazu *Michaels*, in: Encyclopedia of Private International Law, S. 1663.

609 *Juenger*, Choice of Law and Multistate Justice, 1993, S. 88.

610 *Story*, Commentaries on the Conflict of Laws, 1857, S. 369, § 242: „Generally speaking the validity of a contract is to be decided by the law of the place, where it is made, unless it is to be performed in another country, for, as we shall presently see, in the latter case, the law of the place of performance is to govern."

611 *Story*, Commentaries on the Conflict of Laws, 1857, S. 352, § 230 a.

Storys Denkweise war von einer apolitischen Sichtweise des Privatrechts geprägt.[612]

Trotzdem wurde die neue Herangehensweise in der europäischen Literatur größtenteils *Savigny* zugeschrieben, man spricht bis heute vom „klassischen IPR nach *Savigny*".[613] *Savignys* Theorie war nach eigener Aussage stark durch *Story* beeinflusst:[614] Grundlage seines 1849 erschienenen achten Bandes zum „System des heutigen Römischen Rechts" war der Gedanke, „daß bei jedem Rechtsverhältniß dasjenige Rechtsgebiet aufgesucht werde, welchem dieses Rechtsverhältniß seiner eigenthümlichen Natur nach angehört oder unterworfen ist (worin dasselbe seinen Sitz hat)."[615] Für die Zuordnung griff *Savigny* ebenfalls auf territoriale Anknüpfungspunkte zurück, berücksichtigte aber auch personale Verbindungen.[616]

Auch wenn *Savignys* – und damit implizit auch *Storys* – Theorie als „kopernikanische Wende"[617] bezeichnet wurde, war der Ansatzpunkt beim Rechtsverhältnis bzw. der Rechtsfrage nicht neu. Mehrere Literaturstimmen führen an, dass es bereits in den Jahrhunderten zuvor in Europa immer wieder Ansätze gegeben habe, die eine ähnliche Vorgehensweise propagierten; diese konnten sich aber nicht gegen die Vertreter der Statutentheorie durchsetzen.[618] Wegen

---

612 *Michaels*, in: Aktuelle Fragen zu politischer und rechtlicher Steuerung im Kontext der Globalisierung, S. 124.

613 Vgl. hierzu statt vieler MüKo BGB/*von Hein*, Einleitung zum Internationalen Privatrecht, Rn. 3.

614 *Story*, Commentaries on the Conflict of Laws, 1857, S. iv; dazu ferner *Gutzwiller*, Der Einfluss Savignys auf die Entwicklung des Internationalprivatrechts, 1923, S. 112; *Kegel*, RabelsZ 43 (1979), 609, 629; *Seif*, RabelsZ 65 (2001), 492, 506.

615 *Savigny*, System des heutigen Römischen Rechts VIII, 1849, S. 28, 108; näher dazu *Sonnentag*, in: Encyclopedia of Private International Law, S. 1610.

616 Der Sitz eines vertraglichen Rechtsverhältnisses lag beispielsweise grundsätzlich am Erfüllungsort, vgl. *Savigny*, System des heutigen Römischen Rechts VIII, 1849, S. 247; für die Vormundschaft knüpfte Savigny hingegen am Wohnsitz des Mündels an, vgl. *Savigny*, System des heutigen Römischen Rechts VIII, 1849, S. 341; ferner dazu *Juenger*, Choice of Law and Multistate Justice, 1993, S. 88.

617 So erstmals *Neuhaus*, RabelsZ 15 (1949/50), 364, 366; zustimmend *Michaels*, in: FS Kropholler, S. 154; a.A. *Schurig*, in: Internationales Privatrecht im 20. Jahrhundert, S. 8.

618 *E. Lorenz*, Zur Struktur des internationalen Privatrechts, 1977, S. 42 f.; *E. Lorenz*, in: FS Lorenz, S. 365 f.; *von Bar/Mankowski*, Internationales Privatrecht, 2003, S. 483, 501, 514; *Gamillscheg*, Der Einfluss Dumoulins auf die Entwicklung des Kollisionsrechts, 1955, S. 79.

seiner umfangreichen Aufarbeitung der Thematik wird daher erst *Savigny* die Vollendung des Methodenwechsels zuerkannt.[619]

An dieser Stelle muss allerdings darauf hingewiesen werden, dass die beiden Theorien trotz des übereinstimmenden gedanklichen Ansatzpunktes bezüglich der Zielsetzung divergieren. *Story*, der den Begriff „Private International Law" prägte, verstand das Kollisionsrecht als einen Bestandteil des öffentlichen Rechts,[620] als ein „internationales Recht für private Angelegenheiten".[621] Für *Savigny* gehörte das Kollisionsrecht hingegen zum Privatrecht:[622] Durch die Anwendung der Kollisionsnormen sollte ein für den Einzelnen und seine Lebenssituation angemessenes Ergebnis erreicht werden.[623] Dementsprechend war in beiden Lehren auch die Funktion des Kollisionsrechts eine andere: In den USA stand die Auflösung von Kollisionen zwischen den Rechtsgeltungsansprüchen souveräner Staaten im Mittelpunkt,[624] während sich das kontinentaleuropäische IPR auf die Interessen Privater konzentrierte.[625]

Auch bezüglich der Rechtfertigung für die Anwendung ausländischen Rechts unterscheiden sich die beiden Theorien. Wie bereits oben ausgeführt basierte *Storys* Kollisionsrechtssystem auf den Grundsätzen der *comitas* und der Territorialität. *Savigny* lehnte hingegen die *comitas*-Doktrin an dieser Stelle ab, sie war in seinem System überflüssig.[626] Anknüpfend an sein Verständnis von

619 *E. Lorenz*, in: FS Lorenz, S. 372; *von Bar/Mankowski*, Internationales Privatrecht, 2003, S. 513.

620 *Story*, Commentaries on the Conflict of Laws, 1857, S. 9 (§ 9): „The jurisprudence, then, arising from the conflict of the laws of different nations in their actual application to modern commerce and intercourse, is a most interesting and important branch of public law. To no part of the world is it of more interest and importance than to the United States, since the union of a national government with [...] distinct states [...] creates very complicated private relations and rights between the citizens of those states, which call for the constant administration of extra-municipal principles. This branch of public law may therefore be fitly denominated private international law, since it is chiefly seen and felt in its application to the common business of private persons." (Hervorhebung durch Verfasserin).

621 So *Michaels*, in: FS Kropholler, S. 155.

622 *Savigny*, System des heutigen Römischen Rechts VIII, 1849, S. 2 f.; ferner *Michaels*, in: FS Kropholler, S. 155.

623 *Neuhaus*, RabelsZ 15 (1949/50), 364, 372.

624 *Michaels*, in: Encyclopedia of Private International Law, S. 1666.

625 *Von Bar/Mankowski*, Internationales Privatrecht, 2003, S. 9.

626 *Savigny*, System des heutigen Römischen Rechts VIII, 1849, S. 25 ff.; ferner *Seif*, RabelsZ 65 (2001), 492, 508.

Privatrecht war es seiner Ansicht nach gerade kein Eingriff in die staatliche Souveränität, fremdes Recht anzuwenden.[627] *Savigny*, der als Mitbegründer der historischen Rechtsschule[628] gilt, sah das Privatrecht als ein aus dem Willen des Volkes über Jahre entstandenes und sich selbst legitimierendes Produkt.[629] Das Privatrecht sei eine „dem Einzelnen eingeräumte Willensmacht“[630] und nicht Ausdruck staatlicher Machtausübung.[631] Um die Anwendung ausländischen Rechts zu begründen, formulierte *Savigny* als Gegenvorschlag zur *comitas* den Gedanken, dass in einer völkerrechtlichen Gemeinschaft jeder Staat dem anderen die Anwendung dessen Rechts zubilligen müsse, wenn er dies auch für sich selbst in Anspruch nehme.[632]

---

627 *Savigny*, System des heutigen Römischen Rechts VIII, 1849, S. 117; dazu *von Bar/Mankowski*, Internationales Privatrecht, 2003, S. 516.

628 Vgl. *Rüfner*, in: Handwörterbuch des Europäischen Privatrechts, S. 829; für eine detaillierte (und teils kritische) Analyse vgl. *Franklin*, 22 Revista Jurídica de la Universidad de Puerto Rico 64 (1952-1953).

629 *Savigny*, Vom Beruf unsrer Zeit für Gesetzgebung und Rechtswissenschaft, 1814, S. 9 ff.: „Das Recht wächst also aus dem Volke fort, bildet sich aus diesem, und stirbt endlich ab, so wie das Volk seine Eigenthümlichkeit verliert. [...] Die Summe dieser Ansicht also ist, daß alles Recht auf die Weise entsteht, [...] daß es erst durch Sitte und Volksglaube, dann durch Jurisprudenz erzeugt wird, überall also durch innere, stillwirkende Kräfte, nicht durch die Willkür eines Gesetzgebers.“

630 So *Seif*, RabelsZ 65 (2001), 492, 501; *Savigny* rezipierte damit die von *Immanuel Kant* begründete Idee, dass die Freiheit des Einzelnen als Ausgangspunkt des Rechts zu sehen sei; dazu ferner *Rühl*, in: Encyclopedia of Private International Law, S. 1386.

631 Im Mittelpunkt von *Savignys* Konzept stand der (europäische) „Volksgeist“, der unabhängig vom Gesetzgeber Rechtsgewohnheiten herausbildete und so Recht schuf; aus diesem Gedanken resultierte die relative Gleichheit aller Rechtsordnungen: Wenn das Privatrecht grundsätzlich Ausdruck eines „Volksgeistes“ sei, der gleichzeitig auch die Basis für andere Privatrechtsordnungen darstelle, müssten Rechtsverhältnisse in all diesen Rechtsordnungen in gleicher Weise geregelt werden, vgl. *Savigny*, System des heutigen Römischen Rechts I, 1840, S. 14 ff.; ferner *Francq*, in: Encyclopedia of Private International Law, S. 1781; *Rüfner*, in: Handwörterbuch des Europäischen Privatrechts, S. 830; *Sonnentag*, in: Encyclopedia of Private International Law, S. 1611; MüKo BGB/*von Hein*, Einleitung zum Internationalen Privatrecht, Rn. 20.

632 *Savigny*, System des heutigen Römischen Rechts VIII, 1849, S. 28: „Man kann diese Gleichstellung [...] als freundliche Zulassung unter souveränen Staaten bezeichnen [...] Nur darf diese Zulassung nicht gedacht werden als Ausfluß bloßer Großmuth oder Willkür, die zugleich als zufällig wechselnd und vorübergehend zu denken wären. Vielmehr ist darin eine eigenthümliche und fortschreitende Rechtsentwicklung zu erkennen, gleichen Schritt haltend mit der Behandlung der Collisionen unter

Während *Storys* Commentaries in den USA schon bald vom ersten Restatement abgelöst wurden und seine Leistungen daher in den Hintergrund traten, gilt *Savigny* bis heute als Begründer der europäischen Kollisionsrechtsdogmatik.[633] Die strenge Trennung von Sach- und Kollisionsrecht durch die Anknüpfung am Rechtsverhältnis konnte sich im europäischen Rechtsraum weitgehend durchsetzen und bildet gegenwärtig – trotz Tendenzen, materiell-rechtlichen Wertungen auf der Ebene des Kollisionsrechts Geltung zu verleihen – das methodische Grundgerüst des europäischen internationalen Privatrechts.[634]

b. Prinzipien und Wertungen

Grundgedanke des rechtsfragenorientierten Ansatzes ist die Bestimmung des anwendbaren Rechts anhand einer räumlichen Zuordnung des zugrunde liegenden Rechtsverhältnisses. Es ist deshalb nicht ausschlaggebend, das Recht zu finden, das zum sachlich besten Ergebnis führt.[635] Stattdessen strebt der Ansatz danach, das aus räumlicher Sicht beste Recht, das Recht mit der engsten Verbindung zum Sachverhalt, zu bestimmen.[636] Damit ist das Kollisionsrecht sachrechtsneutral, es findet eine strikte Trennung von Sach- und Kollisionsrechtsebene statt.[637] *Raape* bezeichnete die Vorgehensweise daher als einen „Sprung ins Dunkle".[638]

Eine wichtige Prämisse des Ansatzes ist die Gleichbehandlung von inländischem und ausländischem Recht.[639] Eine natürliche Vorrangstellung,

---

den Partikularrechten desselben Staates."; vgl. ferner *Neuhaus*, RabelsZ 15 (1949/50), 364, 368; *von Bar/Mankowski*, Internationales Privatrecht, 2003, S. 516.

633 Vgl. *Junker*, Internationales Privatrecht, 2021, S. 45 f.; nach *Schurig* gaben *Savignys* Ausführungen lediglich den Anstoß für die heutige klassische IPR-Methode; das Fundament unseres heutigen Kollisionsrechts-Verständnisses sei erst durch weitere „Baumeister" errichtet worden; siehe auch *Schurig*, in: Internationales Privatrecht im 20. Jahrhundert, S. 9.

634 *Francq*, in: Encyclopedia of Private International Law, S. 1781; *Kegel/Schurig*, Internationales Privatrecht, 2004, S. 59; *Sonnentag*, in: Encyclopedia of Private International Law, S. 1613; ausführlich zu den methodischen Kontroversen im europäische IPR vgl. Teil 2, D.III.

635 *Cuniberti*, Conflict of Laws, 2017, S. 6: „[…] methodology is substance-neutral and substance-blind."

636 Staudinger/*Looschelders*, Einleitung IPR, Rn. 58.

637 Zur Möglichkeit, diese strikte Trennung zu durchbrechen, vgl. Teil 1, C.II.2.d.

638 *Raape/Sturm*, Internationales Privatrecht, 1977, S. 8 mit Verweis auf die Vorauflage.

639 In der Literatur wird der Ansatz daher häufig als „multilateraler Ansatz" bezeichnet, da am Ende der kollisionsrechtlichen Analyse verschiedene Rechtsordnungen stehen

beispielsweise der *lex fori*, wird explizit abgelehnt. Eine mögliche Befangenheit zugunsten des eigenen Rechts ist durch den Ansatz beim Rechtsverhältnis von vorneherein ausgeschlossen.[640] Bereits *Savigny* argumentierte, es sei Grundsatz der Völkerrechtsgemeinschaft, dass es viele nebeneinander gleichberechtigte Rechtsordnungen gebe.[641] Jeder einzelnen dieser Rechtsordnungen gebühre es in gleichem Maße, angewendet zu werden.[642] Nach *Raape* liegen in diesem Grundsatz „Anfang und Ende allen internationalen Privatrechts."[643]

Durch die Anknüpfung an der Rechtsfrage wird die Vorhersehbarkeit von Entscheidungen erreicht. Da jedes Rechtsverhältnis im Idealfall genau einen „lokalisierende[n] Schwerpunkt"[644] hat, den es festzustellen gilt, werden dem Gericht und den Parteien die Ermittlung des anzuwendenden Rechts erheblich erleichtert. Das anwendbare Recht ist nun sogar im Vorfeld eines Verfahrens prognostizierbar.

Des Weiteren bestärkt der Ansatz die Einheitlichkeit von Entscheidungen, da „das konkrete Rechtsverhältnis – gleichgültig in welchem Lande es zur Beurteilung steht – immer dasselbe bleibt".[645] Unmittelbar daraus resultiert ein internationaler Entscheidungseinklang: Sofern alle Staaten dem rechtsfragenorientierten Ansatz folgen, werden grenzüberschreitende Konstellationen in diesen Staaten immer gleich bewertet und kommen zum selben anwendbaren Recht.[646] *Von Bar/Mankowski* sehen darin „eine Synthese zwischen der Nationalität des Kollisionsrechts und der Internationalität seines Gegenstandes".[647] Das Ideal

können, vgl. *Cuniberti*, Conflict of Laws, 2017, S. 6; *Francq*, in: Encyclopedia of Private International Law, S. 1779.

640 *Raape/Sturm*, Internationales Privatrecht, 1977, S. 411; *Cuniberti*, Conflict of Laws, 2017, S. 7.

641 *Savigny*, System des heutigen Römischen Rechts VIII, 1849, S. 27 f.; ferner *Sonnentag*, in: Encyclopedia of Private International Law, S. 1611.

642 *Savigny*, System des heutigen Römischen Rechts VIII, 1849, S. 24 f.

643 *Raape/Sturm*, Internationales Privatrecht, 1977, S. 411.

644 *Von Bar/Mankowski*, Internationales Privatrecht, 2003, S. 514.

645 *Neuhaus*, RabelsZ 15 (1949/50), 364, 371.

646 So bereits *Savigny*, System des heutigen Römischen Rechts VIII, 1849, S. 27: „Denn diese Gleichheit muß in vollständiger Ausbildung dahin führen, daß nicht bloß in jedem einzelnen Staate der Fremde gegen den Einheimischen nicht zurückgesetzt werde […], sondern daß auch die Rechtsverhältnisse, in Fällen einer Collision der Gesetze, dieselbe Beurtheilung zu erwarten haben, ohne Unterschied, ob in diesem oder jenem Staate das Urtheil gesprochen werde […] Auf diesem Wege kommen wir dahin, die Collision der Territorialrechte unabhängiger Staaten […] wesentlich nach denselben Grundsätzen zu behandeln."

647 *Von Bar/Mankowski*, Internationales Privatrecht, 2003, S. 515.

eines internationalen Entscheidungseinklangs war nach *Savigny* das Ziel einer „völkerrechtlichen Gemeinschaft der miteinander verkehrenden Nationen".[648] Der Gedanke ist aber ebenfalls mit *Storys comitas*-Prinzip vereinbar, da er die unmittelbare Konsequenz eines „höflichen Entgegenkommens" der souveränen Staaten ist. Gleichzeitig verhindert der internationale Entscheidungseinklang hinkende Rechtsverhältnisse, weil jedes Rechtsverhältnis in jedem Staat gleich beurteilt wird.[649]

c. *Die methodische Umsetzung*

Der rechtsfragenorientierte Ansatz beruht auf dem Grundsatz der engsten Verbindung.[650] Dies schlägt sich in der methodischen Vorgehensweise nieder: Um das anwendbare Recht in einem grenzüberschreitenden Sachverhalt zu bestimmen, muss zunächst die zu entscheidende Rechtsfrage identifiziert und sodann die engste Verbindung des zu beurteilenden Lebenssachverhalts zum materiellen Recht eines Staates, also ein „dieses lokalisierender Schwerpunkt",[651] bestimmt werden.[652] Das Sachrecht der betroffenen Staaten bleibt unbeachtet.[653]

---

648 *Savigny*, System des heutigen Römischen Rechts VIII, 1849, S. 27: „Der Standpunkt, auf den wir durch diese Erwägung geführt werden, ist der einer völkerrechtlichen Gemeinschaft der mit einander verkehrenden Nationen, und dieser Standpunkt hat im Fortschritt der Zeit immer allgemeinere Anerkennung gefunden, unter dem Einfluß theils der gemeinsamen christlichen Gesittung, theils des wahren Vortheils, der daraus für alle Theile hervorgeht."

649 *Sonnentag*, in: Encyclopedia of Private International Law, S. 1611.

650 Staudinger/*Looschelders*, Einleitung IPR, Rn. 54; in der Literatur wird auch von der „stärksten Beziehung" oder dem „engsten Zusammenhang" zwischen Rechtsordnung und Rechtsverhältnis gesprochen, vgl. *Junker*, Internationales Privatrecht, 2021, S. 45.

651 *Von Bar/Mankowski*, Internationales Privatrecht, 2003, S. 514.

652 *Mansel*, in: FS Canaris, S. 749; *Rühl*, in: Encyclopedia of Private International Law, S. 1386; zum Streit darüber, ob das Rechtsverhältnis, das Lebensverhältnis, der Anspruch, die Sachnorm oder gar die Rechtsfrage Gegenstand der Qualifikation sind, vgl. *von Bar/Mankowski*, Internationales Privatrecht, 2003, S. 662 ff.

653 *Seif*, RabelsZ 65 (2001), 492, 497; *Savigny* knüpfte noch nicht ausdrücklich an den Lebenssachverhalt an, sondern verwendete ausschließlich den Begriff „Rechtsverhältnis"; nach *Rabel* ist dieser Begriff unglücklich gewählt, da er auf materiell-rechtliche Beziehungen in einer bestimmten Rechtsordnung verweise; stattdessen müsse durch das Kollisionsrecht die Rechtsordnung bestimmt werden, die das Lebensverhältnis regele, vgl. *Rabel*, Das Problem der Qualifikation, 1962, S. 10 ff.; tatsächlich sind Rechtsverhältnisse untrennbar mit den sie begründenden Tatbeständen verbunden, sodass *Savigny* wohl in der Sache vom Lebenssachverhalt ausging, vgl. *Kegel/Schurig*, Internationales Privatrecht, 2004, S. 184; sachlich besteht in jedem Fall kein

In der deutschen Kollisionsrechtsterminologie wird diese Herangehensweise als „Verweisungsmethode" bezeichnet. Die Verweisung ist methodisch in zwei Schritte, die Qualifikation und die Anknüpfung, untergliedert.[654] Bildet man diese Methode in einer Kollisionsnorm nach, setzt sich die Verweisungsnorm aus zwei zentralen Elementen, dem Anknüpfungsgegenstand und dem Anknüpfungspunkt, zusammen.[655]

Der erste Schritt der Verweisungsmethode ist die Bestimmung der zu beurteilenden Rechtsfrage, die gleichzeitig die Auswahl der einschlägigen Kollisionsnorm darstellt (**Qualifikation**). Dafür muss untersucht werden, ob die rechtlich relevanten Elemente des Sachverhalts unter den sachlichen Anwendungsbereich der Kollisionsnorm fallen.[656] Der sachliche Anwendungsbereich einer Kollisionsnorm wird durch den **Anknüpfungsgegenstand** bestimmt.[657] Die für den Anknüpfungsgegenstand verwendeten Systembegriffe entstammen häufig dem nationalen materiellen Recht.[658] Da sie aber gleichzeitig internationale Sachverhalte regeln sollen, stellt sich die Frage nach dem anzuwendenden Auslegungsmaßstab.[659] Es werden drei verschiedene Ansätze vertreten: ein Rückgriff auf die Grundsätze des eigenen Sachrechts (*lex fori*-Qualifikation), ein Rückgriff auf die Grundsätze des möglicherweise berufenen Sachrechts (*lex causae*-Qualifikation) oder eine Orientierung an autonomen, von beiden Rechten losgelösten, aber rechtsvergleichenden Grundsätzen.[660]

Unterschied, sodass die Begriffe synonym verwendet werden können, so auch *Junker*, Internationales Privatrecht, 2021, S. 105.

654 BeckOGK/*Fervers*, Art. 3 EGBGB, Rn. 41.

655 *Cuniberti*, Conflict of Laws, 2017, S. 5; *von Hoffmann/Thorn/Firsching*, Internationales Privatrecht, 2007, S. 176; der Begriff „Anknüpfung" wurde im 20. Jahrhundert von *Franz Kahn* geprägt, vgl. *Junker*, Internationales Privatrecht, 2021, S. 73.

656 *Bariatti*, in: Encyclopedia of Private International Law, S. 357; *Mansel*, in: FS Canaris, S. 745; *Mansel*, in: Encyclopedia of Private International Law, S. 441.

657 *Von Bar/Mankowski*, Internationales Privatrecht, 2003, S. 554; *Mansel*, in: FS Canaris, S. 744; *Mansel*, Connecting factor, S. 441.

658 *Mansel*, in: FS Canaris, S. 752.

659 Auch als Frage des Qualifikationsstatuts bezeichnet, vgl. MüKo BGB/*von Hein*, Einleitung zum Internationalen Privatrecht, Rn. 114.

660 *Kegel/Schurig*, Internationales Privatrecht, 2004, S. 336; im deutschen autonomen IPR sowie im europäischen Kollisionsrecht wird heute vorrangig funktional-teleologisch qualifiziert, vgl. MüKo BGB/*von Hein*, Einleitung zum Internationalen Privatrecht, Rn. 118, 127; das bedeutet, dass der Inhalt eines materiell-rechtlichen Terminus als Indiz für das Verständnis desselben Begriffs im Kollisionsrecht verwendet wird, vgl. *Junker*, Internationales Privatrecht, 2021, S. 110; der dadurch begünstigte

Letztlich spricht vieles dafür, die Anknüpfungsgegenstände großzügiger auszulegen als im materiellen Recht, um auch solche Rechtsinstitute umfassen zu können, die das Sachrecht möglicherweise nicht kennt.[661] Aus diesem Grund sind die Anknüpfungsgegenstände außerdem häufig weit formuliert: Sie kennzeichnen eine ganze Gattung von Sachnormen (Bsp. Rechte an einer Sache).[662] Durch den Rückgriff auf solche Oberbegriffe werden inhaltlich zusammengehörige materiell-rechtliche Normen in einer Kollisionsnorm „gebündelt".[663] Nach welchen Kriterien diese „Bündelung" vorgenommen wird, ist anhand einer Wertung der in diesem Zusammenhang relevanten kollisionsrechtlichen Interessen zu entscheiden.[664] *Raape/Sturm* verwenden für den Vorgang der Qualifikation das Bild eines Förmchens, das ein „Stück aus dem Teig herausstechen [muss], in dem die begehrte Rosine sitzt".[665]

Der zweite Schritt der Verweisung ist die Lokalisierung der Rechtsfrage, die **Anknüpfung**.[666] Die räumliche Zuordnung erfolgt anhand einer Subsumtion der entsprechenden Sachverhaltselemente unter den **Anknüpfungspunkt**.[667] Der Anknüpfungspunkt soll die räumliche Verbindung der Rechtsfrage zu

---

Auslegungsgleichlauf zwischen Sach- und Kollisionsrecht ist im autonomen Recht insofern sachgerecht, als dass der Gesetzgeber so ebenfalls über die Reichweite einer Kollisionsnorm entscheiden kann, siehe *Mansel*, in: FS Canaris, S. 751.

661 *Mansel*, in: FS Canaris, S. 752; *Kegel/Schurig*, Internationales Privatrecht, 2004, S. 338; *Rabel*, The Conflict of Laws: A Comparative Study, 1958, S. 50; im deutschen IPR stellt der BGH daher auf die Funktion einer Rechtsfigur im Rechtsverkehr ab, vgl. BGH, Urteil vom 22.03.1967 - IV ZR 148/65, NJW 1967, 2109, 2112.

662 *Kegel/Schurig*, Internationales Privatrecht, 2004, S. 102 f., 327; es wird in diesem Zusammenhang auch von Element-Kollisionsnormen gesprochen, vgl. *Kegel/Schurig*, Internationales Privatrecht, 2004, S. 314.

663 *Kegel/Schurig*, Internationales Privatrecht, 2004, S. 315; das sog. „Bündelungsmodell" wurde von *Klaus Schurig* entwickelt, siehe *Schurig*, Kollisionsnorm und Sachrecht, 1981, S. 89 ff.; er bündelt vertikal nach Sachzusammenhang und horizontal nach Länderebene.

664 *Kegel/Schurig*, Internationales Privatrecht, 2004, S. 315; *Schurig*, Kollisionsnorm und Sachrecht, 1981, S. 96 ff.; *Schurig*, in: Internationales Privatrecht im 20. Jahrhundert, S. 14.

665 *Raape/Sturm*, Internationales Privatrecht, 1977, S. 276.

666 Zum Begriff „Anknüpfung" und seiner Entstehung vgl. *von Bar/Mankowski*, Internationales Privatrecht, 2003, S. 535 ff.

667 *Von Bar/Mankowski*, Internationales Privatrecht, 2003, S. 554; BeckOGK/*Fervers*, Art. 3 EGBGB, Rn. 42.

einer Rechtsordnung bestimmen.[668] Damit enthält er das Tatbestandselement der Kollisionsnorm, den Verweis auf das anwendbare Recht.[669] Der Anknüpfungspunkt für einen bestimmten Anknüpfungsgegenstand wird anhand der Interessen an der Anwendung eines Rechts als solchem bestimmt.[670] Das Interesse am Inhalt des Sachrechts spielt gerade keine Rolle.[671] Anknüpfungspunkte sind rechtssubjekt-, rechtsobjekt- oder handlungsbezogen, wie der gewöhnliche Aufenthalt, der Belegenheitsort einer Sache oder der Ort des Schadenseintritts. Neben der objektiven Anknüpfung an die räumlich engste Verbindung ist auch eine subjektiv beeinflusste Lokalisation des Rechtsverhältnisses (Rechtswahl) möglich.[672] Bereits *Savigny* sprach sich im Obligationenrecht für eine Anknüpfung an den Parteiwillen aus.[673] Ziel der Anknüpfung soll es sein, am Ende zu einem Ergebnis zu gelangen und so sowohl Normenmängel als auch Normenhäufungen zu vermeiden.[674]

Es lässt sich somit feststellen, dass die Verweisungsmethode die vorgesehene Trennung von Sach- und Kollisionsrecht durch den Rückgriff auf abstrakte Systembegriffe erreicht. Auch wenn jede Kollisionsnorm in Form des Anknüpfungsgegenstands zwangsweise ein sachrechtliches Element besitzt,[675] wird das Ergebnis der Verweisung unabhängig von materiell-rechtlichen Erwägungen durch die bloße Lokalisierung anhand des Anknüpfungspunktes festgestellt.[676]

d. Möglichkeiten der Berücksichtigung sachrechtlicher Erwägungen

Obwohl die Verweisungsmethode das materielle Recht bei der Bestimmung des anwendbaren Rechts nicht berücksichtigt und grundsätzlich „ergebnis-blind“

---

668 *Mansel*, in: Encyclopedia of Private International Law, S. 442; in der Literatur wird u.a. auch von „Anknüpfungsmoment“ oder „Anknüpfungsmerkmal“ gesprochen.

669 *Cuniberti*, Conflict of Laws, 2017, S. 4; *Mansel*, in: FS Canaris, S. 742; *Mansel*, in: Encyclopedia of Private International Law, S. 441.

670 *Kegel*, in: FS Beitzke, S. 559; zur Aufteilung nach Partei-, Verkehrs- und Ordnungsinteressen vgl. *Kegel*, in: FS Lewald, S. 274 ff.

671 *Kegel* nennt eine solche Berücksichtigung materiell-rechtlicher Interessen „Rosinentheorie“, vgl. *Kegel*, in: FS Beitzke, S. 559.

672 BeckOGK/*Fervers*, Art. 3 EGBGB, Rn. 43.

673 *Savigny*, System des heutigen Römischen Rechts VIII, 1849, S. 210 ff.; ferner *Raape*, Internationales Privatrecht, 1955, S. 423.

674 *Michaels*, in: Aktuelle Fragen zu politischer und rechtlicher Steuerung im Kontext der Globalisierung, S. 133; *Raape/Sturm*, Internationales Privatrecht, 1977, S. 103.

675 *Schurig*, Kollisionsnorm und Sachrecht, 1981, S. 106 ff.

676 BeckOGK/*Fervers*, Art. 3 EGBGB, Rn. 44.

vorgeht, gibt es verschiedene Möglichkeiten, sachrechtliche Erwägungen in die kollisionsrechtliche Analyse miteinzubeziehen.

Zum einen können diese bereits innerhalb der klassischen Verweisungsmethode durchgesetzt werden. Eine kollisionsrechtliche Verweisungsnorm bestimmt das anwendbare Recht durch die Anknüpfung an einen Anknüpfungspunkt, der den Sitz des Rechtsverhältnisses kennzeichnen soll. Damit stellt der Anknüpfungspunkt die zentrale Stellschraube für die Realisierung materiellrechtlicher Erwägungen dar. Der Gesetzgeber kann durch die Verwendung mehrerer alternativ oder kumulativ nebeneinanderstehender Anknüpfungspunkte dafür sorgen, dass ein bestimmtes Ergebnis favorisiert wird.[677] Eine solche **Mehrfachanknüpfung** findet sich im eruopäischen IPR beispielsweise in Kollisionsregeln, die das auf die Form eines Vertrags anwendbare Recht bestimmen.[678] Ziel dieser Regelung ist die Begünstigung der Formwirksamkeit des Vertrags (*favor negotii*).[679]

Eine weitere Möglichkeit ist die Ergänzung der rechtsfragenorientierten Methodik durch zusätzliche Einzelmethoden. Das Ergebnis der Verweisung kann beispielsweise durch die ***ordre public*-Kontrolle** korrigiert werden. Sofern das im Rahmen der Verweisung gefundene Recht zu einem Ergebnis führt, das gegen „fundamentale Wertungen des inländischen Rechts verstößt“[680], ist von seiner Anwendung abzusehen.[681] Im deutschen Recht wird beispielsweise ein *ordre public*-Verstoß angenommen, wenn die Rechtsanwendung nicht mit den Grundrechten vereinbar ist; in diesem Fall ist nach Art. 6 Abs. 2 EGBGB von der Anwendung dieser Sachnorm abzusehen.[682]

Unabhängig davon besteht die Möglichkeit, eine Verweisung auf ausländisches Recht von vorneherein durch die Anwendung von **Eingriffsnormen** zu ersetzen.[683] Schon *Savigny* sah vor, dass Vorschriften mit streng positiver, zwingender

677 Vgl. *Mansel*, in: Encyclopedia of Private International Law, S. 446; Staudinger/*Looschelders*, Einleitung IPR, Rn. 206; *Schurig* bezeichnet solche Mehrfachanknüpfungen als „Anknüpfungshäufung mit materiellem Stichentscheid“, *Schurig*, Kollisionsnorm und Sachrecht, 1981, S. 206.

678 So beispielsweise Art. 11 EGBGB oder Art. 11 Rom I-VO.

679 MüKo BGB/*Spellenberg*, Art. 11 Rom I-VO, Rn. 3.

680 MüKo BGB/*von Hein*, Einleitung zum Internationalen Privatrecht, Rn. 281.

681 *Junker*, Internationales Privatrecht, 2021, S. 208 ff.; *Thoma*, in: Encyclopedia of Private International Law, S. 1453.

682 Vgl. Art. 6 S. 2 EGBGB: „[Eine Rechtsnorm] ist insbesondere nicht anzuwenden, wenn die Anwendung mit den Grundrechten unvereinbar ist.“

683 Vgl. *Junker*, Internationales Privatrecht, 2021, S. 204.

Natur Vorrang vor ausländischem Recht haben müssten.[684] Unter Eingriffsnormen versteht man dementsprechend solche Normen, die der Erhaltung und dem Schutz besonderer staatlicher Interessen dienen und daher universelle Geltung beanspruchen.[685] Besteht eine Verbindung zwischen dem zu beurteilenden Sachverhalt und der zugehörigen Rechtsordnung, genießen die Eingriffsnormen Anwendungsvorrang.[686] Bei der Sonderanknüpfung von Eingriffsnormen wird so vom üblichen System des rechtsfragenorientierten Ansatzes abgewichen, da es unabhängig von der Rechtsfrage lediglich auf den Anwendungsbereich der betroffenen Sachnorm ankommt.[687] Insofern stellen Eingriffsnormen methodisch eine Art Fremdkörper innerhalb dieses Ansatzes dar.

Insgesamt führen die zuvor beschriebenen Mechanismen dazu, dass die vormals strikte Trennung zwischen Kollisions- und Sachrecht aufgeweicht wird.[688] Trotzdem ändert sich nichts an der Grundprämisse des rechtsfragenorientierten Denkmodells: Ansatzpunkt der kollisionsrechtlichen Analyse ist nicht das Sachrecht, sondern die zu beurteilende Rechtsfrage. Die Möglichkeiten der Berücksichtigung sachrechtlicher Erwägungen sind daher als ein Addendum der klassischen Verweisungsmethode anzusehen.[689] Sie heben allerdings die Anpassungsfähigkeit des auf den ersten Blick starren Denkmodells hervor.[690]

---

684 *Savigny*, System des heutigen Römischen Rechts VIII, 1849, S. 33; *Neuhaus*, RabelsZ 15 (1949/50), 364, 369.

685 *Wilderspin*, in: Encyclopedia of Private International Law, S. 1331; teilweise werden Eingriffsnormen auch als positiver *ordre public* bezeichnet, vgl. Staudinger/*Looschelders*, Einleitung IPR, Rn. 1282.

686 *Wilderspin*, in: Encyclopedia of Private International Law, S. 1331.

687 MüKo BGB/*von Hein*, Einleitung zum Internationalen Privatrecht, Rn. 286.

688 *Symeonides*, in: FS Juenger, S. 138.

689 Zur Anerkennung *Hübner*, RabelsZ 85 (2021), 109; nach *Weller*, RabelsZ 81 (2017), 747, 482 ff. bildet die Verweisung im heutigen IPR zusammen mit der Anerkennung und der Berücksichtigung eine „Methodentrias“.

690 So bereits *Schurig*, der aus diesem Grund eine Krise des klassischen IPR verneinte, vgl. *Schurig*, Kollisionsnorm und Sachrecht, 1981, S. 356.

3. *Orientierung am Sachrecht*

a. *Die historischen Wurzeln*

Der sachrechtsorientierte Ansatz findet seinen Ursprung in der im 13. und 14. Jahrhundert in Oberitalien entwickelten Statutentheorie.[691] Historisch gesehen markiert dieses System die Geburtsstunde des Internationalen Privatrechts, da seine Begründer erstmals die mögliche Anwendbarkeit ausländischen Rechts diskutierten.[692] Als man in jener Zeit in den nicht vom Feudalismus beherrschten oberitalienischen Städten begann, örtlich begrenzt geltendes Gewohnheitsrecht in sog. Statuten niederzuschreiben, wurde die bis zu diesem Zeitpunkt praktizierte grundsätzliche Anwendung der *lex fori* in Frage gestellt.[693] Die Beschränkung auf das eigene Recht erschien nicht mehr sachgerecht, da aufgrund des florierenden Handels immer häufiger Fälle auftraten, in denen sich Personen aus verschiedenen Städten und damit verschiedenen Rechtsregimen gegenüber standen.[694] Es wurde daher debattiert, ob bei Beteiligung Fremder deren Heimat-Statuten zu berücksichtigen seien.[695] Damit stellte sich erstmals die Frage nach dem anwendbaren Recht in einer „Statutengrenzen"-überschreitenden Konstellation.

Eine Antwort auf diese neue Fragestellung lieferte die Statutentheorie.[696] Im Ganzen betrachtet ist die Lehre ein Produkt verschiedener Ansätze, die zunächst in Italien und Frankreich, später in den Niederlanden und Deutschland über mehrere Jahrhunderte hinweg entwickelt wurden.[697] In ihren Anfängen

691 Hierzu ausführlich *von Bar/Mankowski*, Internationales Privatrecht, 2003, S. 472 ff.; für eine detaillierte Darstellung der italienischen Schule *Gutzwiller*, Geschichte des Internationalprivatrechts, 1977, S. 29 ff.

692 *Raape/Sturm*, Internationales Privatrecht, 1977, S. 406.

693 *Von Bar/Mankowski*, Internationales Privatrecht, 2003, S. 478; *Symeonides*, Choice of Law, 2016, S. 47.

694 *Von Hoffmann/Thorn/Firsching*, Internationales Privatrecht, 2007, S. 47; *Boosfeld*, ZRG GA 2019, 76, 80.

695 Diese Überlegung findet man erstmals in den Ausführungen von *Accursius*, vgl. *von Bar/Mankowski*, Internationales Privatrecht, 2003, S. 478 f.

696 Zur Terminologie näher *Boosfeld*, ZRG GA 2019, 76, 87.

697 *Raape/Sturm*, Internationales Privatrecht, 1977, S. 408; aufgrund der großen Anzahl der beteiligten Personen und der unterschiedlichen Strömungen und Einflüsse beschränkt sich die nachfolgende Darstellung auf die Kernaspekte der Theorie; für eine detaillierte Darstellung siehe *von Bar/Mankowski*, Internationales Privatrecht, 2003, S. 480 ff.; *Kegel/Schurig*, Internationales Privatrecht, 2004, S. 170 ff.

beschäftigte sich die Lehre nur mit der Frage des anwendbaren Rechts, eine Begründung für die Anwendbarkeit ausländischen Rechts wurde erst später diskutiert.[698]

Inhaltlich gründete die Statutentheorie auf zwei Prämissen, die sich in der wissenschaftlichen Diskussion[699] über das anwendbare Sachrecht letztlich durchsetzen konnten: Ein Statut kann nur die Personen binden, die ihm auch unterworfen sind.[700] Daraus folgt als Konsequenz, dass ein Statut gleichzeitig auch extraterritoriale Wirkung im Ausland entfalten muss, damit kein „rechtsfreier" Raum für die eigenen Untertanen entsteht.[701] Dieser zweite Gedanke öffnete der Anwendung fremden Rechts im Inland die Tür und machte die Aufstellung von Regelungen für Sachverhalte mit grenzüberschreitenden Elementen notwendig.[702]

Die Regeln der Statutentheorie bestimmten das anwendbare Recht, indem sie eine Sachnorm zunächst anhand von Wortlaut, Inhalt und Zweck auslegten und einer von drei Kategorien zuordneten.[703] Diese Zuordnung bedingte sodann

---

698 *Von Bar/Mankowski*, Internationales Privatrecht, 2003, S. 497.

699 Die anfangs vertretenen Ansätze versuchten teilweise, an der Anwendung der *lex fori* festzuhalten; es gab allerdings auch neue Vorgehensweisen: *Aldricus* argumentierte beispielsweise, der Richter müsse über das anwendbare Recht entscheiden und das Recht wählen, das ihm „stärker und nützlicher erscheine"; dies erinnert an den von *Leflar* Jahrhunderte später vorgestellten *better law approach*; näher hierzu *von Hoffmann/Thorn/Firsching*, Internationales Privatrecht, 2007, S. 47; *von Bar/Mankowski*, Internationales Privatrecht, 2003, S. 478; *Gutzwiller*, Geschichte des Internationalprivatrechts, 1977, S. 14 f.

700 *Kegel/Schurig*, Internationales Privatrecht, 2004, S. 167; *von Bar/Mankowski*, Internationales Privatrecht, 2003, S. 479; *E. Lorenz*, in: FS Lorenz, S. 360 f.

701 *Bartolus de Saxoferrato* stellte diesen Gedankengang im Rahmen einer zweiteiligen Fragestellung dar; zunächst beschäftigte er sich mit der Anwendbarkeit von inländischem Recht auf Fremde und sodann mit der extraterritorialen Wirkung von Statuten, vgl. *Kegel/Schurig*, Internationales Privatrecht, 2004, S. 171; dazu näher *Gutzwiller*, Geschichte des Internationalprivatrechts, 1977, S. 29 ff.

702 *Von Bar/Mankowski*, Internationales Privatrecht, 2003, S. 479; *Symeonides*, Choice of Law, 2016, S. 48; *Gutzwiller* ging dagegen davon aus, dass Kollisionsnormen gerade nicht notwendig seien, da sich das anwendbare Recht bereits aus der Sachnorm selbst ergebe, vgl. *Gutzwiller*, Recueil des cours 29 (1929), 287, 312; im Sinne der Einheitlich- und Vorhersehbarkeit seien feststehende Regeln für die Auslegung des Sachrechts aber von Vorteil.

703 *Kegel/Schurig*, Internationales Privatrecht, 2004, S. 174; *Junker*, Internationales Privatrecht, 2021, S. 40; den von *Bartolus de Saxoferranto* und *Baldus de Ubaldus* gelegten Grundstein kommentiert *Junker* wie folgt: „Bei dieser Fragestellung reduziert sich das Kollisionsrecht auf die Kunst, die Statuten auszulegen."; anderer Ansicht ist *E. Lorenz*,

den räumlichen Anwendungsbereich der Regelung.[704] Im Einzelnen konnten sich die folgenden drei Kategorien etablieren: die *statuta personalia*, die *statuta realia* und die *statuta mixta*.[705] Die *statuta personalia* betrafen Statusfragen der Person – beispielsweise ihre Geschäftsfähigkeit – und sollten sich nach dem Recht ihres Wohnsitzes richten.[706] Dementsprechend konnten die Regeln auch außerhalb des gesetzgebenden Staates Wirkung entfalten, sofern sich die daran gebundenen Personen dort aufhielten.[707] Bei den *statuta realia* handelte es sich hingegen um Regelungen, die sich auf Grundstücke und nach späterer Ansicht auch auf Mobiliarsachen bezogen.[708] Hier wurde auf den Belegenheitsort abgestellt, da diese Regeln nur hier Rechtswirkung haben konnten.[709] Die Kategorie *statuta mixta* diente schließlich als Auffangtatbestand.[710] Hierunter fielen Normen, die sich gleichermaßen auf Sachen und Personen bezogen, wie zum Beispiel erbrechtliche Regelungen oder deliktsrechtliche Haftungsfragen.[711] Für die Bestimmung des anwendbaren Rechts war die räumliche Beziehung zwischen der in Frage stehenden Person und der Sache ausschlaggebend,[712] es wurde u.a. auf den Belegenheitsort bzw. den Handlungsort abgestellt.[713]

Zur Struktur des internationalen Privatrechts, 1977, S. 29 f.; er argumentiert, die Statutisten hätten die kollisionsrechtliche Analyse nicht mit der Sachnorm, sondern einer Kollisionsnorm begonnen; da es sich bei den relevanten Texten um Gutachten gehandelt habe, hätten sich die Ausführungen verständlicherweise auf die Analyse des Sachrechts beschränkt.

704 Staudinger/*Looschelders*, Einleitung IPR, Rn. 51; *Kegel/Schurig*, Internationales Privatrecht, 2004, S. 174; *Siehr*, in: Encyclopedia of Private International Law, S. 1392.

705 Der Grundstein für den Dreiklang wurde von *Bartolus* und *Baldus* gelegt und später von *Bertrand d'Argentré* weiterentwickelt, vgl. *Kegel/Schurig*, Internationales Privatrecht, 2004, S. 171 ff.; später wurde teilweise innerhalb dieser Dreiteilung noch zwischen erlaubenden und verbietenden bzw. beschränkenden und aufhebenden Statuten unterschieden, da die bestehenden drei Kategorien zu grob gefasst waren, vgl. *von Bar/Mankowski*, Internationales Privatrecht, 2003, S. 482 ff.

706 Vgl. *von Hoffmann/Thorn/Firsching*, Internationales Privatrecht, 2007, S. 47.

707 Vgl. *Symeonides*, Choice of Law, 2016, S. 48.

708 Vgl. Staudinger/*Looschelders*, Einleitung IPR, Rn. 52.

709 Vgl. Staudinger/*Looschelders*, Einleitung IPR, Rn. 51; *von Bar/Mankowski*, Internationales Privatrecht, 2003, S. 491.

710 Vgl. *von Hoffmann/Thorn/Firsching*, Internationales Privatrecht, 2007, S. 48.

711 Vgl. Staudinger/*Looschelders*, Einleitung IPR, Rn. 52.

712 Vgl. *Kegel/Schurig*, Internationales Privatrecht, 2004, S. 174.

713 Vgl. Staudinger/*Looschelders*, Einleitung IPR, Rn. 52.

Während sich in Europa der Fokus der Statutentheorie auf das Sachrecht nicht durchsetzen konnte und von *Savignys* klassischem Ansatz verdrängt wurde, fand die Herangehensweise in den 60er Jahren in den USA im Rahmen der bereits thematisierten *Conflicts Revolution* neuen Aufschwung.[714] Der Ansatz der Statutentheorie bildete u.a. die Basis für *Curries* Interessenanalyse.[715] Die Literatur bezeichnet die weiteren in dieser Zeit entstandenen *modern approaches* als eine Wiederbelebung der Theorie.[716] Den Ansätzen war ein Grundgedanke gemein: Kollisionsrecht dürfe kein „Sprung ins Dunkle"[717] sein. Welchen Stellenwert das sachrechtsorientierte Denkmodell heutzutage im US-amerikanischen IPR einnimmt, beleuchtet der nachfolgende Abschnitt.[718]

Die Renaissance des sachrechtsorientierten Denkmodells in den USA als Folge der *Conflicts Revolution* sorgte im euopäischen Rechtsraum für heftige Diskussionen.[719] Kegel bezeichnete die in den USA begonnene Entwicklung als „Krise des Internationalen Privatrechts".[720] Die Debatte über eine Berücksichtigung materiellrechtlicher Erwägungen im deutschen bzw. europäischen IPR wird im zweiten Teil der Arbeit näher untersucht.[721]

b. Prinzipien und Wertungen

Der sachrechtsorientierte Ansatz basiert auf der Maxime, dass das Sachrecht eines Staates seinen (grenzüberschreitenden) Anwendungsbereich selbst bestimmt.[722] Eine klare Trennung von Sachrecht und Kollisionsrecht gibt es

714 Vgl. *E. Lorenz*, in: FS Lorenz, S. 373; man spricht daher auch von „Neo-Statutismus".

715 *Reimann*, in: Encyclopedia of Private International Law, S. 983; *Rühl*, in: Encyclopedia of Private International Law, S. 1386; zur *Conflicts Revolution* bereits Teil 1, B.I.2.c.

716 *E. Lorenz*, in: FS Lorenz, S. 373: „Die Lehren dieser ‚modernen Strömungen' waren allerdings im Grunde ebenso wenig neu […] , denn der Sache nach erwiesen sie sich als eine Wiederbelebung der … mittelalterlichen Statutentheorie."; *Volken* geht hingegen davon aus, dass alle amerikanischen Kollisionsrechtstheorien seit *Story* auf der Statutentheorie basieren, vgl. *Volken*, YPIL 1 (1999), 85, 101; die nachfolgende Analyse macht aber deutlich, dass angesichts der Anknüpfungs- und Verweisungspraxis der beiden Restatements diese Auffassung nicht überzeugen kann, vgl. Teil 1, C.III.1.

717 *Raape/Sturm*, Internationales Privatrecht, 1977, S. 8.

718 Vgl. Teil 1, C.III.2.c.

719 *Hay/Borchers et al.*, Conflict of Laws, 2018, S. 51; *Rühl*, in: Encyclopedia of Private International Law, S. 1389.

720 *Kegel*, Recueil des cours 112 (1964), 91.

721 Vgl. Teil 2, D.III.1.

722 Vgl. *Francq*, in: Encyclopedia of Private International Law, S. 1779: „Unilateralism thus rests on the premise that the spatial scope of rules can be determinded from their

nicht.[723] Der Ansatz am Sachrecht bedeutet jedoch nicht, dass die kollisionsrechtliche Analyse überflüssig wird.[724] Sofern ein Sachverhalt in den Anwendungsbereich mehrerer Sachnormen fällt, muss weiterhin das im konkreten Fall anwendbare Sachrecht bestimmt werden.[725] Der in der Literatur im Zusammenhang mit diesem Denkmodell teilweise verwendete Begriff „Unilateralismus" ist missverständlich, da er suggeriert, dass sich die kollisionsrechtliche Untersuchung auf eine einzige Rechtsordnung beschränkt.[726] Wenn überhaupt, kann „Unilateralismus" nur die Einseitigkeit des Systems angesichts der Anknüpfung am jeweiligen Sachrecht anstatt an multilateralen Kollisionsregeln beschreiben.

Der Sachrechtsbezug des Denkmodells resultiert aus der Scheu davor, feststehende übergeordnete (Kollisions-) Normen zu schaffen, die unabhängig vom materiellen Recht einen Anwendungsbefehl zugunsten oder zulasten eines ausländischen Rechts enthalten.[727] Man nahm ursprünglich an, dass dadurch in unzulässiger Weise in die Souveränität dieses Staates eingegriffen werde, da man dem fremden Sachrecht einen Anwendungsbereich zuschreibe.[728] Dahinter steht der Gedanke, dass ein souveräner Staat seine Interessen und Regelungsziele im materiellen Recht durchsetzen will und daher den Anwendungsbereich des Sachrechts selbst bestimmt.[729] Recht könne nicht neutral sein, sondern beinhalte immer einen politischen Hintergedanken.[730] Der Staat habe dementsprechend

---

content and that conflict of laws should be resolved on this basis."; ebenso *Shreve*, in: FS von Mehren, S. 384 ; die fehlende Trennung wird bei *von Bar/Mankowski* als Grund für das Scheitern der Revolution gesehen, vgl. *von Bar/Mankowski*, Internationales Privatrecht, 2003, S. 544; *Kegel* kritisiert den Grundsatz des Modells mit den Worten, man zäume so das Pferd von hinten auf, vgl. *Kegel*, in: FS Beitzke, S. 565.

723 In *Kegels* Augen wird das Kollisionsrecht dadurch auf eine bloße „Facette des materiellen Rechts" reduziert, *Kegel*, in: FS Beitzke, S. 553.

724 Hierin sieht *Jayme* den größten Kritikpunkt des *governmental interest approach*, vgl. *Jayme*, in: FS Kegel, S. 364 ff.

725 *Jayme*, in: FS Kegel, S. 365.

726 So u.a. *Dodge*, 39 Harvard International Law Journal 101, 107 (1998); *Basedow*, in: Encyclopedia of Private International Law, S. 1401.

727 Vgl. *Francq*, in: Encyclopedia of Private International Law, S. 1783; *Kegel/Schurig*, Internationales Privatrecht, 2004, S. 322.

728 Vgl. *Kegel/Schurig*, Internationales Privatrecht, 2004, S. 322.

729 So *Brilmayer*, 98 The Yale Law Journal 1277, 1284 (1989): „The central thesis of the modern approaches to choice of law is that law-making is an instrumental activity. A legislator or common law judge formulates norms in order to achieve some social purpose [...]."; ebenso *Rühl*, in: Encyclopedia of European Private Law, S. 1735.

730 Vgl. *Francq*, in: Encyclopedia of Private International Law, S. 1783; *Rühl*, Statut und Effizienz, 2011, S. 185.

auch in grenzüberschreitenden Sachverhalten ein Interesse an der Verwirklichung seiner *policies.*[731] Bereits der Statutentheoretiker *Bartolus* ging davon aus, dass der Wunsch eines Staates, sein Recht anzuwenden, das zentrale Kriterium für die Bestimmung des anwendbaren Rechts sei.[732] Später erhielt dieser Standpunkt durch den Einfluss des *legal realism* auf die *Conflicts Revolution* neue Strahlkraft.[733] Der Rechtsrealismus hegte ein starkes Misstrauen gegenüber generalisierenden Rechtsregeln, weil diese bei der Rechtsfindung und der Gesetzgebung soziale Interessen und *policy*-Erwägungen überlagern können.[734]

Überträgt man diese Gedanken auf die Lösung grenzüberschreitender Sachverhalte, folgt daraus als Aufgabe des Kollisionsrechts, einen Ausgleich zwischen den Rechtsanwendungsinteressen der betroffenen Staaten zu schaffen.[735] Nach welchen Prämissen dieser Ausgleich vorgenommen wird, hängt von der Zielsetzung des Regelungsgebers ab. So kann die kollisionsrechtliche Analyse mit Blick auf den Regelungsinhalt der Sachnorm auf die Ermittlung des räumlich oder des inhaltlich vorzugswürdigen Rechts oder des Rechts, das zum besten Ergebnis führt, gerichtet sein.[736] Eng verbunden mit diesem Aspekt ist die Frage, ob durch das Kollisionsrecht ein interner oder ein internationaler – bzw. im Falle der USA ein US-weiter – Entscheidungseinklang erreicht werden soll. Auch hier besteht keine einheitliche Herangehensweise. Durch den Fokus auf staatliche Interessen kann es zu einer Bevorzugung der *lex fori* kommen, sodass in erster Linie der

---

731 *Francq*, in: Encyclopedia of Private International Law, S. 1783; *Symeonides*, The American Choice-of-Law Revolution: Past, Present and Future, 2006, S. 370.

732 Vgl. *Hay/Borchers et al.*, Conflict of Laws, 2018, S. 10: „Bartolus subconsciously subscribes to the opposite [...] notion: that a state's legislative competence is not fixed from above through a superarching law but rather depends [...] on the words through which that state has unilaterally chosen to express its assertion of legislative competence."; a.A. *Rühl*, in: Encyclopedia of European Private Law, S. 1737.

733 *Reimann*, in: Encyclopedia of Private International Law, S. 980.

734 *Von Hoffmann/Thorn/Firsching*, Internationales Privatrecht, 2007, S. 58; zu *legal realism* siehe Black's Law Dictionary „The theory that law is based not on formal rules or principles but instead on judicial decisions deriving from social interests and public policy as conceived by individual judges."

735 So auch *Brilmayer*, 98 The Yale Law Journal 1277, 1284 (1989); *Rühl*, in: Encyclopedia of Private International Law, S. 1387; *Wendehorst*, in: Paradigmen im internationalen Recht, S. 44.

736 *Hay/Borchers et al.*, Conflict of Laws, 2018, S. 48 f.; *Symeonides*, The American Choice-of-Law Revolution: Past, Present and Future, 2006, S. 404; *Kegel* spricht hingegen dem unilateralen Ansatz die Fähigkeit ab, das räumlich beste Recht zu finden, vgl. *Kegel*, in: FS Beitzke, S. 561.

interne Entscheidungseinklang im Vordergrund steht.[737] Werden die Interessen des *forum* hingegen mit der nötigen Distanz analysiert, ist ein internationaler Entscheidungseinklang grundsätzlich möglich. Da es um einen Ausgleich zwischen den Rechtsanwendungsinteressen der betroffenen Staaten geht, kann der Entscheidungseinklang aber nie das ultimative Ziel des sachrechtsbezogenen Modells sein.[738]

Die Vorhersehbarkeit von Entscheidungen und die Gleichheit aller Rechtsordnungen stehen nicht so prominent im Zentrum wie beim rechtsfragenorientierten Denkmodell.[739] Stattdessen sorgt der Ansatz am Sachrecht dafür, dass beide Erwägungen schnell in den Hintergrund geraten können. Zum einen wird das anwendbare Recht mit Blick auf den Einzelfall bestimmt. Welche Interessen ein Staat im Rahmen seines Sachrechts verfolgt, muss für die betroffene Norm separat untersucht werden. Damit hängt das Ergebnis der kollisionsrechtlichen Analyse von den involvierten Staaten und den betroffenen Sachnormen ab. Es ist Aufgabe des Richters, den Zweck der Regelungsgeber festzustellen und gegebenenfalls eine Entscheidung bezüglich des anwendbaren Rechts zu fällen.[740] Eine gewisse Vorhersehbarkeit kann nur erreicht werden, wenn der Richter bei der Auslegung des (fremden) Sachrechts „Hilfestellung" bekommt, beispielsweise in Form einer Einordnung nach Normtypen und deren typischen Zweckrichtungen. Einer Gleichbehandlung aller Rechtsordnungen steht in der Praxis die für den sachrechtsbezogenen Ansatz symptomatische (inzidente) Bevorzugung der *lex fori* entgegen.[741] Die kollisionsrechtliche Analyse beginnt stets mit der Auslegung des eigenen Rechts. Dieses ist dem Richter in all seinen Facetten bekannt und gerade mit Blick auf den US-amerikanischen Zivilprozess und die dort verankerten Beweislastpflichten „einfacher" zu beurteilen als fremde Sachnormen. Es ist daher nicht ausgeschlossen, dass ausländisches Recht wegen unzureichender Kenntnis des Regelungsinhalts keine Geltung erlangt.

737 *Symeonides*, The American Choice-of-Law Revolution: Past, Present and Future, 2006, S. 389 f.; *Vischer*, 2003 Swiss Review of International & European Law, 61 f. (2003).

738 Vgl. *Rehbinder*, JZ 1973, 151, 152.

739 *Kegel*, in: FS Beitzke, S. 559; *Kinsch*, Recueil des cours 492 (2019), 1, 94.

740 *Brilmayer*, 98 The Yale Law Journal 1277, 1284 (1989): „In deciding whether a particular law applies in a case with interstate connections, the judge should analyze the purpose underlying the competing legal norms. What benefits were the rules designed to achieve, or what evils were they designed to avert?"

741 Vgl. *Kegel*, in: FS Beitzke, S. 554.

Insgesamt stellt man daher fest, dass das sachrechtsbezogene Modell auf Grund seiner Einzelfallorientierung weniger an feststehende dogmatische Grundprinzipien gebunden ist als das rechtsfragenorientierte Denkmodell.

c. *Die methodische Umsetzung*

Der sachrechtsorientierte Ansatz geht bei der Bestimmung des anwendbaren Rechts in einem Zweischritt vor.[742] Zunächst muss festgestellt werden, ob eine (fremde) Sachnorm auf den zu entscheidenden Sachverhalt anwendbar ist, d.h. ob der möglicherweise betroffene Staat überhaupt einen „Anspruch" auf Anwendung seines Rechts hat.[743] Wird die Anwendbarkeit mehrerer materiellrechtlicher Regelungen verschiedener Rechtsordnungen bejaht, ist in einem zweiten Schritt das im konkreten Fall anwendbare Sachrecht zu bestimmen.[744] Damit findet die typische kollisionsrechtliche Analyse erst auf dieser zweiten Stufe statt.[745] Das anwendbare Recht wird, abhängig von der ultimativen Zielsetzung des Systems, durch eine (inzidente) Abwägung der Interessen ermittelt. *Lorenz* bezeichnet die Herangehensweise des sachrechtsorientierten Kollisionsrechtsmodells deswegen als („sachnorm-) analytische"[746] Methode.

Die Bestimmung des anwendbaren Rechts beginnt mit der **Auslegung** der möglicherweise betroffenen Sachnorm(en).[747] Die im vorangegangenen Abschnitt erläuterte Variabilität bei den zugrundeliegenden Wertungsprinzipien und die starke Einzelfallorientierung des Modells führen auf methodischer Ebene dazu, dass **Auslegungsmethode** und **Gegenstand der Auslegung** unterschiedlich behandelt werden können. Die Parameter der Interessenermittlung und -abwägung hängen von den jeweiligen Rechtsordnungen und ihren Regelungsgebern ab. Die folgende Darstellung weist daher auf die verschiedenen

---

742 *Francq*, in: Encyclopedia of Private International Law, S. 1784; *Rühl*, in: Encyclopedia of European Private Law, S. 1736.

743 So *Symeonides*, in: FS Hay, S. 418: „[…] unilateralism makes the choice on the basis of the respective 'claims' of each involved state to apply its law […]."; ähnlich *Francq*, in: Encyclopedia of Private International Law, S. 1779.

744 Vgl. *Basedow*, in: Encyclopedia of Private International Law, S. 1401.

745 Vgl. *Basedow*, in: Encyclopedia of Private International Law, S. 1401.

746 *E. Lorenz*, Zur Struktur des internationalen Privatrechts, 1977, S. 16.

747 Vgl. *Volken*, YPIL 1 (1999), 85, 88; dieser Schritt ist in den Augen von *Vischer* die größte Herausforderung, vgl. *Vischer*, 2003 Swiss Review of International & European Law, 59 (2003): „[Die] Hauptschwierigkeit des Unilateralismus liegt in der Ermittlung des räumlichen Anwendungsbereichs einer Sachnorm."; ähnlich *Francq*, in: Encyclopedia of Private International Law, S. 1783.

Ausgestaltungsmöglichkeiten hin, die im Rahmen des Zweischritts verfolgt werden können.

Hinsichtlich der Auslegungsmethode ist eine wörtliche oder eine teleologische Auslegung der Sachnormen denkbar. Die frühe Statutentheorie wollte den Anwendungsbereich lediglich anhand des Wortlauts bestimmen.[748] Da der Wortlaut aber in der Regel kaum Aufschluss über den räumlichen Wirkungsbereich einer Norm geben konnte, rückte später der Zweck der Regelung in den Vordergrund.[749] Die US-amerikanischen *modern approaches* plädieren dafür, den Anwendungswillen des materiellen Rechts durch die regulären Auslegungsmethoden festzustellen und dafür den Wortlaut, Inhalt und Zweck einer Regelung zu untersuchen.[750] Bei der Auslegung fremder materiell-rechtlicher Normen sind die Besonderheiten und Prinzipien des regelungsgebenden Staates zu beachten.[751] Einige der neuen US-amerikanischen Theorien schlagen außerdem vor, die mögliche Anwendbarkeit ausländischen Rechts und die damit verbundenen ausländischen Interessen bei der Auslegung zu berücksichtigen und die *lex fori* gegebenenfalls enger auszulegen.[752] Der Fokus auf das Sachrecht blieb nicht ohne Kritik. *Kegel* mahnte in diesem Kontext an, dass sich aus dem neutral formulierten Sachrecht gerade kein kollisionsrechtlicher Anwendungsbereich ergeben könne.[753] Tatsächlich ist der Verweis auf Interessen und *policies* eines Staates nur dann hilfreich, wenn zuvor definiert wurde, was darunter zu verstehen ist.[754] Es besteht die Möglichkeit, dass sowohl politische Interessen als auch die Interessen Privater im Fokus des Gesetzgebers stehen.

Weiterhin war hinsichtlich des Auslegungsgegenstands zunächst umstritten, ob sich der erste Schritt der Untersuchung auf das Sachrecht des *forum* beschränken oder gleichzeitig auch die Anwendbarkeit fremden Sachrechts geprüft werden sollte.[755] Im Falle einer Beschränkung käme nur dann fremdes Recht zur Anwendung, wenn das materielle Recht der *lex fori* nicht einschlägig wäre.[756]

---

748 Vgl. *Rühl*, in: Encyclopedia of European Private Law, S. 1736.

749 Vgl. *Rühl*, in: Encyclopedia of European Private Law, S. 1736.

750 *Basedow*, in: Encyclopedia of Private International Law, S. 1401.

751 *Francq*, in: Encyclopedia of Private International Law, S. 1784.

752 Vgl. *Francq*, in: Encyclopedia of Private International Law, S. 1784; dazu gehört beispielsweise *Curries* später *moderate and restrained approach.*

753 *Kegel*, in: FS Beitzke, S. 560.

754 So auch *Reimann*, in: Encyclopedia of Private International Law, S. 986.

755 Statt vieler für eine Beschränkung *Vischer*, 2003 Swiss Review of International & European Law, 57 (2003); gegen eine Beschränkung u.a. *Rühl*, in: Encyclopedia of European Private Law, S. 1736.

756 *Francq*, in: Encyclopedia of Private International Law, S. 1784.

Nach diesem Prinzip gingen beispielsweise die Statutentheorie und zunächst auch *Curries* Interessenanalyse vor.[757] Die daraus resultierende Bevorzugung der *lex fori* wurde jedoch von der Mehrheit der Vertreter der *Conflicts Revolution* kritisiert.[758] Später erkannte auch *Currie* an, dass das fremde Sachrecht nicht völlig aus dem Blick verloren werden dürfe.[759] Wie andere *modern approaches* plädierte er dafür, das Recht der „concerned jurisdictions"[760] zumindest auf seine Anwendbarkeit zu untersuchen.[761] Dazu zählten alle Rechtsordnungen, die eine Verbindung zum zu entscheidenden Sachverhalt haben.[762]

Die Auslegung des Sachrechts kann zu drei Ergebnissen führen: (1) Der zu entscheidende Sachverhalt ist von keiner der vorgetragenen Sachnormen umfasst, (2) er fällt unter den räumlichen und sachlichen Wirkungsbereich nur einer Sachnorm oder (3) zwei oder mehrere Sachnormen sind auf ihn anwendbar.[763] In den ersten beiden Fällen endet an dieser Stelle die Untersuchung.[764] Eine Entscheidung zwischen zwei Sachnormen muss nur im dritten Szenario getroffen werden, sodass die eigentliche kollisionsrechtliche Analyse erst an

757 *Juenger*, Choice of Law and Multistate Justice, 1993, S. 13; *Silberman*, in: Encyclopedia of Private International Law, S. 509; *Curries* grundlegende erste Arbeit zur kollisionsrechtlichen Methodik trug dementsprechend treffend den Titel „On the Displacement of the Law of the Forum", ursprünglich erschienen als *Currie*, 58 Columbia Law Review 964 (1958), später abgedruckt in *Currie*, Selected Essays on the Conflict of Laws, 1963, S. 3.

758 *Francq*, in: Encyclopedia of Private International Law, S. 1783.

759 *Currie*, 28 Law and Contemporary Problems 754, 757 (1963); vgl. dazu *Silberman*, in: Encyclopedia of Private International Law, S. 509; *Kay*, Recueil des cours 215 (1989), 13, 69 ff.

760 Der Begriff taucht u.a. bei *von Mehren/Trautman* auf, vgl. *von Mehren/Trautman*, The Law of Multistate Problems, 1965, S. 76.

761 *Currie*, 28 Law and Contemporary Problems 754, 757 (1963).

762 Prägnant dazu *von Mehren/Trautman*, The Law of Multistate Problems, 1965, S. 76: „By concerned jurisdictions are meant all the legally relevant communities that have [...] a concern with the particular issue or issues that have arisen."

763 Diese Dreiteilung wurde von *Currie* begründet, vgl. *Currie*, Selected Essays on the Conflict of Laws, 1963, S. 183 f.; nach *Reimann* funktioniert sie vor allem in deliktsrechtlichen Fällen, vgl. *Reimann*, in: Encyclopedia of Private International Law, S. 982.

764 Welches Recht im ersten Fall anzuwenden ist, wird unterschiedlich beantwortet; zum einen wird für die Anwendung der *lex fori* plädiert, vgl. *Currie*, Selected Essays on the Conflict of Laws, 1963, S. 156; *Kramer* geht hingegen davon aus, dass es gar keine *unprovided-for*-Fälle gebe und die Klage stattdessen wegen Unbegründetheit abzuweisen sei, *Kramer*, 75 Virginia Law Review 1045, 1047 (1989); ausführlich zu *Kramer* Theorie Teil 2, A.II.1.

dieser Stelle beginnt.[765] Einige Ansätze brechen indes hier ab, sofern die möglicherweise anwendbaren Sachnormen zum gleichen Ergebnis führen. Da der Fokus dieser Theorien auf dem Ergebnis der Rechtsanwendung liegt, wird ein *conflict* nur dann angenommen, wenn das anwendbare Recht den Ausgang der Rechtsstreitigkeit betrifft.[766] Hierdurch wird den Wertungen des *forum* inzident Vorrang eingeräumt.

Im Anschluss an die Auslegung der Sachnormen muss das anzuwendende Sachrecht bestimmt werden, indem eine **Abwägung** der betroffenen Interessen vorgenommen wird. Dabei steht das **Regelungsziel** der Sachnormen im Vordergrund.[767] *Currie* schnitt an dieser Stelle die kollisionsrechtliche Untersuchung ab, indem er eine durchgehende Anwendung der *lex fori* befürwortete.[768] Seine Haltung resultierte jedoch nicht aus einer grundsätzlichen Ablehnung der methodischen Herangehensweise, sondern aus der Überzeugung, keine angemessenen Abwägungsparameter bestimmen zu können.[769] Die anderen *modern approaches* schlugen stattdessen verschiedene Kriterien bzw. Prinzipien vor, die im Rahmen einer Abwägungsentscheidung berücksichtigt werden sollten.[770] Eine Mehrheit vermied dabei explizit die Formulierung bindender Regeln und gab stattdessen lediglich Ansatzpunkte für die kollisionsrechtlichen Abwägungen vor, um der Einzelfallorientierung des unilateralen Systems gerecht werden zu können.[771]

Tatsächlich schließen die Prinzipien des sachrechtsorientierten Denkmodells feststehende Regeln nicht generell aus.[772] Auch wenn durch den Fokus auf die staatlichen Regelungsinteressen die kollisionsrechtliche Analyse stark vom Einzelfall abhängig wird, ist es möglich, bindende Kollisionsregeln zu formulieren.[773] Im Ergebnis bestehen zwischen einer solchen „rule“ und den Grundsätzen eines

---

765 *Francq*, in: Encyclopedia of Private International Law, S. 1784.

766 *Leflar*, 48 Boston University Law Review 164, 171 (1968).

767 *Currie*, Selected Essays on the Conflict of Laws, 1963, S. 171 f.; *Kay*, Recueil des cours 215 (1989), 13, 52.

768 *Currie*, Selected Essays on the Conflict of Laws, 1963, S. 119.

769 *Currie*, Selected Essays on the Conflict of Laws, 1963, S. 117.

770 *Silberman*, in: Encyclopedia of Private International Law, S. 67.

771 *Francq*, in: Encyclopedia of Private International Law, S. 1786.

772 Für Regeln plädierend *Michaels*, in: Private International Law and Global Governance, S. 64 f.

773 Vgl. hierzu beispielsweise *Cavers' principles of preference,* die jedoch von ihm explizit nicht als bindende Regeln verstanden werden sollten, vgl. *Cavers*, The Choice-of-Law Process, 1965, S. 136.

„approach" kaum Unterschiede.[774] Die Regel denkt den *approach* lediglich weiter und ist wegen der starken Einzelfallberücksichtigung eng auszugestalten.[775] Eine Kollisionsnorm, die die Methode der Interessenabwägung verkörpert, muss demnach zwei Voraussetzungen erfüllen: (1) Sie muss Sachnormen einem Regelungszweck bzw. einem dahinterstehenden staatlichen Regelungsinteresse zuordnen können und (2) ein Abwägungskriterium benennen, auf dessen Basis das im konkreten Fall vorrangige Recht zur Anwendung kommen soll. Ob dabei auf abstrakte Anknüpfungspunkte wie den Aufenthalt einer Person oder den Handlungsort abgestellt wird oder stattdessen das Ergebnis der Rechtsanwendung entscheidend ist, hängt von der Zielsetzung der jeweiligen Strömung ab. Auffallend ist, dass der Aufbau einer solchen Kollisionsnorm damit im Ergebnis stark der klassischen Verweisungsnorm ähnelt.[776]

Die Ausführungen zeigen, dass sich bei der Bestimmung des anwendbaren Rechts im sachrechtsorientierten Denkmodell bisher keine einheitliche Vorgehensweise zur Interessenabwägung durchgesetzt hat.[777] Im Rahmen einer solchen Methode müssen sowohl Auslegungsgegenstand und Auslegungsmethoden als auch die Parameter und Ziele der Abwägung festgelegt werden. Unabhängig davon, ob das anwendbare Recht durch Kollisions<u>regeln</u> (*rules*) oder Kollisions<u>prinzipien</u> (*approaches*) ermittelt wird, muss die Methodik die Einzelfallorientierung des Systems widerspiegeln.[778]

4. *Orientierung an der Effizienz*

Der effizienzorientierte Ansatz basiert auf den Prinzipien der ökonomischen Analyse des Rechts.[779] *Schurig* spricht dem Ansatz wegen seiner Überschneidungen mit den zuvor genannten Modellen seine Existenzberechtigung als eigenständige

774 So auch pointiert *Michaels*, in: Private International Law and Global Governance, S. 60: „Approaches are to rules what in another debate standards are to rules, a different normative formulation, but no escape from doctrine."

775 *Kegel*, in: FS Beitzke, S. 563.

776 Vgl. Teil 1, C.II.2.c.

777 *Hay/Borchers et al.*, Conflict of Laws, 2018, S. 75.

778 Vgl. *Michaels*, in: Private International Law and Global Governance, S. 60, der *approaches* und *rules* auf dasselbe Grunderfordernis nach *doctrine* zurückführt.

779 Hierzu grundlegend *Posner*, Economic Analysis of Law, 2007; vgl. auch *Schäfer/Ott*, Lehrbuch der ökonomischen Analyse des Zivilrechts, 2012.

Methode ab.[780] Durch seine Fokussierung auf ökonomische Folgen unterscheidet sich das Modell aber grundlegend von den bisher diskutierten.[781]

a. *Die historischen Wurzeln*

Inhalt der ökonomischen Analyse des Rechts ist die Anwendung ökonomischer Theorien auf Normen einer Rechtsordnung (normative Ökonomie). Zentraler Gegenstand dieser normativen Ökonomie ist die Förderung einer effizienten Mittelverwertung durch rationales Verhalten.[782] Dementsprechend hat die Rechtswissenschaft nach der ökonomische Analyse des Rechts die Aufgabe, rechtliche Regelungen danach zu beurteilen und zu konzipieren, inwieweit sie die Verschwendung von Ressourcen verhindern und so Effizienz fördern können.[783]

Die ökonomische Analyse des Rechts ist ein Produkt des 20. Jahrhunderts. Zwar beschäftigte sich der Ökonom *Adam Smith* bereits im 18. Jahrhundert mit der Anreizwirkung von Gesetzen.[784] Der eigentliche *law and economics*-Ansatz wurde allerdings erst zu Beginn der 1960er Jahre von *Ronald H. Coase*, *Guido Calabresi* und *Gary S. Becker* begründet.[785] In seinem Aufsatz „The Problem of Social Cost“[786] wendete *Coase* Ideen der Mikroökonomie, die sich mit dem wirtschaftlichen Verhalten einzelner Rechtssubjekte beschäftigt, auf die konkrete Ausgestaltung eines Rechtsgeschäfts an. Er kam zu dem Ergebnis, dass Parteien Eigentumsrechte auch bei Einigkeit über die Übergabe nicht neu verteilen, wenn bei der Durchführung Transaktionskosten entstehen (*Coase Theorem*).[787]

---

780 Er sieht das Effizienzkriterium als eine Ausprägung der Interessentheorie, vgl. *Schurig*, in: Internationales Privatrecht im 20. Jahrhundert, S. 24 f.

781 So auch *Rühl*, Statut und Effizienz, 2011, S. 189; *Rühl*, in: Encyclopedia of Private International Law, S. 577 f.

782 *Posner*, Economic Analysis of Law, 2007, S. 3: „[...] economics is the science of rational choice in a world [...] in which resources are limited in relation to human wants.“; vgl. auch *Schäfer/Ott*, Lehrbuch der ökonomischen Analyse des Zivilrechts, 2012, S. 1.

783 *Rühl*, Statut und Effizienz, 2011, S. 189; *Schäfer/Ott*, Lehrbuch der ökonomischen Analyse des Zivilrechts, 2012, S. 1.

784 *Richardson*, 31 Common Law World Review 189, 190 (2002); *Rühl*, in: Encyclopedia of Private International Law, S. 575.

785 *Posner*, Economic Analysis of Law, 2007, S. 23 f.

786 *Coase*, 3 The Journal of Law & Economics 1 (1960).

787 *Schäfer/Ott*, Lehrbuch der ökonomischen Analyse des Zivilrechts, 2012, S. 7: „[...] übertragbare alternative Rechtspositionen [haben] keinen Einfluss auf die Effizienz und Art der Ressourcennutzung [...], wenn die Transaktionskosten, d. h. die Kosten, die potenzielle Vertragspartner an Information und Koordination aufwenden

Calabresi stellte ähnliche Überlegungen im Deliktsrecht an,[788] während *Becker* die Anwendung mikroökonomischer Theorien auf nicht originär wirtschaftlich geprägte Lebensbereiche wie das Familien- oder Strafrecht ausweitete.[789] Diese Ansätze wurden später u.a. von *Richard Posner*, einem Mitglied der sog. „Chicago School of Economics", weitergeführt.[790]

Im Zentrum einer ökonomischen Betrachtung stehen rationales Verhalten und die Minimierung von Transaktionskosten. In rechtlicher Hinsicht konzentriert sich die Lehre daher auf die Folgen der Rechtsanwendung.[791] Die Wissenschaft diskutiert zwei methodische Herangehensweisen. Zum einen werden ökonomische Verhaltensmodelle verwendet, um die wirtschaftlichen (Rechts-)Folgen von Rechtsnormen zu beschreiben und vorherzusagen (*positive analysis*/ Folgenermittlung).[792] Auf der anderen Seite dient das ökonomische Effizienzkriterium dazu, Rechtsnormen und ihre Änderungen wirtschaftlich bewerten zu können (*normative analysis*/ Folgenbewertung).[793]

Die ökonomische Analyse stellt bis in die Gegenwart einen zentralen Teil der wissenschaftlichen Diskussion in den USA dar und hat in den letzten Jahrzehnten auch außerhalb der Vereinigten Staaten an Bedeutung gewonnen.[794] Während andere Rechtsgebiete schon früh Gegenstand ökonomischer Untersuchungen waren, ist das internationale Privatrecht erst in jüngerer Zeit in den Fokus der wissenschaftlichen Untersuchung gerückt.[795]

---

müssen, um den Vertrag abzuschließen und durchzusetzen, gleich Null sind."; vgl. ferner *Eidenmüller*, Effizienz als Rechtsprinzip, 2015, S. 58 ff.; *Weller*, Vertragstreue, 2009, S. 353 m.w.N.

788 *Calabresi*, 70 The Yale Law Journal 499 (1961).

789 *Becker*, The Economic Approach to Human Behavior, 1976.

790 *Posner* fasste seine Überlegungen in seinem mehrfach neu aufgelegten Werk „Economic Analysis of Law" zusammen, vgl. *Posner*, Economic Analysis of Law, 2007.

791 *Coase*, 3 The Journal of Law & Economics 1, 44 (1960); „In devising and choosing between social arrangements we should have regard for the total effect. This, above all, is the change in approach which I am advocating." (Hervorhebung durch Verfasserin).

792 *Posner*, Economic Analysis of Law, 2007, S. 24 ff.; *Rühl*, in: Encyclopedia of Private International Law, S. 575.

793 Dazu näher *Ott/Schäfer*, JZ 1988, 213, 215; ebenso *Posner*, Economic Analysis of Law, 2007, S. 24 ff.; *Rühl*, in: Encyclopedia of Private International Law, S. 575.

794 Staudinger/*Looschelders*, Einleitung IPR, Rn. 63.

795 Dazu näher *Michaels*, 71 Law and Contemporary Problems 73, 74 f. (2008); ebenso *Rühl*, in: Encyclopedia of Private International Law, S. 575; in der Literatur wird vielfach eine ökonomische Betrachtung der bestehenden Methoden vorgenommen; die ökonomische Analyse kann aber auch für sich genommen die Basis für ein eigenes

b. Prinzipien und Wertungen

Überträgt man die Prinzipien des *law and economics*-Ansatzes auf das Kollisionsrecht, steht die Wirkungsweise einer Kollisionsnorm – unabhängig vom Inhalt des anwendbaren Sachrechts – im Zentrum der kollisionsrechtlichen Analyse.[796] Es ist festzustellen, welche Kollisionsregel in einer Sachverhaltskonstellation zur vernünftigsten und damit effizientesten Rechtsanwendung führt,[797] d.h. wodurch die wirtschaftlichen Interessen der Beteiligten durch eine Minimierung der Transaktionskosten[798] angemessen maximiert werden.[799] Je nachdem, welcher Akteur im Vordergrund steht, wird bei der Beurteilung der Effektivität zwischen den wirtschaftlichen Interessen der privaten Personen und denen der betroffenen Staaten unterschieden.[800]

Konzentriert man sich auf die Interessen privater Personen, ist das Recht anzuwenden, auf das sich die Parteien vermutlich aufgrund möglichst geringer Transaktionskosten geeinigt hätten.[801] Im Deliktsrecht umfassen die zu berücksichtigenden Kosten beispielsweise sowohl die Kosten für den aus

---

kollisionsrechtliches System bilden, vgl. *O'Hara/Ribstein*, 67 The University of Chicago Law Review 1151, 1152 (2000).

796 *Rühl*, in: Encyclopedia of Private International Law, S. 577.

797 *O'Hara/Ribstein*, 67 The University of Chicago Law Review 1151, 1155 (2000): „Choice-of-law rules ideally should strengthen efficient laws while mitigating the inefficient ones."

798 Dazu gehören die Kosten der Information, der Koordination bei der Übertragung von Rechten und die der Durchsetzung von Rechten, vgl. *Schäfer/Ott*, Lehrbuch der ökonomischen Analyse des Zivilrechts, 2012, S. 73.

799 Staudinger/*Looschelders*, Einleitung IPR, Rn. 63; *Rühl*, in: Encyclopedia of Private International Law, S. 578: „It follows that, from an economic perspective, private international law should ensure that the rules of private international law should induce efficiency. More specifically, it should ensure that the relevant actors engage in efficient behavior."

800 Nach *Michaels* hängt die Wahl des ausschlaggebenden Akteurs von der Einordnung des IPR als Privatrecht oder öffentlichem Recht ab, vgl. *Michaels*, in: Economic Analysis of Private International Law, S. 146 ff.; auch wenn ökonomische Verhaltensmodelle originär auf private Personen ausgerichtet sind, können sie trotzdem auf staatliche Akteure ausgeweitet werden, vgl. *Michaels*, in: Economic Analysis of Private International Law, S. 164; *Rühl*, Statut und Effizienz, 2011, S. 123 ff.; der Großteil der Literatur zur ökonomischen Analyse geht von einem auf private Akteure fokussierten Ansatz aus, vgl. statt vieler *O'Hara/Ribstein*, 67 The University of Chicago Law Review 1151 (2000).

801 *Schäfer/Lantermann*, in: Economic Analysis of Private International Law, S. 118.

dem deliktsrechtlich relevanten Verhalten resultierenden Schaden als auch Verfahrens- und Vermeidungskosten.[802] Der Fokus auf den hypothetischen Parteiwillen lässt sich damit begründen, dass die Parteien in vergleichbaren deliktsrechtlichen Sachverhalten in der Regel im Vorfeld keine Vereinbarung über das anwendbare Sachrecht getroffen und meistens gegenläufige Interessen haben.[803] Trotzdem kann davon ausgegangen werden, dass beide im Schadensfall danach streben, das Recht anzuwenden, welches den Sachverhalt „am besten regeln kann."[804]

Steht hingegen der Staat im Vordergrund, sollte das Recht des Staates zur Anwendung kommen, das den Sachverhalt am effizientesten regeln kann, sei es wegen eines regulatorischen Vorteils (*regulatory advantage*) und/oder eines vorherrschenden Interesses an der Anwendung des eigenen Rechts.[805] Es kann zum einen angenommen werden, dass das Interesse eines Staates grundsätzlich darin liegt, für die Maximierung des sozialen Wohlergehens (*social welfare*) seiner Bürger zu sorgen. Da soziales Wohlergehen von der wirtschaftlichen Situation der einzelnen Bürger abhängt, ist das für private Personen effizienteste Recht gleichzeitig auch die für den Staat effizienteste Lösung.[806] Geht man hingegen davon aus, dass das Interesse eines Staates auf die Maximierung seiner politischen Ziele gerichtet ist, müssten diese im Detail untersucht werden, um festzustellen, durch welches Recht sie am effizientesten umgesetzt werden können.[807] Damit gleicht die Untersuchung an dieser Stelle der des sachrechtsorientierten Ansatzes.

Insgesamt ist der effizienzorientierte Ansatz damit ebenfalls auf den Einzelfall fokussiert. Vor allem den Parteiinteressen wird ein besonderes Gewicht beigemessen.[808]

c. *Die methodische Umsetzung*

Die Herangehensweise des effizienzorientierten Denkmodells soll anhand eines Beispiels verdeutlicht werden: In Staat A ereignet sich ein Autounfall, bei dem

---

802 *Rühl*, Statut und Effizienz, 2011, S. 638; *Whincop/Keyes*, Policy and Pragmatism in the Conflict of Laws, 2001, S. 89 f.

803 *Rühl*, Statut und Effizienz, 2011, S. 631, 637.

804 *Rühl*, Statut und Effizienz, 2011, S. 637.

805 *Michaels*, in: Economic Analysis of Private International Law, S. 165 f.; das Konzept des „comparative regulatory advantage" wurde von *Richard Posner* entwickelt, vgl. *Posner*, Economic Analysis of Law, 2007, S. 646 f.

806 *Michaels*, in: Economic Analysis of Private International Law, S. 169.

807 *Michaels*, in: Economic Analysis of Private International Law, S. 169 f.

808 *Kühne*, in: FS Schurig, S. 142.

der Unfallverursacher aus Staat B und das Unfallopfer aus Staat C kommen.[809] Anknüpfend an die vorangegangenen Ausführungen wird zwischen einem Modell, bei dem die Maximierung privater Interessen im Vordergrund steht, und einem auf die Maximierung staatlicher Interessen ausgerichteten Modell unterschieden. Die divergierende Zielsetzung wirkt sich auf methodischer Ebene aus.

aa. Maximierung privater Interessen

Zunächst liegt das Augenmerk auf den wirtschaftlichen Interessen von Privatpersonen. Aufbauend auf den zuvor beschriebenen Erwägungen spricht auf den ersten Blick vieles für eine durchgängige Anwendung der *lex fori*, da in diesem Fall die Kosten für die Fremdrechtsermittlung entfielen und das Gericht die Kenntnis des eigenen Rechts nutzbringend anwenden könnte.[810] Bei näherer Betrachtung wird jedoch klar, dass die *lex fori* nicht in jedem Fall effizient ist. Zum einen wären Parteien bis zum Zeitpunkt der Klageerhebung im Unklaren darüber, welches Recht anzuwenden wäre, und könnten deshalb ihr Verhalten im Vorfeld nicht entsprechend anpassen.[811] Diese Unsicherheit könnte zu einem *race to the court house* und einem Streit über die Zuständigkeit führen, da beide Beteiligten auf ein für sie günstiges *forum* hinwirken würden.[812] Die daraus entstehenden Verfahrensaufwendungen wären nicht kostensparend und könnten kaum durch einen möglichen Vorteil, z.B. ein insgesamt kostengünstiges Verfahren, ausgeglichen werden. Im Übrigen würde eine grundsätzliche Anwendung der *lex fori* verhindern, dass ein möglicherweise zu einem effizienteren Ergebnis führendes materielles Recht gar nicht erst herangezogen werden könnte.[813] Es ist daher unwahrscheinlich, dass die *lex fori* dem hypothetischen Willen der

---

809 Für eine detaillierte Darstellung der ökonomischen Erwägungen bei vergleichbaren Deliktssachverhalten siehe *Rühl*, Statut und Effizienz, 2011, S. 637 ff.; *Schäfer/Lantermann*, in: Economic Analysis of Private International Law, S. 113 ff.; eine allgemeine Analyse des internationalen Privatrechts nach ökonomischen Gesichtspunkten findet man u.a. bei *Basedow* (Hrsg.), An Economic Analysis of Private International Law; *Michaels*, 71 Law and Contemporary Problems 73 (2008); *Rühl*, 24 Berkeley Journal of International Law 801 (2006); *Rühl*, Statut und Effizienz, 2011.

810 *O'Hara/Ribstein*, Conflict of Laws and Choice of Law, 2009, S. 3; *Siehr*, in: FS Firsching, S. 288.

811 *Rühl*, Statut und Effizienz, 2011, S. 276; *Rühl*, 24 Berkeley Journal of International Law 801, 808 (2006); *Whincop/Keyes*, Policy and Pragmatism in the Conflict of Laws, 2001, S. 90.

812 *Rühl*, 24 Berkeley Journal of International Law 801, 811 (2006).

813 *Rühl*, 24 Berkeley Journal of International Law 801, 815 (2006).

Beteiligten entspricht. Damit ist es aus Effizienzgesichtspunkten angemessen, das auf den Einzelfall anwendbare Recht zu suchen.

Bei der Bestimmung des anwendbaren Rechts ist zuerst zu entscheiden, ob das Sachrecht berücksichtigt werden muss. Die Vorgehensweise des sachrechtsorientierten Modells, zunächst das möglicherweise anwendbare Sachrecht auszulegen, kann aus Effizienzgesichtspunkten nicht überzeugen.[814] In diesem Fall entstünden zusätzliche Verfahrenskosten, da zunächst der räumliche und sachliche Anwendungsbereich des materiellen Rechts bestimmt werden müsste, bevor eine Entscheidung bezüglich des anwendbaren Rechts gefällt werden könnte. Im Übrigen wäre der Ausgang des Rechtsstreits für die Beteiligten ungewiss, denn der Fokus auf materiell-rechtliche Gerechtigkeit führt zu einer starken Einzelfallbetrachtung.[815] Dementsprechend stiegen die Verfahrenskosten, da die Parteien extensive rechtliche Beratung benötigten.[816] Im Gegensatz dazu bietet eine Anknüpfung an das Rechtsverhältnis anhand abstrakter Kriterien, wie sie vom klassischen Ansatz verwendet wird, den Vorteil von Rechtssicherheit und Einheitlichkeit. Dadurch bleiben die Verfahrenskosten gering.[817] Aus ökonomischen Gesichtspunkten sollte das anwendbare Recht mithin anhand abstrakter Anknüpfungspunkte bestimmt werden. Mit Blick auf die Vorhersehbarkeit ist es notwendig, dass diese Anknüpfungspunkte eine Verbindung zum streitigen Sachverhalt aufweisen. In Frage kommen im genannten Beispiel das Recht der Staatsangehörigkeit bzw. des gewöhnlichen Aufenthalts der Parteien, der Handlungsort der Schädigung oder der Ort, an dem die Schädigung eingetreten ist.

Der Blick auf den hypothetischen Parteiwillen führte vermutlich zu dem Ergebnis, dass sich die Parteien auf ein Recht einigten, das mithilfe der Fakten des Sachverhalts möglichst einfach zu bestimmen wäre. Dadurch könnten die Verfahrenskosten gering gehalten werden. Im vorliegenden Fall kommen jeweils das Recht der Staaten A, B und C in Betracht, da die Beteiligten Staatsangehörige der Staaten B und C sind und sich der Unfall in Staat A ereignete. Allerdings ist eine Einigung zugunsten des Rechts von Staat B oder C eher unwahrscheinlich, weil sich die Beteiligten damit jeweils der Rechtsordnung der gegnerischen Partei unterwerfen müssten. Außerdem hätte jeder permanent damit zu rechnen, in ein Szenario mit Akteuren aus einer anderen Rechtsordnung verwickelt

814 *Rühl*, 24 Berkeley Journal of International Law 801, 824 f. (2006).
815 *Rühl*, 24 Berkeley Journal of International Law 801, 828 (2006).
816 *Rühl*, 24 Berkeley Journal of International Law 801, 828 (2006).
817 *Rühl*, 24 Berkeley Journal of International Law 801, 825 (2006).

zu werden, in der möglicherweise ein höherer Sorgfaltsmaßstab gilt.[818] Wenn die Parteien ihr Verhalten dementsprechend an den höchstmöglichen Sorgfaltsmaßstab anpassen müssten, wären die Schadensvermeidungskosten unangemessen hoch.[819]

Berücksichtigt man jedoch neben der einfachen Bestimmung des anwendbaren Rechts auch die Vorhersehbarkeit, gelangt man zur Anwendung der *lex loci delicti*. Es ist sowohl für den Schädiger als auch für den Geschädigten erkennbar, dass sein Handeln bzw. sein Aufenthalt in einem Staat Folgen nach sich ziehen kann. Eine rational agierende Person passt ihr Verhalten an die in einem Staat geltenden Sorgfaltsstandards an, um so Schädigungshandlungen zu vermeiden.[820] In diesem Fall entsprächen die Kosten zur Vermeidung möglicher Aufwendungen beider Parteien den notwendigen Anforderungen, sodass keine unnötigen Kosten entstünden. Durch die Anwendung der *lex loci delicti* wird außerdem der Präventionsgedanke des (materiellen) Deliktsrechts bestärkt.[821] Aufgabe des Deliktsrechts ist aus Sicht der ökonomischen Analyse, die Entstehung von Kosten zu vermeiden und beide Akteure zu einem rechtskonformen Verhalten zu animieren.[822] Somit ist aus Effizienzgesichtspunkten auf eine schädigende Handlung grundsätzlich die *lex loci delicti commissi* anzuwenden. Im oben genannten Beispiel käme demnach das Recht von Staat A zur Anwendung. Die Analyse könnte im Einzelfall allerdings auch zu einem anderen Ergebnis führen, wenn zusätzliche Faktoren berücksichtigt werden müssen.[823]

---

818 *Whincop/Keyes*, Policy and Pragmatism in the Conflict of Laws, 2001, S. 96; dieser Gedanke findet sich auch in Art. 17 Rom II-VO wieder, der bezüglich des anzuwendenden Sorgfaltsmaßstabs auf das Recht des haftungsbegründenden Ereignisses verweist.

819 *Schäfer/Lantermann*, in: Economic Analysis of Private International Law, S. 114 f.

820 *Rühl*, Statut und Effizienz, 2011, S. 639.

821 *O'Hara/Ribstein*, 67 The University of Chicago Law Review 1151, 1189 (2000).

822 *Michaels*, in: Economic Analysis of Private International Law, S. 154.

823 So ist die Tatortregel beispielsweise gerade nicht effizient, wenn beide Parteien den gleichen gewöhnlichen Aufenthalt haben, vgl. *Rühl*, Statut und Effizienz, 2011, S. 647 ff.; *Schäfer/Lantermann*, in: Economic Analysis of Private International Law, S. 116 f.; stattdessen wäre es in diesem Fall günstiger, das Recht des gemeinsamen Aufenthaltsstaats anzuwenden; das Tatortprinzip der *lex loci delicti* bedarf einer Ergänzung, wenn Handlungs- und Erfolgsort auseinanderfallen (Distanzdelikte); diese Problematik tritt vor allem bei Umwelt- oder Internetdelikten auf; in diesen Fällen ist aus wirtschaftlichen Gründen das Recht des Erfolgsorts anzuwenden, vgl. statt vieler *Rühl*, Statut und Effizienz, 2011, S. 652 ff.

Dementsprechend wäre eine Kollisionsregel am effizientesten, wenn sie neben der Standardregel auch Raum für Ausnahmefälle ließe.[824]

bb. Maximierung staatlicher Interessen

Liegt im oben genannten Beispielsfall der Fokus auf einer effizienten Maximierung staatlicher Interessen, läuft die kollisionsrechtliche Analyse anders ab. Die Kollisionsregeln müssen so gestaltet sein, dass am Ende das Recht zur Anwendung kommt, das am ehesten im Interesse aller betroffenen Staaten liegt.[825] Dabei ist die Grundprämisse, dass das Interesse eines Staates auf die Verwirklichung seiner Regelungsziele gerichtet ist und dies durch die Durchsetzung des eigenen Rechts ermöglicht wird. Diese Regelungsziele sind unterschiedlich stark ausgeprägt und hängen vom konkreten Einzelfall ab.

Die Konsequenz einer Fokussierung auf staatliche Regelungsinteressen ist, dass die kollisionsrechtliche Analyse stets beim Sachrecht ansetzt. Im oben genannten Beispiel des Verkehrsunfalls muss das jeweilige Sachrecht der Staaten A, B und C untersucht und festgestellt werden, welche Regelungsziele hinter den einzelnen Sachnormen stehen. Sofern einer der Staaten kein Interesse daran hat, den Sachverhalt zu entscheiden, weil hierdurch seine staatlichen *policies* nicht verwirklicht werden können, kann die Anwendung seines Rechts nicht effizient sein: So könnte der Zweck des Rechts von Staat B, dessen Staatsbürger der Schädiger ist, sein, Verhaltensregeln innerhalb des Territoriums durchzusetzen. Dieses Regelungsziel würde durch die Anwendung auf einen Verkehrsunfall im Staat C gerade nicht erreicht. Stellt sich heraus, dass nur ein Staat an der Anwendung seines Rechts interessiert ist, liegt es im Interesse aller Staaten, wenn dieses Recht zur Anwendung kommt. Hat keiner der Staaten ein Interesse, ist es mit Blick auf die Prozesskosten am kostengünstigsten, die *lex fori* anzuwenden.

Komplexer ist die Effizienzfrage indes, wenn der Sachverhalt die Regelungsziele zweier oder mehrerer Staaten betrifft. Eine vorrangige Anwendung der *lex fori* ist wenig effizient, da dem anderen Staat stets ein Nachteil wegen Nichtanwendung seines Rechts entstünde.[826] Stattdessen muss eine Lösung gefunden werden, bei der die Nachteile des Staates, dessen Recht nicht angewendet wird, möglichst gering sind bzw. später kompensiert werden können. Dies kann durch

824 Für eine detaillierte Diskussion zu „rules vs. approaches“ vgl. *Rühl*, 24 Berkeley Journal of International Law 801, 831 ff. (2006).

825 *Michaels*, in: Economic Analysis of Private International Law, S. 163.

826 Dazu ausführlich *Michaels*, in: Economic Analysis of Private International Law, S. 168 f.

feststehende Regeln erreicht werden, deren Grundlage die Prämisse ist, dass das Recht zur Anwendung kommt, auf das sich die Parteien in einer imaginären Verhandlungssituation geeinigt hätten.[827] Hier spielt vor allem der Gedanke der Gegenseitigkeit eine Rolle: Sofern ein Staat davon ausgehen kann, dass ein anderer Staat in einem ähnlichen Fall ebenfalls von einer grundsätzlichen Anwendung der *lex fori* absieht, wird auf lange Sicht ein Interessensausgleich erreicht, der wiederum zu einer Maximierung staatlicher Interessen führt.[828]

Im Deliktsrecht spricht vieles dafür, dass sich die Staaten an einem hypothetischen Verhandlungstisch darauf einigen würden, das Recht des Erfolgsorts zur Anwendung zu bringen. Staaten haben ein starkes Interesse daran, den nationalen Markt zu regeln.[829] Die Kontrolle dieses Marktes wird effizienter gewährleistet, wenn Staaten stets das eigene Recht auf Handlungen anwenden können, die einen Effekt auf diesen Markt nehmen.[830] Letztlich hängt aber auch hier das endgültige Ergebnis der Abwägung vom Einzelfall ab. Insgesamt ähnelt die Herangehensweise dieses Teil-Denkmodells in zahlreichen Punkten dem sachrechtsorientierten Ansatz, lediglich die finale Abwägungsentscheidung setzt wegen der Orientierung an der Effizienz andere Parameter.

cc. Ergebnis

Das Beispiel zeigt, dass das effizienzorientierte Modell stark am Einzelfall und den dabei betroffenen Interessen orientiert ist. Weiterhin wird deutlich, dass feststehende Regeln den flexiblen *approaches* aus Effizienzgründen vorzuziehen sind, da mit geringerem Aufwand sicher festgestellt werden kann, welches Recht anzuwenden ist.[831] Aus methodischer Hinsicht bedeutet dies, dass im effizienzorientierten Denkmodell Kollisionsnormen geschaffen werden müssen, die auf der einen Seite flexibel genug sind, um möglichst viele Fälle zu umfassen, auf der anderen Seite aber auch eine gewisse Vorhersehbarkeit und Einheitlichkeit bezüglich des anwendbaren Rechts gewährleisten können.

---

827 Dieses Konzept entspricht *Baxters comparative impairment approach*, vgl. *Baxter*, 16 Stanford Law Review 1, 7 ff. (1963).

828 *Solimine*, in: Encyclopedia of Private International Law, S. 832.

829 *Martiny*, in: FS Drobnig, S. 389.

830 So im Ergebnis auch *Michaels*, in: Economic Analysis of Private International Law, S. 170.

831 *Kropholler/von Hein*, in: FS von Mehren, S. 325.

5. *Zwischenergebnis*

Die vier kollisionsrechtlichen Denkmodelle unterscheiden sich hinsichtlich ihres Ansatzpunktes der kollisionsrechtlichen Analyse – dieser hängt von der jeweiligen Zielsetzung des Modells und den korrespondierenden Prinzipien und Wertungen ab. Die Divergenzen schlagen sich in der kollisionsrechtlichen Methodik nieder. Während der zuständigkeitsorientierte Ansatz keine eigenständige Methodik besitzt und sich stattdessen an die gerichtliche Zuständigkeit „hängt", setzt der rechtsfragenorientierte Ansatz auf feststehende Verweisungsregeln, anhand derer das Recht mit dem engsten Zusammenhang mit dem Sachverhalt ermittelt werden soll. Diesen zwei starren Modellen gegenüber stehen der sachrechts- und der effizienzorientierte Ansatz. Beide Theorien sind auf den Einzelfall ausgerichtet. Der effizienzorientierte Ansatz wird dabei jedoch durch den Wunsch nach Vorhersehbarkeit und Einheitlichkeit geringfügig „gebremst". Damit bietet das sachrechtsorientierte Denkmodell die flexibelste Herangehensweise, stellt den Richter aber gleichzeitig vor die größten Herausforderungen.[832] Die kollisionsrechtliche Analyse ist im Vergleich zu den anderen Ansätzen hier äußerst umfangreich und erfordert eine tiefgehende Untersuchung der betroffenen Sachnormen. Die Ausführungen haben indes auch hervorgehoben, dass die Übergänge zwischen den einzelnen Denkmodellen oftmals fließend sind und eine eindeutige Zuordnung schwierig machen.

III. Kontextualisierung im Lichte der Denkmodelle

Im US-amerikanischen Kollisionsrecht herrscht ein „Methodenwirrwarr" – nichtsdestotrotz lassen sich die verschiedenen Herangehensweisen der Einzelstaaten den zuvor dargestellten vier kollisionsrechtlichen Denkmodellen zuordnen. Weil die Reporter des neuen Restatement entscheiden müssen, inwiefern sie sich an den Vorgängerversionen orientieren wollen, wird ein besonderes Augenmerk auf der Methodik der ersten beiden Restatements liegen. Die Untersuchung behandelt beide Regelungswerke daher zunächst separat, bevor sie sich den in der Rechtsprechung vertretenenen methodischen Ansätzen zuwendet.

832 *Rühl*, in: Encyclopedia of European Private Law, S. 1736.

1. *Die Restatements*

a. *Das erste Restatement*

Das erste Restatement lässt sich klar dem rechtsfragenorientierten Denkmodell zuordnen.[833] Das Regelungswerk setzt bei der Bestimmung des anwendbaren Rechts beim zu beurteilenden Rechtsverhältnis an. Dieses soll anhand der Beziehungen zwischen den betroffenen Personen und Staaten lokalisiert werden. Ein „conflict" liegt nach Comment c zu § 1 vor, wenn in grenzüberschreitenden Situationen möglicherweise das Recht mehrerer Staaten anwendbar ist.[834] Ziel der kollisionsrechtlichen Analyse ist die Bestimmung des räumlich besten Rechts für die zugrunde liegende Rechtsfrage; der Inhalt des Sachrechts spielt bei dieser Untersuchung keine Rolle.[835] Es wird damit klar zwischen Kollisionsrecht und materiellem Recht getrennt.[836]

Diese Vorgehensweise ist die Konsequenz der beiden zugrunde liegenden Maximen des Restatement, *territoriality* und *vested rights*. Geht man davon aus, dass eine Rechtsposition, die in einem Staat erworben wurde, über die Staatsgrenzen hinweg anerkannt werden muss, ohne dabei die Souveränität des anderen Staates zu beeinträchtigen, kann der Inhalt dieser Rechtsposition keine Auswirkungen auf die Bestimmung des anwendbaren Rechts haben. Die kollisionsrechtliche Analyse muss daher sachrechtsneutral sein.

Stattdessen ist die zentrale Frage eines solchen Ansatzes, wo die fragliche Rechtsposition entstanden ist. Basis für die Beantwortung dieser Fragestellung ist das Prinzip der Territorialität. Alle Rechtsfragen haben grundsätzlich einen territorialen Schwerpunkt, d.h. einen Ort, an dem sie räumlich begründet wurden. Alternative Anknüpfungen gibt es nicht, sie sind schlicht nicht notwendig. Ebenso wenig kann es bei diesem Ansatz zu einer Bevorzugung der *lex fori* kommen: Ausländisches Recht und die *lex fori* werden durch die Anknüpfung an den räumlichen Schwerpunkt der Rechtsfrage grundsätzlich gleichbehandelt. Dadurch strebt das Restatement auch einen internationalen

---

833 Vgl. auch *Juenger*, Choice of Law and Multistate Justice, 1993, S. 91; *Kinsch*, Recueil des cours 492 (2019), 1, 92 f.; *Shreve*, in: FS von Mehren, S. 384; alle drei bezeichnen die Herangehensweise des Restatement als „klassisch".

834 Restatement of Conflict of Laws, § 1, Comment c: „[...] when it is a question whether the law of one or another state apply to a given legal situation [...]."

835 *Symeonides*, 32 Southern Illinois University Law Journal 39, 76 (2007): „[...] the Restatement's goal was to find what it considered a spatially-appropriate law [...] rather than to ensure a substantively-appropriate result in the particular case [...]."

836 *Richman/Riley*, 56 Maryland Law Review 1196, 1199 (1997).

bzw. inneramerikanischen Entscheidungseinklang an, bei dem ein Sachverhalt unabhängig vom *forum* gleich entschieden wird.[837] Im Ergebnis kann so *forum shopping* vermieden werden.[838]

Die Maximen des Restatement erklären seinen überwiegenden Fokus auf territoriale statt personale Anknüpfungspunkte.[839] In deliktsrechtlichen Fragestellungen ist der zentrale Anknüpfungspunkt dementsprechend der *place of wrong*. Dieser liegt an dem Ort, an dem das letzte Ereignis stattgefunden hat, das für die Haftungsbegründung des Delikts notwendig war.[840] Ob also die Voraussetzungen eines deliktsrechtlichen Anspruchs vorliegen, bestimmt sich nach dem Recht des Ortes, an dem der Anspruch (= die Rechtsposition) entstanden ist bzw. wäre.[841] Ausnahmen von der strengen Anknüpfung werden kaum gemacht: Das Restatement lehnt den Renvoi grundsätzlich ab,[842] die *public policy*-Ausnahme muss eng ausgelegt werden.[843]

In formaler Hinsicht beinhaltet das Restatement mechanisch anmutende Kollisionsregeln, die in ihrer Form den heutigen europäischen stark ähneln.[844] Die Regelungen bilden ein zusammenhängendes und abgeschlossenes System: Sie sollen für alle denkbaren Sachverhalte eine angemessene Lösung vorgeben

---

837 *Symeonides*, 32 Southern Illinois University Law Journal 39, 78 (2007): „Its explicit aspiration was to eliminate or curtail forum shopping and to foster international or interstate uniformity of result by ensuring that a case would be resolved in the same way regardless of where it was litigated."

838 *Symeonides*, 32 Southern Illinois University Law Journal 39, 78 (2007): „[…] the Restatement did not give preference to the forum state *qua* forum. The Restatement purported to be, and in many respects was, impartial *vis a vis* forum and foreign law."

839 *Symeonides*, 32 Southern Illinois University Law Journal 39, 59 (2007); selbst in Statusfragen stellt das Restatement vorrangig auf territoriale Anknüpfungspunkte ab, vgl. beispielsweise Restatement of Conflict of Laws, § 121: „[…] a marriage is valid everywhere if the requirements of the marriage of the state where the contract of marriage takes place are complied with."

840 Restatement of Conflict of Laws, § 377: „The place of wrong is in the state where the last event necessary to make an actor liable for an alleged tort takes place."

841 Vgl. beispielsweise Restatement of Conflict of Laws, § 379: „Except as stated in § 382, the place of wrong determines (a) whether a person is responsible for harm he has caused only if he intended it […]."

842 *Harper*, RabelsZ 9 (1935), 821, 829.

843 Restatement of Conflict of Laws, § 612 Comment c.: „The application of this Section is extremely limited."

844 *Harper*, RabelsZ 9 (1935), 821, 824; *Kinsch*, Recueil des cours 492 (2019), 1, 92 f.

und sind dementsprechend abstrakt formuliert.[845] Ihr Aufbau reflektiert die klassische Verweisungsmethodik: Eine Kollisionsnorm des ersten Restatement besteht aus einem Anknüpfungsgegenstand, beispielsweise der Frage der Kausalität einer deliktsrechtlich relevanten Handlung, und dem dazugehörigen Anknüpfungspunkt, in diesem Fall dem „place of wrong".[846] Dass für die Auswahl der einschlägigen Kollisionsnorm eine Qualifikation notwendig ist, setzt das Restatement unausgesprochen voraus. Eine eigene Regelung oder sonstige Anhaltspunkte in den Comments, nach welchen Maßstäben die Qualifikation zu erfolgen hat, gibt es nicht.[847] Diesen Makel nutzte später die Rechtsprechung aus, um der starren Verweisung mit Hilfe alternativer Charakterisierungsmöglichkeiten zu entfliehen.

Insgesamt spiegelt die Vorgehensweise des Restatement die des rechtsfragenorientierten Denkansatzes wider. Das anwendbare Recht soll unabhängig von materiell-rechtlichen Wertungen bestimmt werden. *Cavers* bezeichnete die Methode daher zutreffend als „jurisdiction-selecting method"[848] und grenzte sie von einem „content-selection approach" ab, der beim Inhalt des materiellen Rechts ansetzt.

b. Das zweite Restatement

Im Gegensatz zum ersten Restatement ist die methodische Zuordnung des zweiten Restatement wesentlich komplexer. Die Problematik resultiert aus dem Zusammenspiel der auf dem *most significant relationship*-Test aufbauenden Kollisionsregeln und den allgemeinen Anknüpfungsprinzipien aus § 6 (2).

aa. Die Kollisionsnormen

Die Kollisionsregeln des zweiten Restatement basieren auf dem *most significant relationship*-Test. Er ist der „cornerstone"[849] des Regelungswerkes und

845 *Symeonides*, 32 Southern Illinois University Law Journal 39, 77 (2007): „[...] complete, organized, and disciplined network of bilateral, fixed, neutral, and detailed choice-of-law rules designed to provide solutions for all possible conflicts situations."

846 Restatement of Conflict of Laws, § 383: „Whether an act is legal cause of another's injury is determined by the law of the place of wrong."

847 *Reynolds*, 56 Maryland Law Review 1371, 1378 (1997).

848 *Cavers*, 47 Harvard Law Review 173, 194 (1933).

849 *Symeonides*, in: Encyclopedia of Private International Law, S. 1550; auch *Southerland* bezeichnet den Test als „Herzstück" des Restatement, vgl. *Southerland*, 27 Vermont Law Review 1, 8 (2002).

beschreibt die Zielsetzung der kollisionsrechtlichen Analyse: In Kollisionsfällen soll das Recht des Staates zur Anwendung kommen, der die wesentlichste Verbindung zum Sachverhalt besitzt.[850] Ausländisches und inländisches Recht sind prinzipiell gleichgestellt, das Restatement ist bilateral ausgerichtet.[851] Eine Bevorzugung der *lex fori* darf gerade nicht eintreten.[852]

Betrachtet man die Kollisionsregeln des zweiten Restatement, gewinnt man den Eindruck, dass die wesentlichste Verbindung abstrakt und unabhängig vom in Frage kommenden Sachrecht zu bestimmen ist. Die Regelungen erinnern an die typische Verweisungsnorm, die sich aus Anknüpfungsgegenstand und Anknüpfungspunkt zusammensetzt.[853] Im Deliktsrecht knüpft § 146 beispielsweise für Ansprüche bei Personenschäden an den Erfolgsort an.[854] Anders als in der Erstauflage sind die Anknüpfungsgegenstände des zweiten Restatement wesentlich detaillierter aufgespalten;[855] allein das Deliktskollisionsrecht beinhaltet 40 besondere Kollisionsnormen, die sich auf einzelne Anspruchsarten oder Voraussetzungen der Haftung konzentrieren.[856] Durch die klar formulierten Regelungen können vorhersehbare und einheitliche Entscheidungen erreicht werden.[857]

Neben den besonderen Kollisionsnormen findet sich zu Beginn der meisten Kapitel eine Generalklausel für das entsprechende Rechtsgebiet. Das Verhältnis von Generalklausel und besonderen Regelungen wird allerdings an keiner Stelle des Restatement thematisiert. Insofern ist nicht klar, ob die besonderen Regelungen Vorrang vor der zugehörigen Generalklausel haben und die Generalklausel lediglich als Auffangregelung für alle nicht umfassten Fallkonstellationen dienen soll. Viele der besonderen Regeln verweisen indes auf die Generalklausel, sodass

---

850 Restatement (Second) of Conflict of Laws, § 6, Comment on Subsection (2) c: „state of the most significant relationship".

851 *Vischer*, 2003 Swiss Review of International & European Law, 57 (2003).

852 *Reese*, 28 Law and Contemporary Problems 679, 692 (1963).

853 *Southerland*, 27 Vermont Law Review 1, 8 (2002).

854 Restatement (Second) of Conflict of Laws, § 146: „In an action for a personal injury, the local law of the state where the injury occurred determines the rights and liabilities of the parties."

855 *Vischer*, RabelsZ 38 (1974), 128, 149.

856 Der Reporter *Reese* argumentierte, dass man auf Grund der Komplexität des Kollisionsrechts möglichst viele eng formulierte Regelungen benötige, vgl. *Reese*, 28 Law and Contemporary Problems 679, 681 (1963).

857 *Borchers*, 56 Maryland Law Review 1232, 1234 (1997).

die Sinnhaftigkeit der besonderen Regeln grundsätzlich in Frage gestellt werden kann.[858]

Ein weiterer Unterschied zum ersten Restatement liegt in der Wahl der Anknüpfungspunkte: Der Großteil der Generalklauseln zu den einzelnen Rechtsgebieten sowie einige besondere Kollisionsnormen greifen auf eine alternative Anknüpfung zurück. § 145 sieht als mögliche Anknüpfungspunkte in deliktsrechtlichen Fragen u.a. den Handlungsort, den Erfolgsort oder das gemeinsame *domicile* der Parteien vor.[859] In den Comments wird die alternative Anknüpfung damit begründet, dass sich die Rechtsprechung häufig nicht auf eine feststehende Anknüpfung einigen konnte, da zu viele unterschiedliche Interessen in diesen Konstellationen zu berücksichtigen waren.[860] Anstatt sich für einen Anknüpfungspunkt zu entscheiden, wollte der Reporter *Reese* den Gerichten die Möglichkeit lassen, das im Einzelfall passende Recht zu wählen.[861] Durch mehrere mögliche Anknüpfungspunkte wird eine große Flexibilität erreicht, der Richter hat beinahe unbeschränkte Handhabe.[862] Die Vorhersehbarkeit von Entscheidungen tritt in den Hintergrund. Nichtsdestotrotz lassen sich innerhalb der einzelnen Rechtsgebiete Tendenzen für einen vorherrschenden Anknüpfungspunkt erkennen. So wird im Deliktsrecht in 11 von 19 Regelungen auf den

---

858 *Leflar*, 72 Columbia Law Review 267, 274 (1972).

859 Restatement (Second) of Conflict of Laws, § 145 (2): „(2) Contacts to be taken into account in applying the principles of § 6 to determine the law applicable to an issue include:

(a) the place where the injury occurred,
(b) the place where the conduct causing the injury occurred,
(c) the domicil, residence, nationality, place of incorporation and place of business of the parties, and
(d) the place where the relationship, if any, between the parties is centered."

860 Restatement (Second) of Conflict of Laws, § 6 Comment on Subsection (2) c: „In other areas [...], the difficulties and complexities involved have yet prevented the courts from formulating a precise rule, or series of rules, which provide a satisfactory accomodation of the underlying factors in all of the situations that may arise."

861 *Mansel*, in: Encyclopedia of Private International Law, S. 444: „[...] such an approach does not determine the applicable law by way of a rule with a fixed reference point; rather, it uses an approach based on decision-leading guidelines [...]."

862 Vgl. *Symeonides*, 56 Maryland Law Review 1248, 1270 (1997); *Brilmayer* sieht in der alternativen Anknüpfung den größten Vorteil des zweiten Restatement, vgl. *Brilmayer*, 2015 University of Illinois Law Review 1969, 1987 (2015).

Erfolgsort verwiesen.[863] Grundlage hierfür ist die Vermutung, dass dieser in dem Staat mit der *most significant relationship* liegt.[864]

Als weitere Ausweichmöglichkeit von einer strengen Anknüpfung lässt das zweite Restatement in zwei Fällen den Renvoi zu. Nach § 8 (2) und (3) soll eine Gesamtverweisung angenommen werden, wenn die interstaatliche bzw. internationale Entscheidungsharmonie Ziel der entsprechenden Kollisionsnorm ist oder wenn der Forumstaat keine Beziehung zum Sachverhalt hat und Staaten mit einer solchen Verbindung zur Anwendung desselben Rechts kämen.[865] Das zweite Restatement stellt sich damit explizit gegen *forum shopping*. Gleichzeitig wird aber klar gemacht, dass Entscheidungseinklang keine universell gültige Zielsetzung des Regelungswerkes ist.

Trotz dieser Unterschiede gleichen die Kollisionsnormen des zweiten Restatement auf den ersten Blick denen des ersten. Sie wählen als Ansatzpunkt für die kollisionsrechtliche Analyse die Rechtsfrage. Methodisch entspricht diese Umsetzung des *most significant relationship*-Test damit der Verweisung, die wiederum das rechtsfragenorientierte Denkmodell umsetzt.[866]

bb. Die Choice of Law Principles in § 6 (2) als Bruchstelle in der Methodik

Die Kollisionsregeln des zweiten Restatement stehen allerdings nicht allein. Wie die Generalklausel in § 145 für das Deliktsrecht verdeutlicht, wird der *most significant relationship*-Test durch die Anknüpfungsprinzipien aus § 6 (2) vervollständigt:

---

863 *Symeonides*, in: Encyclopedia of Private International Law, S. 1551; vgl. beispielsweise Restatement (Second) of Conflict of Laws, § 156.

864 *Leflar*, 72 Columbia Law Review 267, 269 (1972).

865 Restatement (Second) of Conflict of Laws, § 8: „(2) When the objective of the particular choice-of-law rule is that the forum reach the same result on the very facts involved as would the courts of another state, the forum will apply the choice-of-law rules of the other state, subject to considerations of practicability and feasibility.
(3) When the state of the forum has no substantial relationship to the particular issue or the parties and the courts of all interested states would concur in selecting the local law rule applicable to this issue, the forum will usually apply this rule.“

866 *Symeonides*, The American Choice-of-Law Revolution: Past, Present and Future, 2006, S. 374: „The Restatement has all the appearances of a multilateral approach, including a Savigniansounding exhortation to apply the law of the state of the ‚most significant relationship'.“; ähnlich *Symeonides*, 56 Maryland Law Review 1248, 1272 (1997): „appearance of an orderly system“.

> (1) The rights and liabilities of the parties with respect to an issue in tort are determined by the local law of the state which, with respect to that issue, has the most significant relationship to the occurrence and the parties under the principles stated in § 6.[867]

Auch die besonderen Kollisionsnormen stehen unter dem Vorbehalt der Regelung. § 146 verweist nur so lange auf den Erfolgsort, wie die in § 6 (2) genannten Faktoren zu keinem anderen Ergebnis führen:

> In an action for a personal injury, the local law of the state where the injury occurred determines the rights and liabilities of the parties, unless, with respect to the particular issue, some other state has a more significant relationship under the principles stated in § 6 to the occurrence and the parties, in which event the local law of the other state will be applied.[868]

Damit ist § 6 (2) ein wesentlicher Teil der kollisionsrechtlichen Methodik des zweiten Restatement.[869] Seine inhaltliche Ausgestaltung ist der Grund, warum die auf den ersten Blick klare methodische Zuordnung des zweiten Restatement genauer zu untersuchen ist.

(1) Regelungsinhalt

§ 6 (2) besagt, dass die folgenden (nicht abschließenden) Faktoren im Rahmen der kollisionsrechtlichen Analyse zu berücksichtigen sind:

> (a) the needs of the interstate and international systems,
> (b) the relevant policies of the forum,
> (c) the relevant policies of other interested states and the relative interests of those states in the determination of the particular issue,
> (d) the protection of justified expectations,
> (e) the basic policies underlying the particular field of law,
> (f) certainty, predictability and uniformity of result, and
> (g) ease in the determination and application of the law to be applied.

Einige Erwägungen wie die Funktionsfähigkeit der interstaatlichen und internationalen Rechtssysteme, der Schutz von Parteierwartungen, Rechtssicherheit, Vorhersehbarkeit und Einheitlichkeit von Entscheidungen sowie die Einfachheit in der Bestimmung und Anwendung des maßgeblichen Rechts sind Prinzipien, deren Verwirklichung im Rahmen des rechtsfragenorientierten Denkmodells angelegt sind. Problematisch gestalten sich indes drei der sieben Faktoren, die

---

867 Hervorhebungen durch die Verfasserin.

868 Hervorhebungen durch die Verfasserin.

869 *Southerland*, 27 Vermont Law Review 1, 8 (2002).

sich auf materiell-rechtliche Aspekte beziehen: die relevanten *policies* des *forum* und anderer betroffener Staaten sowie die typischen *policies* des betroffenen Rechtsgebiets. Hier stehen die Rechtsanwendungsinteressen im Vordergrund, es wird eine Analyse des jeweiligen Sachrechts notwendig.[870] Damit findet eine Trennung zwischen Sach- und Kollisionsrecht nicht länger statt. Insofern muss hinterfragt werden, ob es durch die Berücksichtigung materiell-rechtlicher Aspekte in § 6 (2) zu einer methodischen Akzentverschiebung innerhalb des zweiten Restatement kommt.

(2) Entstehungsgeschichte

Um hierauf eine Antwort zu finden, empfiehlt sich zunächst ein Blick auf die Entstehungsgeschichte der Vorschrift. Der *drafting process* des zweiten Restatement zog sich über 17 Jahre hin. Diese lange Zeitspanne war sowohl der Komplexität der Aufgabe als auch dem mangelnden Konsens unter den an den Entwürfen beteiligten Personen geschuldet. Die Arbeit an der zweiten Auflage fiel in die Zeit der *Conflicts Revolution*.[871] In Rechtsprechung und Wissenschaft etablierten sich innerhalb kürzester Zeit verschiedenste Ansätze und Theorien, die eine Systematisierung kaum zuließen.[872] Der Reporter *Reese* versuchte, allen gerecht zu werden und eine breite Masse an neuen methodischen Strömungen in das Restatement zu integrieren.[873]

Diese Bemühungen sind letzten Endes der Grund für die methodischen Unschärfen des Werkes. Auf der einen Seite hielt *Reese* größtenteils – wie im vorangegangenen Abschnitt beschrieben – an der Struktur und dem Aufbau der Kollisionsnormen des ersten Restatement fest.[874] Auf der anderen Seite wurde im Laufe des Reformprozesses immer deutlicher, dass in den Augen von Rechtsprechung und Wissenschaft der Einzelfall ausreichend berücksichtigt werden musste.[875] Diesem Anspruch kam *Reese* schließlich in § 6 nach. Die Vorschrift

---

870 *Vischer*, RabelsZ 38 (1974), 128, 133.

871 Zur *Conflicts Revolution* vgl. Teil 1, B.I.2.c.

872 *Richman/Reynolds*, 75 Indiana Law Journal 417 (2000).

873 *Southerland*, 27 Vermont Law Review 1, 9 (2002); *Leflar* nennt das Restatement einen Versöhnungsversuch, vgl. *Leflar*, 72 Columbia Law Review 267, 277 (1972).

874 Nach *Leflar* besteht der Geist von *Beales* erstem Restatement im zweiten Restatement fort, beispielsweise in der Vermutung, dass der Erfolgsort der Staat mit der *most significant relationship* sei, vgl. *Leflar*, 72 Columbia Law Review 267, 269 (1972).

875 *Reese*, 28 Law and Contemporary Problems 679, 681 (1963).

wurde erst gegen Ende des Arbeitsprozesses in das Restatement aufgenommen.[876] Zu diesem Zeitpunkt standen der Ansatzpunkt bei der wesentlichsten Verbindung zum Sachverhalt und ein Großteil der besonderen Kollisionsnormen bereits seit Jahren fest.[877] Anstatt entsprechende Korrekturen vorzunehmen, wurde § 6 (2) in das bestehende Verweisungssystem hineingepresst.

(3) Funktion

Funktional ist § 6 (2) als Ergänzung der eigentlichen Kollisionsnormen zu sehen.[878] Die Vorschrift zählt die Erwägungen auf, die das Gericht bei der Bestimmung des Staates mit der *most significant relationship* zu berücksichtigen hat.[879] Die in den besonderen Kollisionsnormen enthaltene Verweisung ist nur eine Vermutung,[880] die durch § 6 (2) ergänzt und ggf. korrigiert wird.[881] Die *Choice of Law Principles* können nicht allein stehen. Sie beinhalten weder Tatbestand noch Rechtsfolge und sind daher für sich betrachtet nicht geeignet, das anwendbare Recht in einem grenzüberschreitenden Sachverhalt zu bestimmen. Diese Aufgabe übernehmen weiterhin die Kollisionsnormen, § 6 (2) bildet allerdings ihre Basis.[882] Nach *Vischer* spiegelt bereits der Terminus *most significant relationship* „nichts anderes als das Resultat der Abwägung aller relevanten Faktoren im Einzelfall, was schon aus der Bezugnahme in der Formel selbst auf die Faktorengruppe in § 6“[883] hervorgehe, wider. *Leflar* stellt dementsprechend fest, dass die Verweisungsregeln des Restatement für sich allein irreführend seien,

876 *Silberman*, in: Encyclopedia of Private International Law, S. 510; die Regelung tauchte erstmals in einem Entwurf von 1967 auf, vgl. *Weinberg*, 75 Indiana Law Journal 475, 486 (2000).

877 *Silberman*, in: Encyclopedia of Private International Law, S. 510; *Bridges/Segal*, 51 California Law Review 762, 770 (1963).

878 Restatement (Second) of Conflict of Laws, § 6, Comment on Subsection (2) c: „[...] the court will take account of the factors listed in this Subsection in determining the state whose local law will be applied to determine the issue at hand.“; § 145 Comment on Subsection (1) b: „The principles stated in § 6 underlie all rules of choice of law and are used in evaluating the significance of a relationship [...].“

879 *Southerland*, 27 Vermont Law Review 1, 19 (2002): „Restatement, in section 6 and the accompanying comments, provides the values. It tells the court what it ought to be thinking about.“; *Reynolds*, 56 Maryland Law Review 1371, 1388 (1997).

880 *Reynolds*, 56 Maryland Law Review 1371, 1386 (1997).

881 *Leflar*, 72 Columbia Law Review 267, 269 (1972).

882 *Leflar*, 72 Columbia Law Review 267, 268 (1972).

883 *Vischer*, RabelsZ 38 (1974), 128, 137.

da die kollisionsrechtliche Analyse stets bei § 6 beginne.[884] In der wissenschaftlichen Diskussion wird das zweite Restatement deshalb häufig auf die Anknüpfungsprinzipien in § 6 (2) reduziert. Es wird argumentiert, § 6 (2) etabliere die eigentliche Ideologie des Restatement.[885]

(4) Methodischer Richtungswechsel

Die besondere Problematik von § 6 (2) liegt in der inhaltlichen Ausgestaltung der Vorschrift. Diese verdeutlicht den Einfluss der *Conflicts Revolution* auf das zweite Restatement. Die sieben Faktoren erinnern stark an *Leflars choice-influencing-considerations*,[886] einzig die *better law*-Komponente fehlt.[887] Auch wenn das zweite Restatement damit gerade keine Ergebniskontrolle vorsieht,[888] gab *Reese* später zu, dass ein Gericht kaum die Anwendung eines Rechts zulassen werde, das es als ungerecht ansehe.[889] Den Gerichten wird in § 6 (2) durch den Verweis auf materiell-rechtliche *policies* genügend Freiraum gelassen, um das anwendbare Recht im gewünschten Sinne bestimmen zu können. Der Einzelfall steht im Vordergrund. Der Reporter bezeichnete die Regelung dementsprechend als einen „approach"[890] – im Gegensatz zur strikten Kollisionsnorm, an deren Ende sicher ein Ergebnis steht.

Der Einfluss der *Conflicts Revolution* zeigt sich auch an anderer Stelle. So weisen die Comments zu § 6 darauf hin, dass ein Staat unter Umständen kein Interesse daran haben könne, dass sein Sachrecht auf einen Sachverhalt angewendet werde.[891] Dies sei z.B. der Fall, wenn die Sachnorm nicht für die extraterritoriale Anwendung gedacht sei.[892] Ein Gericht solle daher den Zweck einer Sachnorm berücksichtigen, um die Sinnhaftigkeit einer extraterritorialen Anwendung

---

884 *Leflar*, 72 Columbia Law Review 267, 269 (1972).

885 *Symeonides*, in: Encyclopedia of Private International Law, S. 1549; *Vischer*, RabelsZ 38 (1974), 128, 131.

886 Vgl. *Southerland*, 27 Vermont Law Review 1, 24 (2002); zu den fünf *choice-influencing-considerations* vgl. *Leflar*, 41 New York University Law Review 267, 282 (1966): „A. Predictability of results; B. Maintenance of interstate and international order; C. Simplification of the judicial task; D. Advancement of the forum's governmental interests; E. Application of the better rule of law."

887 *Borchers*, 56 Maryland Law Review 1232, 1238 (1997).

888 *Southerland*, 27 Vermont Law Review 1, 25 (2002).

889 *Reese*, 28 Law and Contemporary Problems 679, 690 (1963).

890 *Reese*, 57 Cornell Law Review 315 (1972).

891 Restatement (Second) of Conflict of Laws, § 6 Comment on Subsection (2) e.

892 Restatement (Second) of Conflict of Laws, § 6 Comment on Subsection (2) e.

festzustellen.[893] Diese Formulierungen lehnen an *Curries* Interessenanalyse an und stellen den Regelungszweck der Sachnormen in das Zentrum der kollisionsrechtlichen Analyse.[894]

Dem methodischen Richtungswechsel steht nicht entgegen, dass nur ein Teil der Faktoren auf materiell-rechtliche Erwägungen verweist. Das Verhältnis der einzelnen Prinzipien auf die Auswahl des Staates mit der wesentlichsten Verbindung bleibt ungeklärt, es kommt auf den Einzelfall an: Der Einfluss der sieben Erwägungen variiert je nach Rechtsgebiet.[895] Laut den Comments ist im Deliktsrecht beispielsweise die Parteierwartung von geringerer Bedeutung, dafür muss ein größeres Gewicht auf die zugrunde liegenden *policies* gelegt werden.[896] Eben dieser Aspekt verdeutlicht, wie es durch § 6 (2) zu einer Akzentverschiebung im Rahmen der kollisionsrechtlichen Analyse kommt.[897] Teilweise wird sogar vertreten, dass die materiell-rechtlich gefärbten Faktoren stets von größerer Bedeutung seien als die übrigen Erwägungen.[898] Diese stellten lediglich „Hilfserwägungen" dar.[899] Damit wird nicht länger zwischen Sach- und Kollisionsrechtsebene getrennt. Es steht nun der Einzelfall im Fokus, Flexibilität hat einen höheren Wert als Rechtssicherheit und Vorhersehbarkeit. Diese Wertungen liegen dem sachrechtsorientierten Denkmodell zugrunde, der Paradigmenwechsel markiert den Methodenbruch innerhalb des Restatement.[900] Auf der einen Seite stehen die an die Verweisungsnormen erinnernden besonderen Kollisionsnormen, auf der anderen die *Choice of Law Principles*, die bei Bedarf

893 Restatement (Second) of Conflict of Laws, § 6 Comment on Subsection (2) e: „A court should have regard for these purposes in determining whether to apply its own rule or the rule of another state […]."

894 Restatement (Second) of Conflict of Laws, § 6 Comment on Subsection (2) f: „The content of the relevant local law rule of a state may be significant in determining whether this state is the state with the dominent interest."; § 145 Comment on Subsection (1) c: „The purpose sought to be achieved by the relevant tort rules of the interested states, and the relation of these states to the occurrence and the parties, are the most important factors to be considered in determining the state of the most significant relationship."

895 Restatement (Second) of Conflict of Laws, § 6 Comment on Subsection (2) c.

896 Restatement (Second) of Conflict of Laws, § 145 Comment on Subsection (1) b.

897 *Vischer*, RabelsZ 38 (1974), 128, 137.

898 *Vischer*, RabelsZ 38 (1974), 128, 135.

899 *Vischer*, RabelsZ 38 (1974), 128, 136.

900 *Borchers* bezeichnet Ausgangs- und Endprodukt des Regelungswerkes wegen seines Richtungswechsels im Lauf der Zeit als zwei verschiedene Projekte, vgl. *Borchers*, 56 Maryland Law Review 1232, 1235 (1997).

materiell-rechtliche Wertungen ins Zentrum der kollisionsrechtlichen Analyse stellen können.

Die Widersprüchlichkeit des Restatement zeigt sich auch bei der Frage, wann überhaupt eine kollisionsrechtliche Analyse vorzunehmen ist. Wie bereits zuvor erläutert, ist nicht eindeutig, ob das Regelungswerk dafür einen grenzüberschreitenden Sachverhalt genügen lässt oder stattdessen auf den Inhalt der möglicherweise betroffenen Sachnormen abstellt.[901] Einerseits bezeichnen die Comments zu § 2 „foreign elements" als Trigger für die kollisionsrechtliche Analyse.[902] Nach den Comments zu § 145 soll ein grenzüberschreitender Sachverhalt indes wie ein Inlandssachverhalt behandelt werden, wenn die betroffenen Sachnormen inhaltlich identisch sind.[903]

cc. *Zwischenergebnis*

Das zweite Restatement ist aufgrund seiner komplexen Entstehungsgeschichte methodisch inkonsistent.[904] Durch das Zusammenspiel von Kollisionsnormen und den *Choice of Law Principles* aus § 6 (2) beinhaltet es sowohl Elemente des rechtsfragenorientierten als auch des sachrechtsorientierten Denkmodells.[905] Als Konsequenz fehlt eine klare Dogmatik.[906] Letztlich war der Plan des Reporters *Reese*, einen Kompromiss zwischen den feststehenden Verweisungsnormen des ersten Restatement und einer einzelfallorientierten, am Sachrecht ansetzenden Herangehensweise zu finden, wegen der inkonsequenten Umsetzung bereits im Ansatz zum Scheitern verurteilt. Damit ist *Leflars* Einschätzung, das zweite Restatement könne ein unmöglicher Versuch einer Versöhnung sein, letztlich

901 Vgl. dazu bereits Teil 1, B.I.3.c.

902 Restatement (Second) of Conflict of Laws, § 2 Comment a: „Each state has its own methods and rules for determining whether particular issues in a suit involving foreign elements should be determined by its own local law rules or by those of another state."

903 Restatement (Second) of Conflict of Laws, § 145 Comment i: „When certain contacts involving a tort are located in two or more states with identical local law rules on the issues in question, the case will be treated for choice-of-law purposes as if these contacts were grouped in a single state."

904 *Weintraub*, 75 Indiana Law Journal, 679 (2000).

905 *Borchers* spricht von einer„amalgamation of different conflicts approaches", vgl. *Borchers*, 56 Maryland Law Review 1232, 1237 (1997); *Juenger* bezeichnet die Methodik als „soft multilateralism", vgl. *Juenger*, in: FS Siehr, S. 299.

906 *Symeonides*, The American Choice-of-Law Revolution: Past, Present and Future, 2006, S. 98.

zuzustimmen.[907] Welche Konsequenzen die methodische Unschärfe des Restatement für die Praxis hat, wird im nächsten Abschnitt näher thematisiert; hier zeigt sich, dass die Rechtsprechung den Bruch in der Methodik für ihre Zwecke nutzt.

2. *Die in der Rechtsprechung vertretenen Ansätze*

Im Folgenden werden die zu Beginn der Arbeit dargestellten acht methodischen Ansätze der Einzelstaaten im Deliktskollisionsrecht den vier kollisionsrechtlichen Denkmodellen zugeordnet. Die Analyse macht deutlich, dass sich in der Rechtsprechung eine klare Tendenz für ein Denkmodell erkennen lässt.

a. *Orientierung an der Zuständigkeit*

Das zuständigkeitsorientierte Denkmodell gehört zu den wenig vertretenen Ansätzen in der US-amerikanischen Rechtsprechung. Lediglich die zwei Bundesstaaten, die den *lex fori approach* anwenden, fallen darunter.[908] Unter Beachtung der verfassungsrechtlichen Grenzen kommt in den Gerichten dieser Staaten auch bei grenzüberschreitenden Sachverhalten die *lex fori* zur Anwendung, sobald das angerufene Gericht zuständig ist.[909]

b. *Orientierung an der Rechtsfrage*

Eine etwas größere Zahl an Bundesstaaten hat das rechtsfragenorientierte Denkmodell übernommen. Dazu zählen die neun Staaten, die den *traditional approach* des ersten Restatement verwenden.[910] Der Inhalt des materiellen Rechts ist bei der Bestimmung des anwendbaren Rechts nicht ausschlaggebend. Stattdessen wird im Deliktsrecht bei den *lex loci delicti* angesetzt und basierend auf den Prinzipien von *vested rights* und Territorialität der *place of wrong* identifiziert.[911] Damit verwendet der *traditional approach* grundsätzlich die klassische Verweisungsmethode, die auf die Rechtsfrage abstellt und das anwendbare Recht anhand abstrakter Anknüpfungspunkte bestimmt.[912] Die zahlreichen Ausweichinstrumente, die sich im Laufe der Zeit in der Rechtsprechung etabliert haben,

---

907 *Leflar*, 72 Columbia Law Review 267, 277 (1972): „It attempts, perhaps, an impossible degree of reconciliation."

908 Vgl. zum *lex fori approach* Teil 1, B.I.3.e.

909 So beispielsweise Foster v. Leggett, 484 S.W.2d 827, 829 (Ky. 1972).

910 Vgl. zum *traditional approach* Teil 1, B.I.3.a.

911 Beispielhaft hierzu Bullard v. MRA Holding, LLC et al., 740 S.E.2d 622, 625 (Ga. 2013); ebenso *Symeonides*, in: Encyclopedia of Private International Law, S. 1546.

912 *Symeonides*, Choice of Law, 2016, S. 57.

ändern nichts an der grundsätzlichen Zielsetzung des Kollisionsrechts dieser Bundesstaaten. Die Mechanismen lassen jedoch die starren Grenzen zwischen Kollisions- und Sachrechtsebene verschwimmen und erlauben es den Gerichten, materiell-rechtliche Wertungen in die Analyse einzubeziehen. Der Ansatzpunkt bei der Rechtsfrage wird hierdurch indes nicht berührt.

Neben dem *traditional approach* scheint auch der *significant-contacts approach* von Indiana dem rechtsfragenorientierten Denkmodell anzugehören. Ausschlaggebend ist hier, welche Rechtsordnung die wesentlichsten Kontaktpunkte zum Sachverhalt und den Parteien hat und daher im Zentrum der Streitigkeit steht.[913] Damit wird an sich bei der Rechtsfrage angeknüpft, der Inhalt des Sachrechts ist an dieser Stelle irrelevant. Allerdings nimmt Indiana seit einigen Jahren erst dann eine kollisionsrechtliche Analyse vor, wenn die Sachnormen der betroffenen Staaten inhaltliche Unterschiede aufweisen, die den Ausgang des Verfahrens maßgeblich ändern würden.[914] Dadurch wird das Sachrecht zum Ansatzpunkt für die Bestimmung des anwendbaren Rechts. Eine Trennung von Sach- und Kollisionsrechtsebene findet nicht mehr statt. Zudem ist durch die vergleichende Zusammenschau mehrerer Kontaktpunkte die kollisionsrechtliche Analyse stark einzelfallbezogen und kaum vorhersehbar. Insofern lässt sich der *significant-contacts approach* nicht mehr homogen dem rechtsfragenorientierten Denkmodell zuordnen.

Eine ähnliche Schwierigkeit besteht beim *most significant relationship*-Test des zweiten Restatement. Wie bereits erläutert weist das zweite Restatement Elemente des rechtsfragenorientierten Modells auf. Allerdings werden die diesem Denkmodell zuzuordnenden besonderen Kollisionsnormen in der Rechtsprechung kaum für sich angewendet, sondern stehen stets unter dem Vorbehalt von § 6 (2).[915] Die Mehrheit der Gerichte greift unter dem Mantel des vermeintlich formalistischen zweiten Restatement auf die neutral gehaltenen Generalklauseln und die *Choice of Law Principles* zurück.[916] Sie setzen für die kollisionsrechtliche Analyse beim Sachrecht an und nutzen die alternative Anknüpfung, um dem von ihnen anvisierten Ergebnis Glaubwürdigkeit zu verleihen.[917] Daher

913 Vgl. zum *significant-contacts approach* Teil 1, B.I.3.b.

914 Simon v. U.S., 805 N.E.2d 798, 805 (Ind. 2004).

915 Vgl. hierzu die empirische Untersuchung von *Borchers* zur Häufigkeit der Verweise auf die besonderen Kollisionsnormen in der Rechtsprechung, *Borchers*, 56 Maryland Law Review 1232, 1242 ff. (1997).

916 *Borchers*, 56 Maryland Law Review 1232, 1233 (1997): „[…] citation to the Second Restatement is often little more than a veil hiding judicial intentions."

917 *Borchers*, 56 Maryland Law Review 1232, 1241 (1997).

kann der in der Rechtsprechung verwendete *most significant relationship*-Test des zweiten Restatement nicht dem rechtsfragenorientierten Denkmodell zugeordnet werden.

c. Orientierung am Sachrecht

Die überragende Mehrheit der US-amerikanischen Bundesstaaten verfolgt in kollisionsrechtlichen Fragestellungen ein sachrechtsorientiertes Denkmodell. Dazu zählen alle Bundesstaaten, deren Rechtsprechung sich dem *most significant relationship*-Test, dem *significant-contacts approach,* dem *better law approach,* den Kodifikationen oder den *combined modern approaches* zuordnen lassen.[918] Sie divergieren allerdings in der methodischen Umsetzung des Denkmodells.

Die vorangegangene Analyse hat bereits offenbart, dass das zweite Restatement durch die Einbindung der *Choice of Law Principles* aus § 6 (2) auch ein sachrechtsorientiertes Denkmodell tragen kann. Der Inhalt und Regelungszweck der betroffenen Sachnormen wird durch die materiell-rechtlich gefärbten *Choice of Law Principles* Teil der Bestimmung des anwendbaren Rechts. Gleichzeitig eröffnet die alternative Anknüpfung in den Generalklauseln Raum für eine einzelfallorientierte und flexible Abwägung. Tatsächlich nehmen die Gerichte der Bundesstaaten diese Möglichkeit der Berücksichtigung des Sachrechts konstant wahr.[919] § 6 (2) gehört neben den Generalklauseln zu den meist zitierten Vorschriften des zweiten Restatement.[920] Die Generalklauseln können durch die alternativen Anknüpfungspunkte beinahe jedes Ergebnis rechtfertigen.[921] Die in § 6 (2) genannten Faktoren werden von der Rechtsprechung sodann als Absicherung für ihre Entscheidungen hinzugezogen.[922] Die enger formulierten besonderen Kollisionsregeln finden hingegen nur dann Anwendung, wenn sie

918 Vgl. zum *most significant relationship*-Test Teil 1, B.I.3.c., zum *significant-contacts approach* Teil 1, B.I.3.b., zum *better law approach* Teil 1, B.I.3.f., zu den Kodifikationen Teil 1, B.I.3.h. sowie zu den *combined modern approaches* Teil 1, B.I.3.g.

919 *Shaman*, 45 Buffalo Law Review 329, 362 (1997).

920 Vgl. *Borchers*, 56 Maryland Law Review 1232, 1242 f. (1997); in Nebraska nimmt *Borchers* allerdings inzwischen den Trend wahr, dass Gerichte vermehrt auf die speziellen Kollisionsregeln des Restatement verweisen, vgl. *Borchers*, 53 Creighton Law Review, 339, 340 (2020).

921 So *Borchers*, 56 Maryland Law Review 1232, 1246 (1997).

922 So beispielhaft in Carriere v. Cominco Alaska, Inc., 823 F.Supp. 680, 682 (D. Alaska 1993); der District Court verweist hier zwar auf die Regelung, nimmt aber keine Untersuchung der verschiedenen Kontaktpunkte vor.

das gewollte Ergebnis hervorbringen.[923] Damit haben die Gerichte einen beinahe unbegrenzten Spielraum. Aufgrund der Flexibilität der Regelungen ist es kaum möglich, eine einzige flächendeckende Methodik innerhalb der Rechtsprechung der verschiedenen Bundesstaaten auszumachen. Während manche Gerichte unter dem Deckmantel der Generalklauseln Kontaktpunkte addieren und ihre Entscheidungen dann mit Hilfe von § 6 (2) rechtfertigen, wird in anderen Bundesstaaten mit Verweis auf die *Choice of Law Principles* eine in der Luft hängende Abwägung der betroffenen Regelungsinteressen vorgenommen.[924] In wieder anderen Bundesstaaten dient das Restatement lediglich im Nachklang als Rechtfertigungsquelle für die zuvor vorgenommene Analyse der *policies*.[925] Alle Bundesstaaten haben jedoch einen gemeinsamen Ansatzpunkt: Sie knüpfen für die Bestimmung des anwendbaren Rechts direkt bei den Sachnormen an, es wird nicht zwischen Sach- und Kollisionsrecht getrennt. Damit ist die Zuordnung zum sachrechtsorientierten Denkmodell alternativlos.

Weniger eindeutig ist indes die Zuordnung des *significant-contacts approach*. Wie bereits erläutert, erinnert der Fokus auf die Kontaktpunkte des Sachverhalts an den rechtsfragenorientierten Ansatz. Allerdings hat der Richtungswechsel der Rechtsprechung bezüglich der Frage, wann überhaupt ein *conflict* vorliegt,[926] zu einer Vermischung von Sach- und Kollisionsrechtsebene geführt. Somit ist der Ansatz inzwischen dem sachrechtsorientierten Denkmodell zuzuordnen.

Der *better law approach* orientiert sich ebenfalls am Sachrecht. Das anwendbare Recht wird anhand von fünf *choice-influencing-considerations* bestimmt. Zwar nehmen die ersten beiden *considerations*, namentlich die Vorhersehbarkeit von Entscheidungen sowie der Entscheidungseinklang auf interlokaler und internationaler Ebene, die kollisionsrechtliche Gerechtigkeit in den Fokus. In der Rechtsprechung wird aber vor allem der vierten und fünften Erwägung

923 So das Ergebnis von *Borchers* empirischer Untersuchung, vgl. *Borchers*, 56 Maryland Law Review 1232, 1246 (1997); insofern ist *Borchers* jüngste Beobachtung hinsichtlich Nebraska unter Vorbehalt zu sehen, vgl. *Borchers*, 53 Creighton Law Review, 339, 340 (2020).

924 Beispielhaft hierzu Palmer G. Lewis Co., Inc. v. ARCO Chemical Co., 904 P.2d 1221, 1227 (Alaska 1995); American Nat. Fire Ins. Co. v. Farmers Ins. Exchange, 927 P.2d 186, 188 f. (Utah 1996); vgl. auch *Shaman*, 45 Buffalo Law Review 329, 361 (1997); *Symeonides*, 56 Maryland Law Review 1248, 1262 f. (1997).

925 Johnson v. Spider Staging Corp., 555 P.2d 999, 1000 f. (Wash. 1976); siehe auch *Shaman*, 45 Buffalo Law Review 329, 363 (1997).

926 Vgl. dazu bereits Teil 1, B.I.3.b.

besonderes Gewicht zugemessen.[927] Diese stellen auf den Inhalt und die Regelungsziele des Sachrechts ab: Es sollen die Förderung der staatlichen Interessen des Forumstaates sowie die Anwendung des besseren Rechts erreicht werden. Beide Aspekte führen zu einer starken Bevorzugung der *lex fori*, sodass eine neutrale Untersuchung kaum möglich erscheint. Stattdessen erfolgt die kollisionsrechtliche Analyse sehr einzelfallbezogen, der Inhalt des Sachrechts muss bei der Bestimmung des anwendbaren Rechts zwangsläufig berücksichtigt werden.

Der Ansatzpunkt beim Sachrecht ist auch den *combined modern approaches* gemein. Die unter diesen Oberbegriff fallenden Ansätze haben das Sachrecht auf verschiedene Weise in die kollisionsrechtliche Analyse integriert.[928] Während beispielsweise Massachusetts durch den Verweis auf § 6 (2) des zweiten Restatement die grenzüberschreitenden Kontaktpunkte gegeneinander abwägt und so materiell-rechtliche Erwägungen berücksichtigen kann, nimmt New York eine detaillierte Untersuchung der betroffenen Sachnormen vor. Diese werden anhand ihres Regelungsziels kategorisiert; auf Basis dieser Einordnung wird dann das anwendbare Recht bestimmt.[929] Der Großteil der *combined modern*-Bundesstaaten nimmt erst dann eine kollisionsrechtliche Analyse vor, wenn ein inhaltlicher Unterschied zwischen den möglicherweise betroffenen Sachnormen besteht.[930] Eine klare Trennung von Sach- und Kollisionsrechtsebene findet daher nicht statt.

Schließlich setzen auch die Kodifikationen in Oregon und Louisiana für die kollisionsrechtliche Analyse bei den Sachnormen an. Louisiana nimmt eine Abwägung der *policies* der betroffenen Staaten im Lichte ihrer Berührungspunkte mit dem Sachverhalt und den Parteien vor.[931] Die Kollisionsregeln

---

927 So beispielsweise Milkovich v. Saari, 203 N.W.2d 408, 412 (Minn. 1973).

928 Vgl. dazu bereits Teil 1, B.I.3.g.

929 Neumeier v. Kuehner, 286 N.E.2d 454, 457 f. (N.Y. 1972); siehe dazu ausführlich Teil 1, B.I.3.g.

930 Vgl. Teil 1, B.I.3.g.

931 Vgl. Art. 2515 La. Civ. Code: „Except as otherwise provided in this Chapter, an issue in a case having contacts with other states is governed by the law of the state whose policies would be most seriously impaired if its law were not applied to that issue. That state is determined by evaluating the strength and pertinence of the relevant policies of all involved states in the light of: (1) the relationship of each state to the parties and the dispute; and (2) the policies and needs of the interstate and international systems, including the policies of upholding the justified expectations of parties and of minimizing the adverse consequences that might follow from subjecting a party to the law of more than one state.“

differenzieren zwischen verhaltenssteuernden und schadenszuweisenden Sachnormen und sehen für die jeweilige Kategorie einen dominanten Anknüpfungspunkt vor.[932] Anders operieren die Regelungen von Oregon: Das anwendbare Recht wird anhand der Berührungspunkte des Sachverhalts mit den in Frage kommenden Rechtsordnungen, dem Zweck der jeweiligen Regelungen sowie der Durchsetzungsfähigkeit der entsprechenden *policies* im Lichte der interstaatlichen Zusammenarbeit bestimmt.[933] Formal erinnern die Kollisionsnormen zunächst an Verweisungsnormen, einer abstrakten Rechtsfrage wird ein Anknüpfungspunkt zugeordnet. Allerdings stellt § 31.878 klar, dass die Regelungsziele des Sachrechts bei der Anwendung der Kollisionsnormen stets zu beachten sind. Zudem steht in beiden Bundesstaaten das durch die Anwendung der Kollisionsnormen ermittelte Ergebnis unter dem Vorbehalt, im Einzelfall abweichen zu können, sofern die Regelungsinteressen der betroffenen Staaten dies erfordern.[934] Damit sind die Sachnormen Teil der kollisionsrechtlichen Analyse, materiell-rechtliche Erwägungen sind bei der Bestimmung des anwendbaren Rechts zwangsläufig zu berücksichtigen. Der Gedanke der Rechtssicherheit tritt zugunsten der Flexibilität zurück.

d. *Orientierung an der Effizienz*

Eine Orientierung an der Effizienz nach den Grundsätzen der ökonomischen Analyse lässt sich bei Kaliforniens *interest analysis* erkennen. Wie zuvor erläutert wenden die kalifornischen Gerichte keine klassische Interessenanalyse an, sie lehnen eine qualitative Bewertung der betroffenen Regelungsziele mangels festlegbarer Parameter ab.[935] Stattdessen werden Elemente von *Baxters comparative impairment approach* verwendet.[936] Ausgangspunkt der kollisionsrechtlichen Analyse sind die betroffenen Sachnormen. Sofern mehrere Staaten ein Interesse an der Anwendung ihres Rechts haben, soll das Recht des Staates zur Anwendung kommen, dessen Interessen am meisten beeinträchtigt würden,

---

932 *Symeonides*, 66 Tulane Law Review 677, 699 ff. (1991-1992).

933 Vgl. O.R.S. § 31.878: „Except as provided in ORS 31.870, 31.872, 31.875 and 31.885, the rights and liabilities of the parties with regard to disputed issues in a noncontractual claim are governed by the law of the state whose contacts with the parties and the dispute and whose policies on the disputed issues make application of the state's law the most appropriate for those issues."

934 *Symeonides*, 66 Tulane Law Review 677, 765 (1991-1992); *Symeonides*, 88 Oregon Law Review 963, 1041 (2009).

935 Bernhard v. Harrah's Club, 546 P.2d 719, 724 (Cal. 1976).

936 Vgl. zur *interest analysis* bereits Teil 1, B.I.3.d.

wenn sein Sachrecht nicht zur Anwendung käme.[937] In diesem Zusammenhang möchte die Rechtsprechung die Grenzen der staatlichen Regelungsziele identifizieren, um festzustellen, welche Sachnorm zugunsten der anderen zurücktreten kann.[938] Ziel ist es, allen betroffenen Regelungszielen einen möglichst großen Durchsetzungsspielraum zu lassen.[939] Damit steht die Maximierung staatlicher Regelungsinteressen im Vordergrund der kollisionsrechtlichen Analyse.[940]

Trotz dieser klaren Zielsetzung deklinieren die kalifornischen Gerichte den Effizienzgedanken nicht bis zum Ende durch. Feststehende Anhaltspunkte, wann eine möglichst geringe Beeinträchtigung vorliegt, gibt es nicht. Stattdessen hängt die eigentliche *policy*-Entscheidung in der Luft, es wird für den jeweiligen Einzelfall entschieden.[941] Rechtssichere und vorhersehbare Entscheidungen sind kein vorrangiges Ziel. Deshalb könnte man die kalifornische *interest analysis* insgesamt auch dem sachrechtsorientierten Denkmodell zuordnen. Wegen des expliziten Verweises auf die maximale Durchsetzung staatlicher Regelungsziele ist aber das effizienzorientierte Denkmodell adäquater.

IV. Ergebnis: doppelter Methodenpluralismus

Der „hodgepodge“[942] der US-amerikanischen Rechtsprechung zum Kollisionsrecht lässt eine Systematisierung anhand von vier kollisionsrechtlichen Denkmodellen zu. Jedes Modell orientiert die kollisionsrechtliche Analyse an unterschiedlichen Ansatzpunkten: an der Zuständigkeit, der zu behandelnden Rechtsfrage, dem betroffenen Sachrecht oder der Effizienz. Innerhalb dieser Denkmodelle finden sich wiederum verschiedene methodische Herangehensweisen, um die Prinzipien und Wertungen eines Modells durchsetzen.

Die Analyse der beiden Restatements hat gezeigt, dass sich das erste Restatement eindeutig dem rechtsfragenorientierten Modell zuordnen lässt. Im zweiten Restatement findet sich indes ein methodischer Bruch: Das Regelungswerk beinhaltet sowohl Elemente des rechtsfragen- als auch des sachrechtsorientierten Denkmodells. In dieser Inkonsistenz manifestiert sich der Richtungswechsel

937 Kearney v. Salomon Smith Barney, Inc., 137 P.3d 914, 922 (Cal. 2006).

938 Bernhard v. Harrah's Club, 546 P.2d 719, 724 (Cal. 1976).

939 Offshore Rental Co. v. Continental Oil Co., 583 P.2d 721, 726 (Cal. 1978).

940 *Solimine*, in: Encyclopedia of Private International Law, S. 831.

941 Dazu kritisch *Kay*, 68 California Law Review 577, 606 (1980).

942 *Brilmayer/Goldsmith/O'Connor*, Conflict of Laws, 2015, S. xxviii: „Today choice of law in the United States is something of a hodgepodge.“

in Wissenschaft und Rechtsprechung, der durch die US-amerikanische *Conflicts Revolution* begründet wurde.

Letztlich hat die Revolution maßgeblichen Einfluss auf die kollisionsrechtliche Denkweise in den USA genommen. Inzwischen verfolgt die große Mehrheit der Bundesstaaten ein sachrechtsorientiertes Denkmodell. Allerdings variieren diese Staaten bei der methodischen Umsetzung des Modells: Während einige Bundesstaaten beispielsweise auf die besonderen Kollisionsregeln des zweiten Restatement und die darin enthaltenen Anknüpfungspunkte unter Berücksichtigung materiell-rechtlicher Erwägungen zurückgreifen, nehmen die Gerichte anderer Staaten eine völlig freie Abwägung der Regelungsziele der betroffenen Staaten vor, ohne hierfür feststehende Parameter zu schaffen. Damit lässt sich im US-amerikanischen Kollisionsrecht nicht nur ein Pluralismus der Denkmodelle, sondern auch ein Pluralismus der Methoden innerhalb eines Modells erkennen. Es herrscht mithin ein doppelter Methodenpluralismus.

D. Ein drittes Restatement als Weg aus dem Methodenpluralismus?

Die vorangegangenen Ausführungen verdeutlichen, dass das US-amerikanische Kollisionsrecht seit seiner Entstehung maßgeblich von den Restatements beeinflusst worden ist. Trotzdem konnten die Regelungswerke nicht verhindern, dass sich im Kollisionsrecht ein doppelter Methodenpluralismus etabliert hat. Der methodische Bruch innerhalb des zweiten Restatement begünstigte diese Entwicklung sogar. Es bleibt zu diskutieren, welche Möglichkeiten es gibt, den Methodenpluralismus aufzulösen und den Weg für ein einheitlicheres US-amerikanisches Kollisionsrecht frei zu machen.

Zunächst wird aufgezeigt, dass ein drittes Restatement trotz alternativer Lösungsansätze der erfolgversprechendste Weg ist, um dieses Ziel zu erreichen. Die nachfolgende Darstellung beschäftigt sich mit den von der Wissenschaft seit Jahrzehnten diskutierten Maßgaben für ein solches Unterfangen. Zusammen mit den bisherigen Erkenntnissen zur methodischen Entwicklung im US-amerikanischen *Conflicts Law* bilden diese Vorschläge die Basis dafür, welche Anforderungen ein neues Restatement erfüllen muss, um in Zukunft wesentlichen Einfluss auf das Kollisionsrecht nehmen zu können.

I. Alternative Lösungsansätze

Die Restatements haben in der Vergangenheit eine maßgebliche Rolle im US-amerikanischen Kollisionsrecht gespielt. Wie die Rechtsprechungsübersicht

zeigt, greift mehr als die Hälfte der Bundesstaaten in grenzüberschreitenden Fällen auf Regelungen der Restatements zurück.[943] Insofern sind die Regelungswerke ein taugliches Instrument, um eine Vereinheitlichung innerhalb der Rechtsprechung zum Kollisionsrecht herbeizuführen. Neben den Restatements gibt es allerdings noch weitere Möglichkeiten, Abhilfe für den momentan herrschenden Methodenpluralismus im US-amerikanischen Kollisionsrecht zu schaffen. Dabei wird nur ein von den Einzelstaaten unabhängiges zentralisiertes Regelungssystem erfolgversprechend sein, da die Gerichte und Legislativorgane der Einzelstaaten zu sehr in ihren eigenen Interessen verwoben sind.[944]

Zunächst könnte der U.S. Supreme Court die Rolle des Verfassungsrechts bei der Bestimmung des anwendbaren Rechts in grenzüberschreitenden Konstellationen verstärken und so Einfluss auf die methodische Herangehensweise nehmen. Die bisherige Rechtsprechung spricht allerdings gegen eine solche Entwicklung.[945] In Franchise Tax Board of California v. Hyatt bekräftigte der Supreme Court seine Rechtsprechung aus den Entscheidungen Allstate Insurance,[946] Phillips Petrol[947] und Sun Oil[948], wonach sich aus dem *Full Faith and Credit Clause* keine Konsequenzen auf die Abwägung einzelstaatlicher Interessen im Rahmen der kollisionsrechtlichen Analyse ergeben.[949] Aus dem verfassungsrechtlichen Grundsatz folge lediglich, dass für die Anwendung einer einzelstaatlichen Regelung ein erheblicher Berührungspunkt des Sachverhalts zu dieser Rechtsordnung notwendig sei.[950] Am Ende der Entscheidung lehnte der Gerichtshof dann explizit ab, sich ohne verfassungsrechtliche Vorgaben auf eine Abwägung staatlicher Interessen einzulassen.[951] Das Urteil zeigt, dass der U.S.

---

943 Vgl. dazu Teil 1, B.I.3.
944 So auch *Basedow*, 82 Tulane Law Review 2119, 2126 (2008).
945 So auch *Michaels*, in: FS Kropholler, S. 164.
946 Allstate Insurance Co. v. Hague, 449 U.S. 302 (1981).
947 Phillips Petrol Co. v. Shutts, 472 U.S. 797 (1985).
948 Sun Oil Co. v. Wortman, 486 U.S. 717 (1988).
949 Franchise Tax Bd. Of California v. Hyatt, 538 U.S. 488, 496 (2003).
950 Franchise Tax Bd. Of California v. Hyatt, 538 U.S. 488, 494 f. (2003).
951 Franchise Tax Bd. Of California v. Hyatt, 538 U.S. 488, 499 (2003): „Without a rudder to steer us, we decline to embark on the constitutional course of balancing coordinate States' competing sovereign interests to resolve conflicts of laws under the Full Faith and Credit Clause."

Supreme Court die verfassungsrechtliche Prüfung auf ein Minimum zurückgeschraubt hat und diesen Kurs auch in Zukunft kaum ändern wird.[952]

Weiterhin könnten auf föderaler Ebene einheitliche Kollisionsregeln geschaffen werden. Hier kommen zwei Möglichkeiten in Betracht: Richterrecht oder *federal statutes.* Einem von den *federal courts* entwickelten eigenständigen Kollisionsrecht erteilte der U.S. Supreme Court allerdings bereits 1941 in Klaxon Co. v. Stentor Electric Mfg. Co. weitgehend eine Absage.[953] Der Gerichtshof kam in der Entscheidung zu dem Ergebnis, dass *federal courts* grundsätzlich das Kollisionsrecht des Staates anwenden müssen, in dem sie ansässig sind.[954] Begründet wurde dies mit der Annahme, dass das Kollisionsrecht Teil des *state common law* sei. Dieses stelle nach der Erie-Doktrin[955] in Fällen von *diversity jurisdiction*[956] das entscheidungserhebliche Recht dar, weil sonst eine einheitliche Rechtspflege in den nebeneinander gleichrangig agierenden *federal* und *state courts* gefährdet sei.[957] Durch die Anwendung des einzelstaatlichen Rechts werde die Neutralität der *federal courts* gewahrt und *forum shopping* verhindert.[958] Einige Jahre später erklärte das Gericht, dass dieser Grundsatz auch im Falle einer Verweisung auf ausländisches Recht gilt.[959] Obwohl in der Literatur

952 So auch *Basedow*, 82 Tulane Law Review 2119, 2146 (2008); aus diesen Gründen spricht auch *Michaels* dieser Variante für ein vereinheitlichtes Kollisionsrecht jegliche Erfolgsaussichten ab, vgl. *Michaels*, in: FS Kropholler, S. 173.

953 Klaxon Co. v. Stentor Electric Mfg. Co., 313 U.S. 487 (1941).

954 Klaxon Co. v. Stentor Electric Mfg. Co., 313 U.S. 487, 496 (1941).

955 Erie Railroad v. Tompkins, 304 U.S. 64 (1938); der Supreme Court hatte hier entschieden, dass *federal courts* in Fällen von *diversity jurisdiction* das *common law* bzw. die Gesetze des betroffenen Staates anwenden müssen, da es nicht um Anwendungsfragen des *federal law*, sondern des einzelstaatlichen Rechts geht; im Ergebnis betrifft diese Entscheidung somit die Frage des „vertikal anwendbaren" Rechts, während das Kollisionsrecht das „horizontal anwendbare" Recht bestimmt.

956 Eine sachliche Zuständigkeit der *federal courts* besteht grundsätzlich nur in zwei Fällen: wenn es um die Auslegung von *federal law* (*federal question jurisdiction*) geht oder die Parteien aus verschiedenen (Bundes-) Staaten kommen und der Streitwert USD 75,000 übersteigt (*diversity jurisdiction*), vgl. § 1331 und § 1332 (a) FRCP; eine ausführliche Darstellung findet sich bei *R. D. Freer*, Civil Procedure, 2017, S. 198 ff.

957 Klaxon Co. v. Stentor Electric Mfg. Co., 313 U.S. 487, 496 (1941): „Otherwise the accident of diversity of citizenship would constantly disturb equal administration of justice in coordinate state and federal courts sitting side by side […]." ; dazu näher *Hay/Borchers et al.*, Conflict of Laws, 2018, S. 182 ff.

958 *Hay/Borchers et al.*, Conflict of Laws, 2018, S. 182.

959 Day & Zimmermann, Inc. v. Challoner, 423 U.S. 3, 3 f. (1975).

die weiterreichende Übertragung der Erie-Doktrin auf das Kollisionsrecht aus verschiedenen Gründen kritisch gesehen wird,[960] gibt es keine Anzeichen, dass sich diese Rechtsprechung in Zukunft ändern wird.[961] Ein auf föderaler Ebene geschaffenes „Richter-Kollisionsrecht" ist somit keine taugliche Alternative für eine zentrale Regelung des Kollisionsrechts.

Damit bleibt die Einführung von *federal statutes* für das Kollisionsrecht. In der Literatur ist inzwischen anerkannt, dass der Kongress grundsätzlich die Gesetzgebungskompetenz für diese Materie besitzt.[962] *Cook* argumentierte bereits 1919, dass sich die Zuständigkeit für föderale *Conflict of Laws*-Regelungen aus dem *telos* des *Full Faith and Credit Clause*[963] ergebe.[964] Die Idee wurde später u.a. von *Currie* aufgegriffen und erweitert.[965] Alternativ wird die Gesetzgebungskompetenz aus dem *Commerce Clause*[966] abgeleitet.[967] In der Literatur gab es bereits mehrere Vorstöße, *federal statutes* für das Kollisionsrecht einzuführen.[968] *O'Hara/Ribstein* bezeichnen eine solche legislative Regelung beispielsweise als einzige Möglichkeit, einen effizienzorientierten *choice of law approach* durchzusetzen.[969] Sogar *Currie*, der ansonsten gegen feststehende Regelungen war,

960 *Hay/Borchers et al.*, Conflict of Laws, 2018, S. 182 f.; *Borchers*, 72 Texas Law Review 79, 120 ff. (1993); *Currie*, Selected Essays on the Conflict of Laws, 1963, S. 125; für eine differenzierte Anwendung der Erie-Doktrin in *international conflicts Childress III*, 105 Northwestern University Law Review 1531 (2011).

961 So auch *O'Hara/Ribstein*, 67 The University of Chicago Law Review 1151, 1224 (2000); *Meeusen*, 67 American Journal of Comparative Law 637, 646 (2019).

962 *Gottesman*, 80 Georgetown Law Journal 1, 23 (1991).

963 Article IV, § 1, U.S. Constitution: „Full Faith and Credit shall be given in each State to the public Acts, Records, and judicial Proceedings of every other State. And the Congress may by general Laws prescribe the Manner in which such Acts, Records and Proceedings shall be proved, and the Effect thereof."

964 *Cook*, 28 Yale Law Review 421, 434 ff. (1919).

965 *Currie*, Selected Essays on the Conflict of Laws, 1963, S. 126; ebenso *Laycock*, 92 Columbia Law Review 249, 331 (1992).

966 Article I, § 8, cl. 3 U.S. Constitution: „[The Congress shall have Power] To regulate Commerce with foreign Nations, and among the several States, and with the Indian Tribes […]."

967 *O'Hara/Ribstein*, 67 The University of Chicago Law Review 1151, 1224 (2000); *Gottesman*, 80 Georgetown Law Journal 1, 23 f. (1991).

968 Siehe u.a. *Cheatham*, 22 Rocky Mountain Law Review 109 (1950); *Horowitz*, 14 UCLA Law Review 1191 (1967); *O'Hara/Ribstein*, 67 The University of Chicago Law Review 1151 (2000); *Trautman*, 41 Law and Contemporary Problems 105 (1977).

969 *O'Hara/Ribstein*, 67 The University of Chicago Law Review 1151, 1225 (2000).

plädierte dafür, in besonders wichtigen Bereichen von einer föderalen Regelung Gebrauch zu machen, um Einheitlichkeit zu schaffen.[970] Auch *Gottesman* sieht hier den Vorteil der *federal statute*: Selbst wenn ein föderales Gesetz vermutlich keine „richtigen“ Lösungen schaffen könne, seien übergreifend anwendbare Regeln trotzdem vorzugswürdig.[971] Unter anderem könne so *forum shopping* verhindert werden.[972]

Trotz der gerade beschriebenen Vorteile gibt es momentan jedoch keinerlei Bestrebungen für ein solches Gesetzesvorhaben. Laut *Michaels* fehlte dem Kongress bisher der Anreiz für den Erlass entsprechender *statutes*.[973] Auch *O'Hara/ Ribstein* sehen die Wahrscheinlichkeit eines solchen Unterfangens kritisch, da der Kongress in den letzten 200 Jahren keine Anstalten gemacht habe, ein entsprechendes Gesetz zu erlassen.[974] Dass sich dies in Zukunft ändern wird, ist unwahrscheinlich.

Eine weitere Möglichkeit zur Vereinheitlichung könnte ein Modellgesetz sein. *Kramer* schlug 1991 vor, dass die National Conference of Commissioners on Uniform State Laws[975] einen *Uniform Choice of Law Code* entwerfen solle.[976] Dieser Vorschlag wurde einige Jahre später von *Juenger* wieder aufgegriffen.[977] Tatsächlich wäre die Wirkung eines solchen Code im Ergebnis ähnlich wie die eines Restatement des ALI, da auch dieses Regelungswerk für Gerichte nicht bindend ist. Der Vorteil liegt laut *Kramer* aber beim abweichenden Regelungsgeber: Anders als beim ALI würden die Mitglieder der National Conference offiziell von den Exekutivorganen der jeweiligen 50 Bundesstaaten entsendet.[978] Damit sei die National Conference eher geeignet, einen von allen Bundesstaaten getragenen Konsens zu finden.[979] Außerdem übernehme die Legislative der

970 *Currie*, Selected Essays on the Conflict of Laws, 1963, S. 126: „There must, however, be problems of sufficient importance to justify congressional action.“

971 *Gottesman*, 80 Georgetown Law Journal 1, 33 (1991).

972 *Gottesman*, 80 Georgetown Law Journal 1, 34 (1991).

973 *Michaels*, in: FS Kropholler, S. 173; anderer Ansicht ist *Gottesman*, 80 Georgetown Law Journal 1, 30 (1991).

974 *O'Hara/Ribstein*, 67 The University of Chicago Law Review 1151, 1225 (2000).

975 Die Kommission wird alternativ auch als Uniform Law Commission bezeichnet, vgl. https://www.uniformlaws.org/aboutulc/overview (zuletzt abgerufen am 12.08.2021).

976 *Kramer*, 89 Michigan Law Review 2134 (1991).

977 *Juenger*, 75 Indiana Law Journal 403, 416 (2000).

978 Für nähere Informationen siehe die Website der Uniform Law Commission, https:// www.uniformlaws.org/aboutulc/faq (zuletzt abgerufen am 12.08.2021).

979 *Kramer*, 89 Michigan Law Review 2134, 2148 (1991).

Bundesstaaten oftmals direkt *Uniform Laws*, sodass diese letztlich doch Bindungswirkung entfalten könnten.[980] Den größten Vorteil sieht *Kramer* schließlich darin, dass *Uniform Codes* nicht den *lex lata*-Beschränkungen der Restatements unterliegen.[981] Auch wenn ein Restatement Rechtsfortbildung betreiben könne, sei ein völliger Bruch mit vorangegangener Rechtsprechung nicht möglich.[982] Die *Uniform Codes* könnten hingegen mit einem weißen Blatt Papier beginnen und daher auf einem völlig unabhängigen und neuartigen methodischen Konstrukt basieren.[983] Dies sei angesichts des momentanen „Methodenwirrwarrs" im Bereich des Kollisionsrechts besonders wünschenswert.[984]

Trotz des vermeintlich größeren Einflusses der Einzelstaaten auf das „Gesetzgebungsverfahren" sind die Erfolgsaussichten eines *Uniform Choice of Law Code* aber gering. Es ist wenig wahrscheinlich, dass es angesichts der vielen methodischen Herangehensweisen überhaupt zu einer einheitlichen Regelung kommt. Ebenso kann nicht garantiert werden, dass die Staaten die Regelungen des Modellgesetzes tatsächlich übernehmen würden, vor allem, wenn sie alternativ nach Belieben auf die Restatements zurückgreifen können.[985]

Zusammenfassend lässt sich feststellen, dass es für eine Neuregelung des Kollisionsrechts zwar mehrere Optionen anstelle eines neuen Restatement gibt, diese aber entweder nicht durchsetzbar oder wenig aussichtsreich sind. Vor diesem Hintergrund liegt der Schluss nahe, dass eine Neuauflage eines Restatement of Conflict of Laws die sinnvollste Lösungsmöglichkeit für eine Auflösung des momentanen Methodenpluralismus darstellt.

II. Visionen der Wissenschaft für ein drittes Restatement

Die wissenschaftliche Diskussion über eine Neuauflage des Restatement of Conflict of Laws begann 1997 im Rahmen des Jahrestreffens der Association of American Law Schools.[986] In einem im selben Jahr erschienenen Aufsatz hatte bereits *Symeonides* festgestellt, dass die Zeit reif für ein neues Restatement of Conflict of Laws sei.[987] 1999 wurde die Thematik in einem Symposium an der

---

980 *Kramer*, 89 Michigan Law Review 2134, 2148 (1991).

981 *Kramer*, 89 Michigan Law Review 2134, 2148 (1991).

982 *Kramer*, 89 Michigan Law Review 2134, 2148 (1991).

983 *Kramer*, 89 Michigan Law Review 2134, 2148 (1991).

984 *Kramer*, 89 Michigan Law Review 2134, 2149 (1991).

985 *Michaels* steht den Erfolgsaussichten eines solchen Modellgesetzes ebenfalls kritisch gegenüber, vgl. *Michaels*, in: FS Kropholler, S. 173.

986 *Symeonides*, in: Encyclopedia of Private International Law, S. 1552.

987 *Symeonides*, 56 Maryland Law Review 1248, 1280 (1997).

Indiana University Maurer School of Law ausführlich erörtert.[988] Danach gab es von Seiten der Wissenschaft immer wieder Vorschläge, wie eine Neuauflage auszugestalten sei und worauf ein besonderer Fokus gelegt werden solle.[989] In den Beiträgen kristallisieren sich mehrere Themenschwerpunkte heraus.

1. Notwendigkeit einer Neuauflage

In der Literatur befürworten die meisten Stimmen eine Neuauflage der Restatements of Conflict of Laws.[990] Drastische Worte findet *Traynor*: Das Kollisionsrecht brauche einen „systematic overhaul".[991] Der Großteil der Beiträge begründet dies damit, dass das zweite Restatement schon in den Augen seines Reporters nur eine Übergangslösung dargestellt habe.[992] Inzwischen sei die Zeit reif, aus der Rechtsprechung der letzten 50 Jahre eine Synthese zu ziehen und auf dieser Basis ein neues Regelungswerk zu schaffen.[993] Die Literatur habe seit der *Conflicts Revolution* ebenfalls einen Richtungswechsel vollzogen. Statt die Fundamente des Kollisionsrechts immer wieder neu zu erfinden, analysiere man stattdessen die Vorgehensweise der Gerichte und verwende sie als Ansatzpunkt methodischer Untersuchungen.[994] Hierauf könne man aufbauen.

Trotzdem gibt es auch kritische Stimmen bezüglich einer Neuauflage. *Weintraub* und *Peterson* zweifelten im Jahr 2000, dass die Zeit für ein neues Restatement bereits gekommen sei, da es immer noch an Kohärenz innerhalb der Rechtsprechung fehle.[995] Diese Problematik könne unter Umständen erst in 20 Jahren überwunden sein.[996] Erst dann solle das ALI beginnen, auf Basis der

988 Schriftfassungen der Vorträge dieses Symposiums wurden in der 75. Ausgabe des Indiana Law Journal veröffentlicht.

989 Vgl. *Traynor*, 32 Southern Illinois University Law Journal 145, 150 (2007).

990 Statt vieler *Posnak*, 75 Indiana Law Journal 561 (2000); *Richman/Reynolds*, 75 Indiana Law Journal 417 (2000); *Simson*, 75 Indiana Law Journal 649 (2000); *Symeonides*, 56 Maryland Law Review 1248 (1997).

991 *Traynor*, 32 Southern Illinois University Law Journal 145, 151 (2007).

992 *Richman/Reynolds*, 75 Indiana Law Journal, 417 (2000); *Reese* bezeichnete das zweite Restatement explizit als „transitional", vgl. *Reese*, 28 Law and Contemporary Problems 679, 699 (1963).

993 *Roosevelt III/Jones*, 110 AJIL Unbound 139, 141 (2016); *Symeonides*, 5 Journal of Private International Law 383, 386 (2009).

994 *Richman/Reynolds*, 75 Indiana Law Journal 417, 427 (2000).

995 *Weintraub*, 75 Indiana Law Journal 679, 686 (2000); *Peterson*, 75 Indiana Law Journal 549, 552 (2000).

996 *Weintraub*, 75 Indiana Law Journal, 679 (2000).

ergangenen Gerichtsentscheidungen Regeln festzulegen.[997] *Juengers* Misstrauen bezüglich einer Neuauflage basiert ebenfalls auf dem desolaten Zustand des Kollisionsrechts zu Beginn des 21. Jahrhunderts.[998] Sowohl in der Rechtsprechung als auch in der Literatur fehle es an einem Konsens, sodass das Kollisionsrecht in einem „unrestateable" Zustand sei.[999] Das zweite Restatement verkörpere ein warnendes Beispiel dafür, was passiere, wenn verschiedene Theorien in einem einzigen Regelungswerk zusammengefasst würden.[1000] Seitdem habe sich das Kollisionsrecht nicht bedeutend verändert.[1001] Statt eines Restatement müsse zunächst Ordnung in das chaotische Fundament des Kollisionsrechts gebracht werden.[1002] *Sedler* ist hingegen der Auffassung, man brauche gar kein Restatement, da sich aus der Rechtsprechung der vergangenen Jahre bereits klare Regeln ergäben, die auch in Zukunft für Rechtssicherheit und Vorhersehbarkeit sorgen könnten.[1003]

Einen anderen Blickwinkel nimmt *Gottesman* ein, er lehnt ein drittes Restatement nicht grundsätzlich ab.[1004] Seine Skepsis gegenüber einer Neuauflage beruht auf dem schlechten Einfluss der Wissenschaft auf die bisherigen Regelungswerke. Insbesondere das zweite Restatement sei ein „Desaster" gewesen, das in der Praxis zu großer Unsicherheit geführt habe.[1005] Ein drittes Restatement könne nur dann eine Verbesserung für die Anwaltschaft darstellen, wenn man den Reformprozess statt der Wissenschaft den Richtern und Anwälten überlasse.[1006] Am erfolgversprechendsten ist in *Gottesmans* Augen letztlich aber kein Restatement, sondern eine zentralisierte föderale Lösung des Gesetzgebers.[1007]

---

997 *Weintraub*, 75 Indiana Law Journal 679, 686 (2000).

998 *Juenger*, 75 Indiana Law Journal, 403 (2000); *Juenger* steht zu diesem Zeitpunkt auch dem IPR an sich skeptisch gegenüber; in seinen Augen sollten grenzüberschreitende Sachverhalte durch internationale oder supranationale Regelungen gelöst werden, um die Anwendung nationalen Rechts zu verhindern, vgl. *Juenger*, in: FS Siehr, S. 290 f.

999 *Juenger*, 75 Indiana Law Journal 403, 404 (2000); zur Inkonsistenz innerhalb der Rechtsprechung im Detail auf S. 410 ff.

1000 *Juenger*, 75 Indiana Law Journal 403, 405 (2000).

1001 *Juenger*, 75 Indiana Law Journal 403, 406 (2000).

1002 *Juenger*, 75 Indiana Law Journal 403, 415 (2000).

1003 *Sedler*, 75 Indiana Law Journal 615, 616 (2000).

1004 *Gottesman*, 75 Indiana Law Journal 527, 534 (2000).

1005 *Gottesman*, 75 Indiana Law Journal, 527 (2000).

1006 *Gottesman*, 75 Indiana Law Journal, 527 (2000).

1007 *Gottesman*, 75 Indiana Law Journal 527, 534 (2000); auch *Posnak* zieht einen *Model Act* einem Restatement vor, vgl. *Posnak*, 75 Indiana Law Journal, 561 (2000); zu den Erfolgsaussichten dieser Optionen vgl. Teil 1, D.I.

Simon plädiert schließlich dafür, statt einer Neufassung eine angemessene Anwendung des zweiten Restatement zu entwickeln.[1008] Eine Neuauflage werde die Situation eher verschlimmern als verbessern, da sie vermehrt feststehende Regeln enthielte.[1009] Das zweite Restatement biete trotz seiner uneinheitlichen Methodik genügend Spielraum, um anhand von § 6 (2) eine Abwägung der betroffenen staatlichen Interessen durchzuführen.[1010] Ähnlich argumentiert auch *Brilmayer*: Sie ist skeptisch, dass ein drittes Restatement tatsächlich eine Verbesserung darstellen werde, und schlägt daher vor, das Grundkonzept des zweiten Restatement auf jeden Fall beizubehalten.[1011]

Letztlich stimmte das ALI der vorherrschenden Meinung in der Literatur zu: Am 17. November 2014 verkündete das Institut, dass die Zeit für eine dritte Auflage des Restatement of Conflict of Laws gekommen sei und mit der Arbeit an einer Neuauflage begonnen werde.[1012]

2. *Restatement-Attribute einer Neuauflage*

Die Frage, inwieweit eine Neufassung die inhaltlichen und formalen Restatement-Attribute der ALI-Regelungswerke wirksam umsetzen kann bzw. soll, wird ebenfalls kontrovers diskutiert. *Maier* formuliert die Herausforderung für eine Neuversion wie folgt: Es müsse entschieden werden, ob das Restatement kollisionsrechtliche Theorien aus Wissenschaft und Praxis konsolidieren oder eine Synthese der Rechtsprechung zu den bisherigen Ansätzen beinhalten solle.[1013] Ein Blick auf die beiden Vorgängerversionen zeigt, dass diese primär die erstgenannte Herangehensweise verfolgten, gerade deswegen aber in der Literatur stark kritisiert wurden.

Das erste Restatement wird in der Literatur unter anderem wegen des methodischen Alleingangs seines Reporters *Beale* negativ bewertet.[1014] Anstatt sich auf das bestehende *case law* zu beziehen und daraus ein System zu entwickeln, entwarf *Beale* eine eigene methodische Herangehensweise, die auf den Prinzipien

---

1008 *Simson*, 75 Indiana Law Journal 649 (2000).

1009 *Simson*, 75 Indiana Law Journal 649, 652 (2000).

1010 *Simson*, 75 Indiana Law Journal 649, 654 ff. (2000).

1011 *Brilmayer*, 110 AJIL Unbound, 144 (2016).

1012 Vgl. dazu die Pressemeldung des ALI, verfügbar unter https://www.ali.org/news/articles/american-law-institute-announces-four-new-projects/ (zuletzt abgerufen am 12.08.2021).

1013 *Maier*, 75 Indiana Law Journal, 541 f. (2000).

1014 *Lorenzen/Heilman*, 83 University of Pennsylvania Law Review, 555 (1935).

von *territoriality* und *vested rights* aufbaute. Die Literatur beanstandet, dass diese beiden Grundsätze zuvor nie in der US-amerikanischen Rechtsprechung aufgetaucht seien.[1015] *Beale* habe keine Darstellung des Kollisionsrechts im Sinne gehabt, sondern stattdessen lediglich seine eigene Rechtsauffassung propagieren wollen.[1016] Es sei *Beale* zwar zuzugestehen, dass die Gerichte zu Beginn seiner Arbeit wenig Erfahrung mit kollisionsrechtlichen Fragen gehabt hätten und daher nicht in allen Bereichen auf eine gefestigte Dogmatik zurückgegriffen werden konnte.[1017] Die dünne Rechtsprechungsgrundlage rechtfertigt in vielen Augen aber nicht *Beales* eigenmächtiges Vorgehen bei der Entwicklung des Restatement und seine Ignoranz gegenüber der bisherigen Rechtspraxis.[1018] Es wird angemahnt, dass *Beale* in vielen Fällen bestehendes *case law* völlig übergangen habe, sobald dieses nicht in sein System passte.[1019] Der rechtsfortbildende Aspekt eines Restatement wurde so *ad absurdum* geführt, da der Reporter bestehendes Recht eben nicht weiterführte, sondern ohne Basis ein neues System schuf.

Im zweiten Restatement liegt das Problem an anderer Stelle: *Reeses* System wird von der Literatur als „wishy-washy"[1020]-Methodik bezeichnet, die darunter leide, dass der Reporter es allen Kritikern habe Recht machen wollen. Man sei sich zwar einig gewesen, dass das Kollisionsrecht neu gefasst werden müsse, aber nicht darüber, wie dies geschehen solle.[1021] Die überbordende Kompromissbereitschaft des Reporters habe dazu geführt, dass die Regeln den Gerichten keinerlei Richtung wiesen.[1022] *Borchers* kritisiert in diesem Zusammenhang vor allem den Versuch, möglichst viele methodische Ansätze der *Conflicts Revolution* im

1015 *Lorenzen/Heilman*, 83 University of Pennsylvania Law Review 555, 557 (1935); *Symeonides*, 32 Southern Illinois University Law Journal 39, 75 (2007).

1016 *Symeonides*, in: Encyclopedia of Private International Law, S. 1546.

1017 *Maier*, 75 Indiana Law Journal 541, 542 (2000); vgl. hierzu auch die Einleitung des damaligen Direktors des ALI, *William D. Lewis*, Restatement of Conflict of Laws, S. xiii f.; das Projekt eines Restatement für *Conflict of Laws* wurde daher von mehreren Autoren aus dieser Zeit als verfrüht angesehen, vgl. *Lorenzen/Heilman*, 83 University of Pennsylvania Law Review, 555 ff. (1935); *Yntema*, 36 Columbia Law Review 183, 222 f. (1936).

1018 Vgl. *Yntema*, 36 Columbia Law Review 183, 185 (1936).

1019 *Symeonides*, 32 Southern Illinois University Law Journal 39, 76 (2007).

1020 *Southerland*, 27 Vermont Law Review 1, 46 (2002); *Juenger* nennt den Inhalt des Restatement u.a. „gibberish" und „mishmash", vgl. *Juenger*, 75 Indiana Law Journal 403, 405 (2000).

1021 *Peterson*, 75 Indiana Law Journal 549, 554 (2000).

1022 *Peterson*, 75 Indiana Law Journal 549, 554 (2000).

Rahmen von § 6 (2) in das Restatement zu integrieren.[1023] Eine Vereinfachung des Rechts habe gerade nicht stattgefunden, deswegen könne das Werk nicht als „Restatement" bezeichnet werden.[1024] *Ehrenzweig* bemängelt außerdem, dass – sofern Rechtsprechung zitiert werde – nur auf die Leitsätze der Entscheidungen abgestellt und nicht die eigentliche Begründung berücksichtigt worden sei.[1025] Wer die in den *Reporter's Notes* genannten Entscheidungen genauer untersuche, stelle fest, dass die Regeln des Restatement nicht von dort zitierten Entscheidungen getragen würden.[1026]

In einer Neuauflage des *Conflicts* Restatement muss man nach Ansicht der Literatur aus den oben genannten Fehlern lernen. *Symeonides* äußert sich bezüglich der Ausprägung der *lex ferenda*-Komponente eines dritten Restatement zögerlich; es gebe keinen Grund mehr, den rechtsfortbildenden Aspekt des Restatement in den Vordergrund zu rücken, da das bestehende *case law* ausreichend sei. [1027] *Maier* ist ebenfalls der Ansicht, dass ein drittes Restatement einzig auf der bestehenden Rechtsprechung aufbauen müsse.[1028] Dies schließe nicht aus, dass die neuen Regeln die Basis für eine anschließende wissenschaftliche Diskussion bilden könnten – aber eben nicht anders herum.[1029] Auch *Peterson* argumentiert, dass ein drittes Restatement die bisherige Rechtsprechung zutreffend wiedergeben und gleichzeitig den überflüssig gewordenen Ballast der Vorgängerversionen abwerfen müsse.[1030] Mithilfe empirischer Studien könne untersucht werden, wie Gerichte in kollisionsrechtlichen Fragestellungen vorgingen.[1031] Außerdem müsse der Umgang von Anwälten und Parteien mit grenzüberschreitenden Konstellationen analysiert werden.[1032] *Peterson* äußert zudem die Vermutung, dass Restatements in der Vergangenheit immer dann am erfolgreichsten gewesen seien, wenn sie die bestehende Rechtsprechung analysiert und zusammengefasst hätten.[1033]

1023 *Borchers*, 56 Maryland Law Review 1232, 1237 (1997).
1024 *Borchers*, 56 Maryland Law Review 1232, 1237 (1997).
1025 *Ehrenzweig*, in: FS Rheinstein, S. 350.
1026 *Ehrenzweig*, in: FS Rheinstein, S. 350.
1027 *Symeonides*, 5 Journal of Private International Law 383, 418 (2009).
1028 *Maier*, 75 Indiana Law Journal 541, 548 (2000).
1029 *Maier*, 75 Indiana Law Journal 541, 548 (2000).
1030 *Peterson*, 75 Indiana Law Journal 549, 550 (2000).
1031 *Peterson*, 75 Indiana Law Journal 549, 551 (2000).
1032 *Peterson*, 75 Indiana Law Journal 549, 551 (2000).
1033 *Peterson*, 75 Indiana Law Journal 549, 555 f. (2000).

Eine gegenteilige Sichtweise vertritt *Weinberg*. Sie schlägt 2015 vor, dass ein drittes Restatement – wie seine Vorgänger – nicht das bestehende Recht wiedergeben, sondern stattdessen den Anspruch haben solle, das Kollisionsrecht zu verbessern.[1034] Ein neues Restatement biete die Möglichkeit, einen Richtungswechsel zu begründen und das Kollisionsrecht weg von den „altbackenen" Regeln aus der Vergangenheit zu führen.[1035] Damit trete der *de lege lata*-Aspekt des Restatement gegenüber der *lex ferenda*-Komponente in den Hintergrund.

Twerski interpretiert die Funktion des neuen Regelungswerkes auf eine ganz andere Weise: Er plädiert für ein „multi-track"-Restatement, das die verschiedenen vorherrschenden Strömungen in der Wissenschaft identifiziert und darstellt.[1036] Dadurch werde es den Gerichten überlassen, für welche Herangehensweise sie sich entschieden, sie erhielten aber trotzdem ausreichend Hilfestellung.[1037] Ein „one-fits-all"-Restatement sei im Kollisionsrecht nicht länger durchsetzbar.[1038]

Die Bandbreite der wissenschaftlichen Diskussion macht deutlich, dass in der Literatur immer noch Uneinigkeit darüber herrscht, welche Funktion die Restatements im Kollisionsrecht einnehmen sollen. Die Verfasser einer Neuauflage müssen sich daher zuallererst darüber klar werden, ob sie die vom ALI vorgesehene Doppelfunktion der Regelungswerke umsetzen oder stattdessen an die fragwürdige Tradition der Vorgängerversionen anknüpfen wollen.

3. *Rules/certainty vs. approach/flexibility*

Ein signifikantes Diskussionsthema in der Wissenschaft ist die Frage, ob ein neues Restatement feststehende Regeln oder nur ein flexibles Grundkonzept beinhalten soll. *Reese*, der Reporter des zweiten Restatement, stellte bereits 1972 fest, dass die Wahl zwischen *rule* und *approach* das zentrale Streitthema im Kollisionsrecht sei.[1039] Eng verbunden mit dieser Problematik ist die Entscheidung zwischen Flexibilität und Rechtssicherheit als Zielsetzung der kollisionsrechtlichen Analyse.

1034 *Weinberg*, 2015 University of Illinois Law Review 1999, 2005 (2015).

1035 *Weinberg*, 2015 University of Illinois Law Review 1999, 2052 (2015).

1036 *Twerski*, 75 Indiana Law Journal 667, 673 (2000).

1037 *Twerski*, 75 Indiana Law Journal 667, 677 (2000).

1038 *Twerski*, 75 Indiana Law Journal 667, 677 (2000).

1039 *Reese*, 57 Cornell Law Review 315 (1972); *von Mehren* sagte 1975 voraus, dass die Formulierung neuer *policy*-orientierter Regeln in der Zukunft eine wesentliche Rolle spielen werde, vgl. *von Mehren*, 60 Cornell Law Review 927, 965 (1974-1975).

Die Missbilligung feststehender Regeln hat ihren Ursprung in der *Conflicts Revolution*. *Currie* stellte in einem seiner ersten Beiträge fest, dass das Kollisionsrecht ohne Regeln besser dran wäre.[1040] Ausgangspunkt dieser Feststellung war die Kritik an *Beales* „Quasi-Rechtsetzungstätigkeit“ im ersten Restatement. Vordergründig mahnte man die Starrheit der Regelungen an, es bleibe kein Raum für Flexibilität.[1041] Die konsequente Anwendung der *vested rights*-Theorie in Verbindung mit dem Territorialitätsgrundsatz verpflichte die Gerichte dazu, ein bestimmtes Recht anzuwenden.[1042] Dass dieses Recht im konkreten Fall nicht passend sei oder das Recht eines anderen Staates einen berechtigten Anspruch auf Anwendung habe, könne nicht berücksichtigt werden. Es komme zu keiner „Wahl“ zwischen verschiedenen Rechtsordnungen, stattdessen werde einem Staat basierend auf *territoriality* eine Rechtsentscheidungsbefugnis zugesprochen.[1043]

Der Mangel an Flexibilität ist der Hauptgrund, warum sich mehrere Literaturstimmen gegen feststehende Regeln in einem dritten Restatement aussprechen. *Simons* argumentiert, es sei im Interesse des Einzelfalls und der Fairness zwingend notwendig, flexible Lösungsansätze zu schaffen.[1044] Dies werde allerdings durch feststehende Regeln nicht ermöglicht.[1045] Auch *Posnak* ist der Ansicht, dass eine Neuversion keine Kollisionsregeln enthalten solle.[1046] Durch sie gingen Flexibilität und Funktionalität verloren.[1047] Daher solle man sowohl von Regelungen, die den besonderen Regeln des zweiten Restatement ähnelten, als auch von Generalklauseln absehen.[1048] In methodischer Hinsicht sei es zudem anzuraten, die Qualifikation zu eliminieren, da sie für die kollisionsrechtliche Analyse keinerlei Hilfestellung biete.[1049] *Richman/Reynolds* begründen ihre Ablehnung gegenüber Kollisionsregeln damit, dass auch die Rechtsprechung

1040 *Currie*, Selected Essays on the Conflict of Laws, 1963, S. 183: „We would be better off without choice-of-law rules.“
1041 *Symeonides*, 32 Southern Illinois University Law Journal 39, 75 (2007).
1042 *Symeonides*, 32 Southern Illinois University Law Journal 39, 75 (2007).
1043 *Symeonides*, 32 Southern Illinois University Law Journal 39, 76 (2007).
1044 *Simson*, 75 Indiana Law Journal 649, 654 (2000).
1045 *Simson*, 75 Indiana Law Journal 649, 654 (2000).
1046 *Posnak*, 75 Indiana Law Journal 561, 562 (2000).
1047 *Posnak*, 75 Indiana Law Journal 561, 563 (2000).
1048 *Posnak*, 75 Indiana Law Journal 561, 563 (2000).
1049 *Posnak*, 75 Indiana Law Journal 561, 564 (2000).

keine feststehende Regeln wolle. Der weit verbreitete Rückgriff auf die Generalklauseln spreche dafür, dass Gerichte einen flexiblen und ergebnisoffenen Ansatz bevorzugten.[1050]

Im Gegensatz zu diesen Autoren befürwortet ein Großteil der sonstigen Literatur klar formulierte Kollisionsregeln.[1051] Es besteht Einigkeit darin, dass bei einem solchen Unterfangen Lehren aus der *Conflicts Revolution* gezogen werden müssen.[1052] Während des Entstehungsprozesses des zweiten Restatement sei die Rechtsprechung in einem Umbruch gewesen, sodass man vor allem im Delikts- und Vertragsrecht keine klaren Kollisionsregeln habe formulieren können.[1053] Dies bedeute aber nicht, dass es nicht grundsätzliches Ziel eines Kollisionsrechtsregimes sein solle, feststehende Regeln zu beinhalten.[1054]

Symeonides schlug dementsprechend 1997 vor, in einem neuen Restatement ein „Zwischending" aus den starren Regeln des ersten und den „non-rules" des zweiten Restatement zu verwenden: Die Regeln sollten zwar eng formuliert und kleinschrittig sein; gleichzeitig müsse aber genug Raum für eine Ausweichmöglichkeit gelassen werden, der Inhalt des Sachrechts im Vordergrund stehen und die Erfahrungen aus der Rechtsprechung anstelle einer autarken Dogmatik die Basis bilden.[1055] In *Symeonides* Augen ist das Kollisionsrecht zu Beginn des 20. Jahrhunderts zu unstet. Es sei nur eine Frage der Zeit, bis die Gerichte der Rechtssicherheit einen größeren Stellenwert einräumten.[1056] Das neue Restatement müsse daher eine Balance zwischen *certainty* und *flexibility* finden.[1057] Im Übrigen sei es notwendig, das im US-amerikanischen Rechtsdenken fest

---

1050 *Richman/Reynolds*, 75 Indiana Law Journal 417, 430 (2000).

1051 Statt vieler *Michaels*, in: Private International Law and Global Governance, S. 65; *Roosevelt III/Jones*, 110 AJIL Unbound 139, 141 (2016); letztlich plädiert sogar *Brilmayer* für feststehende Regeln in einem Restatement; sie argumentiert, dass das zweite Restatement aufgrund der Kombination aus *multi-factor-test* und feststehenden Regeln so erfolgreich gewesen sei, vgl. *Brilmayer*, 2015 University of Illinois Law Review 1969, 1971 (2015).

1052 Vgl. *Symeonides*, in: Encyclopedia of Private International Law, S. 1552; *Symeonides*, 75 Indiana Law Journal 437, 444 (2000).

1053 *Reese*, 28 Law and Contemporary Problems 679, 699 (1963).

1054 *Reese*, Recueil des cours 150 (1976), 1, 61.

1055 *Symeonides*, 56 Maryland Law Review 1248, 1280 (1997): „The new rules should be narrow, issue-by-issue, content-oriented rules, grounded on experience rather than on dogma."

1056 *Symeonides*, 56 Maryland Law Review 1248, 1283 (1997).

1057 *Symeonides*, 56 Maryland Law Review 1248, 1283 (1997); *Symeonides*, 5 Journal of Private International Law 383, 406 (2009).

verankerte „anti-rule symptom"[1058] zu überwinden.[1059] In diesem Zusammenhang habe man außerdem zu beachten, dass es gerade nicht um kodifizierte Regeln, sondern um „Restatement-Regeln" gehe, die nicht bindend seien.[1060]

Auch *Borchers* ist ein Befürworter von Regeln, die eine gewisse Flexibilität zulassen, aber gleichzeitig eine klare Richtung vorgeben.[1061] Er argumentiert, bisherige Entscheidungen der Rechtsprechung zeigten, dass Gerichte klar formulierte Vermutungsregeln vorzögen, da ihnen diese einen „Startpunkt" gäben.[1062] Inzwischen könne man in vielen Urteilen eine Struktur wiederfinden, die an Quasi-Regeln erinnerten.[1063] Es sei zwar Zeit, die Früchte der *Conflicts Revolution* zu ernten; man solle aber gleichzeitig zugeben, dass man nicht länger gegen alles „Regelartige" ankämpfen müsse.[1064] Die besondere Bedeutung von Rechtssicherheit und Vorhersehbarkeit begründet *Borchers* mit den Parteiinteressen. Unsicherheit bezüglich des anwendbaren Rechts verursache hohe Kosten für die Parteien.[1065] Die Louisiana-Kodifikation habe in der Rechtsprechung dieses Bundesstaates dazu geführt, dass nur noch 20 % der Fälle in Revision gingen.[1066] Um einen ähnlichen Effekt in einer Neuauflage des Restatement zu erreichen, könne auf die bestehenden Kodifikationen sowie die von der Rechtsprechung entwickelten *Neumeier rules* zurückgegriffen werden.[1067] Von der Normierung eines § 6 (2) gleichenden, universellen Prinzips solle man in einem dritten Restatement aber explizit absehen.[1068]

Gottesman spricht sich ebenfalls klar für feststehende Regeln aus; anders könne der Praxis nicht geholfen werden.[1069] Das flexible zweite Restatement sei

---

1058 So die Kritik von *Borchers*, 49 Creighton Law Review 495, 505 (2016) und *Symeonides*, Choice of Law, 2016, S. 701.

1059 *Symeonides*, 75 Indiana Law Journal 437, 439 (2000).

1060 *Symeonides*, 75 Indiana Law Journal 437, 447 (2000); *Symeonides*, 5 Journal of Private International Law 383, 409 (2009).

1061 *Borchers*, 49 Creighton Law Review 495, 498 (2016).

1062 *Borchers*, 49 Creighton Law Review 495, 499 (2016): „Courts want a starting point that the 'glass-bead games' of the conflicts revolution have not given them."

1063 *Borchers*, 49 Creighton Law Review 495, 505 (2016): „United States conflicts decisions are beginnng to fall into patterns that might be called quasi or soft rules."

1064 *Borchers*, 49 Creighton Law Review 495, 505 (2016).

1065 *Borchers*, 49 Creighton Law Review 495, 497 (2016); so auch *O'Hara/Ribstein*, 67 The University of Chicago Law Review 1151, 1153 (2000).

1066 *Borchers*, 49 Creighton Law Review 495, 497 (2016).

1067 *Borchers*, 49 Creighton Law Review 495, 500 (2016).

1068 *Borchers*, 49 Creighton Law Review 495, 503 (2016).

1069 *Gottesman*, 75 Indiana Law Journal 527, 528 (2000).

ein Desaster.[1070] Feststehende Regeln böten einen entscheidenden Vorteil: Nur so könne Rechtssicherheit für die Parteien erreicht werden.[1071] Es sei an der Zeit, sich endlich auf konkrete Regeln zu einigen.[1072] Auch *Gottesman* verweist auf die hohen Prozesskosten in grenzüberschreitenden Fällen.[1073] Er führt außerdem an, dass diese Fälle daher schnell verglichen würden, oftmals zum Nachteil der schlechter beratenen Partei.[1074] Um „Waffengleichheit" unter den Parteien zu erreichen, müsse von Anfang an klar sein, welches Recht gelte.[1075] Die Wissenschaft habe in anderen Rechtsgebieten erkannt, dass man zugunsten der Rechtssicherheit gewisse Opfer bringen müsse. Die daraus entstandenen Regeln seien Ergebnis einer sorgfältigen Abwägung.[1076] Um ein entsprechendes Maß an Rechtssicherheit zu gewährleisten, spricht sich *Gottesman* gegen die Verwendung von weiten Ausweichklauseln aus.[1077] Aus diesem Grund dürfe auch eine *better law*-Erwägung nicht Teil der kollisionsrechtlichen Analyse werden.[1078]

Insgesamt neigt ein Großteil der Literatur dazu, feststehende Regeln gegenüber einem flexiblen und weit formulierten Grundprinzip zu bevorzugen. Damit scheint sich der durch die *Conflicts Revolution* initiierte Richtungswechsel wieder umzukehren.

4. *Methodik einer Neuauflage*

In der Wissenschaft werden verschiedene Ansichten vertreten, wie ein drittes Restatement methodisch ausgestaltet sein soll. *Roosevelt/Jones* heben ausdrücklich hervor, dass ein neues Restatement unbedingt eine schlüssige Methodik enthalten müsse.[1079] Ein in sich abgeschlossenes und umfassendes methodisches Konzept für die Neuauflage wird allerdings nur in wenigen Fällen vorgestellt; in der Regel beschränken sich die Aussagen der Autoren auf einzelne Aspekte der kollisionsrechtlichen Analyse. Die Diskussion über die methodische

1070 *Gottesman*, 75 Indiana Law Journal, 527 (2000).
1071 *Gottesman*, 75 Indiana Law Journal 527, 528. (2000).
1072 *Gottesman*, 75 Indiana Law Journal 527, 533 (2000).
1073 *Gottesman*, 75 Indiana Law Journal 527, 529 (2000).
1074 *Gottesman*, 75 Indiana Law Journal 527, 529 (2000).
1075 *Gottesman*, 75 Indiana Law Journal 527, 529 (2000).
1076 *Gottesman*, 75 Indiana Law Journal 527, 529 (2000).
1077 *Gottesman*, 75 Indiana Law Journal 527, 529 (2000).
1078 *Gottesman*, 75 Indiana Law Journal 527, 530 (2000).
1079 *Roosevelt III/Jones*, 110 AJIL Unbound 139, 142 (2016): „[…] theory matters. What we think is going on in a choice of law decision matters."

Vorgehensweise ist eng mit der zuvor untersuchten Frage verbunden, ob ein Restatement feststehende Regeln oder stattdessen ein offen formuliertes Grundprinzip enthalten soll.

Ein umstrittenes Thema in der Literatur ist die Berücksichtigung des Sachrechts innerhalb der kollisionsrechtlichen Analyse. Die vorherrschende Ansicht bejaht die Notwendigkeit einer solchen Vorgehensweise inzwischen.[1080] *Singer* erklärt sogar, materiell-rechtliche Erwägungen seien seit jeher von der Rechtsprechung mit einbezogen worden.[1081] Die Meinungen unterscheiden sich allerdings bezüglich der Frage, in welcher Ausprägung der Inhalt des Sachrechts in die Bestimmung des anwendbaren Rechts einfließen soll. *Weintraub* plädiert beispielsweise explizit dafür, eine kollisionsrechtliche Analyse erst dann vorzunehmen, wenn die betroffenen Sachnormen zu unterschiedlichen Ergebnissen führen.[1082] *Posnak* lehnt an dieser Stelle eine Berücksichtigung staatlicher Interessen deutlich ab und möchte erst bei der eigentlichen *choice of law*-Analyse auf das Sachrecht Bezug nehmen.[1083]

Ein weiterer grundlegender Diskussionspunkt ist die Einzelfallorientierung bei der Bestimmung des anwendbaren Rechts.[1084] In *Reynolds* Augen unterscheidet sich die kollisionsrechtliche Analyse nicht von rein innerstaatlichen Fällen, bei denen der Richter ebenfalls den Einzelfall im Blick habe.[1085] Gerichte ignorierten vorgegebene Strukturen, sofern Gerechtigkeitserwägungen dies verlangten.[1086] *Richman/Reynolds* sind ebenfalls der Ansicht, dass Methodik in den Entscheidungsgründen eine äußerst geringe Rolle spiele und stattdessen das Ergebnis im Vordergrund stehe.[1087] Man solle daher die auf territoriale Anknüpfungspunkte fixierten Vermutungsregeln des zweiten Restatement eliminieren, da sie in der Vergangenheit nicht erfolgreich gewesen seien.[1088] *Singer* nimmt *Leflars better law*-Gedanken auf: Man könne die Regelungsinteressen eines Staates nicht bewerten, ohne darüber nachzudenken, wer am Ende gewinne.[1089]

1080 Statt vieler *Juenger*, 75 Indiana Law Journal 403, 416 (2000); *Richman/Reynolds*, 75 Indiana Law Journal 417 (2000); *Symeonides*, 5 Journal of Private International Law 383, 410 (2009).

1081 *Singer*, 75 Indiana Law Journal 659, 660 (2000).

1082 *Weintraub*, 75 Indiana Law Journal 679, 684 (2000).

1083 *Posnak*, 75 Indiana Law Journal 561, 568 (2000).

1084 So beispielsweise *Weintraub*, 75 Indiana Law Journal 679, 683 (2000).

1085 *Reynolds*, 56 Maryland Law Review 1371, 1372 (1997).

1086 *Reynolds*, 56 Maryland Law Review 1371, 1380 (1997).

1087 *Richman/Reynolds*, 75 Indiana Law Journal 417, 429 (2000).

1088 *Richman/Reynolds*, 75 Indiana Law Journal 417, 433 (2000).

1089 *Singer*, 75 Indiana Law Journal 659, 660 (2000).

Deshalb müsse dieser Gedanke in einem neuen Restatement berücksichtigt werden.[1090] Die Gemeinsamkeit dieser Vorschläge ist, dass sie nicht durch feststehende Kollisionsregeln umgesetzt werden können. Ihre Vertreter befürworten somit im Ergebnis einen *approach.*

Ähnlich argumentiert *Weinberg*, eine Vertreterin der *functional analysis*, in ihrem Beitrag von 2000. Sie plädiert ebenfalls dafür, dass in einem dritten Restatement die Einzelfallgerechtigkeit im Vordergrund stehen müsse. Diese Erwägung fehle in den *Choice of Law Principles* des zweiten Restatement, obwohl sie in älteren Beiträgen des Reporters *Reese* mehrfach aufgetaucht sei.[1091] Es sei realitätsfremd anzunehmen, dass Gerichte bei der Bestimmung des anwendbaren Rechts blind bezüglich des Inhalts des Sachrechts seien. [1092] In einer Neuauflage müsse man daher das Sachrecht zum zentralen Bestandteil der kollisionsrechtlichen Analyse machen.[1093] Es könne nicht davon ausgegangen werden, dass ein Gericht sein eigenes Sachrecht grundlos durch ein fremdes Recht ersetze.[1094] Die Annahme eines neutralen Forums in grenzüberschreitenden Fällen sei eine Illusion, *comity* existiere nicht.[1095]

Weinberg spricht sich damit klar für eine grundsätzliche Bevorzugung der *lex fori* aus. Für die methodische Herangehensweise eines dritten Restatement schlägt sie Folgendes vor: Zunächst sei zu vermuten, dass ein Gericht stets sein eigenes Sachrecht anwende, sofern dessen Anwendungsbereich eröffnet sei.[1096] Von dieser Vermutung werde nur abgewichen, wenn spezielle Erwägungen das anzeigten.[1097] Diese Erwägungen könnten in einem an § 6 (2) des zweiten Restatement angelehnten Grundprinzip zusammengefasst werden.[1098] Die *Choice of Law Principles* müssten aber überarbeitet werden: Zum einen seien die „Gerechtigkeit im Einzelfall" sowie die „Anwendung des besseren Rechts" zu ergänzen. [1099] Zum anderen müssten die Bedürfnisse des *interstate* und *international system* unter einen Vorbehalt und ans Ende der Faktorenkette gestellt

1090 *Singer*, 75 Indiana Law Journal, 659 (2000).
1091 *Weinberg*, 75 Indiana Law Journal 475, 497 (2000).
1092 *Weinberg*, 75 Indiana Law Journal 475, 501 (2000).
1093 *Weinberg*, 56 Maryland Law Review 1316, 1367 (1997).
1094 *Weinberg*, 80 Georgetown Law Journal 53, 84 (1991).
1095 *Weinberg*, 75 Indiana Law Journal 475, 484 (2000); gegen *comity* im Speziellen vgl. *Weinberg*, 80 Georgetown Law Journal 53 (1991).
1096 *Weinberg*, 75 Indiana Law Journal 475, 507 (2000).
1097 *Weinberg*, 75 Indiana Law Journal 475, 508 (2000).
1098 *Weinberg*, 75 Indiana Law Journal 475, 507 (2000).
1099 *Weinberg*, 75 Indiana Law Journal 475, 508 (2000).

werden.[1100] Dass durch den Vorrang der *lex fori* in der Regel stets das Recht zur Anwendung komme, durch das ein Kläger bessergestellt werde, sei angemessen.[1101] So könnten einheimische Kläger geschützt und die Durchsetzung des nationalen Rechtsverständnisses gewährleistet werden.[1102] Genau deshalb stelle es das „bessere Recht" dar.[1103]

Einen Vorschlag für feststehende Kollisionsregeln liefert hingegen *Posnak*. Er möchte sämtliche kollisionsrechtlichen Fragestellungen anhand zweier Vermutungsregeln lösen.[1104] Kämen die Parteien aus demselben Staat, solle das Recht dieses Staates für sämtliche Rechtsfragen gelten.[1105] Sei dies nicht der Fall, aber ein Großteil des Sachverhalts spiele sich im Heimatstaat einer der Parteien ab, werde dessen Recht angewendet.[1106] Im Ergebnis stimmten diese beiden Regeln mit den *choice-influencing-factors* überein.[1107] Eine Auffangregel für alle Konstellationen, die nicht von den beiden Vermutungsregeln erfasst sind, formuliert *Posnak* indes nicht.

Brilmayer befürwortet im Ergebnis ebenfalls feststehende Kollisionsregeln; sie thematisiert die Problematik, wie in einer feststehenden Kollisionsregel das anwendbare Recht bestimmt wird. Die Autorin stellt fest, dass sowohl das erste Restatement als auch die moderne Interessenanalyse einen *single-factor-test* verfolgten, d.h. auf einen einzelnen Anknüpfungspunkt hinarbeiteten, der sodann das anwendbare Recht bestimme.[1108] Der Nachteil dieser Methodik liege darin, dass dieser eine Kontaktpunkt in einer globalisierten und technisierten Welt kein befriedigendes Ergebnis liefern könne und der Verwendung von

1100 *Weinberg*, 75 Indiana Law Journal 475, 491 (2000).

1101 *Weinberg*, 75 Indiana Law Journal 475, 485 (2000).

1102 *Weinberg*, 75 Indiana Law Journal 475, 485 (2000).

1103 *Weinberg*, 75 Indiana Law Journal 475, 485 (2000); einige Jahre später greift *Weinberg* ihren Ansatzpunkt bei der *lex fori* erneut auf; sie plädiert nun für eine völlig neue Kollisionsrechtssystematik, die auf *Curries* Interessenanalyse aufbauen soll, vgl. *Weinberg*, 2015 University of Illinois Law Review 1999, 2052 (2015); *Gottesman* mahnt hingegen das durch die Bevorzugung der *lex fori* erzeugte Heimwärtsstreben in *Weinbergs* Ansatz an; hierdurch werde letztlich *forum shopping* und ein *race to the courtroom* herausgefordert, was für alle Beteiligten nur Nachteile bedeute, vgl. *Gottesman*, 75 Indiana Law Journal 527, 532 (2000).

1104 *Posnak*, 75 Indiana Law Journal 561, 562 (2000).

1105 *Posnak*, 75 Indiana Law Journal 561, 565 (2000).

1106 *Posnak*, 75 Indiana Law Journal 561, 565 (2000).

1107 *Posnak*, 75 Indiana Law Journal 561, 566 (2000).

1108 *Brilmayer*, 110 AJIL Unbound 144, 145 (2016).

Ausweichmechanismen Tür und Tor öffne.[1109] *Brilmayer* plädiert stattdessen dafür, ähnlich wie bei der Bestimmung der Zuständigkeit, auf eine Anhäufung von Kontaktpunkten abzustellen.[1110] Hierdurch könne der Einzelfall in seiner Gesamtheit angemessen gewürdigt werden.[1111] Das zweite Restatement komme einer solchen Herangehensweise am nächsten.[1112] Daher solle auch das neue Restatement eine Liste charakteristischer Anknüpfungspunkte in bestimmten Fallkonstellationen sowie eine Vermutungsregelung samt Ausweichmöglichkeit enthalten.[1113]

Neben der grundlegenden Diskussion über die Notwendigkeit und Ausgestaltung feststehender Regeln werden in der Literatur außerdem einzelne Teilaspekte der kollisionsrechtlichen Analyse diskutiert. *Fentiman*, *Silberman* und *Gottesman* fordern beispielsweise, dass die Parteiautonomie einen größeren Stellenwert im dritten Restatement erhalten solle.[1114] *Juenger* spricht sich wiederum dagegen aus, in einem neuen Restatement noch einmal den Begriff „Interessen" zu verwenden. Er sei zu unbestimmt und habe in der Vergangenheit nur zu Unsicherheit geführt.[1115] *Symeonides* stellt fest, dass eine Neuauflage für alle möglichen *Conflicts*-Situationen Regelungen enthalten und somit sehr breit aufgestellt sein müsse.[1116] Nur so könne ein für die Gerichte attraktives, zusammenhängendes und komplettes System geschaffen werden.[1117] Insbesondere sollten Regeln für „mega-torts" sowie für Produkthaftungsfälle geschaffen werden.[1118] *Borchers* weist schließlich auf das Erfordernis einer in sich schlüssigen Systematik hin: Im zweiten Restatement habe man gesehen, dass die Generalklauseln mit ihrer alternativen Anknüpfung nicht zu den besonderen Kollisionsnormen gepasst hätten.[1119] So etwas dürfe in einer Neuauflage nicht wieder passieren.[1120]

1109 *Brilmayer*, 110 AJIL Unbound 144, 146 (2016).
1110 *Brilmayer*, 110 AJIL Unbound 144, 145 (2016).
1111 *Brilmayer*, 110 AJIL Unbound 144, 145 (2016).
1112 *Brilmayer*, 110 AJIL Unbound 144, 147 (2016).
1113 *Brilmayer*, 110 AJIL Unbound 144, 148 (2016).
1114 *Dietrich*, IPRax 2017, 420, 421 f.; im Ergebnis so auch *Gottesman*, 75 Indiana Law Journal 527, 531 (2000).
1115 *Juenger*, 75 Indiana Law Journal 403, 409 (2000).
1116 *Symeonides*, 32 Southern Illinois University Law Journal 39, 77 (2007).
1117 *Symeonides*, 32 Southern Illinois University Law Journal 39, 77 (2007).
1118 *Symeonides*, 5 Journal of Private International Law 383, 400 (2009).
1119 *Borchers*, 56 Maryland Law Review 1232, 1240 (1997).
1120 *Borchers*, 56 Maryland Law Review 1232, 1240 (1997).

Damit sind die wissenschaftlichen Beiträge zur methodischen Gestaltung eines neuen Restatement ähnlich vielfältig wie die Diskussion zu *Choice of Law*-Fragen im Allgemeinen. Die Wissenschaft gibt nur bedingt Antwort darauf, wie ein neues Restatement den Methodenpluralismus im amerikanischen Kollisionsrecht auflösen kann.

5. *Internationalisierung des Conflicts Restatement*

Ein besonderes Regelungsbedürfnis für ein neues Restatement liegt aus Sicht mehrerer Wissenschaftler im Bereich der *international conflicts.*[1121] Diese werden momentan nach denselben Grundsätzen wie *interstate conflicts* entschieden. *Ehrenzweig* forderte schon in den 1960er Jahren, dass *international* und *interstate conflicts* aufgrund von unüberbrückbaren Wertungsunterschieden separat zu behandeln seien.[1122]

a. *Reimanns Grundgedanken*

Der originäre Vorstoß für einen besonderen Stellenwert der *international conflicts* in einem neuen Restatement stammt von *Mathias Reimann.* Er erklärt 1999, eine Neuauflage müsse international-grenzüberschreitenden Konstellationen besondere Aufmerksamkeit schenken, um die Bedürfnisse moderner transnationaler Rechtsstreitigkeiten erfüllen zu können.[1123] Das zweite Restatement sei diesbezüglich völlig veraltet und könne daher keinerlei Anhaltspunkte für eine Neuauflage liefern.[1124] *Michaels* weist zwar in einem jüngeren Beitrag darauf hin, dass die *Choice of Law Principles* in § 6 (2) an erster Stelle „the needs of the interstate and international system“[1125] nennen und somit den Stellenwert internationaler Erwägungen erkennen würden.[1126] Trotzdem ist *Reimanns*

1121 Eine Internationalisierung des dritten Restatement war Thema des Symposiums im November 2016 an der Duke University School of Law, vgl. dazu den Tagungsbeitrag von *Dietrich*, IPRax 2017, 420.

1122 *Ehrenzweig*, 41 Minnesota Law Review 717 (1957); a.A. *Scoles*, 54 California Law Review 1599 (1966).

1123 *Reimann*, 75 Indiana Law Journal 575, 589 (2000): „A third restatement would have to suit the need of modern transnational litigation.“; kritisch steht dem *Hay* gegenüber, vgl. *Hay*, RabelsZ 35 (1971), 429, 456, er sieht in der Rechtsprechung keine Anzeichen dafür, dass *international cases* ein eigenes Rechtsregime erhalten sollten.

1124 *Reimann*, 75 Indiana Law Journal 575, 581 (2000).

1125 Hervorhebung durch Verfasserin.

1126 *Michaels*, 110 AJIL Unbound 155, 156 (2016).

Kritik zuzustimmen: Die Kollisionsregeln des zweiten Restatement sind explizit auf *interstate conflicts* ausgelegt, obwohl sie grundsätzlich auch auf *international conflicts* angewendet werden sollen.[1127] *Reimann* argumentiert daher, dass das Restatement zwar erkenne, dass es politische, kulturelle, soziale und rechtliche Unterschiede zwischen inneramerikanischen und international-grenzüberschreitenden Konstellationen gebe.[1128] Er hebt allerdings zu Recht hervor, dass das Regelungswerk keine weiteren Ausführungen dazu mache, inwiefern sich die kollisionsrechtliche Analyse im internationalen Kontext konkret unterscheide.[1129] Grund hierfür sei, dass das Restatement zur Zeit des *legal realism* entstanden sei, sodass der Fokus einzig auf US-amerikanischen Angelegenheiten gelegen habe.[1130] Erst gegen Ende des 20. Jahrhunderts habe sich diese engstirnige Sicht langsam gewandelt – man habe in der Wissenschaft begonnen, über die US-amerikanischen Grenzen hinaus zu schauen.[1131] Auch die Gerichte hätten inzwischen erkannt, dass Fälle mit Bezug zum Ausland oftmals anders zu bewerten seien als inneramerikanische Streitigkeiten.[1132] Da die Zahl international-grenzüberschreitender Fälle seit Erscheinen des zweiten Restatement kontinuierlich gestiegen sei, gebe es genug Material, um daraus ein Restatement zu formulieren.[1133]

In *Reimanns* Augen bereitet allerdings der Richtungswechsel der Rechtsprechung zu einem sachrechtsorientierten Denkmodell, bei dem die Regelungsinteressen der betroffenen Staaten den Ansatzpunkt bilden, Schwierigkeiten.[1134] Eine solche Entwicklung sei ohnehin nur durch den Fokus auf den *interstate*-Kontext

---

1127 *Reimann*, in: FS Juenger, S. 114.

1128 Restatement (Second) of Conflict of Laws, § 10 Comment d: „There are significant differences between interstate and international cases."

1129 *Reimann*, 75 Indiana Law Journal 575, 577 (2000).

1130 *Reimann*, 75 Indiana Law Journal 575, 577 (2000); ebenso *Michaels*, 110 AJIL Unbound 155, 156 (2016).

1131 *Reimann*, 75 Indiana Law Journal 575, 578 (2000); zur Behandlung internationaler Sachverhalte vor US-amerikanischen Gerichten bis 1971 vgl. *Hay*, RabelsZ 35 (1971), 429.

1132 Vgl. dazu *Reimann*, 75 Indiana Law Journal 575, 579 (2000), der unter anderem auf die Entscheidungen des U.S. Supreme Court in *Asahi Metal Industry Co. v. Superior Court* (480 U.S. 102 (1987)) und *Piper Aircraft Co v. Reyno* (454 U.S. 235 (1981)) verweist.

1133 *Reimann*, 75 Indiana Law Journal 575, 582 (2000).

1134 *Reimann*, in: FS Juenger, S. 113.

möglich gewesen, weil hier die Unterschiede im Sachrecht geringer seien.[1135] In *international conflicts* gebe es keine gemeinsame Rechtskultur oder ein verfassungsrechtliches Grundgefüge, das ein Minimum an gegenseitigem Respekt garantiere und dessen Einhaltung von einem Gericht überwacht werde.[1136] Daher sei der Ansatz bei materiell-rechtlichen Wertungen und staatlichen Interessen bei international-grenzüberschreitenden Fällen wesentlich schwieriger durchzusetzen.[1137] Es müsse überlegt werden, ob es in diesen Fällen angemessener sei, Rechtssicherheit und Vorhersehbarkeit eine stärkere Rolle zukommen zu lassen.[1138]

Außerdem könne es bei einem sachrechtsorientierten Ansatz im internationalen Fall aufgrund sprachlicher oder kultureller Unterschiede komplexer sein, ausländische Regelungsinteressen zu identifizieren.[1139] Um diese Herausforderungen zu meistern, solle bei der Erstellung des dritten Restatement rechtsvergleichend gearbeitet werden.[1140] Der Großteil des weltweiten Kollisionsrechts sei kodifiziert, sodass dieses eine Vielfalt an Inspiration biete und sogar dazu beitragen könne, das eigene Recht besser zu verstehen.[1141] Besonders das europäische Recht biete angesichts der strukturellen Ähnlichkeiten von EU und USA passendes Anschauungsmaterial.[1142] Um eine in *international conflicts* funktionsfähige Methodik zu entwickeln, sollen nach *Reimanns* Ansicht außerdem ausländische Advisers am Entwicklungsprozess einer Neuauflage beteiligt werden.[1143] Diese

---

1135 *Reimann*, in: FS Juenger, S. 113; im Ergebnis ähnlich *Gottesman*, 75 Indiana Law Journal 527, 530 (2000).

1136 *Reimann*, in: FS Juenger, S. 113; *Michaels*, 110 AJIL Unbound 155, 160 (2016).

1137 *Reimann*, in: FS Juenger, S. 113; a.A. *Whytock*, 110 AJIL Unbound 150, 153 (2016).

1138 *Reimann*, in: FS Juenger, S. 116.

1139 *Reimann*, in: FS Juenger, S. 116; *Reimann* wirft in diesem Kontext auch die Frage auf, ob es daher nicht sinnvoller sei, diese Angelegenheit der Exekutive zu überlassen.

1140 *Reimann*, 75 Indiana Law Journal 575, 585 (2000).

1141 *Reimann*, 75 Indiana Law Journal 575, 586 (2000); ebenso *Michaels*, 110 AJIL Unbound 155, 156 (2016); *Symeonides*, 5 Journal of Private International Law 383, 384 (2009).

1142 *Reimann*, in: FS Juenger, S. 116; die Notwendigkeit und die Vorzüge einer rechtsvergleichenden Herangehensweise im Kollisionsrecht allgemein hatte bereits *Juenger* herausgearbeitet; er argumentierte, dass nur so eine Methodik entwickelt werden könne, die auch in international-grenzüberschreitenden Konflikten erfolgreich sei, vgl. *Juenger*, 73 Tulane Law Review 1309 (1999).

1143 *Reimann*, 75 Indiana Law Journal 575, 587 (2000).

könnten im Übrigen Auskunft darüber geben, wie das amerikanische Kollisionsrecht im Ausland wahrgenommen werde.[1144]

b. Revival in der aktuellen Diskussion

Reimanns Reformvorschläge wurden angesichts des Arbeitsbeginns am dritten Restatement von mehreren Wissenschaftlern aufgegriffen und bekräftigt.[1145] *Michaels/Whytock* sind der Ansicht, das neue Restatement müsse den jüngsten Trend in der US-amerikanischen Rechtsprechung hin zur Internationalisierung widerspiegeln.[1146] Sie sehen wie *Reimann* in der Weiterführung einer sachrechtsorientierten Methodik ein potenzielles Problemfeld.[1147] *Michaels* erklärt in diesem Zusammenhang, ausländisches Recht gebe selten einen Hinweis auf den Anwendungsbereich seiner Sachnormen.[1148] Insgesamt sei es im internationalen Kontext wesentlich komplexer, den Inhalt ausländischen Sachrechts angemessen zu ermitteln.[1149] Im Übrigen sei die Idee, dass das Privatrecht staatliche Interessen widerspiegele, den meisten Rechtssystemen fremd.[1150]

Childress schlägt in diesem Zusammenhang vor, dass die Anwendung der *presumption against extraterritoriality*[1151] im *federal law* Anhaltspunkte für die Bewertung von *international conflicts* liefern könne.[1152] Die Doktrin sei in der jüngsten Rechtsprechung des U.S. Supreme Court immer wieder zur Sprache gekommen und gebe möglicherweise Hinweise darauf, welche Prinzipien nach Ansicht des Obersten Gerichts in international-grenzüberschreitenden Fällen

---

1144 *Reimann*, 75 Indiana Law Journal 575, 587 (2000).

1145 *Childress III*, 27 Duke Journal of Comparative & International Law 361 (2017); *Michaels*, 110 AJIL Unbound 155 (2016); *Michaels/Whytock*, 27 Duke Journal of Comparative & International Law 349 (2017); *Teitz*, 27 Duke Journal of Comparative & International Law 519 (2017); *Whytock*, 110 AJIL Unbound 150 (2016).

1146 *Michaels/Whytock*, 27 Duke Journal of Comparative & International Law, 349 (2017).

1147 *Michaels/Whytock*, 27 Duke Journal of Comparative & International Law 349, 355 (2017).

1148 *Michaels*, 110 AJIL Unbound 155, 158 (2016).

1149 *Michaels*, 110 AJIL Unbound 155, 160 (2016).

1150 *Michaels*, 110 AJIL Unbound 155, 158 (2016).

1151 Die *presumtion against extraterritoriality* besagt, dass US-amerikanische *federal statutes* grundsätzlich nicht außerhalb der USA anzuwenden sind; die Vermutung kann überwunden werden, wenn der Wortlaut bzw. der Zweck der Regelung eine extraterritoriale Anwendung zulässt, vgl. Black's Law Dictionary/*Garner/Black*; zur Rechtsprechung des U.S. Supreme Court zu diesem Konzept vgl. *Vázquez*, in: FS Brilmayer, S. 45 ff.

1152 *Childress III*, 27 Duke Journal of Comparative & International Law 361, 364 (2017).

von besonderer Wichtigkeit seien.[1153] Des Weiteren könne die *presumption* auch im *state law* angewendet werden und auf diese Weise *false conflicts* identifizieren.[1154] Außerdem plädiert *Childress* für eine Wiederbelebung des *comity*-Prinzips in internationalen Fällen.[1155]

Teitz wiederum sieht im Umgang mit ausländischen Rechtsinstituten ein besonderes Regelungsbedürfnis. Sie weist darauf hin, dass diese in der Rechtspraxis vor allem im Bereich des Familienrechts, speziell in Kindschaftssachen, einen Streitpunkt darstellen.[1156] Hier beeinflusse der soziale, religiöse, ethnische oder kulturelle Hintergrund Entscheidungen maßgeblich.[1157] Eine rein US-amerikanische Sichtweise könne nicht länger praktiziert werden. Stattdessen müsse es Ziel der Neufassung sein, zum Wohle der Kinder eine Harmonisierung des internationalen Familienrechts zu erreichen.[1158] Dies könne nur durch separate Regelungen für *international conflicts* erreicht werden.[1159]

Michaels/Whytock heben wie *Reimann* den besonderen Gewinn einer rechtsvergleichenden Arbeitsweise hervor.[1160] Ein solcher Ansatz sei bereits aus historischer Sicht alternativlos.[1161] Außerdem habe sich schon bei anderen Restatements gezeigt, dass eine rechtsvergleichende Perspektive erfolgreich gewesen sei.[1162] Da ein Restatement die Funktion habe, die in den Augen des ALI beste Regelung zu beinhalten, sei ein Blick ins Ausland unerlässlich, um von den dortigen Erfahrungen profitieren zu können.[1163] Es liege an der bisherigen Tendenz, der *lex fori* Vorrang einzuräumen, dass Gerichte in kollisionsrechtlichen Entscheidungen eher zögerlich gewesen seien.[1164] Daran könne in Zukunft

---

1153 *Childress III*, 27 Duke Journal of Comparative & International Law 361, 367 f. (2017).
1154 *Childress III*, 27 Duke Journal of Comparative & International Law 361, 368 (2017).
1155 *Childress III*, 27 Duke Journal of Comparative & International Law 361, 374 (2017).
1156 *Teitz*, 27 Duke Journal of Comparative & International Law 519, 539 (2017).
1157 *Teitz*, 27 Duke Journal of Comparative & International Law 519, 520 (2017).
1158 *Teitz*, 27 Duke Journal of Comparative & International Law 519, 540 (2017).
1159 *Teitz*, 27 Duke Journal of Comparative & International Law 519, 522 (2017).
1160 *Michaels/Whytock*, 27 Duke Journal of Comparative & International Law 349, 356 (2017).
1161 *Michaels/Whytock*, 27 Duke Journal of Comparative & International Law 349, 357 (2017).
1162 *Michaels*, 110 AJIL Unbound 155, 156 (2016).
1163 *Michaels/Whytock*, 27 Duke Journal of Comparative & International Law 349, 357 (2017).
1164 *Michaels/Whytock*, 27 Duke Journal of Comparative & International Law 349, 356 (2017).

mit Blick auf die Bedürfnisse eines internationalen Rechtsverkehrs aber nicht weiter festgehalten werden.[1165] *Whytock* plädiert zusätzlich dafür, das Völkerrecht als Inspiration hinzuzuziehen, da dieses Rechtsgebiet von Natur aus mit internationalen Problemfeldern konfrontiert sei.[1166] Es könne insbesondere hilfreich sein, um die Unterschiede zwischen internationalen und innerstaatlichen Konstellationen herauszuarbeiten.[1167]

Für die Umsetzung des Internationalisierungsgedankens raten *Michaels/Whytock* an, in den Comments jeder *black-letter provision* einen Hinweis einzufügen, ob die Regelung in *international conflicts* anders anzuwenden sei.[1168] In besonderen Fällen solle eine alleinstehende Regel gebildet werden.[1169] Eine ähnliche Vorgehensweise habe es vor der deutschen Wiedervereinigung im EGBGB für Kollisionsfälle mit der DDR gegeben.[1170] Außerdem sei es hilfreich, in den Comments auf ausländische Quellen zu verweisen, die beim Entstehungsprozess der Regelung hinzugezogen worden seien.[1171]

Die Wissenschaft ist sich damit überwiegend einig, dass *international conflicts* ein besonderer Stellenwert in einem neuen Restatement einzuräumen ist. Dieser Einschätzung stimmt auch der federführende Reporter des dritten Restatement, *Kermit Roosevelt III*, zu: In seinen Augen besteht in diesen Konstellationen konkreter Handlungsbedarf.[1172]

6. *Vorschläge für das Deliktskollisionsrecht*

In der Wissenschaft kursieren verschiedene Vorschläge, wie das Deliktskollisionsrecht in einem dritten Restatement aussehen soll.

1165 *Michaels/Whytock*, 27 Duke Journal of Comparative & International Law 349, 357 (2017).

1166 *Whytock*, 110 AJIL Unbound 150, 153 (2016).

1167 *Whytock*, 110 AJIL Unbound 150, 153, 157 (2016); *Michaels/Whytock*, 27 Duke Journal of Comparative & International Law 349, 357 (2017).

1168 *Michaels/Whytock*, 27 Duke Journal of Comparative & International Law 349, 358 (2017).

1169 *Michaels/Whytock*, 27 Duke Journal of Comparative & International Law 349, 358 (2017).

1170 So wurde beispielsweise Art. 13 EGBGB bei Kollisionsfällen mit der DDR analog angewendet, vgl. BeckOK BGB/*Mörsdorf*, Art. 13 EGBGB, Rn. 97.

1171 *Michaels/Whytock*, 27 Duke Journal of Comparative & International Law 349, 359 (2017).

1172 Brief vom 24.12.2014 von Kermit Roosevelt III an Ricky Revesz (unveröffentlicht, liegt der Verfasserin vor).

Den Anfang machte *Symeonides* im Jahr 1997 mit einigen abstrakten Gedanken,[1173] drei Jahre später formulierte er darauf aufbauend konkrete Kollisionsregeln.[1174] *Symeonides* will aufzeigen, dass man auf Basis der Erfahrungen aus den beiden Vorgängerversionen und der *Conflicts Revolution* feststehende Regeln bilden könne, die trotzdem ausreichend Raum für Flexibilität ließen.[1175] Grundsätzlich solle in deliktsrechtlichen Fragen mit grenzüberschreitendem Bezug das Recht des Staates zur Anwendung kommen, der die *most significant relationship* zu den Parteien und zum Sachverhalt habe.[1176] Damit nimmt *Symeonides* den Wortlaut des zweiten Restatement auf. Er möchte auch die Struktur der zweiten Auflage beibehalten, es solle weiterhin eine Kombination aus Generalklausel und besonderen Kollisionsnormen geben.[1177] Ebenso müsse an § 6 und den darin genannten kollisionsrechtlichen Prinzipien festgehalten werden.[1178]

Symeonides trägt vor, dass sich aus der Rechtsprechung folgende Grundregel ableiten lasse: Man müsse im Deliktsrecht zwischen schadenszuweisenden und verhaltensregulierenden Sachnormen unterscheiden.[1179] Die Abgrenzung ermögliche es, ein Gleichgewicht zwischen territorialer und personaler Anknüpfung zu schaffen.[1180] Der Zweck verhaltenssteuernder Deliktsnormen eines Staates liege in der Abschreckung vor schädigendem Verhalten innerhalb des eigenen Staatsgebiets.[1181] Schadenszuweisende Regeln sollten hingegen primär die eigenen Staatsbürger schützen.[1182] Auf Grundlage dieser Annahme ergäben sich folgende Kollisionsnormen: Bei verhaltenssteuernden Regeln solle grundsätzlich das Recht des Staates zur Anwendung kommen, in dem die schädigende Handlung stattgefunden habe.[1183] Eine Ausnahme sei beim Auseinanderfallen von Erfolgs- und Handlungsort möglich, falls der Erfolgsort der Handlung objektiv

1173 *Symeonides*, 56 Maryland Law Review 1248 (1997).
1174 *Symeonides*, 56 Maryland Law Review 1248 (1997); *Symeonides*, 75 Indiana Law Journal 437 (2000).
1175 *Symeonides*, 75 Indiana Law Journal 437, 449 (2000).
1176 *Symeonides*, 75 Indiana Law Journal 437, 450 (2000).
1177 *Symeonides*, 75 Indiana Law Journal 437, 451 (2000).
1178 *Symeonides*, 75 Indiana Law Journal 437, 450 (2000).
1179 *Symeonides*, 75 Indiana Law Journal 437, 452 (2000).
1180 *Symeonides*, 75 Indiana Law Journal 437, 453 (2000).
1181 *Symeonides*, 75 Indiana Law Journal 437, 453 (2000).
1182 *Symeonides*, 75 Indiana Law Journal 437, 453 (2000).
1183 *Symeonides*, 75 Indiana Law Journal 437, 450 (2000); in seinem Beitrag von 1997 hatte *Symeonides* noch auf das Zusammenfallen von Handlungs- und Erfolgsort abgestellt, vgl. *Symeonides*, 56 Maryland Law Review 1248, 1281 (1997).

vorhersehbar gewesen sei; in diesem Fall könne die verletzte Partei die Anwendung des Rechts dieses Staates fordern.[1184] Bei schadenszuweisenden Regelungen stellt *Symeonides* indes vorrangig auf das Domizil der Parteien ab.[1185]

> Issues of loss distribution arising from conduct that is wrongful under § 2 are governed, in the following order, by the law of:
> (a) the state in which the injured party is domiciled if the tortfeasor is also domiciled in that state or in another state that provides a substantially identical remedy;
> (b) the state in which either party is domiciled if both the injurious conduct and the resulting injury occurred in that state; or
> (c) the state in which the injured party is domiciled if the injury predictably occurred there and the injured party requests application of that state's law.
> In all other cases, the applicable law is to be determined under § 1.[1186]

Symeonides schlägt außerdem zwei weitere Normen vor, die sich mit *punitive damages* sowie mit Produkthaftung beschäftigen. Diese seien allerdings nicht aus dem bestehenden *case law* abgeleitet, sondern stellten ein „prestatement" dar.[1187]

Schließlich enthält *Symeonides* Entwurf noch eine Ausweichklausel, die für das gesamte Deliktskollisionsrecht gilt. Sofern das durch die Kollisionsnormen bestimmte Recht unvereinbar mit den Prinzipien von § 6 sei, könne das Gericht eine entsprechende Anpassung vornehmen.[1188] Eine solche Ausweichklausel sei

---

1184 *Symeonides*, 75 Indiana Law Journal 437, 450 (2000): „Issues of conduct-regulation are governed by the law of the state in which the injurious conduct occured. However, if the resulting injury occured in another state and its occurrence there was objectively forseeable, the law of that state applies if the injured party requests its application."

1185 *Symeonides*, 56 Maryland Law Review 1248, 1281 (1997); *Symeonides*, 75 Indiana Law Journal 437, 450 (2000).

1186 *Symeonides*, 75 Indiana Law Journal 437, 450 (2000).

1187 *Symeonides*, 75 Indiana Law Journal 437, 450 (2000); *punitive damages* sollen zugelassen werden, wenn sie nach dem Recht des Handlungsortes, des Erfolgsortes oder nach dem Recht des gemeinsamen Domizils der Parteien vorgesehen sind; in Produkthaftungsfällen kann die geschädigte Partei das anwendbare Recht wählen, vorausgesetzt, sie wählt das Recht des Erfolgsortes, des Domizils einer der beiden Parteien, des Produktionsortes oder des Kaufortes; von der Rechtswahl kann abgewichen werden, wenn die Produkte in diesem Staat nicht käuflich erworben werden konnten.

1188 *Symeonides*, 75 Indiana Law Journal 437, 451 (2000): „When the application of the law designated by §§ 1-5 will produce a result that is clearly irreconcilable with the principles of [the Second Restatement] § 6, the court may take appropriate corrective measures or resolve the conflict under § 1."

zwingend notwendig, um den Gerichten genügend Freiraum zu lassen.[1189] Eine Differenzierung zwischen *true* und *false conflicts* ist in *Symeonides* Augen indes nicht länger erforderlich. Die Kollisionsregeln kämen in beiden Fällen zu einem angemessenen Ergebnis.[1190]

Einen weiteren Vorschlag für ein neues Deliktskollisionsrecht liefert *Reppy*; seine Ausführungen bleiben aber eher abstrakt, konkrete Kollisionsregeln formuliert er nicht.[1191] *Reppy* plädiert wie *Symeonides* für eine Unterscheidung zwischen schadenszuweisenden und verhaltensregulierenden Deliktsregeln und orientiert sich dabei stark an der Rechtsprechung der New Yorker Gerichte. Er trägt vor, dass das Deliktskollisionsrecht eines neuen Restatement bei schadenszuweisenden Regeln nicht länger einer territorialen Linie folgen solle.[1192] Stattdessen müssten staatliche Regelungsinteressen berücksichtigt werden.[1193] Es gelte die Vermutung, dass eine schadenszuweisende Regelung die eigenen Staatsbürger schütze und sich diese dementsprechend stets darauf berufen könnten.[1194] *Reppy* geht davon aus, dass Deliktsregeln vorrangig schadenszuweisende Regelungen sind.[1195] Damit wird nach seinem Vorschlag die Anwendung des Rechts am Handlungsort zur Ausnahme, stattdessen steht das Domizil als Anknüpfungspunkt im Vordergrund.[1196]

Zu keiner angemessenen Lösung führt die Anknüpfung an das Domizil in *Reppys* Augen dann, wenn Angehörige zweier Staaten betroffen sind und die Staaten gleichwertige territoriale Verbindungen zum Sachverhalt haben.[1197] In diesem Fall solle das *center of gravity* als Anknüpfungspunkt verwendet werden.[1198] Dahinter stehe der Gedanke, dass ein Staat grundsätzlich ein Interesse an der Regulierung von Handlungen innerhalb seines Staatsgebietes habe, sodass territorial anzuknüpfen sei.[1199] Als Alternative zum *center of gravity* schlägt *Reppy* den Gebrauch einer *better law*-Überlegung vor.[1200]

1189 *Symeonides*, 75 Indiana Law Journal 437, 474 (2000).
1190 *Symeonides*, 75 Indiana Law Journal 437, 455 ff. (2000).
1191 *Reppy Jr.*, 75 Indiana Law Journal 591, 614 (2000).
1192 *Reppy Jr.*, 75 Indiana Law Journal 591, 593 (2000).
1193 *Reppy Jr.*, 75 Indiana Law Journal 591, 594 (2000).
1194 *Reppy Jr.*, 75 Indiana Law Journal 591, 603 (2000).
1195 *Reppy Jr.*, 75 Indiana Law Journal 591, 597 (2000).
1196 *Reppy Jr.*, 75 Indiana Law Journal 591, 597 (2000).
1197 *Reppy Jr.*, 75 Indiana Law Journal 591, 610 (2000).
1198 *Reppy Jr.*, 75 Indiana Law Journal 591, 609 (2000).
1199 *Reppy Jr.*, 75 Indiana Law Journal 591, 609 f. (2000).
1200 *Reppy Jr.*, 75 Indiana Law Journal 591, 612 (2000).

Eine Ausweichklausel ist in *Reppys* Augen grundsätzlich nicht notwendig: Da vorrangig das Recht der Domizilstaaten der Parteien zur Anwendung komme und dieses nie zufällig sei, könne die Anwendung dieses Rechts auch nicht unangemessen sein.[1201] Es sei allerdings anzuraten, trotzdem eine Ausweichklausel in das Restatement aufzunehmen, die im Falle abweichender Parteierwartungen die Anwendung eines anderen Rechts zulasse.[1202]

Ein dritter Vorschlag kommt schließlich von *Sedler*. Er ist der Auffassung, dass es in der bisherigen Rechtsprechung bereits einen hohen Grad an Rechtssicherheit und Vorhersehbarkeit gebe.[1203] Man könne aus den Entscheidungen ableiten, dass Gerichte sich grundsätzlich auf die Regelungsziele und Interessen der betroffenen Staaten sowie Fairness gegenüber den Parteien beriefen.[1204] Bereits 1977 hatte *Sedler* neun Regeln aus der bisherigen Rechtsprechung im Deliktskollisionsrecht abgeleitet.[1205] Diese Regeln seien auch im Jahr 2000 immer noch aktuell und spiegelten die Rechtsprechung bis dahin korrekt wider.[1206] Daher müsse ein neues Restatement im Deliktskollisionsrecht nicht auf Vereinheitlichung ausgelegt sein, sondern könne lediglich die in der Rechtsprechung etablierten Regeln verwenden.[1207] Im Ergebnis unterscheiden sich *Sedlers* Regeln kaum von *Symeonides*‘ und *Reppys* Vorschlägen. Er trennt ebenfalls zwischen Fragen der *recovery* und der *conduct-regulation*.[1208] Allerdings sind seine *Choice of Law Rules* stets aus Forumsperspektive formuliert.[1209]

Die genannten Regelungsvorschläge von *Symeonides, Reppy* und *Sedler* besitzen mehrere Gemeinsamkeiten. Alle knüpfen für die kollisionsrechtliche Analyse am Inhalt der deliktsrechtlichen Sachnormen an und schlagen eine Unterscheidung zwischen schadenszuweisenden und verhaltenssteuernden Normen vor. Außerdem plädieren sie für eine personale Anknüpfung bei

---

1201 *Reppy Jr.*, 75 Indiana Law Journal 591, 614 (2000).
1202 *Reppy Jr.*, 75 Indiana Law Journal 591, 614 (2000).
1203 *Sedler*, 75 Indiana Law Journal, 615 (2000).
1204 *Sedler*, 75 Indiana Law Journal 615, 616 (2000).
1205 *Sedler*, 44 Tennessee Law Review 975 (1977).
1206 *Sedler*, 75 Indiana Law Journal 615, 617 (2000).
1207 *Sedler*, 75 Indiana Law Journal 615, 633 (2000).
1208 *Sedler*, 75 Indiana Law Journal 615, 626 (2000).
1209 Siehe beispielsweise Rule Four: „When a forum resident suffers injury in the forum either because of an act done there or because of an act done elsewhere that creates a forseeable risk of harm in the forum, the forum will apply its own law allowing recovery […].“, vgl. *Sedler*, 75 Indiana Law Journal 615, 622 (2000); kritisch bezüglich dieser universalistischen Sichtweise *Kropholler/von Hein*, in: FS von Mehren, S. 328.

schadenszuweisenden Normen, sodass der *lex loci delicti*-Regel an dieser Stelle endgültig der Rücken gekehrt wird. Schließlich haben die drei Ansätze den Anspruch, das bestehende *case law* in deliktsrechtlichen Kollisionsfällen wiederzugeben und so die bestehende Rechtsprechungslinie weiterzuführen.

III. Implikationen für ein drittes Restatement

Das neue Restatement (Third) wird von Praxis und Wissenschaft mit großer Spannung erwartet; es bietet die Möglichkeit, das amerikanische Kollisionsrecht an die Bedürfnisse des 21. Jahrhunderts anzupassen und ihm eine neue Richtung zu geben.[1210]

1. *Stellenwert und Charakter einer Neuauflage*

Das US-amerikanische Kollisionsrecht braucht ein neues Restatement, um einen Weg aus dem Methodenpluralismus zu finden. Die vorangegangenen Ausführungen haben bereits deutlich gemacht, dass die Alternativen zu einem Restatement nicht durchsetzbar sind oder keine vergleichbare Wirkung haben würden. Stimmen in der Literatur, die wegen der verschiedenen Strömungen innerhalb der Rechtsprechung ein Restatement als verfrüht ansehen, muss eine Absage erteilt werden. In den vergangenen 50 Jahren ist ausreichend Rechtsprechung ergangen, die eine Systematisierung und Zusammenfassung zulässt. Die Zahl der kollisionsrechtlichen Entscheidungen ist um ein Zehnfaches gestiegen.[1211] Zudem wird sich der Methodenpluralismus in der Rechtsprechung nicht ändern, solange die Gerichte keinen Anstoß erhalten, ihre Linie zu ändern. *Symeonides* jährliche Untersuchungen der Rechtsprechung machen deutlich, dass es in den letzten 10 Jahren kaum Veränderungen in den methodischen Lagern gab.[1212] Ein neues Restatement ist die einzige Möglichkeit, diesen Trend zu brechen. Angesichts des bisherigen Einflusses der ALI-Regelungswerke auf das Kollisionsrecht

---

1210 *Symeonides*, Choice of Law, 2016, S. 694: „The new Restatement is not only the end of the revolutionary cycle, it is also a new beginning for American conflicts law in its striving for maturity."

1211 Laut *Symeonides* Studien betrug die Zahl der *Conflicts cases* im Jahr 1969 520, im Jahr 2019 hingegen 5.488, vgl. *Symeonides*, in: Encyclopedia of Private International Law, S. 1552; *Symeonides*, 68 American Journal of Comparative Law 1, 3 (2020).

1212 In den letzten 10 Jahren wechselte im Deliktsrecht lediglich Wyoming vom *traditional approach* zum *most significant relationship*-Test des zweiten Restatement, vgl. *Symeonides*, 59 American Journal of Comparative Law 303, 331 (2011); *Symeonides*, 68 American Journal of Comparative Law 1 (2020).

der USA ist davon auszugehen, dass auch die Neuauflage die Rechtsprechung maßgeblich prägen wird. Das Restatement muss allerdings einige Voraussetzungen erfüllen, um an den Erfolg der Vorgängerversionen anzuknüpfen und das zweite Restatement als „go-to"-Rechtsquelle abzulösen.

Vor allem hat das Restatement die vom ALI vorgesehene Doppelfunktion der Regelungswerke zu beachten. Es sollte primär eine Wiedergabe der bestehenden Rechtslage sein. Dabei ist zu vermuten, dass es den Gerichten leichter fallen wird, dem neuen Restatement zu folgen, wenn es sich an der bisherigen Rechtsprechungslinie orientiert. Die Gerichte müssen in diesem Fall keine krassen methodischen Wechsel begründen, sondern können die Übernahme der Restatement-Regelung als Fortführung ihrer Rechtsprechung rechtfertigen. Für eine solche Vorgehensweise spricht außerdem, dass die Vorgängerversionen, insbesondere das erste Restatement, in der Vergangenheit stark kritisiert wurden, da sie den darstellenden Aspekt der Regelungswerke vernachlässigt hätten. Diese Mängel können in der Neuauflage korrigiert werden. Angesichts der umfangreichen Diskussionen innerhalb der Literatur über die „beste" Methodik ist es ebenfalls nicht angemessen, hieraus eine Synthese zu bilden; dies war schon beim zweiten Restatement misslungen.

Trotzdem muss das Restatement auch rechtsfortbildende Komponenten enthalten, sofern sich in Sachverhaltskonstellationen kein eindeutiger Entscheidungseinklang identifizieren lässt. An dieser Stelle kann die extensive Literatur zu *Choice of Law*-Fragen von Nutzen sein: Sie ermöglicht es dem Reporter, Anhaltspunkte für die vorzugswürdige Lösung zu finden und seine Entscheidung in den Comments zu begründen.

2. Das kollisionsrechtliche Denkmodell und seine Prinzipien

Aus der Funktion des Restatement, vorrangig die bisherige Rechtsprechung wiederzugeben, folgt, dass die Neuauflage in methodischer Hinsicht ein sachrechtsorientiertes Denkmodell vertreten sollte. Seit der *Conflicts Revolution* sind materiell-rechtliche Erwägungen zu einem zentralen Bestandteil der kollisionsrechtlichen Analyse geworden. Die methodische Einordnung im vorangegangenen Abschnitt hat gezeigt, dass eine überwiegende Mehrheit der US-Bundesstaaten inzwischen eine solche Vorgehensweise praktiziert.[1213] Anders als das zweite Restatement muss das dritte diesen Umbruch aber konsequent mittragen und daher – trotz eventueller Bestrebungen, Vorhersehbarkeit

1213 Siehe dazu Teil 1, C.III.2.

und Rechtssicherheit einen größeren Stellenwert zu verleihen – klar am Sachrecht ansetzen.

Es ist an dieser Stelle darauf hinzuweisen, dass es nicht unproblematisch ist, für die Bestimmung des anwendbaren Rechts an staatliche Regelungsziele anzuknüpfen, auch wenn im US-amerikanischen Recht die Trennung zwischen Privatrecht und öffentlichem Recht weniger streng ist.[1214] Einerseits bedeutet dies einen erhöhten Verfahrensaufwand, da eine detaillierte Analyse der betroffenen Sachrechte notwendig wird. Andererseits wird das Ergebnis der kollisionsrechtlichen Analyse stark einzelfallabhängig und verliert damit an Vorhersehbarkeit. Letztlich ist es aber im Interesse der Plausibilität und Überzeugungskraft eines dritten Restatement zwingend notwendig, sich für diesen Ansatzpunkt zu entscheiden. Ein Blick auf die bisherige Rechtsprechung hebt hervor, dass Gerichte häufig ein besonderes Augenmerk darauflegen, das im Einzelfall vorzugswürdige Recht zur Anwendung kommen zu lassen.

Eine solche Vorgehensweise, bei der das Ergebnis der Rechtsanwendung im Vordergrund steht, birgt jedoch Schwierigkeiten. Sofern die Entscheidung nicht vollständig im Ermessen der Gerichte liegen soll, müssen genaue Parameter dafür festgelegt werden, welches Ergebnis im Einzelfall gewünscht wird. In Betracht käme beispielsweise eine Anwendung des Sachrechts, das die Position des Klägers stärkt. Man könnte in diesem Fall aber schnell zu Ergebnissen kommen, die gerade nicht den Interessen der betroffenen Staaten entsprächen. Übrig bliebe damit nur, die finale Entscheidung vollständig in die Hände des Richters zu legen. So würde allerdings die Funktion eines Restatement vollständig *ad absurdum* geführt.

Inwieweit die Einzelfallorientierung die kollisionsrechtliche Analyse prägen soll, hängt auch davon ab, wann nach dem Restatement überhaupt eine kollisionsrechtliche Analyse vorzunehmen ist. Die Rechtsprechung divergiert an dieser Stelle stark. Während manche Bundesstaaten einen grenzüberschreitenden Bezug ausreichen lassen, sehen andere eine Bestimmung des anwendbaren Rechts nur dann als notwendig an, wenn die betroffenen Sachnormen zu unterschiedlichen Ergebnissen gelangen. Letzteres greift *Curries* ursprüngliche Differenzierung zwischen *false* und *true conflicts* auf und setzt sie im Interesse der Einzelfallgerechtigkeit fort. Gleichzeitig kommt es zu einer Bevorzugung der *lex fori*: Diese steht nur dann unter Begutachtung, wenn sie wegen inhaltlicher Unterschiede durch ausländisches Recht „ersetzt" werden kann.[1215] Die

1214 *Michaels*, 4 Journal of Private International Law 121, 134 (2008).

1215 *Currie* sprach daher vom „displacement of forum law", vgl. *Currie*, 58 Columbia Law Review 964 (1958).

Gleichwertigkeit der Rechtsordnungen ist damit nicht mehr gewährleistet. Die Reporter der ersten beiden Restatements hatten sich noch gegen eine Bevorzugung der *lex fori* ausgesprochen. Eine Neuauflage muss zu der Fragestellung, wann eine kollisionsrechtliche Analyse vorzunehmen ist, eindeutig Farbe bekennen. Es spricht vieles dafür, einen grenzüberschreitenden Bezug ausreichen zu lassen. Andernfalls müsste das fremde Sachrecht in all seinen Facetten detailliert untersucht werden, um feststellen zu können, ob man bei der Anwendung dieses Rechts zu einem anderen Ergebnis käme als bei der *lex fori*. Insbesondere bei international-grenzüberschreitenden Fällen ist eine solche Vergleichbarkeit indes schwer zu erfassen. Außerdem würde durch den Fokus auf das Ergebnis der Rechtsanwendung ein Heimwärtsstreben der Gerichte begünstigt. Dies sollte aber nicht Zielsetzung der kollisionsrechtlichen Analyse sein: Es ist die Essenz des Kollisionsrechts, die Anwendung ausländischen Rechts zu ermöglichen.[1216]

Schließlich hat ein drittes Restatement ein besonderes Augenmerk auf die Vorhersehbarkeit der Entscheidungen und eine daraus resultierende Rechtssicherheit zu legen – allerdings innerhalb der Grenzen eines sachrechtsorientierten und damit einzelfall-lastigen Denkmodells. In der Literatur wird zu Recht dafür plädiert, den beiden Prinzipien ein stärkeres Gewicht zuzuerkennen.[1217] Gerade in grenzüberschreitenden Fällen sind die finanziellen Belastungen für die Parteien unter Umständen höher als im traditionellen Inlandsfall, da die Ermittlung des Sachverhalts und des fremden Rechts komplexer sein mag. Durch vorhersehbare Entscheidungen wird ein strategisches Gleichgewicht zwischen den Parteien hergestellt und die Gerichtskosten werden verringert. Im Übrigen profitiert auch die Judikative von einer solchen Entwicklung, da die Zahl der Berufungsverfahren in diesem Fall zurückginge. Außerdem erleichtert ein einheitliches, auf Vorhersehbarkeit ausgerichtetes System die Bearbeitung kollisionsrechtlicher Fälle wesentlich.[1218]

1216 *Dolinger*, in: FS Juenger, S. 37: „The application of foreign law is actually the essence of what private international law is all about and if one thinks of abolishing it or restricting it to the maximum, that would also amount to abolishing the field of choice of law and, along with it, the whole field of conflict of laws."

1217 Vgl. zu den Literaturmeinungen bereits Teil 1, D.II.3.

1218 In der Rechtsprechung kam schon früh Unmut über die komplexe und unübersichtliche Methodik auf, vgl. Paul v. National Life, 352 S.E.2d 550, 553 (W.Va. 1986).

3. *Die methodische Umsetzung*

Bei der methodischen Umsetzung muss ein auf dem sachrechtsorientierten Denkmodell aufbauendes Restatement die Regelungsziele der betroffenen Normen in den Vordergrund stellen. Dadurch werden die Interessen des regelungsgebenden Staates ein bedeutender Teil der kollisionsrechtlichen Analyse. Gleichzeitig muss ein gewisser Formalismus in das sachrechtsorientierte Denkmodell integriert werden, um die zuvor genannten Prinzipien der Rechtssicherheit und Vorhersehbarkeit wirksam umsetzen zu können. Daraus folgt, dass eine Neuauflage trotz der Einzelfallorientierung feststehende Regeln beinhalten sollte. Abhängig von der soeben diskutierten Fragestellung, wann eine Bestimmung des anwendbaren Rechts überhaupt notwendig ist, müssen die Regelungen klare Vorgaben enthalten, welchem Sachrecht in einem grenzüberschreitenden Sachverhalt unter welchen Umständen Vorrang eingeräumt wird.

Es spricht vieles dafür, an dieser Stelle die bekannte Anknüpfung an territoriale oder personale Verbindungspunkte beizubehalten. Anknüpfungspunkte wie das *domicile* oder der Handlungsort sind in der Regel einfach festzustellen und haben sich in der Rechtsprechung bereits etabliert. So wird eine gewisse Kohärenz mit dem bisherigen *case law* und eine einfache Anwendbarkeit gewährleistet. Zwar gibt es in der Rechtsprechung verschiedene Herangehensweisen innerhalb des sachrechtsorientierten Denkmodells (Stichwort: doppelter Methodenpluralismus), hier konnte sich aber bisher keine Methodik klar durchsetzen. Eine erneute Einzelfallabwägung wie im *comparative impairment approach* oder ein bloßes Zählen der Kontaktpunkte werden das geforderte Streben nach Rechtssicherheit nicht erfüllen. Daher sollten sich die Reporter für konkrete Anknüpfungspunkte entscheiden.

Die notwendige Flexibilität und Einzelfallorientierung kann durch Ausweichklauseln oder alternative Anknüpfungen gewährleistet werden. Hierdurch erhalten die Gerichte genügend Freiraum für abweichende Entscheidungen. Empirische Studien haben gezeigt, dass die bisherige Rechtsprechung vor allem die Generalklauseln des zweiten Restatement sowie die allgemeinen Prinzipien in § 6 (2) zitiert.[1219] Allerdings hat der Rückgriff auf diese weit formulierten Regelungen dazu geführt, dass Vorhersehbarkeit und Entscheidungseinklang kaum noch durchsetzbar sind. Das neue Restatement sollte sich daher bei der Formulierung seiner Kollisionsregeln an diesen Erfahrungen orientieren: Statt Generalklauseln müssen klare Kollisionsregeln mit einem engen Anwendungsbereich

1219 *Borchers*, 56 Maryland Law Review 1232, 1240 ff. (1997).

gebildet werden, von denen aber unter bestimmten Umständen abgewichen werden kann. Durch den Sachrechtsbezug und die Ausweichmöglichkeit wird der in der *Conflicts Revolution* geforderten Flexibilität ausreichend Rechnung getragen.

Gleichzeitig muss die Neuauflage berücksichtigen, dass das zweite Restatement die Gerichte in der Anwendung oftmals vor Herausforderungen gestellt hat, da die Beziehung der Normen zueinander unklar sind und sich ein methodischer Bruch durch das Regelungswerk zieht. Solche Fehler sind in Zukunft zu vermeiden. Ziel des dritten Restatement sollte es sein, ein konsistentes System feststehender Regeln zu schaffen, die ausreichend Spielraum für abweichende Entscheidungen lassen, dem Richter aber gleichzeitig eine klare Anleitung für die Behandlung grenzüberschreitender Fälle geben.

Um eine vorzugswürdige Alternative zum zweiten Restatement bzw. den anderen in der Rechtsprechung vertretenen Methoden zu bieten, muss die Neuauflage in der Praxis einfach anwendbar sein. Dazu gehört, dass das Restatement genaue Vorgaben dazu enthält, wie die Qualifikation, der Renvoi oder die *public policy*-Ausnahme anzuwenden sind. Nur so kann verhindert werden, dass diese Instrumente wie beim ersten Restatement dazu verwendet werden, das Ergebnis der Kollisionsregeln zu manipulieren. Ebenso sollte das Regelungswerk den *international conflicts* besondere Aufmerksamkeit widmen. Die Literatur weist berechtigterweise darauf hin, dass diese Fallkonstellationen vor allem in einem sachrechtsorientierten Denkmodell große Herausforderungen mit sich bringen und daher unter Umständen spezielle Regelungen erfordern. Angesichts der steigenden Zahl international-grenzüberschreitender Fälle in den letzten 20 Jahren ist es im Übrigen nicht länger sachgerecht, den Anwendungsbereich des Kollisionsrechts vorrangig im *interstate*-Kontext zu sehen. Beide Anwendungsfelder stehen inzwischen gleichwertig nebeneinander.

4. Kollisionsnormen für das Deliktsrecht

Im Deliktsrecht spricht einiges dafür, in den Kollisionsregeln – wie von der Literatur vorgeschlagen – zwischen verhaltenssteuernden und schadenszuweisenden Regelungen zu unterscheiden und auf dieser Basis das anwendbare Recht zu bestimmen. Es würde in diesem Fall klar am Sachrecht angesetzt und eine Wahl anhand der Regelungszwecke der betroffenen Sachnormen vorgenommen. Wie bereits aufgezeigt, nimmt ein Großteil der Bundesstaaten eine Art Interessensanalyse in deliktsrechtlichen Konstellationen vor. Dieser Entwicklung würde durch die Unterscheidung ausreichend Rechnung getragen. Außerdem hat die Differenzierung ihren Ursprung in der Babcock-Entscheidung des New Yorker

Court of Appeals, die als einer der Auslöser der *Conflicts Revolution* gesehen wird. Sofern ein neues Restatement die Vorgehensweise der New Yorker Gerichte übernimmt, würde dies die Vollendung der Revolution bedeuten.

Bei der Anknüpfung müssen für beide Normtypen separate Kollisionsregeln gebildet werden. Auch hier bietet es sich an, auf die New Yorker *Neumeier*-Regeln zurückzugreifen. *Hays* und *Ellis'* Analyse der Rechtsprechung aus dem Jahr 1993 verdeutlicht, dass sich die Entscheidungen der Gerichte, die die *Neumeier*-Regeln anwenden, im Ergebnis kaum von denen unterscheiden, die andere kollisionsrechtliche Ansätze verfolgen.[1220] Trotzdem bedeutet eine Adaption der *Neumeier*-Regeln nicht, dass das neue Restatement nicht in einigen Bereichen nachbessern muss. Zum einen sind die *Neumeier*-Regeln lediglich auf *loss-allocating rules* anwendbar. Es müssten also zusätzlich Kollisionsregeln für verhaltenssteuernde Regeln gebildet werden.[1221] Weiterhin sollte das Restatement unter anderem Auslegungshinweise beinhalten, um Unklarheiten bei der Einordnung des Sachrechts zu vermeiden und um die Zuordnung zu einer Kategorie zu vereinfachen.

IV. Ergebnis

Eine Neuauflage der Restatements of Conflict of Laws besitzt das notwendige Potenzial, den im US-amerikanischen Kollisionsrecht herrschenden Methodenpluralismus aufzulösen. Damit dieses Ziel erreicht werden kann, muss das dritte Restatement die bisherigen Entwicklungen im Kollisionsrecht berücksichtigen und den durch die *Conflicts Revolution* verursachten Richtungswechsel weiterführen. Sofern es dem ALI gelingt, auf dieser Basis ein schlüssiges und einfach anwendbares System feststehender Regelungen zu schaffen, wird das neue Regelungswerk an den Erfolg seiner Vorgängerversionen anknüpfen und das zweite Restatement als „go-to"-Rechtsquelle ablösen.

E. Zusammenfassung der Ergebnisse in Thesen

1. Das American Law Institute hat die Rechtsentwicklung in den USA in den vergangenen Jahrzehnten entscheidend mitgeprägt. Unter den verschiedenen Regelungswerken des Instituts nehmen die Restatements of the Law eine

1220 *Hay/Ellis*, 27 The International Lawyer 369, 394 (1993).

1221 Die Ausführungen zur Behandlung verhaltenssteuernder Regelungen sind lediglich *dicta* und haben keinerlei Präjudizienwirkung, vgl. Babcock v. Jackson, 191 N.E.2d 279, 284 (N.Y. 1963).

zentrale Rolle ein. Sie haben sich trotz ihrer fehlenden Bindungswirkung als eine einflussreiche Rechtsquelle im US-amerikanischen Recht etabliert.

2. Die Restatements stehen als Quasi-Kodifikation nicht im Widerspruch zum *common law*-Ansatz des US-amerikanischen Rechts; sie ergänzen das Rechtsgefüge stattdessen gewinnbringend. Den Regelungswerken wohnt eine Doppelfunktion inne, da sie nicht nur der Systematisierung und Wiedergabe der bestehenden Rechtsprechung dienen, sondern auch Trends in der Rechtsentwicklung antizipieren und damit Impulse für Rechtsfortbildung geben. Das daraus entstehende Spannungsfeld zwischen der *lex lata* und der *lex ferenda* stellt die größte Herausforderung für einen Restatement-Reporter dar: Er muss eine Balance zwischen dem reproduzierenden und dem rechtsfortbildenden Aspekt des Rechtstextes finden.
3. Das Kollisionsrecht hat in den USA einen weiten Anwendungsbereich, es ist gleichermaßen auf *interstate* und auf *international conflicts* anwendbar. Da das Privatrecht unter die Regelungskompetenz der Einzelstaaten fällt, gibt es keine US-weiten Regelungen für die Behandlung grenzüberschreitender Sachverhalte. Die daraus entstehende Komplexität des Rechtsgebietes und seiner Anwendung in der Praxis wird durch die Auswirkungen des *adversary system* im US-Prozess zusätzlich verstärkt. Es besteht somit ein Bedürfnis, klare, einheitliche und einfach anwendbare Regelungen für das Kollisionsrecht zu schaffen.
4. Die Restatements sind im US-amerikanischen Kollisionsrecht von besonderer Relevanz. Ein Blick auf die bisherige Entwicklung zeigt, dass die Regelungswerke seit jeher großen Einfluss auf dieses Rechtsgebiet haben. Sie waren wiederholt Ansatzpunkt für methodische Diskussionen in Wissenschaft und Praxis und können daher als zentraler Motor der Kollisionsrechtsevolution bezeichnet werden.
5. Die heutige Rechtsprechung der 50 US-Einzelstaaten im Deliktskollisionsrecht lässt sich acht verschiedenen methodischen Herangehensweisen zuordnen. Am häufigsten wird der *most significant relationship*-Test des zweiten Restatement angewendet; danach folgt der *traditional approach* des ersten Restatement. Je fünf Bundesstaaten vertreten einen *better law approach* bzw. einen *combined modern approach*. Weniger verbreitet sind hingegen der *lex fori approach*, der *significant-contacts approach* sowie die *interest analysis*. In zwei Bundesstaaten ist das Kollisionsrecht inzwischen kodifiziert.
6. Der *status quo* der Rechtsprechung zeigt, dass die Restatements eine häufig verwendete Bezugsquelle US-amerikanischer Gerichte sind. Mehr als die Hälfte aller Einzelstaaten haben im Deliktskollisionsrecht die *Conflicts rules* der ersten beiden Regelungswerke (in unterschiedlicher Intensität)

übernommen. Dieser Einfluss indiziert, dass eine Neufassung der Restatements of Conflict of Laws das US-amerikanische Kollisionsrecht auch in Zukunft maßgeblich beeinflussen wird.

7. Trotz des „Methodenwirrwarrs" im US-amerikanischen Kollisionsrecht lassen sich unter den einzelnen Ansätzen in der Rechtsprechung vier kollisionsrechtliche Denkmodelle ausmachen. Die Denkmodelle verwenden unterschiedliche Ansatzpunkte bei der kollisionsrechtlichen Analyse. Sie orientieren sich entweder an der Zuständigkeit, an der Rechtsfrage, am Sachrecht oder an der Effizienz. Jedes Denkmodell variiert zudem hinsichtlich seiner zugrunde liegenden Prinzipien und Wertungen und in der methodischen Vorgehensweise bei der Bestimmung des anwendbaren Rechts. Besonders auf den Einzelfall ausgerichtet sind das sachrechtsorientierte und das effizienzorientierte Denkmodell. Das rechtsfragenorientierte Denkmodell ist weniger flexibel, sticht dafür aber durch Vorhersehbarkeit und Einheitlichkeit der Entscheidungen hervor. Das zuständigkeitsorientierte Denkmodell besitzt indes keine eigenständige Methodik, sondern folgt der gerichtlichen Zuständigkeit.
8. Die methodische Kontextualisierung der ersten beiden Restatements im Lichte der vier Denkmodelle zeigt, dass sich die Reporter der Neuauflage kaum an den beiden Vorgängerversionen orientieren können. Das erste Restatement lässt eindeutig eine Ausrichtung an der Rechtsfrage erkennen; dies steht aber der vorherrschenden Herangehensweise der Rechtsprechung im Deliktskollisionsrecht entgegen, die ein sachrechtsorientiertes Denkmodell vertritt. Auch das zweite Restatement kann in methodischer Hinsicht nicht als Blaupause dienen. Das Restatement (Second) ist methodisch inkonsistent, da es sowohl Elemente des rechtsfragenorientierten als auch des sachrechtsorientierten Denkmodells enthält.
9. Das neue Restatement muss im Vergleich zu seinen Vorgängern methodisch neue Wege gehen. Die Kontextualisierung der methodischen Ansätze hebt hervor, dass im US-amerikanischen Kollisionsrecht ein doppelter Methodenpluralismus existiert. Die Rechtsprechung der Einzelstaaten folgt im Deliktskollisionsrecht nicht nur vier verschiedenen kollisionsrechtlichen Denkmodellen; innerhalb der Denkmodelle bestehen ebenfalls Unterschiede, wie bei der Bestimmung des anwendbaren Rechts im Einzelnen vorgegangen wird. Das vermeintlich eindeutige Bekenntnis von mehr als der Hälfte der Einzelstaaten zu den Regelungen des zweiten Restatement steht diesem Ergebnis nicht entgegen – im Gegenteil: Der Bruch innerhalb des Regelungswerks befeuert sogar den methodischen „hodgepodge", da er den Gerichten freie Hand bei der Umsetzung lässt.

10. Ein neues Restatement (Third) of Conflict of Laws stellt die einzige erfolgversprechende Option dar, das US-amerikanische Kollisionsrecht zu vereinheitlichen. Weder eine Ausweitung der verfassungsrechtlichen Rechtsprechung noch eine Lösung auf föderaler Ebene sind angesichts der bisherigen Entwicklungen wahrscheinlich. Ebenso wenig wird ein entsprechendes Modellgesetz Chancen auf Erfolg haben.
11. In der Wissenschaft wird das dritte Restatement mit Spannung erwartet. Seit Jahren werden Lösungsvorschläge für die Ausgestaltung einer potenziellen Neuauflage kontrovers diskutiert. Ein zentraler Streitpunkt ist die Frage, ob ein drittes Restatement feststehende Kollisionsregeln oder stattdessen einen anpassungsfähigen und dynamischen *approach* enthalten soll. Diese Grundentscheidung zwischen Rechtssicherheit und Flexibilität hat maßgebliche Auswirkungen auf die Methodik des neuen Regelungswerks.
12. Überwiegende Einigkeit besteht in der Literatur hinsichtlich der Notwendigkeit, die Neuauflage besser an die Bedürfnisse einer Anwendung in *international conflicts* anzupassen. Zudem wird gefordert, dass bei der Erstellung des Restatement rechtsvergleichend gearbeitet wird.
13. Für das Deliktskollisionsrecht einer Neufassung existieren in der Wissenschaft konkrete Formulierungsvorschläge. Alle Vorschläge knüpfen für die kollisionsrechtliche Analyse am Inhalt der deliktsrechtlichen Sachnormen an und schlagen eine Unterscheidung zwischen schadenszuweisenden und verhaltenssteuernden Normen vor. Im Falle einer schadenszuweisenden Regelung wird für eine personale Anknüpfung plädiert. Damit soll das bestehende *case law* in deliktsrechtlichen Kollisionsfällen wiedergegeben und weitergeführt werden.
14. Das US-amerikanische Kollisionsrecht benötigt ein neues Restatement of Conflict of Laws, um einen Ausweg aus dem doppelten Methodenpluralismus zu finden. Es ist zwingend notwendig, dass sich das dritte Restatement – anders als seine Vorgängerversionen – klar an der bisherigen Rechtsprechungslinie orientiert.
15. Aus der Rechtsprechungsentwicklung folgt, dass die Neuauflage in methodischer Hinsicht ein sachrechtsorientiertes Denkmodell umsetzen muss. Seit der *Conflicts Revolution* sind materiell-rechtliche Erwägungen zu einem zentralen Bestandteil der kollisionsrechtlichen Analyse geworden. Um eine möglichst flächendeckende Adaption des Restatement zu ermöglichen, ist die Wahl dieses Ansatzpunktes daher unumgänglich.
16. Trotz der zwingenden Umsetzung eines sachrechtsorientierten Denkmodells darf das neue Restatement die Vorhersehbarkeit von Entscheidungen und die daraus resultierende Rechtssicherheit nicht vernachlässigen. Auch

wenn die Interessen des regelungsgebenden Staates ein bedeutender Teil der kollisionsrechtlichen Analyse sind, benötigt das neue Regelungswerk einen gewissen Formalismus. Daraus folgt, dass eine Neuauflage trotz der Einzelfallorientierung feststehende Regeln beinhalten sollte.

17. Bei der methodischen Umsetzung sollte die bekannte Anknüpfung an territoriale oder personale Verbindungspunkte beibehalten werden. Die notwendige Flexibilität und Einzelfallorientierung der Regelungen kann durch Ausweichklauseln oder alternative Anknüpfungen gewährleistet werden. Außerdem sollte das Regelungswerk den *international conflicts* besondere Aufmerksamkeit widmen.
18. Im Deliktskollisionsrecht bietet es sich an, zwischen verhaltenssteuernden (*conduct-regulating*) und schadenszuweisenden (*loss-allocating*) Regelungen zu differenzieren und für beide Normtypen separate Kollisionsregeln zu bilden. Eine angemessene Vorlage für solche Regelungen sind die *Neumeier Rules*. Damit würde die durch New Yorker Gerichte maßgeblich in Gang gesetzte methodische Akzentverschiebung von der Rechtsfrage zum Sachrecht in der Rechtsprechung normativ umgesetzt und die *Conflicts Revolution* schlussendlich zu ihrer Vollendung geführt.

Teil 2: From Present to Future – Das neue Restatement (Third) of Conflict of Laws

A. Der two-step-test als „conceptual framework" des Restatement

Das methodische Kernstück des Restatement ist der sog. two-step-test. Die Methode ist keine Neuerfindung des neuen Restatement, sondern ein Produkt der Wissenschaft. Der Begriff tauchte erstmals bei *Larry Kramer*[1222] auf, der in den 90er Jahren auf Basis von *Curries* Erkenntnissen zur Interessenanalyse konkrete Regeln für die Behandlung kollisionsrechtlicher Fragestellungen in Form eines two-step-test präsentierte.[1223] *Kramers* Ansatz wurde u.a. von *Kermit Roosevelt III*[1224] aufgegriffen, der dessen Argumentation und Methodik weiterführte und ergänzte. Insofern wundert es nicht, dass *Roosevelt* als federführender Reporter des Restatement (Third) bereits zu Beginn der Arbeiten an der Neuauflage erklärte, dass der two-step-test das „conceptual framework" des neues Restatement darstellen solle.[1225]

Nach einer kurzen Erläuterung zum allgemeinen Prinzip werden im Folgenden zunächst die akademischen Ursprünge des two-step-test in den wissenschaftlichen Beiträgen von *Kramer* und *Roosevelt* dargestellt. Danach wendet sich die Analyse der Ausgestaltung des Tests im Restatement zu. Ziel der Ausführungen ist es, ein Gesamtbild der Methodik des dritten Restatement zu vermitteln.

I. Das allgemeine Prinzip des two-step-test

Nach dem two-step-test wird in einem grenzüberschreitenden Sachverhalt das anwendbare Recht in zwei Schritten bestimmt. Zunächst soll der Richter das

---

1222 *Kramer*, 24 Cornell International Law Journal 245, 246 (1991); zu *Kramers* Theorie im Detail Teil 2, A.II.1.

1223 Erste Ansätze für eine zweistufige Analyse finden sich bereits zwei Jahre zuvor bei *Dane*, 96 Yale Law Journal 1191, 1250 f. (1987).

1224 *Roosevelt III*, 80 Notre Dame Law Review 1821 (2005); zu *Roosevelts* Theorie im Detail Teil 2, A.II.2.

1225 Restatement (Third) of Conflict of Laws, Council Draft No. 2, Reporters' Memorandum, S. xv.

Recht der Staaten untersuchen, die eine Verbindung zum Sachverhalt haben und deren Recht somit für die Anwendung in Frage kommt. Es ist entscheidend, ob die zu beurteilende Rechtsfrage in den *scope*, also den Anwendungsbereich, des möglicherweise anwendbaren Sachrechts fällt. Sofern dies zutrifft, besteht ein Anwendungsinteresse des regelungsgebenden Staates, das im Rahmen der kollisionsrechtlichen Analyse zu berücksichtigen ist.

Kommt man auf dieser ersten Stufe zu dem Ergebnis, dass nur ein Staat sein Sachrecht auf den Sachverhalt anwenden möchte, wird dieses automatisch herangezogen.[1226] Wenn im Rahmen der Analyse hingegen der Anwendungsbereich von zwei oder mehreren Rechtsregeln eröffnet ist, liegt eine Rechtskollision vor. In diesem Fall muss daher in einem zweiten Schritt festgelegt werden, welche sachrechtliche Regelung Vorrang *(priority)* hat. Dabei sind u.a. Inhalt bzw. Zweck der Sachnormen ausschlaggebend.

Der Grundgedanke des two-step-test ist nicht neu.[1227] Wie viele *modern approaches* ist der Test eine Fortführung der Interessenanalyse von *Currie*.[1228] Dieser plädierte dafür, bei der Bestimmung des anwendbaren Rechts staatliche Regelungsinteressen zu berücksichtigen und so das Sachrecht in die kollisionsrechtliche Analyse zu integrieren.[1229] Diese Zielsetzung wird durch den two-step-test sogar auf beiden Stufen verwirklicht. Letztlich ist der Test in seiner Grundstruktur sehr abstrakt; die einzelnen Schritte müssen detailliert ausgestaltet werden, um das anwendbare Recht in grenzüberschreitenden Fällen eindeutig und sicher bestimmen zu können. *Kramer* und *Roosevelt* präsentieren in ihren Arbeiten Gestaltungsvorschläge und Parameter für die beiden Test-Komponenten, die im Folgenden näher erläutert werden.

II. Die akademischen Ursprünge

1. *Larry Kramer*

Kramer stellte die Grundlagen seiner Methodik zur Auflösung kollisionsrechtlicher Fragestellungen in einer Reihe von Aufsätzen vor, in denen er *Curries* Interessenanalyse einer kritischen Würdigung unterzog und methodisch

1226 Nach der Terminologie *Curries* liegt in diesem Fall ein *false conflict* vor, vgl. dazu Teil 1, B.I.2.c.

1227 Ebenso die Anmerkungen im Reporters' Memorandum zum Restatement (Third) of Conflict of Laws, Council Draft No. 2, S. xx.

1228 *Brilmayer/Seidell*, 86 University of Chicago Law Review 2031, 2056 f. (2019).

1229 *Reynolds*, 56 Maryland Law Review 1371, 1381 f. (1997).

weiterentwickelte.[1230] Er lehnte in seinen ersten Beiträgen zunächst *Curries presumption of forum law* sowie dessen Konzept der *unprovided-for cases* ab.[1231] Seine dort vorgebrachten Erkenntnisse dienten als Basis für den Aufsatz „*Rethinking Choice of Law*"[1232], in dem er erstmals den two-step-test als eigenständige Methode präsentierte.

a. Grundlagen

Kramers Argumentation ist – wie für einen *common law*-Juristen nicht unüblich – stark prozessual geprägt, sein Ausgangspunkt ist die Beurteilung eines Anspruchs vor Gericht:[1233] Der Richter prüfe anhand des von den Parteien vorgetragenen (inländischen) Sachverhalts zunächst, ob die vom Kläger geltend gemachte Rechtsposition bestehe.[1234] Das sei der Fall, wenn nach Auslegung des positiven Rechts dieses auf den zu entscheidenden Sachverhalt anwendbar sei und dem Kläger eine Rechtsposition zuspreche.[1235] Bestreite der Beklagte in einem deliktsrechtlichen Haftungsfall beispielsweise den vom Kläger geltend gemachten Haftungsmaßstab und berufe sich stattdessen auf eine andere Regelung, müsse der Richter diese Rechtskollision auflösen. Dabei gehe er in einem Zweischritt, dem two-step-test, vor.[1236] Zunächst würden beide Rechtsregeln ausgelegt.[1237] Komme der Richter zu dem Ergebnis, dass beide Regelungen grundsätzlich anwendbar seien, aber zu unterschiedlichen Ergebnissen führten,

---

1230 *Kramer*, 24 Cornell International Law Journal 245, 246 (1991); zu *Curries* Theorie vgl. Teil 1, B.I.2.c.

1231 Zur Vermutung der Anwendbarkeit der *lex fori Kramer*, 56 The University of Chicago Law Review 1301 (1989); zu den *unprovided-for cases Kramer*, 75 Virginia Law Review 1045 (1989).

1232 *Kramer*, 90 Columbia Law Review 277 (1990).

1233 *Kramer*, 24 Cornell International Law Journal 245, 247 (1991).

1234 *Kramer*, 90 Columbia Law Review 277, 282 (1990).

1235 *Kramer*, 90 Columbia Law Review 277, 282 (1990): „[…] because courts only enforce rights that are conferred by positive law, and because lawmakers enact laws for reasons, whether a party has a right under a particular law depends upon whether that law should be construed to confer a right on the party. Making this determination is sometimes controversial but the important point is that plaintiff's rights are determined by interpreting positive law: whatever approach to interpretation a particular jurisdiction uses, the question is always whether the law on which plaintiff relies should be construed to support plaintiff's claim."

1236 *Kramer*, 90 Columbia Law Review 277, 285 (1990): „Choosing between these laws requires a two-step-process."

1237 *Kramer*, 90 Columbia Law Review 277, 285 (1990).

müssten in einem zweiten Schritt beide Regelungen miteinander in Einklang gebracht werden.[1238] Dahinter stehe der Gedanke, dass eine Rechtsordnung ein in sich konsistentes System sei und daher keine kontradiktorischen Regelungen enthalten könne.[1239] Regeln müssten daher sinnerhaltend und harmonisierend ausgelegt werden.[1240] Die Rechtsprechung habe hierfür in der Vergangenheit verschiedene Ansätze entwickelt, die den Gerichten Anhaltspunkte bei ihrer Entscheidung geben sollten.[1241]

Aus *Kramers* Sicht lässt sich dieser Zweischritt nahtlos auf Fälle mit grenzüberschreitenden Bezügen übertragen.[1242] Auch hier müsse der Richter zunächst prüfen, ob überhaupt eine Rechtskollision vorliege, d.h. ob die Sachnormen der mit dem Sachverhalt verbundenen Rechtsordnungen eine Rechtsposition des Klägers begründeten.[1243] Stütze der Kläger seinen Anspruch beispielweise auf eine Norm von Recht A, während der Beklagte das Bestehen des Anspruchs wegen der Anwendbarkeit von Recht B bestreite, stehe zunächst die *prima facie applicability* beider Rechtsregeln in Frage.[1244] Die Auslegung des Sachrechts sei somit der Ansatzpunkt für die Bestimmung des anwendbaren Rechts.[1245] Erst wenn die Anwendbarkeit in beiden Fälle bejaht werde, müsse der Richter eine der beiden Regelungen auswählen. Damit stellt *Kramer* die Frage der Anwendbarkeit vor die Entscheidung über das anzuwendende Recht, entsprechend dem Motto: „first apply, then choose."[1246] Außerdem macht er deutlich, dass eine kollisionsrechtliche Analyse dann erforderlich sei, wenn eine Auslandsberührung

1238 *Kramer*, 90 Columbia Law Review 277, 286 (1990).

1239 *Kramer*, 90 Columbia Law Review 277, 286 (1990).

1240 *Kramer*, 90 Columbia Law Review 277, 286 (1990).

1241 *Kramer* verweist in diesem Zusammenhang u.a. auf die Auslegung *in pari materia*, die historische Auslegung und eine Art *policy impairment*-Vergleich, vgl. *Kramer*, 90 Columbia Law Review 277, 287 (1990).

1242 *Kramer*, 90 Columbia Law Review 277, 290 (1990).

1243 *Kramer*, 75 Virginia Law Review 1045, 1059 (1989): „The question is whether some rule of positive law entitles the plaintiff to damages if these facts are proved."

1244 *Kramer*, 90 Columbia Law Review 277, 291 (1990).

1245 Vgl. *Kramer*, 90 Columbia Law Review 277, 290 (1990); die Tatsache, dass der Kläger beispielsweise mit einem ausländischen Staatsbürger verheiratet sei, stelle zwar einen grenzüberschreitenden Bezug dar; dieser habe aber in der Regel keine Auswirkungen auf die kollisionsrechtliche Analyse.

1246 *Kramer*, 56 The University of Chicago Law Review 1301, 1309 (1989): „[...] 'choosing' is not a step that must be completed before the court can reach the merits, and there is no reason to insist that the court 'apply' some jurisdiction's law."

bestehe und sich die Parteien auf Regelungen verschiedener Rechtsordnungen beriefen.[1247] *Kramer* versteht folglich das Kollisionsrecht als fakultativ.[1248]

Auf den ersten Blick scheint es, als ob *Kramer* hinsichtlich der Beurteilung der Sachnormen keinen Unterschied zwischen grenzüberschreitendem und inländischem Sachverhalt macht. Tatsächlich vertritt *Kramer* aber die Ansicht, dass der Auslandsbezug Auswirkungen auf die Bewertung der Rechtslage habe.[1249] Bei der Auslegung des Sachrechts müssten die Berührungspunkte mit anderen Rechtsordnungen besonders berücksichtigt werden, es könnten nicht automatisch dieselben Auslegungsmaßstäbe wie im Inlandsfall gelten.[1250] Damit widerspricht *Kramer* der Grundannahme *Curries*, der nicht zwischen der Auslegung und Anwendung des Sachrechts in einem reinen Inlandsfall oder einem grenzüberschreitenden Sachverhalt unterschied.[1251]

Ein weiterer Gegensatz zu *Curries* Ansatz liegt in *Kramers* grundsätzlicher Befürwortung feststehender Kollisionsregeln.[1252] *Kramer* ist der Ansicht, dass Kollisionsregeln sowohl Einheitlichkeit und Vorhersehbarkeit fördern als auch materiell-rechtlich vorzugswürdige Ergebnisse hervorbringen könnten.[1253] Er warnt jedoch vor dem Bedürfnis, eine Theorie zu entwickeln, die die Rechtskollision möglichst gerecht auflöse.[1254] Gerade dieser Ansatz sei verfehlt.[1255] Es gebe in Kollisionsfällen keine objektiv „richtige" oder „bessere" Lösung.[1256] Die Souveränität der Staaten führe dazu, dass ihre Interessen gleichwertig nebeneinander stünden.[1257] Da alle betroffenen Staaten einen ebenbürtigen Anspruch auf

---

1247 *Kramer*, 90 Columbia Law Review 277, 281 (1990).

1248 *Kramer*, 24 Cornell International Law Journal 245, 251 (1991); zur Behandlung des Kollisionsrechts im US-amerikanischen Prozess bereits Teil 1, B.I.1.b.

1249 *Kramer*, 75 Virginia Law Review 1045, 1063 (1989): „[…] it does not assume that 'applying' a state's law in a multistate case means deciding the case as if it were wholly domestic."

1250 *Kramer*, 75 Virginia Law Review 1045, 1063 (1989).

1251 *Kramer*, 75 Virginia Law Review 1045, 1051 (1989).

1252 *Kramer*, 89 Michigan Law Review 2134, 2138 (1991); hierzu passt, dass *Kramer* u.a. vorschlug, das Kollisionsrecht in einem Modellgesetz zu regeln, vgl. *Kramer*, 89 Michigan Law Review 2134 (1991); zu den Grundlagen von *Curries* Theorie vgl. Teil 1, B.I.2.c.

1253 *Kramer*, 89 Michigan Law Review 2134, 2139 (1991).

1254 *Kramer*, 89 Michigan Law Review 2134, 2140 (1991).

1255 *Kramer*, 89 Michigan Law Review 2134, 2140 (1991).

1256 *Kramer*, 90 Columbia Law Review 277, 339 (1990); *Kramer*, 89 Michigan Law Review 2134, 2140 (1991).

1257 *Kramer*, 90 Columbia Law Review 277, 339 (1990).

Anwendung ihres Rechts hätten, gebe es kein „besseres" Recht.[1258] *Kramer* lehnt damit eindeutig den *better law approach* ab.

Stattdessen bettet *Kramer* seine kollisionsrechtliche Herangehensweise in den „gewöhnlichen" two-step-test ein und setzt besondere Parameter fest, durch die dem grenzüberschreitenden Charakter des Sachverhalts Rechnung getragen werden soll. Sein Ziel ist es, Kollisionsregeln zu formulieren, die die Interessen aller betroffenen Staaten in diesen Konstellationen am besten widerspiegeln und daher möglichst weitläufig angewendet werden.[1259] Er argumentiert, dass eine kohärente Zusammenschau feststehender Regeln Vorhersehbarkeit und Entscheidungseinklang und damit inzident auch grenzüberschreitende Aktivität und Kooperation fördere.[1260] Erst wenn eine gewisse Gegenseitigkeit bei der Anwendung erreicht sei, könne ein kollisionsrechtliches System letztlich zu einem Erfolg werden, indem es staatliche Interessen maximiere.[1261] *Kramer* integriert an dieser Stelle den Effizienzgedanken in seine Methodik.[1262]

b. Auslegung des potenziell anwendbaren Sachrechts

Der erste Schritt des two-step-test besteht in der Auslegung des potenziell anwendbaren Sachrechts, um festzustellen, ob überhaupt ein Kollisionsfall vorliegt. *Kramer* erklärt, dass für die Bestimmung dieser *prima facie applicability* in grenzüberschreitenden Fällen der Richter entscheiden müsse, ob die Berührungspunkte des Sachverhalts zu einer Rechtsordnung für die Anwendbarkeit ihrer Sachnormen ausreichten.[1263] Da die meisten Sachnormen keine konkreten

---

1258 *Kramer*, 89 Michigan Law Review 2134, 2143 (1991); *Kramer*, 66 New York University Law Review 979, 1019 (1991).

1259 *Kramer*, 90 Columbia Law Review 277, 344 (1990): „[…] choice of law requires accommodating the equally legitimate claims of different states to govern. By carefully identifying states' interests – individual and shared, multistate and domestic – we should be able to formulate solutions that accommodate these claims in ways that benefit all states."

1260 *Kramer*, 24 Cornell International Law Journal 245, 275 (1991).

1261 *Kramer*, 90 Columbia Law Review 277, 340 ff. (1990); *Kramer*, 89 Michigan Law Review 2134, 2137 (1991).

1262 Vgl. *Kramer*, 90 Columbia Law Review 277, 340 (1990); *Kramer*, 66 New York University Law Review 979, 1022 ff. (1991); zur Maximierung staatlicher Interessen im effizienzorientierten Denkmodell vgl. Teil 1, C.II.4.b.

1263 *Kramer* weist darauf hin, dass die Analyse an dieser Stelle der Unterscheidung zwischen *false* und *true conflicts* in der Interessenanalyse gleiche, vgl. *Kramer*, 90 Columbia Law Review 277, 292 (1990).

Angaben zum räumlichen Anwendungsbereich enthielten, müssten sie ausgelegt werden.[1264] Ziel der Auslegung sei es, den extraterritorialen Wirkungsgedanken der Regelung zu identifizieren.[1265]

Grundsätzlich sei anzunehmen, dass das positive Recht eines Staates zuallererst auf rein inländische Sachverhalte ausgerichtet sei und das Ziel habe, gesellschaftliche Leitprinzipien und Ordnungsinteressen im Inland zu verwirklichen.[1266] Man könne davon ausgehen, dass ein Staat kein Interesse daran habe, Sachverhalte zu regeln, die keinen Bezug zu ihm hätten.[1267] Dieser Grundsatz folgt aus *Kramers* Sicht aus dem *comity*-Gedanken.[1268] Der Regelungsgeber entscheide, in welchen Situationen er seinen Staatsbürgern Rechte gewähren oder Pflichten auferlegen möchte.[1269] Die Bundesstaaten seien dabei im inneramerikanischen Kontext einzig durch die verfassungsrechtlichen Grenzen, wie beispielsweise den *Privileges and Immunities Clause*, beschränkt.[1270]

Trotzdem könnten die Beweggründe des Regelungsgebers, die zur Einführung der Regel im Inlandsfall geführt hätten, Hinweise darauf geben, welche Regelungsinteressen im grenzüberschreitenden Kontext relevant seien.[1271] *Kramer* baut auf der Prämisse auf, dass eine Regel immer dann anwendbar sei, wenn das ursprünglich für das Inland relevante Regelungsinteresse durch die Anwendung im Ausland weiterhin gefördert werde.[1272] Dafür müssten die Sachverhaltsbezüge zum regelungsgebenden Staat im Zusammenhang mit der ursprünglichen Zweckrichtung des Regelungsgebers stehen.[1273] Im Umkehrschluss bedeute dies,

---

1264 *Kramer*, 90 Columbia Law Review 277, 293 (1990).

1265 *Kramer*, 90 Columbia Law Review 277, 293 (1990).

1266 *Kramer*, 90 Columbia Law Review 277, 294 f. (1990); *Kramer*, 75 Virginia Law Review 1045, 1052 (1989): „The positive law of a state thus reflects the judgement of the state's lawmakers about the best way to organize society."; zur vergleichbaren Vorgehensweise im *federal law Kramer*, 1991 The Supreme Court Review 179 (1991).

1267 *Kramer*, 75 Virginia Law Review 1045, 1052 (1989); zum Verständnis der *presumption against extraterritoriality* in diesem Kontext *Kramer*, 1991 The Supreme Court Review 179, 181 (1991).

1268 *Kramer*, 75 Virginia Law Review 1045, 1067 (1989).

1269 *Kramer*, 75 Virginia Law Review 1045, 1064 (1989).

1270 *Kramer*, 24 Cornell International Law Journal 245, 266 (1991); *Kramer*, 24 Cornell International Law Journal 245, 266 (1991).

1271 *Kramer*, 90 Columbia Law Review 277, 296 (1990); *Kramer*, 75 Virginia Law Review 1045, 1052 (1989).

1272 *Kramer*, 90 Columbia Law Review 277, 299 (1990).

1273 *Kramer*, 90 Columbia Law Review 277, 296 (1990): „[...] we presume that a state's law is intended to apply only in cases that are connected to the state in some important

dass eine Regelung nicht anwendbar sei, wenn ein Staat keinen Vorteil aus der extraterritorialen Regulierung der zugrunde liegenden Rechtsfrage ziehe, weil keine relevanten Sachverhaltsbezüge vorlägen.[1274] Der Regelungsgeber habe in dieser Fallkonstellation nie die Intention, eine Rechtsposition zu begründen.[1275] Es ist *Kramers* Ziel, durch diese Auslegungsweise eine Balance zwischen den Rechtsanwendungsinteressen mehrerer Staaten zu schaffen.[1276] Man müsse bei der Auslegung stets im Hinterkopf behalten, dass auch der Anwendungsbereich einer anderen ausländischen Sachnorm eröffnet sein könne.[1277] Gegen die Kritik, ein solcher fiktiver Regelungszweck könne nie eindeutig identifiziert werden, wendet *Kramer* ein, dass dies eine immanente Schwierigkeit der Auslegung (*statutory interpretation*) sei.[1278] Die Erfahrungen aus der Rechtsprechung zeigten aber, dass Gerichte mit der Problematik in der Vergangenheit angemessen umgegangen seien.[1279]

Eine besondere Herausforderung birgt die Auslegung ausländischen Sachrechts. *Kramer* weist darauf hin, dass die Auslegungsmaßstäbe der *lex fori* nicht einfach auf ausländisches Recht übertragen werden dürften.[1280] Stattdessen müsse auf die Auslegungsmethoden des regelungsgebenden Staates zurückgegriffen werden.[1281] Daher schlägt *Kramer* vor, das Kollisionsrecht dieses Staates und die dort verwendete Methodik als Interpretationshilfe für den extraterritorialen Wirkungsgedanken des Sachrechts zu verwenden.[1282] Das Kollisionsrecht

---

way, the significant contacts ought to be those that implicate the reasons the law was enacted for wholly domestic cases."; *Kramer*, 24 Cornell International Law Journal 245, 261 (1991).

1274 *Kramer*, 90 Columbia Law Review 277, 295 (1990).

1275 *Kramer*, 75 Virginia Law Review 1045, 1064 (1989); *Kramer*, 90 Columbia Law Review 277, 306 (1990).

1276 *Kramer*, 90 Columbia Law Review 277, 302 (1990).

1277 *Kramer*, 90 Columbia Law Review 277, 302 (1990).

1278 *Kramer*, 90 Columbia Law Review 277, 300 (1990).

1279 *Kramer*, 90 Columbia Law Review 277, 301 (1990).

1280 *Kramer*, 90 Columbia Law Review 277, 303 (1990); *Kramer*, 24 Cornell International Law Journal 245, 267 (1991).

1281 *Kramer*, 90 Columbia Law Review 277, 303 (1990).

1282 *Kramer*, 90 Columbia Law Review 277, 303 (1990); überraschenderweise bezeichnet *Kramer* diese Bezugnahme auf ausländisches Kollisionsrecht später als *Renvoi*, vgl. *Kramer*, 24 Cornell International Law Journal 245, 267 (1991); *Kramers* Argumentation suggeriert, dass es auf beiden Stufen des two-step-test einen Fall des *Renvoi* gebe; zum einen meint er damit die Verwendung der kollisionsrechtlichen Methodik als Interpretationshilfe bei der Auslegung des Sachrecht und zum anderen den Rückgriff

spiegele naturgemäß die Sichtweise des Staates auf den räumlichen Anwendungsbereich seines Sachrechts wider.[1283]

Letzten Endes kann das Gericht im Rahmen der Bestimmung der *prima facie applicability* zu drei verschiedenen Ergebnissen kommen:

1) Keine der von der Parteien vorgetragenen Regelungen ist anwendbar,
2) nur eine Regelungen ist anwendbar, oder
3) zwei oder mehrere Regeln sind anwendbar, da die Leitprinzipien mehrerer Staaten betroffen sind, weil mehrere relevante Bezugspunkte vorliegen.[1284]

Erneut fällt an dieser Stelle die Parallelität zu Curries *true conflicts/ false conflicts/ unprovided-for*-Differenzierung auf. *Kramer* entwickelt für die drei Fallgruppen aber von *Curries* Theorie abweichende Lösungen.[1285] Im ersten Fall müsse die Klage mangels Anwendbarkeit des vom Kläger vorgetragenen Anspruchs abgewiesen werden,[1286] während in der zweiten Konstellation das Gericht die einschlägige Regelung anzuwenden habe.[1287] Damit könne in beiden Varianten die vermeintliche Kollision zweier Rechtsordnungen bereits auf der ersten Stufe der Untersuchung aufgelöst werden.[1288] Der dritte Fall erfordere hingegen eine Fortsetzung der Analyse, sofern das Regelungsziel einer Sachnorm durch die Anwendung der außerdem einschlägigen Regelung beeinträchtigt werde.[1289] Damit kommt es – anders als bei *Currie* – nicht zu einer klaren Bevorzugung der *lex fori.*

c. *Auswahl des vorrangig anzuwendenden Sachrechts*

Sofern der Richter auf der ersten Stufe zu dem Ergebnis kommt, dass zwei oder mehrere verschiedene Regelungen anwendbar sind, hat er nun die Aufgabe, sich

---

auf ausländische Kollisionsregeln bei der Beantwortung der Prioritätsfrage; hier solle der *Renvoi* aber abgelehnt werden, es sei denn, die ausländische Regel führe zu einer stärkeren Durchsetzung staatlicher Interessen, vgl. *Kramer*, 24 Cornell International Law Journal 245, 268 (1991); zum *Renvoi* ausführlich *Kramer*, 66 New York University Law Review 979 (1991).

1283 *Kramer*, 24 Cornell International Law Journal 245, 267 (1991); *Kramer*, 66 New York University Law Review 979, 1002 (1991).

1284 Vgl. *Kramer*, 90 Columbia Law Review 277, 304 (1990).

1285 Zu *Curries* Theorie vgl. Teil 1, B.I.2.

1286 *Kramer*, 56 The University of Chicago Law Review 1301, 1306 f. (1989).

1287 *Kramer*, 90 Columbia Law Review 277, 307 (1990).

1288 *Kramer*, 90 Columbia Law Review 277, 304 (1990).

1289 *Kramer*, 90 Columbia Law Review 277, 310 (1990).

für ein Sachrecht zu entscheiden. *Kramer* weist in diesem Zusammenhang wiederholt darauf hin, dass Ausgangspunkt der Fragestellung die Annahme sei, dass die betroffenen Staaten gleichwertige Souveräne seien und einen gleichrangigen Anspruch auf die Anwendung ihres Rechts hätten.[1290] Er lehnt daher die Prämisse des zweiten Restatement ab, dass das Interesse eines Staates stärker sein könne.[1291] Damit stellt sich die Frage, auf welche Kriterien der Richter auf der zweiten Stufe für die Wahl eines Sachrechts zurückgreifen kann.

Keine Option ist laut *Kramer* eine durchgängige Entscheidung für die Anwendung der *lex fori*.[1292] Eine solche Praxis begünstige *forum shopping*.[1293] Außerdem könne ein Staat durchaus ein Interesse daran haben, dem Recht eines anderen Staates den Vorrang zu geben.[1294] Eine aufgeschlossene Haltung motiviere andere Staaten dazu, ebenfalls fremdes Recht zuzulassen.[1295] Vor allem in Fällen mit international-grenzüberschreitendem Bezug solle eine protektionistische Vorgehensweise im Interesse internationaler Beziehungen vermieden werden.[1296] Nur so könne *multistate policies* ausreichend Geltung verschafft werden.[1297] Grundsätzlich solle der Forumstaat also immer darauf eingestellt sein, fremdes Recht anzuwenden.[1298] Auch *Baxters comparative impairment approach*, der dem Recht des Staates, dessen Interessen bei Nichtanwendung am meisten beeinträchtigt werden würden, Vorrang geben möchte, steht *Kramer* kritisch gegenüber.[1299] Er hebt hervor, dass die Regelungsziele mehrerer Staaten verschiedene Zielrichtungen hätten und damit gar nicht vergleichbar sein könnten.[1300] Zudem gebe es bei diesem Ansatz keine Möglichkeit, die Intensität der staatlichen Interessen festzustellen, die jedoch eine ausschlaggebende Rolle

---

1290 *Kramer*, 89 Michigan Law Review 2134, 2143 (1991); *Kramer*, 90 Columbia Law Review 277, 339 (1990).

1291 *Kramer*, 89 Michigan Law Review 2134, 2143 (1991).

1292 Diese Argumentation deckt sich mit *Kramers* Kritik an *Curries presumption of forum law* für die Fallgruppe der *unprovided-for cases*, vgl. hierzu *Kramer*, 56 The University of Chicago Law Review 1301 (1989).

1293 *Kramer*, 90 Columbia Law Review 277, 313 (1990).

1294 *Kramer*, 90 Columbia Law Review 277, 314 (1990).

1295 *Kramer*, 90 Columbia Law Review 277, 313 (1990).

1296 *Kramer*, 1991 The Supreme Court Review 179, 220 (1991).

1297 *Kramer*, 90 Columbia Law Review 277, 313 (1990).

1298 *Kramer*, 90 Columbia Law Review 277, 314 (1990): „[…] it makes sense to assume that some true conflict should be resolved by applying another state's law."

1299 *Kramer*, 90 Columbia Law Review 277, 317 (1990).

1300 *Kramer*, 90 Columbia Law Review 277, 317 (1990).

spielen könne.[1301] Trotzdem gesteht *Kramer* zu, dass *Baxters* Grundgedanke sehr attraktiv sei, und greift daher die dahinter stehende Effizienzüberlegung bei der Formulierung der Prioritätsregeln auf.[1302]

Kramers Lösung für die Bestimmung des vorrangig anzuwendenden Sachrechts ist die Einführung eines speziellen Auslegungskanons für grenzüberschreitende Konstellationen.[1303] Der Kanon solle mehrstaatliche Interessen berücksichtigen und fördern, *forum shopping* reduzieren und sicherstellen, dass das Recht eines Staates in den Fällen zur Anwendung komme, in denen dieser ein besonderes Interesse an der Anwendung habe.[1304] Gerichte wendeten vergleichbare Auslegungsprinzipien bereits in innerstaatlichen Konstellationen erfolgreich an, sodass diese Methode auch im grenzüberschreitenden Bereich ein wirkungsvoller Ansatz sei.[1305] *Kramer* stellt klar, dass er den Begriff „Kanon" als eine einem Rechtssystem zugrunde liegende Prämisse verstehe, durch die Zweifel bei Auslegungsfragen ausgeräumt werden könnten.[1306] Die Verwendung eines Auslegungskanons bietet laut *Kramer* zwei Vorteile: Zum einen könne er die Vorhersehbarkeit von Entscheidungen stärken.[1307] Zum anderen werde die Flexibilität des Richters gewahrt, da *canons* keine „unwiderlegbaren Wahrheitsaussagen"[1308] enthielten. Auffallend ist, dass *Kramer* von einem Auslegungskanon und nicht von Kollisionsregeln spricht.

Bei der Formulierung des Kanons kann laut *Kramer* nicht auf eine einzige kollisionsrechtliche Theorie zurückgegriffen werden.[1309] Vielmehr müssten, um Rechtskollisionen angemessen aufzulösen, – je nach Sachverhalt und Rechtsfrage – verschiedene gesellschaftliche, ordnungspolitische oder auch kulturelle Interessen beachtet werden, die nicht unter einer einzigen methodischen Grundlage zusammenzufassen seien.[1310] Ein Auslegungskanon biete die Möglichkeit,

1301 *Kramer*, 90 Columbia Law Review 277, 317 (1990).
1302 *Kramer*, 90 Columbia Law Review 277, 316 (1990).
1303 *Kramer*, 90 Columbia Law Review 277, 318 (1990).
1304 *Kramer*, 90 Columbia Law Review 277, 319 (1990).
1305 *Kramer*, 90 Columbia Law Review 277, 318 (1990).
1306 *Kramer*, 90 Columbia Law Review 277, 320 (1990): „[…] sense of a background presumption about the legal system that is used to resolve uncertainty in interpretation. In this sense, any interpretative norm that courts rely on to resolve ambiguity is a canon."
1307 *Kramer*, 90 Columbia Law Review 277, 320 (1990).
1308 *Kramer*, 90 Columbia Law Review 277, 320 (1990): „Canons are not irrefutable statements of truths."
1309 *Kramer*, 90 Columbia Law Review 277, 321 (1990).
1310 *Kramer*, 90 Columbia Law Review 277, 321 (1990).

diese Interessenvielfalt zu wahren, indem er zahlreiche methodische Ansätze berücksichtige.[1311] Damit propagiert *Kramer*, in den Auslegungsregeln Fallgruppen festzulegen, in denen sich Staaten hinsichtlich des Regelungszwecks einig sind.[1312] Er schlägt beispielsweise einen *contract canon* vor.[1313] Bei vertraglichen Sachnormen solle das Recht Vorrang haben, dass die Parteien vereinbart hätten.[1314] Sei keine Rechtswahl getroffen worden, werde auf die Regelung abgestellt, die den Vertrag validiere.[1315] So werde sichergestellt, dass die Interessen beider Staaten gleichwertig berücksichtigt würden.[1316]

Letztlich ist der Kanon ähnlich formuliert wie eine Kollisionsregel. Angesichts der naturgemäßen Skepsis des *common law* gegenüber festen Regeln überrascht *Kramers* abweichende Terminologie nicht. Die Begrifflichkeit *canon* bewahrt einen gewissen Spielraum für das Gericht, führt aber nicht zu völliger Ergebnisoffenheit. Problematisch sind indes die Reichweite und das Verhältnis der *canons* zueinander. *Kramer* äußert sich in dieser Hinsicht nur ansatzweise. Er argumentiert, dass der *comparative impairment canon*[1317] Vorrang gegenüber allen anderen Auslegungsprinzipien habe, da er dann zur Anwendung komme, wenn die Interessen eines Staates ernsthaft beeinträchtigt würden.[1318] Diese Überlegung müsse immer zuerst berücksichtigt werden.[1319] Inwiefern

---

1311 *Kramer*, 90 Columbia Law Review 277, 321 (1990).

1312 *Kramer*, 90 Columbia Law Review 277, 322 (1990): „[…] the optimal strategy in developing canons is to identify situations in which both states agree that one type of policy is more important than another.“

1313 *Kramer* schlägt außerdem noch vier weitere *canons* vor: (1) einen *comparative impairment canon*, nach dem das Sachrecht des Staates zur Anwendung komme, dessen Recht bei Nichtanwendung praktisch unwirksam werde; (2) einen *substance/procedure canon*, wonach grundsätzlich das materiell-rechtliche Regelungsziel Vorrang habe, es sei denn, die Klage werde ansonsten wegen *forum non conveniens* abgewiesen; (3) einen *canon*, der veraltete, mit geltenden rechtlichen und sozialen Standards nicht vereinbare Regelungen zurückstelle; (4) einen *reliance canon*, der dem Sachrecht Vorrang einräume, auf dessen Anwendung die Parteien vertraut hätten; vgl. hierzu *Kramer*, 90 Columbia Law Review 277, 323 ff. (1990).

1314 *Kramer*, 90 Columbia Law Review 277, 329 (1990).

1315 *Kramer*, 90 Columbia Law Review 277, 329 (1990).

1316 *Kramer*, 90 Columbia Law Review 277, 340 (1990).

1317 *Kramer*, 90 Columbia Law Review 277, 323 (1990): „If there is a conflict between two states‘ laws, and failure to apply one of the laws would render it practically ineffective, that law should be applied.“

1318 *Kramer*, 90 Columbia Law Review 277, 324 (1990), siehe Fn. 324.

1319 *Kramer*, 90 Columbia Law Review 277, 333 (1990).

sich eine solche Hierarchie auch bei anderen Regelungen wiederfindet, erklärt er aber nicht.[1320] Weiterhin ist anzumerken, dass die vier von *Kramer* vorgeschlagenen *canons* kaum alle auftretenden Kollisionsfragen abdecken können und daher unbedingt ergänzt werden müssten. Dies birgt jedoch die Gefahr, dass die *canons* zu speziell und auf den Einzelfall ausgerichtet werden.

d. Zwischenergebnis

Kramers kollisionsrechtliche Herangehensweise ist prozessual gedacht, sie soll der regulären Prüfung des Richters im Inlandsfall ähneln. Damit nimmt *Kramer Curries statutory interpretation*-Gedanken auf und bestimmt zuerst den räumlichen Anwendungsbereich der Sachrechte, die eine Verbindung zum Sachverhalt aufweisen. Ausschlaggebend für die Anwendbarkeit ist, ob die Sachverhaltsbezüge zum regelungsgebenden Staat den ursprünglichen Zweck der Regelung im Inland wiederaufnehmen. Der grenzüberschreitende Bezug ist die zentrale Stellschraube der Analyse. Kommt man auf dieser ersten Stufe zu dem Ergebnis, dass der Anwendungsbereich mehrerer Normen eröffnet ist, wird die Untersuchung weitergeführt. Auf zweiter Stufe muss nun entschieden werden, welche Regelung vorrangig anzuwenden ist. Dafür entwickelt *Kramer* einen Auslegungskanon, durch den die Interessen der Staaten angemessen ausgeglichen und auf Dauer maximiert werden können. *Kramers* Ziel ist es, durch feststehende Regeln ein vorhersehbares und vielfach anwendbares Kollisionsrechtssystem zu bilden.

2. Kermit Roosevelt III

Roosevelt, der federführende Reporter des neuen *Conflicts* Restatement, vertritt eine ähnliche Theorie wie *Kramer*. *Roosevelt* beschäftigte sich zunächst mit den verfassungsrechtlichen Grenzen kollisionsrechtlicher Fragestellungen[1321] und stellte einige Jahre später sein „two-step model" vor.[1322] Aus seinen Beiträgen wird deutlich, dass *Roosevelt* ein Bewunderer von *Curries* Interessenanalyse ist, dessen Ansätze er aber – wie *Kramer* – in einigen Punkten kritisch sieht. Trotzdem dienen die Grundlagen der Interessenanalyse auch bei *Roosevelt* als Fundament für seine methodischen Überlegungen. Nach Ansicht des Reporters kann die *Conflicts Revolution* erst dann vollendet sein, wenn auf Basis ihrer

---

1320 *Kramer*, 90 Columbia Law Review 277, 324 (1990), Fn. 158

1321 *Roosevelt III*, 97 Michigan Law Review 2448 (1999).

1322 *Roosevelt III*, 80 Notre Dame Law Review 1821 (2005); in dem Aufsatz beschäftigte sich *Roosevelt* vor allem mit dem *Renvoi* und seiner Behandlung innerhalb der verschiedenen Theorien.

Errungenschaften ein neues und schlüssiges Kollisionsrechtssystem etabliert worden ist.[1323]

a. Grundlagen

Roosevelt nimmt wie *Kramer* einen prozessualen Blickwinkel ein: Die zentrale Fragestellung in einem grenzüberschreitenden Sachverhalt sei, ob der Kläger einen Anspruch habe, dieser aber eventuell durch die Einwände des Beklagten wirksam vereitelt sein könne.[1324] Damit unterscheide sich der Fall nicht von inländischen Konstellationen, sodass die dort geltenden Prinzipien übertragen werden könnten.[1325] So werde das Kollisionsrecht auch für „Nicht-Spezialisten" erfassbarer.[1326]

Die kollisionsrechtliche Analyse vollziehe sich in einem Zweischritt.[1327] Zunächst müsse der Anwendungsbereich der potenziell anwendbaren Sachnormen bestimmt werden.[1328] Hierfür seien *rules of scope* heranzuziehen.[1329] Wenn mehrere betroffene Regelungen grundsätzlich anwendbar seien und eine Rechtsposition beinhalteten, bestehe ein Konflikt. Man benötige daher für die zweite Stufe eine *rule of priority,*[1330] um festzustellen, welche Regelung sich durchsetze.[1331] Dass *Roosevelt* wie *Kramer* die kollisionsrechtliche Analyse als eine

---

1323 *Roosevelt III*, 163 University of Pennsylvania Law Review Online 325, 329 (2015): „[…] the American choice of law revolution is […] not complete."

1324 *Roosevelt III*, 97 Michigan Law Review 2448, 2465 (1999): „[…] the fundamental question of conflicts of law is simply the ordinary legal question that arises in every case: whether the plaintiff has a right to recover, or whether the defendant's asserted right blocks the plaintiff's claim."; *Roosevelt III*, in: FS Brilmayer, S. 28.

1325 *Roosevelt III*, 97 Michigan Law Review 2448, 2489 (1999): „My argument is that a conflict case presents a conventional legal question."

1326 *Roosevelt III*, in: FS Brilmayer, S. 28; *Roosevelt III*, in: FS Brilmayer, S. 30.

1327 *Roosevelt III*, 80 Notre Dame Law Review 1821, 1871 (2005): „[…] choice-of-law analysis can be described as a relatively simple two-step process."; *Roosevelt* legte in seinem ersten Beitrag großes Gewicht auf terminologische Feinheiten; er argumentierte, dass die Bezeichnung „choice of law" fehlerhaft sei, da das Gericht kein Recht auswählen, sondern einen Konflikt auflösen müsse; man solle daher richtigerweise von einem „conflict of laws" sprechen, vgl. *Roosevelt III*, 97 Michigan Law Review 2448, 2452 (1999); später sprach er allerdings wieder von der „choice-of-law analysis."

1328 *Roosevelt III*, 97 Michigan Law Review 2448, 2467 (1999).

1329 *Roosevelt III*, 80 Notre Dame Law Review 1821, 1871 (2005).

1330 Anfangs verwendet *Roosevelt* noch den Begriff *Conflicts rule*, vgl. *Roosevelt III*, 97 Michigan Law Review 2448, 2498 (1999).

1331 *Roosevelt III*, 80 Notre Dame Law Review 1821, 1871 (2005).

Frage nach dem Bestehen von Rechtspositionen versteht, wurde nach *Roosevelts* Angaben maßgeblich durch die Arbeiten von *Lea Brilmayer* beeinflusst, die dieser Sichtweise wieder zu Akzeptanz verhalf.[1332]

Mit Blick auf die bisher vertretenen kollisionsrechtlichen Ansätze stellt *Roosevelt* fest, dass dieser Zweischritt allerdings nicht zwingend sei.[1333] Man könne beispielsweise auch versuchen, Konfliktfälle zu eliminieren, indem man bereits auf der Ebene des Anwendungsbereichs klare Grenzen ziehe.[1334] Der *territorial approach* sehe eine Rechtsposition nur dann als begründet an, wenn sie innerhalb des Territoriums entstanden sei.[1335] Für *Roosevelt* ist die Auflösung grenzüberschreitender Fragestellungen im Rahmen eines two-step-Prozesses indes vorzugswürdig: Sofern man die kollisionsrechtliche Fragestellung auf die Bestimmung des Anwendungsbereichs beschränke, komme es auf gesetzgeberische bzw. judikative Zielsetzungen an, die man gerade nicht objektiv festlegen könne.[1336] *Rules of priority* seien deshalb zwingend.[1337] Das bedeute aber nicht, dass man das anwendbare Recht nur anhand solcher Prioritätsregeln bestimmen solle.[1338] Das Beispiel des zweiten Restatement zeige, dass diese Vorgehensweise die Regelungsziele der Staaten nicht ausreichend berücksichtigen könne, da es an Angaben fehle, wie „interessierte Staaten" zu identifizieren seien.[1339]

Roosevelt sieht Vorhersehbarkeit von Entscheidungen, die Verhinderung von *forum shopping* sowie Fairness für die Parteien als die erstrebenswerten

---

1332 *Roosevelt III*, in: FS Brilmayer, S. 28 mit Verweis auf *Brilmayer*, 98 The Yale Law Journal 1277 (1989); *Brilmayer* schlägt hier einen *rights-based approach* vor; danach seien nicht *policies* oder *interests* bei der Bestimmung des anwendbaren Rechts ausschlaggebend; stattdessen müsse auf die geltend gemachte Rechtsposition („right") abgestellt werden, da diese die Wertungen des Regelungsgebers widerspiegele.

1333 *Roosevelt* stellt die These auf, jeder kollisionsrechtliche Ansatz könne mit Hilfe des two-step-model erklärt werden, vgl. *Roosevelt III*, 80 Notre Dame Law Review 1821, 1875 (2005); aus dieser Aussage lassen sich aber keine Erkenntnisse dazu gewinnen, wie *Roosevelts* two-step-model im Einzelnen ausgestaltet sein soll; zur Anwendbarkeit des two-step-model im *federal law*-Kontext siehe *Roosevelt III*, 106 Northwestern University Law Review 1 (2012).

1334 *Roosevelt III*, 97 Michigan Law Review 2448, 2468 (1999).

1335 *Roosevelt III*, 97 Michigan Law Review 2448, 2468 (1999); *Roosevelt III*, 153 University of Pennsylvania Law Review 2017, 2061 (2005).

1336 *Roosevelt III*, 97 Michigan Law Review 2448, 2469 (1999).

1337 *Roosevelt III*, 97 Michigan Law Review 2448, 2470 (1999).

1338 *Roosevelt III*, in: FS Brilmayer, S. 26.

1339 *Roosevelt III*, in: FS Brilmayer, S. 26.

Prinzipien im Kollisionsrecht an.[1340] Grundsätzlich befinde sich das Kollisionsrecht in einem Spannungsfeld: Es solle mit Hilfe einfacher, einheitlicher und vorhersehbarer Regeln willkürliche Ergebnisse vermeiden, aber gleichzeitig genügend Flexibilität lassen, um im Einzelfall zum besten Ergebnis zu führen.[1341] Damit werde klar, dass die Grenzen zwischen Rechtssicherheit und Flexibilität sowie feststehenden Regeln und *approach* fließend seien.[1342] Das ultimative Ziel eines erfolgreichen Kollisionsrechtssystems sei, eine Balance zwischen diesen Erwägungen zu finden.[1343] Zwar habe das zweite Restatement in § 6 (2) versucht, einen Querschnitt aus systemischen und ergebnisorientierten Faktoren zu bilden.[1344] Letztlich sei dies aber weder dem Regelungswerk noch anderen Ansätzen innerhalb der Rechtsprechung vollständig gelungen.[1345]

b. Kollisionsnormen im two-step-model

Roosevelt differenziert bei der Bestimmung des anzuwendenden Rechts zwischen *rules of scope* und *rules of priority.*

Mit Hilfe der *rules of scope* müsse der Anwendungsbereich des potenziell anwendbaren Sachrechts bestimmt werden, um festzustellen, wem es eine Rechtsposition zuspreche.[1346] *Roosevelt* gibt zu, dass es in der Praxis oftmals schwer sei, die *policy* hinter den Sachnormen zu identifizieren.[1347] Kritikern der Interessenanalyse sei insoweit zuzustimmen, als dass die Bestimmung des Anwendungsbereichs nicht allein mit Hilfe von gewöhnlicher *statutory interpretation* erfolgen könne.[1348] Man müsse zusätzlich die grenzüberschreitende Komponente berücksichtigen und untersuchen, ob das ursprüngliche, für den inländischen Fall gedachte Regelungsziel auch in der grenzüberschreitenden

1340 *Roosevelt III*, 97 Michigan Law Review 2448, 2452 (1999), Fn. 16.

1341 *Roosevelt III*, in: Private International Law, Contemporary Challenges and Continuing Relevance, S. 15.

1342 *Roosevelt III*, in: Private International Law, Contemporary Challenges and Continuing Relevance, S. 10 f.

1343 *Roosevelt III*, in: Private International Law, Contemporary Challenges and Continuing Relevance, S. 13.

1344 *Roosevelt III*, in: Private International Law, Contemporary Challenges and Continuing Relevance, S. 14.

1345 *Roosevelt III*, 97 Michigan Law Review 2448, 2449 (1999).

1346 *Roosevelt III*, 65 Mercer Law Review 501, 511 (2014): „The first step of a choice-of-law analysis is figuring out the scope of the relevant laws – to whom they grant rights."

1347 *Roosevelt III*, 97 Michigan Law Review 2448, 2463 (1999).

1348 *Roosevelt III*, 65 Mercer Law Review 501, 510 (2014).

Konstellation erreicht werde.[1349] Folglich komme es stets auf die Perspektive des regelungsgebenden Staates an.[1350] Die *rules of scope* seien aber nicht pauschal darauf ausgerichtet, nur die eigenen Interessen eines Staates zu stärken.[1351] Zwar sei nachvollziehbar, dass der Regelungsgeber vor allem diejenigen schützen wolle, die die politischen Entscheidungen in seinem Regelungsgebiet beeinflussten.[1352] Unter Umständen wolle er aber auch die Vorhersehbarkeit von Entscheidungen besonders verbessern.[1353] Die *presumption against extraterritoriality* ist in *Roosevelts* Augen daher als universeller Auslegungsmaßstab untauglich.[1354]

Roosevelt argumentiert folglich, dass die Kollisionsregeln eines Staates bei der Bestimmung des Anwendungsbereichs des jeweiligen Sachrechts berücksichtigt werden sollten.[1355] Jeder Staat sei frei darin, den Anwendungsbereich seines materiellen Rechts selbst zu bestimmen.[1356] Die Auffassungen der Staaten über die Reichweite ihres Sachrechts spiegele sich in ihren Kollisionsregeln wider.[1357] Setzten die Kollisionsregeln beispielsweise einen *traditional approach* um, könne man davon ausgehen, dass das Sachrecht dieses Staates vorrangig auf Sachverhalte anzuwenden sei, die sich innerhalb seines Hoheitsgebietes abgespielt hätten.[1358] *Roosevelt* sieht die Rechtsprechung des U.S. Supreme Court in der Klaxon-Entscheidung als Bestätigung für diese Sichtweise: Das Gericht sei dort zu dem Ergebnis gekommen, dass ein *federal court* die Beschränkungen eines Staates, die dieser durch das Kollisionsrecht gesetzt habe, befolgen müsse, da das Gericht zur Anwendung des gesamten *internal law* verpflichtet sei.[1359] Diese Argumentation könne man auf das *state law* übertragen.[1360]

1349 *Roosevelt III*, 153 University of Pennsylvania Law Review 2017, 2065 (2005); *Roosevelt III*, 65 Mercer Law Review 501, 511 (2014).

1350 *Roosevelt III*, 80 Notre Dame Law Review 1821, 1890 (2005).

1351 *Roosevelt III*, 65 Mercer Law Review 501, 511 (2014).

1352 *Roosevelt III*, 65 Mercer Law Review 501, 510 (2014).

1353 *Roosevelt III*, 65 Mercer Law Review 501, 510 (2014).

1354 *Roosevelt III*, in: FS Brilmayer, S. 35.

1355 *Roosevelt III*, 80 Notre Dame Law Review 1821, 1872 (2005); ursprünglich hatte *Roosevelt* dies noch explizit abgelehnt, da Kollisionsregeln nicht den Anwendungsbereich des Sachrechts beträfen, vgl. *Roosevelt III*, 97 Michigan Law Review 2448, 2579-2480 (1999).

1356 *Roosevelt III*, 80 Notre Dame Law Review 1821, 1872 (2005).

1357 *Roosevelt III*, 65 Mercer Law Review 501, 519 (2014).

1358 *Roosevelt III*, 80 Notre Dame Law Review 1821, 1873 (2005).

1359 *Roosevelt III*, 80 Notre Dame Law Review 1821, 1861 (2005).

1360 *Roosevelt III*, 80 Notre Dame Law Review 1821, 1861 (2005); *Roosevelt III*, in: FS Brilmayer, S. 32.

Bei den *rules of priority* kommt es nach *Roosevelt* wiederum darauf an, einen Konflikt zwischen zwei souveränen Staaten bzw. dem Anwendungswillen ihres Sachrechts aufzulösen.[1361] Da sich diese Frage direkt auf das jeweilige Sachrecht bezieht, gibt es in *Roosevelts* Theorie keinen *Renvoi*.[1362] Einen eigenständigen Vorschlag dazu, wie die Prioritätsfrage beantwortet werden soll, macht *Roosevelt* allerdings nicht. Stattdessen bezieht er sich auf bereits bestehende kollisionsrechtliche Theorien. *Roosevelt* warnt ausdrücklich vor einer grundsätzlichen Bevorzugung der *lex fori*: Hierdurch werde der Konflikt gerade nicht aufgelöst; selbst *Currie* habe zugegeben, dass der Rückgriff auf das Forum-Recht lediglich eine Notlösung gewesen sei.[1363] Auch ökonomische Erwägungen stellen in *Roosevelts* Augen keinen tauglichen Ansatzpunkt für die Prioritätsfrage dar.[1364] Es obliege jedem Staat selbst, darüber zu entscheiden, wann er Interessen maximieren wolle, alles andere sei ökonomischer Imperialismus.[1365]

Positiv sieht *Roosevelt* stattdessen die territoriale Anknüpfung in den *Neumeier Rules* der New Yorker Gerichte.[1366] Dieser Ansatz versuche, das anwendbare Recht mit Hilfe eines Systems feststehender Regeln zu bestimmen, bei dem systemische Faktoren und nicht die perfekte Regel im Vordergrund stünden.[1367] Um die bereits genannte Balance aus Flexibilität und Rechtssicherheit zu erreichen, müsse diesem Beispiel gefolgt werden – zumal diese Regeln dann im Einklang mit der Rechtsprechung seien.[1368] Eine solche *single-factor*-Anknüpfung sei zielführend, wenn der betroffene Normtyp bei der Wahl des Anknüpfungspunktes ausreichend berücksichtigt werde.[1369] Außerdem müsse das Zusammenfallen von Kontaktpunkten, wie beispielsweise ein gemeinsamer Wohnsitz, in die Bewertung einbezogen werden.[1370] Durch die Befürwortung der *Neumeier*

1361 *Roosevelt III*, 65 Mercer Law Review 501, 513 (2014).
1362 *Roosevelt III*, 80 Notre Dame Law Review 1821, 1825 (2005).
1363 *Roosevelt III*, 97 Michigan Law Review 2448, 2468 (1999).
1364 *Roosevelt III*, 65 Mercer Law Review 501, 518 (2014).
1365 *Roosevelt III*, 65 Mercer Law Review 501, 518 (2014).
1366 *Roosevelt III*, in: Private International Law, Contemporary Challenges and Continuing Relevance, S. 23.
1367 *Roosevelt III*, in: Private International Law, Contemporary Challenges and Continuing Relevance, S. 23.
1368 *Roosevelt III*, in: Private International Law, Contemporary Challenges and Continuing Relevance, S. 23; *Roosevelt III*, in: FS Brilmayer, S. 38.
1369 *Roosevelt III*, in: FS Brilmayer, S. 39: „[…] a single factor trigger might not be terrible if the factor is chosen with a little more attention to the kind of issue involved."
1370 *Roosevelt III*, in: FS Brilmayer, S. 40.

Rules, die sich auf schadenszuweisende Deliktsnormen beziehen, spricht sich *Roosevelt* damit implizit für Kollisionsregeln aus, die im Deliktskollisionsrecht zwischen *loss-allocation* und *conduct-regulation rules* unterscheiden.[1371]

c. *Verfassungsrechtliche Konsequenzen für die kollisionsrechtliche Analyse*

Roosevelt arbeitet heraus, dass verfassungsrechtliche Grundsätze Einfluss auf die kollisionsrechtliche Analyse in *interstate conflicts* hätten[1372] und man die Bestimmung des anwendbaren Rechts dementsprechend anpassen müsse.[1373] Die föderale Struktur der USA sorge dafür, dass verfassungsrechtliche Wertungen zwingend zu berücksichtigen seien, da es in *conflicts cases* darum gehe, zwischen den verschiedenen *policies* der Bundesstaaten zu entscheiden.[1374]

Die bisherige Rechtsprechung des U.S. Supreme Court bis 1999 geht *Roosevelt* nicht weit genug: Das Gericht habe lediglich entschieden, dass das anzuwendende Recht aus verfassungsrechtlicher Sicht nicht willkürlich oder grundlegend unfair sein dürfe und man daher eine nennenswerte Verbindung zum Sachverhalt benötige.[1375] Aus dem *Full Faith and Credit Clause* sowie dem *Privileges and Immunities Clause*[1376] folge außerdem ein Diskriminierungsverbot gegenüber dem Recht und den Staatsbürgern anderer Einzelstaaten.[1377] Das Sachrecht aller Bundesstaaten müsse daher grundsätzlich gleich behandelt werden.[1378] Ein Bundesstaat könne die Anwendung fremden Rechts nicht einfach ablehnen.[1379] Ebenso wenig dürfe er Personen, die nicht in seinem Staatsgebiet

1371 Vgl. hierzu Teil 1, B.I.3.g. sowie D.II.6.

1372 *Roosevelt III*, 97 Michigan Law Review 2448, 2467 (1999).

1373 *Roosevelt III*, 97 Michigan Law Review 2448, 2518 (1999).

1374 *Roosevelt III*, 97 Michigan Law Review 2448, 2503 (1999).

1375 *Roosevelt III*, 97 Michigan Law Review 2448, 2506 (1999); mit Verweis auf Allstate Insurance Co. v. Hague, 449 U.S. 301, 310 f. (1981).

1376 *Roosevelt III*, 97 Michigan Law Review 2448, 2503 (1999); siehe Article IV, § 1, U.S. Constitution: „Full Faith and Credit shall be given in each State to the public Acts, Records, and judicial Proceedings of every other State. And the Congress may by general Laws prescribe the Manner in which such Acts, Records and Proceedings shall be proved, and the Effect thereof."; Article IV, § 2, U.S. Constitution: „The citizens of each State shall be entitled to all Privileges and Immunities of Citizens in the several States."

1377 *Roosevelt III*, 97 Michigan Law Review 2448, 2511 (1999).

1378 *Roosevelt III*, 97 Michigan Law Review 2448, 2511 (1999).

1379 *Roosevelt III*, 97 Michigan Law Review 2448, 2512 (1999).

ansässig seien, von vorneherein Rechte vorenthalten, die sonst nur Einheimischen zustünden.[1380] In beiden Fällen brauche es ansonsten einen besonderen Rechtfertigungsgrund.[1381]

Bezogen auf das two-step-model bedeute dies, dass die verfassungsrechtlichen Grenzen auf beiden Ebenen der Prüfung zu berücksichtigen seien.[1382] Im Rahmen der *scope*-Frage könne man beispielsweise nicht zum Ergebnis kommen, dass eine *guest statute* grundsätzlich nur für inländische Fahrer gelte.[1383] Die verfassungsrechtlichen Grundsätze sorgten eher dafür, dass der Anwendungsbereich von Sachnormen erweitert werde.[1384] In diesem Zusammenhang stellt *Roosevelt* daher die These auf, manche *false conflicts* im Sinne *Curries* seien tatsächlich *true conflicts* und könnten nicht bereits auf der ersten Stufe entschieden werden.[1385]

Auf der zweiten Stufe der Analyse dürfe sich die Vorrangstellung einer Sachrechtsregelung wiederum nicht allein daraus ergeben, dass eine der möglicherweise anwendbaren Sachnormen fremdes Recht sei.[1386] Zulässig sei aber, beispielsweise dem Recht des Handlungsortes Vorrang einzuräumen, da hier nicht anhand des Sitzes der Parteien differenziert werde.[1387] Grundsätzlich gelte, dass die Rechtsposition weiter bestehen bleiben müsse, wenn man den Sitz der Parteien tausche.[1388] *Roosevelt* kommt damit zu dem Ergebnis, dass die *domiciliary*-zentralisierte Anknüpfung der Interessenanalyse *Curries* im Widerspruch zu verfassungsrechtlichen Grundsätzen stehe.[1389] Daher müssten räumliche Anknüpfungspunkte bei der Bestimmung des anwendbaren Rechts eine größere Rolle spielen.[1390] Man dürfe aber trotzdem nicht in *Beales* streng territoriales System zurückfallen.[1391] Letztlich gibt *Roosevelt* zu, dass aus der

1380 *Roosevelt III*, 97 Michigan Law Review 2448, 2512 (1999).
1381 *Roosevelt III*, 97 Michigan Law Review 2448, 2512 (1999).
1382 *Roosevelt III*, 97 Michigan Law Review 2448, 2519 (1999).
1383 *Roosevelt III*, 97 Michigan Law Review 2448, 2530 (1999); *guest statutes* sind Haftungsbeschränkungen; sie nehmen einem Fahrgast die Möglichkeit, den nichtkommerziellen Fahrer des Pkw für Schäden haftbar zu machen, die durch fahrlässiges Verhalten des Fahrers entstanden sind, vgl. Black's Law Dictionary.
1384 *Roosevelt III*, 97 Michigan Law Review 2448, 2527 (1999).
1385 *Roosevelt III*, 97 Michigan Law Review 2448, 2525 (1999).
1386 *Roosevelt III*, 97 Michigan Law Review 2448, 2528 (1999).
1387 *Roosevelt III*, 97 Michigan Law Review 2448, 2531 (1999).
1388 *Roosevelt III*, 97 Michigan Law Review 2448, 2532 (1999).
1389 *Roosevelt III*, 97 Michigan Law Review 2448, 2534 (1999).
1390 *Roosevelt III*, 97 Michigan Law Review 2448, 2534 (1999).
1391 *Roosevelt III*, 97 Michigan Law Review 2448, 2535 (1999).

Verfassung allein keine *rules of priority* formuliert werden könnten, sondern zusätzliche Wertungsentscheidungen getroffen werden müssten.[1392] Aus verfassungsrechtlicher Sicht sei sowohl ein *comparative impairment approach* als auch ein ergebnisorientierter Ansatz zulässig.[1393]

Roosevelts Erwägungen bleiben allein auf den inner-amerikanischen Kontext bezogen. Welche Konsequenzen aus der Verfassung für *international conflicts* entstehen, thematisiert er nicht.

d. Zwischenergebnis

Roosevelts two-step-model ähnelt – wie er an einigen Stellen ausdrücklich bekennt[1394] – stark dem two-step-test von *Kramer*. Insgesamt sind *Roosevelts* Ausführungen aber wesentlich allgemeiner gehalten. Er beschreibt vor allem die Funktion von Kollisionsnormen und die Struktur der kollisionsrechtlichen Analyse. Dabei spricht er sich explizit für ein sachrechtsorientiertes Denkmodell aus. Präzise Angaben dazu, wie die einzelnen Schritte in seinem two-step-model methodisch ausgestaltet werden sollen, macht er nur vereinzelt, beispielsweise im Zusammenhang mit den *Neumeier Rules*. Die Überlegungen zu den verfassungsrechtlichen Einflüssen auf die kollisionsrechtliche Analyse beinhalten wiederum einige Aspekte, die bei der Ausgestaltung von Kollisionsnormen berücksichtigt werden müssen.

III. Die Umsetzung des two-step-test im Restatement

Die methodischen Grundlagen der kollisionsrechtlichen Analyse sind im neuen Restatement (Third) in Chapter 5 geregelt. Das Kapitel dient dazu, den Nutzern des Regelungswerkes die Funktionsweise der Kollisionsregeln zu erläutern.[1395] Als methodisches Grundgerüst der Neuauflage wird daher auch der two-step-test an dieser Stelle behandelt.

1392 *Roosevelt III*, 97 Michigan Law Review 2448, 2537 (1999).

1393 *Roosevelt III*, 97 Michigan Law Review 2448, 2535 (1999).

1394 Vgl. beispielsweise *Roosevelt III*, in: FS Brilmayer, S. 29.

1395 Restatement (Third) of Conflict of Laws, Council Draft No. 2, Reporters' Memorandum, S. xiii.

1. Funktion des two-step-test

Der two-step-test soll das „conceptual framework"[1396] des neuen Restatement darstellen. Unter den Advisers des Projekts herrscht nach Aussage der Reporter grundsätzlich Einigkeit, dass Ausführungen zur methodischen Herangehensweise explizit Teil des Restatement sein müssen.[1397] So soll die Einheitlichkeit in der Methodik des gesamten Regelungswerkes gewährleistet werden.[1398] Die Reporter verschriftlichen den two-step-test als Black Letter in § 5.01 wie folgt:

> Choice-of-law rules (i) identify the laws that are relevant to the determination of the rights and liabilities of persons involved in matters having connection to more than one state and (ii) select the law to govern particular issues in such matters.

Durch die detaillierte Differenzierung zwischen den beiden Analyseschritten sollen die wissenschaftliche Diskussion erleichtert und die Regelungssetzung der Kollisionsnormen transparent gemacht werden.[1399] Insgesamt haben die Reporter den Anspruch, eine kollisionsrechtliche Methodik zu schaffen, deren Vorgehensweise sich nicht von der rechtlichen Prüfung reiner Inlands-Sachverhalte unterscheidet,[1400] eine Idee, die auch *Kramers* und *Roosevelts* Theorien zugrunde liegt.

Gleichzeitg wenden sich die Reporter explizit von dem in § 6 (2) des zweiten Restatement enthaltenen *multi-factor-test* ab, der das Kernstück dieses Regelungswerks bildet.[1401] Seit der Einführung des zweiten Restatement sei ausreichend Rechtsprechung ergangen, die es möglich mache, die bisherige Praxis

---

1396 Der Begriff „conceptual framework" taucht in mehreren Memoranda der Reporter auf, vgl. z.B. Restatement (Third) of Conflict of Laws, Council Draft No. 2, Reporters' Memorandum, S. xv.

1397 Restatement (Third) of Conflict of Laws, Council Draft No. 2, Reporters' Memorandum, S. xv; Restatement (Third) of Conflict of Laws, Preliminary Draft No. 2, Reporters' Memorandum, S. xiv.

1398 Restatement (Third) of Conflict of Laws, Council Draft No. 2, Reporters' Memorandum, S. xv.

1399 Restatement (Third) of Conflict of Laws, Council Draft No. 2, Chapter 5 Introduction, S. 113; Restatement (Third) of Conflict of Laws, Preliminary Draft No. 2, Reporters' Memorandum, S. xvi.

1400 Restatement (Third) of Conflict of Laws, Council Draft No. 2, Chapter 5 Introduction, S. 113.

1401 Restatement (Third) of Conflict of Laws, Preliminary Draft No. 2, Reporters' Memorandum, S. xiv.

der Gerichte in feststehenden Regeln zu normieren.[1402] Diese Aussagen deuten bereits darauf hin, dass der two-step-test im Vergleich zu den Kollisionsregeln eine weniger prominente Stellung bei der praktischen Anwendung des Restatement einnehmen soll.

2. Die methodische Vorgehensweise

a. Die erste Stufe: scope

Auf der ersten Stufe des two-step-test sind zunächst die möglicherweise anwendbaren Sachnormen zu untersuchen. Es soll festgestellt werden, ob der zu entscheidende Sachverhalt und die daraus resultierende Rechtsfrage vom Sachrecht einer oder mehrerer Rechtsordnungen umfasst sind.[1403] Dafür müssen der persönliche, räumliche, zeitliche und sachliche Anwendungsbereich der Norm bestimmt werden.[1404] So können die für die nachfolgende Untersuchung bedeutsamen, d.h. „relevant[en]", Sachnormen identifiziert werden.[1405]

Dahinter steht der Gedanke, dass der jeweilige regelungsgebende Staat nur in einem solchen Fall ein Interesse an der Anwendung seines Rechts hat.[1406] In den Comments wird argumentiert, dass eine vergleichbare Vorgehensweise auch in reinen Inlandsfällen angewendet wird.[1407] Um hier zu entscheiden, ob eine materielle Regelung entscheidungserheblich ist, muss der Sachverhalt unter diese Regelung subsumiert werden können.[1408] Die Reporter greifen damit *Curries* Theorie auf, dass die Bestimmung eines *interested state* lediglich eine

1402 Restatement (Third) of Conflict of Laws, Preliminary Draft No. 2, Reporters' Memorandum, S. xiv.

1403 Restatement (Third) of Conflict of Laws, Council Draft No. 2, Chapter 5 Introduction, S. 112.

1404 Restatement (Third) of Conflict of Laws, Council Draft No. 2, § 5.01 Comment b, S. 114: „[…] deciding to which people, in which places, under which circumstances, they extend rights or obligations."

1405 Restatement (Third) of Conflict of Laws, Council Draft No. 2, S. xx: „[…] a state's law is relevant if the facts of the case bring it within the scope of the laws […]."

1406 Restatement (Third) of Conflict of Laws, Council Draft No. 2, Chapter 5 Introduction, S. 113.

1407 Restatement (Third) of Conflict of Laws, Council Draft No. 2, Chapter 5 Introduction, S. 113.

1408 Restatement (Third) of Conflict of Laws, Council Draft No. 2, Chapter 5 Introduction, S. 113.

Auslegungsfrage sei.[1409] So wird früh deutlich, dass die Methodik des neuen Restatement eine Fortführung von *Curries* Interessenanalyse sein soll.[1410]

Der Anwendungsbereich einer ausländischen Sachnorm ist nach den Grundsätzen der regelungsgebenden Rechtsordnung zu bestimmen.[1411] Dafür hatten schon *Kramer* und *Roosevelt* plädiert.[1412] Die Annahme ist allerdings nicht unumstritten. Im Reporters' Memorandum zum zweiten Preliminary Draft gehen die Reporter auf einen Meinungsstreit ein, der im Rahmen der Interessenanalyse geführt wurde.[1413] Diskussionspunkt war, ob staatliche Interessen subjektiv und damit aus Sicht des regelungsgebenden Staates festzustellen seien oder stattdessen einer rein objektiven Analyse unterlägen.[1414] Das Restatement plädiert für ein subjektives Verständnis.[1415] Dies stehe im Einklang mit *Curries* Annahme, dass die Auslegung des Sachrechts im Rahmen der kollisionsrechtlichen Analyse nicht anders zu behandeln sei als bei einer sonstigen rechtlichen Prüfung ohne grenzüberschreitendem Element.[1416] Im innerstaatlichen Kontext wende ein Staat stets seine eigenen Auslegungsmethoden an, eine Alternative gebe es hier ohnehin nicht. Außerdem entspreche der Rückgriff auf die Auslegungsmethoden des regelungsgebenden Staates der gängigen gerichtlichen Praxis in *Choice of Law*-Fällen.[1417] Die Reporter argumentieren in den Reporters' Notes außerdem, der Rückgriff auf die Grundsätze des Regelungsgebers gehe aus dem

---

1409 Restatement (Third) of Conflict of Laws, Council Draft No. 2, Chapter 5 Introduction, S. 113.

1410 Restatement (Third) of Conflict of Laws, Council Draft No. 2, Chapter 5 Introduction, S. 113.

1411 Restatement (Third) of Conflict of Laws, Council Draft No. 2, § 5.01 Comment c, S. 115: „The scope of foreign internal law is a question of foreign law. It is determined in the same manner as any other question about the content of foreign law."

1412 Vgl dazu Teil 2, A.II.1.b. sowie A.II.2.b.

1413 Restatement (Third) of Conflict of Laws, Preliminary Draft No. 2, Reporters' Memorandum, S. xvi.

1414 Vgl. hierzu die Ausführungen von *Brilmayer*, Conflict of Laws, 1991, S. 72 ff.; für eine subjektive Sichtweise statt vieler *Kramer*, 66 New York University Law Review 979, 1011 (1991); für eine objektive Sichtweise *Westen*, 55 California Law Review 74, 85 (1967).

1415 Restatement (Third) of Conflict of Laws, Preliminary Draft No. 2, Reporters' Memorandum, S. xvii.

1416 Restatement (Third) of Conflict of Laws, Preliminary Draft No. 2, Reporters' Memorandum, S. xvii.

1417 Restatement (Third) of Conflict of Laws, Preliminary Draft No. 2, Reporters' Memorandum, S. xvii.

Völkerrecht und dem amerikanischen Verfassungsrecht hervor.[1418] Jeder souveräne (Bundes-) Staat habe die Kompetenz, den Anwendungsbereich und Inhalt seines Sachrechts selbst zu bestimmen.[1419] Indem man dieses Prinzip auch im Kollisionsrecht anwende, schaffe man innerhalb des US-amerikanischen Rechts eine einheitliche Linie.[1420] An dieser Stelle muss hervorgehoben werden, dass dieses propagierte subjektive Verständnis bei der Auslegung des Sachrechts maximalen Einfluss auf den Umfang der kollisionsrechtlichen Analyse in der Praxis hat: Eine solche Vorgehensweise bedeutet, dass bereits auf der ersten Stufe eine detaillierte Untersuchung des fremden Sachrechts nach fremden Auslegungsgrundsätzen vorgenommen werden muss.

Schließlich stellen die Comments zu § 5.01 klar, dass das Kollisionsrechtsregime eines Staates – anders als in *Kramers* und *Roosevelts* Theorien – keine Anhaltspunkte für den Anwendungsbereich des Sachrechts geben kann.[1421] In den Illustrations zu § 5.01 wird dazu folgendes Beispiel genannt: Das Sachrecht eines Staates, der in kollisionsrechtlichen Fragen dem *territorial approach* folgt, sei nicht automatisch auf eine rein territoriale Anwendung innerhalb des Staatsgebietes beschränkt.[1422] Das Reporters' Memorandum des zweiten Preliminary Draft erklärt diesbezüglich, dass sich eine Kollisionsregel nicht ausschließlich auf den Anwendungsbereich des Sachrechts beziehe.[1423] Stattdessen werde durch die Wahl eines kollisionsrechtlichen Ansatzes immer auch eine Entscheidung bezüglich der *priority* zwischen zwei kollidierenden Regelungen getroffen.[1424] Da die

1418 Restatement (Third) of Conflict of Laws, Council Draft No. 2, § 5.01 Reporters' Notes, S. 119.

1419 Restatement (Third) of Conflict of Laws, Council Draft No. 2, § 5.01 Reporters' Notes, S. 119; im amerikanischen Recht lässt sich das Prinzip aus dem *Full Faith and Credit Clause* ableiten, vgl. Sun Oil v. Wortman, 486 U.S. 717, 731 (1988).

1420 Restatement (Third) of Conflict of Laws, Preliminary Draft No. 2, Reporters' Memorandum, S. xvii.

1421 Restatement (Third) of Conflict of Laws, Council Draft No. 2, § 5.01 Comment c, S. 115: „A foreign state's choice-of law rules and decisions are generally not taken to set the scope of that state's internal law."; in der Rechtsprechung wurde dies allerdings schon angenommen, vgl. Phillips v. General Motors Corp., 995 P.2d 1002, 1011 (Mont. 2000).

1422 Restatement (Third) of Conflict of Laws, Council Draft No. 2, § 5.01 Comment c, S. 116.

1423 Restatement (Third) of Conflict of Laws, Preliminary Draft No. 2, Reporters' Memorandum, S. xvii.

1424 Restatement (Third) of Conflict of Laws, Preliminary Draft No. 2, Reporters' Memorandum, S. xvii: „Choice-of-law decisions do involve a decision about the scope of

meisten Gerichte in ihren Entscheidungen nicht zwischen Erwägungen bezüglich *scope* und *priority* unterschieden, sei es zu umständlich, für die Bestimmung des Anwendungsbereichs hierauf abzustellen.[1425] Die Comments im ersten Preliminary Draft hatten bezüglich der Bedeutung der Kollisionsregeln für die Bestimmung des *scope* noch eine Ausnahme enthalten: Unter Umständen könnten Rechtsprechung oder Gesetzgeber den Anwendungsbereich des Sachrechts explizit an den Ansatz des Kollisionsrechts angelehnt haben.[1426] Die Reporter kehren dieser Ansicht aber im nachfolgenden Entwurf mit Verweis auf eine Entscheidung des New Jersey Supreme Court den Rücken: Das Gericht stellte in seiner Begründung explizit fest, dass das Kollisionsrecht keine Aussagen zu den Regelungszielen des Gesetzgebers mache.[1427]

Bei der Bestimmung des räumlichen Anwendungsbereichs geht das Restatement davon aus, dass das Sachrecht der amerikanischen Bundesstaaten keine *presumption against extraterritoriality* enthält.[1428] Sofern dieser Grundsatz nicht explizit durch den Gesetzgeber oder die Rechtsprechung anerkannt wurde, ist eine extraterritoriale Anwendung grundsätzlich zulässig.[1429] Die meisten Bundesstaaten nehmen – zumindest im Verhältnis zu anderen Bundesstaaten –eine extraterritoriale Anwendbarkeit ihres Sachrechts an.[1430] Gleichzeitig weisen die Reporter jedoch in den Reporters' Notes darauf hin, dass eine extraterritoriale

---

a state's law […] but they might also be based on a determination about the relative priority of competing laws."

1425 Restatement (Third) of Conflict of Laws, Preliminary Draft No. 2, Reporters' Memorandum, S. xvii.

1426 Restatement (Third) of Conflict of Laws, Preliminary Draft No. 1, § 5.01 Comment c, S. 82.

1427 Restatement (Third) of Conflict of Laws, Council Draft No. 2, § 5.01 Reporters' Notes, S. 120 mit Verweis auf Pfau v. Trent Aluminium Co., 263 A.2d 129, 137 (N.J. 1970): „Connecticut's choice-of-law rule does not identify that state's interest in the matter. Lex loci delicti was born in an effort to achieve simplicity and uniformity and does not relate to a state's interest in having its law applied to given issues in a tort case."

1428 Restatement (Third) of Conflict of Laws, Council Draft No. 2, § 5.01 Comment c, S. 115.

1429 Restatement (Third) of Conflict of Laws, Council Draft No. 2, § 5.01 Comment c, S. 115.

1430 Restatement (Third) of Conflict of Laws, Council Draft No. 2, § 5.01 Reporters' Notes, S. 121; so auch *Buxbaum*, 27 Duke Journal of Comparative & International Law 381, 390 ff. (2017); eine Übersicht der Rechtsprechung der Einzelstaaten findet sich bei *Dodge*, 133 Harvard Law Review 1583 (2020).

Anwendung des *state law* im internationalen Kontext unter Umständen anders zu beurteilen sei.[1431] Der vorrangige Anwendungsbereich der *presumption* liege aber ohnehin im Bereich der *federal statutes*.[1432] *Roosevelt* hatte die Verwendung einer *presumption against extraterritoriality* bei der Auslegung ebenfalls abgelehnt.[1433]

Ausführliche Hinweise zur *presumption against extraterritoriality* finden sich erst im zweiten Council Draft zum Restatement. Sie sind vermutlich im Nachgang an eine Konferenz an der Duke Law School 2016 entstanden, bei der die *presumption* wiederholt thematisiert worden war.[1434]

Auffällig ist, dass im Rahmen der Comments zu § 5.01 im zweiten Council Draft insgesamt sieben Illustrations angeführt werden.[1435] Im ersten Preliminary Draft hatten diese gänzlich gefehlt, im zweiten Preliminary Draft wurden lediglich drei Beispiele gebildet. Aus dem Memorandum zum zweiten Council Draft geht hervor, dass die Ergänzungen im Nachgang zu einem Advisers' Meeting vorgenommen wurden.[1436] Es liegt daher die Vermutung nahe, dass die Bestimmung des *scope* unter den beteiligten Personen für größere Diskussionen gesorgt hat.

b. *Die zweite Stufe: priority*

Wurde auf der ersten Stufe des Tests festgestellt, dass zwei oder mehrere Sachnormen entscheidungserheblich sein können, ist die kollisionsrechtliche Analyse

1431 Restatement (Third) of Conflict of Laws, Council Draft No. 2, § 5.01 Reporters' Notes, S. 121.

1432 Restatement (Third) of Conflict of Laws, Council Draft No. 2, § 5.01 Reporters' Notes, S. 120.

1433 Vgl. Teil 2, A.II.2.b.

1434 Vgl. hierzu die Aufzeichnung der Vorträge und der Diskussion zu „Panel 2: International versus Interstate Conflicts" im Rahmen des DJCIL Symposiums an der Duke University School of Law im November 2016, verfügbar unter https://www.youtube.com/watch?v=Fc0Wy4YiCt8&t=4287s (zuletzt abgerufen am 12.08.2021); das in diesem Kontext bereits angesprochene Fehlen entsprechender Ausführungen im ersten Entwurf kritisiert *Buxbaum* sodann in ihrem Beitrag im Nachgang des Symposiums, vgl. *Buxbaum*, 27 Duke Journal of Comparative & International Law 381 (2017).

1435 Restatement (Third) of Conflict of Laws, Council Draft No. 2, § 5.01 Comments, S. 115 ff.

1436 Restatement (Third) of Conflict of Laws, Council Draft No. 2, Reporters' Memorandum, S. xvi.

auf der zweiten Stufe weiterzuführen. Nur in diesem Fall liegt nach Ansicht der Reporter überhaupt eine Rechtskollision vor.[1437] Es ist nun das Sachrecht der Rechtsordnung zu bestimmen, das im konkreten Fall vorrangig anzuwenden ist.[1438]

Die Entscheidung bezüglich der Vorrangstellung kollidierender Regelungen ist eine Frage der *lex fori*.[1439] Ein Staat muss somit stets sein eigenes Kollisionsrecht anwenden. Die Reporter beziehen sich diesbezüglich in den Reporters' Notes auf eine Entscheidung des U.S. Supreme Court, wonach ein Staat nicht das Kollisionsrecht beeinflussen könne, das ein anderer souveräner Staat in grenzüberschreitenden Fällen anzuwenden habe. [1440] Auch das Völkerrecht enthalte keinerlei Regeln über die Vorrangstellung verschiedener Rechtsordnungen.[1441]

Bei der Bestimmung der Vorrangstellung müssen nach den Comments zu § 5.01 zwei gegenüberstehende „design principles" berücksichtigt werden.[1442] Zum einen soll das Kollisionsrecht vernünftige Ergebnisse produzieren, staatliche Interessen nicht vereiteln und die Parteierwartungen erfüllen.[1443] Ausschlaggebend für die Bestimmung des vorrangig anwendbaren Rechts sind daher die *policies* des Sachrechts, die Verbindungspunkte des Sachverhalts mit den betroffenen Staaten und die im konkreten Fall angemessenen Erwartungen der Parteien.[1444] Im Rahmen der Prioritätsfrage sind auch territoriale Beschränkungen des Sachrechts zu berücksichtigen. Dem Einwand von *Brilmayer*, dass die Berücksichtigung dieser Bestimmungen auf beiden Stufen des Tests

---

1437 Restatement (Third) of Conflict of Laws, Preliminary Draft No. 2, Reporters' Memorandum, S. xv.

1438 Restatement (Third) of Conflict of Laws, Council Draft No. 2, Chapter 5 Introduction, S. 111.

1439 Restatement (Third) of Conflict of Laws, Council Draft No. 2, § 5.01 Comment c, S. 116: „The relative priority of forum and foreign law is a question of forum law."

1440 Pacific Employers Ins. Co. v. Industrial Accident Comm'n of California, 306 U.S. 493, 501 (1939): „[…] and the law of neither can by its own force determine the choice of law to be applied in the other."

1441 Restatement (Third) of Conflict of Laws, Council Draft No. 2, § 5.01 Reporters' Notes, S. 121 mit Verweis auf das Restatement (Fourth) of Foreign Relations Law of the United States – Jurisdiction § 211, Comment d.

1442 Restatement (Third) of Conflict of Laws, Council Draft No. 2, § 5.01 Comment d, S. 117: „Two distinct sets of consideration are relevant to the determination."

1443 Restatement (Third) of Conflict of Laws, Council Draft No. 2, § 5.01 Comment d, S. 117.

1444 Restatement (Third) of Conflict of Laws, Council Draft No. 2, § 5.01 Comment d, S. 117.

widersprüchlich sei, begegnen die Reporter damit, dass es gerade typisch für die kollisionsrechtliche Analyse sei, materielle Erwägungen an mehreren Stellen einzubeziehen.[1445] Im ersten Preliminary Draft war für die Zielsetzung eines solchen Kollisionsrechtssystems noch eine andere – und terminologisch eindeutigere – Begrifflichkeit gewählt worden: Es gehe angesichts der besonderen *policies* in grenzüberschreitenden Sachverhalten um die angemessene Zuordnung von staatlicher Regelungshoheit.[1446]

Als Ergänzung zu dieser materiell-rechtlichen Komponente soll ein Kollisionsrechtssystem zum anderen so gestaltet sein, dass das Ergebnis der Rechtsanwendung einfach, vorhersehbar und einheitlich vonstatten geht.[1447] Dadurch wird die Prozessführung vereinfacht und den Parteien die Möglichkeit gegeben, ihr Verhalten außerhalb des Verfahrens mit Blick auf das anwendbare Recht anzupassen.[1448] Gerichte, die in der Vergangenheit diesen Ansatz verfolgten, hätten daher weniger auf die staatlichen Interessen, sondern auf territoriale Verbindungspunkte des zu entscheidenden Sachverhalts mit einer Rechtsordnung abgestellt.[1449] Auch *Kramer* und *Roosevelt* plädierten in ihren Beiträgen dafür, die Vorhersehbarkeit von Entscheidungen sowie eine einfache Anwendbarkeit der Kollisionsregeln bei der Normierung der kollisionsrechtlichen Analyse zu berücksichtigen.

In den Comments des ersten Preliminary Draft hatte man bezüglich der sich gegenüberstehenden Wertungsprinzipien zunächst weniger klar differenziert. Auf der einen Seite war der grenzüberschreitende Charakter des Falles hinreichend zu berücksichtigen, gleichzeitig musste nach dem Entwurf auch eine vorhersehbare und effiziente Prozessführung begünstigt werden.[1450] Es kam daher auf die Bedürfnisse des innerstaatlichen und internationalen Systems,

---

1445 Restatement (Third) of Conflict of Laws, Council Draft No. 2, Reporters’ Memorandum, S. xix.

1446 Restatement (Third) of Conflict of Laws, Preliminary Draft No. 1, § 5.01 Comment c, S. 82: „The first set relates to policies relevant to multistate occurrences. They are concerned with the appropriate allocation of regulatory authority among states.“

1447 Restatement (Third) of Conflict of Laws, Council Draft No. 2, § 5.01 Comment d, S. 117.

1448 Restatement (Third) of Conflict of Laws, Council Draft No. 2, § 5.01 Comment d, S. 117.

1449 Restatement (Third) of Conflict of Laws, Council Draft No. 2, § 5.01 Comment d, S. 118.

1450 Restatement (Third) of Conflict of Laws, Preliminary Draft No. 1, § 5.01 Comment d, S. 82.

die betroffenen Interessen des *forum* und der ausländischen Staaten, den Schutz berechtigter Erwartungen, typische Interessen des betroffenen Rechtsgebiets, Rechtssicherheit, Vorhersehbarkeit und einheitliche Ergebnisse sowie einfache Anwendbarkeit an.[1451] Letztlich wurden an dieser Stelle lediglich die *choice of law principles* aus § 6 (2) des zweiten Restatement wiedergegeben, ohne aber genauere Anhaltspunkte für ihren Stellenwert untereinander zu liefern. Diese Nachteile konnten in den neueren Entwürfen behoben werden.

Insgesamt haben die Reporter das Ziel, durch die Kollisionsregeln des neuen Restatement beide Wertungsprinzipien erfüllen zu können. Es soll eine Balance zwischen Rechtssicherheit und Flexibilität, Vorhersehbarkeit und Einzelfallberücksichtigung gefunden werden. Inwiefern dieses Bestreben verwirklicht werden kann, bleibt zu untersuchen.[1452]

3. *Ursprünge der Methodik im bisherigen Kollisionsrecht*

Das Draft Restatement sieht seine Herangehensweise als Vollendung der bisherigen methodischen Entwicklung im Kollisionsrecht. Die Reporter argumentieren, dass die modernen Ansätze die kollisionsrechtliche Analyse in Form einer zweistufigen Prüfung vornähmen, sich aber in der detaillierten Ausgestaltung der zwei Schritte unterschieden.[1453] Daher könnten alle Ansätze im amerikanischen Kollisionsrecht aus Sicht des two-step-test erklärt werden.[1454]

Im Memorandum des zweiten Preliminary Draft legen die Reporter dar, dass die zweistufige Struktur des Tests historisch verankert sei. Das erste Restatement habe die kollisionsrechtliche Analyse wegen seines Rückgriffs auf den Grundsatz der Territorialität noch im Rahmen einer einzigen Fragestellung beantwortet.[1455] Kernfrage der Methodik sei die örtliche Bestimmung des regelungserheblichen

1451 Restatement (Third) of Conflict of Laws, Preliminary Draft No. 1, § 5.01 Comment d, S. 82.

1452 Siehe dazu Teil 2, D.I.

1453 Restatement (Third) of Conflict of Laws, Council Draft No. 2, Reporters‘ Memorandum, S. xx: „The theory of the draft is that choice-of-law approaches generally work this way, that they differ from each other in how they perform each of those steps, and that a particular way of doing the steps—the one set out in the draft—does a good job of leading courts to results deemed correct under most modern approaches in an easy and straightforward way."

1454 Restatement (Third) of Conflict of Laws, Council Draft No. 2, Chapter 5 Introduction, S. 111.

1455 Restatement (Third) of Conflict of Laws, Preliminary Draft No. 2, Reporters' Memorandum, S. xiv.

Umstands gewesen.[1456] Später wurde jedoch eine grundsätzliche territoriale Beschränkung des Sachrechts abgelehnt.[1457] Stattdessen seien die modernen Ansätze davon ausgegangen, dass eine extraterritoriale Anwendung von Sachnormen sogar deren Zweck fördere.[1458] Um daraus entstehende räumliche Überschneidungen des Sachrechts verschiedener Rechtsordnungen auflösen zu können, mussten zusätzliche Regeln für die vorrangig anzuwendenden Sachnormen gebildet werden.[1459] So sei die kollisionsrechtliche Analyse schließlich in zwei Schritte aufgespalten worden:[1460] Zunächst sollten die entscheidungserheblichen Sachnormen bestimmt werden, danach wandte man sich der Auflösung von eventuell vorliegenden Rechtskollisionen zu.[1461] Eine Mehrheit der modernen Ansätze folge inzwischen dieser Struktur.[1462] Selbst das zweite Restatement habe indirekt eine zweistufige Analyse propagiert: Die Gerichte sollten zunächst im Rahmen einer Interessenanalyse die Regelungsziele des Sachrechts feststellen, diese dann gegeneinander abwägen und das Recht mit dem größten Durchsetzungswillen zur Anwendung bringen.[1463]

Hinsichtlich der Ausgestaltung der beiden Schritte herrscht nach Ansicht der Reporter zumindest auf der ersten Ebene größtenteils Einigkeit unter den modernen Theorien. Sie argumentieren, viele Ansätze griffen auf eine Variation von *Curries* Interessenanalyse zurück.[1464] *Curries* Auffassung, dass

---

1456 Restatement (Third) of Conflict of Laws, Preliminary Draft No. 2, Reporters' Memorandum, S. xiv.

1457 Restatement (Third) of Conflict of Laws, Preliminary Draft No. 2, Reporters' Memorandum, S. xiv.

1458 Restatement (Third) of Conflict of Laws, Preliminary Draft No. 2, Reporters' Memorandum, S. xiv.

1459 Restatement (Third) of Conflict of Laws, Preliminary Draft No. 2, Reporters' Memorandum, S. xv.

1460 Restatement (Third) of Conflict of Laws, Preliminary Draft No. 2, Reporters' Memorandum, S. xv.

1461 Restatement (Third) of Conflict of Laws, Preliminary Draft No. 2, Reporters' Memorandum, S. xv; die Reporter nehmen in diesem Zusammenang explizit auf *Kramers* Theorie Bezug, der von einer *prima facie applicability* spricht, vgl. dazu Teil 1, A.II.1.a.

1462 Restatement (Third) of Conflict of Laws, Preliminary Draft No. 2, Reporters' Memorandum, S. xvi.

1463 Restatement (Third) of Conflict of Laws, Preliminary Draft No. 2, Reporters' Memorandum, S. xvi.

1464 Restatement (Third) of Conflict of Laws, Preliminary Draft No. 2, Reporters' Memorandum, S. xvi.

grenzüberschreitende Fälle im Ansatz genauso behandelt werden müssten wie Inlandssachverhalte, sei somit ein unumstößlicher Grundstein der vorgeschlagenen Methodik.[1465] Dass *Kramer* und andere Stimmen in der Litertatur diesbezüglich eine differenziertere Auffassung vertreten, wird von den Reportern nicht berücksichtigt.[1466]

Bei der Auflösung von Rechtskollisionen im Rahmen der Prioritätsfrage können die Reporter hingegen nicht auf eine gefestigte Linie zurückgreifen. Sie stellen fest, dass viele Ansätze diesen Aspekt unterschiedlich regelten.[1467] Die Reporter verweisen unter anderem auf den *comparative impairment approach* und die *Neumeier*-Regeln der New Yorker Gerichte; sie sprechen sich aber nicht explizit für einen dieser Ansätze aus.[1468]

Die Divergenzen bei der Bestimmung des vorrangig anwendbaren Rechts lassen sich laut den Reportern durch die unterschiedlichen Zielsetzungen erklären, die den bisherigen Kollisionsrechtssystemen zugrunde liegen. Das erste Restatement sei primär darauf ausgelegt gewesen, klare Regeln zur Verfügung zu stellen, die zu vorhersehbaren Ergebnissen führten.[1469] Dadurch standen prozessökonomische Erwägungen im Vordergrund, die Zwecke des materiellen Rechts wurden unberücksichtigt gelassen. Die nachfolgenden *modern approaches* setzten hingegen bei den staatlichen Regelungsinteressen an und verfolgten somit eine gegensätzliche Zielsetzung.[1470] Das zweite Restatement habe im Gegensatz dazu versucht, beide Wertungsparadigmen im Rahmen von § 6 (2) zu berücksichtigen.[1471] Da die Vorschrift aber keine Angaben zu der Wertigkeit der verschiedenen Faktoren zueinander enthalten habe, seien die Prinzipien der

---

1465 Restatement (Third) of Conflict of Laws, Preliminary Draft No. 2, Reporters' Memorandum, S. xv.

1466 Vgl. dazu Teil 2, A.II.1.a.; die Unterschiede zwischen inländischen und grenzüberschreitenden Sachverhalten werden u.a. von *Green* angemahnt, vgl. *Green*, 51 Georgia Law Review 761, 791 (2017).

1467 Restatement (Third) of Conflict of Laws, Preliminary Draft No. 2, Reporters' Memorandum, S. xvi.

1468 Restatement (Third) of Conflict of Laws, Preliminary Draft No. 2, Reporters' Memorandum, S. xv.

1469 Restatement (Third) of Conflict of Laws, Council Draft No. 2, § 5.01 Comment e, S. 118.

1470 Restatement (Third) of Conflict of Laws, Council Draft No. 2, § 5.01 Comment e, S. 118.

1471 Restatement (Third) of Conflict of Laws, Council Draft No. 2, § 5.01 Comment e, S. 118.

Vorhersehbarkeit und einer einfachen Anwendung der Regeln unnötig untergraben worden.[1472] Man müsse jedoch berücksichtigen, dass das zweite Restatement bereits von seinem Reporter lediglich als ein „transitional document" angesehen worden sei.[1473] Das neue Restatement könne diese „Übergangslösung" ersetzen. Aufgabe des Draft Restatement sei es daher, auf Grundlage der bisherigen Rechtsprechung feststehende Regeln bereitzustellen, die beiden Wertungsprinzipien im Kollisionsrecht gerecht werden könnten.[1474]

Trotz der gerade genannten Unterschiede sind die Reporter der Ansicht, dass man den two-step-test aufgrund der strukturellen Gemeinsamkeiten nicht nur bei den *modern approaches*, sondern in allen bisherigen *choice of law approaches* wiederfinden könne.[1475] Im Reporters' Memorandum zum zweiten Council Draft konkretisieren sie diese Behauptung insoweit, als dass nicht alle kollisionsrechtlichen Ansätze in einem Zweischritt vorgingen, jede Ansicht aber im Rahmen dieses Modells erklärt werden könne.[1476] Das erste Restatement habe beispielsweise seine Vorgehensweise lediglich auf die erste Stufe beschränkt, indem es das Sachrecht grundsätzlich als territorial beschränkt ansah und so eine Entscheidung über die Vorrangstellung obsolet machte.[1477]

4. *Der Einfluss des Tests auf die Normierung der Kollisionsregeln*

Die Kollisionsnormen des neuen Restatement werden auf Basis des two-step-test formuliert,[1478] sollen aber für sich alleine stehen.[1479] Es ist die Intention der

1472 Restatement (Third) of Conflict of Laws, Council Draft No. 2, § 5.01 Comment e, S. 118 f.

1473 Restatement (Third) of Conflict of Laws, Council Draft No. 2, § 5.01 Comment e, S. 118.

1474 Restatement (Third) of Conflict of Laws, Council Draft No. 2, § 5.01 Comment e, S. 119.

1475 Restatement (Third) of Conflict of Laws, Preliminary Draft No. 1, § 5.01 Reporters' Notes, S. 83.

1476 Restatement (Third) of Conflict of Laws, Council Draft No. 2, Reporters' Memorandum, S. xxi: „[…] all approaches are consistent with or intelligible according to this model, or that they can be described within the model."

1477 Restatement (Third) of Conflict of Laws, Council Draft No. 2, § 5.01 Reporters' Notes, S. 119.

1478 Restatement (Third) of Conflict of Laws, Council Draft No. 2, § 5.02 Comment c, S. 125.

1479 Restatement (Third) of Conflict of Laws, Council Draft No. 2, Chapter 5 Introduction, S. 113: „[…] these rules are intended to stand on their own. They may generally be applied without any explicit consideration of scope or priority."

Reporter, den Gerichten „fertige“ Kollisionsnormen zur Verfügung zu stellen, sodass diese keine separate kollisionsrechtliche Analyse in Form eines two-step-test durchführen müssen.[1480] Die Reporter erklären im Memorandum zum zweiten Council Draft, dass die Erläuterungen zum two-step-test lediglich dazu dienen sollten, den Entstehungshintergrund der Regeln des Restatement zu verdeutlichen.[1481] Eine tatsächliche Anwendung des two-step-test solle nur vorgenommen werden, wenn das Restatement keine anwendbare bzw. angemessene Kollisionsnorm enthalte bzw. die Anwendung der Regeln zu einem ungewollten Ergebnis führe.[1482] Welchen Stellenwert der two-step-test damit insgesamt im Restatement einnehmen kann und welche Konsequenzen dies für die Schlüssigkeit des Regelungswerkes hat, wird an späterer Stelle thematisiert.[1483]

Berücksichtigt man diese Vision der Reporter, müssen die Kollisionsnormen inhaltlich sowohl die Bestimmung des vermutlichen Anwendungsbereichs von Sachnormen als auch die Auswahl des angemessensten Rechts im Falle einer Rechtskollision enthalten.[1484] Da die Regeln gleichzeitig vorhersehbare Ergebnisse produzieren und einfach anwendbar sein sollen,[1485] erfordere dies laut den Reportern eine klare und eindeutige Sprache sowie die Verwendung bekannter rechtlicher Begrifflichkeiten.[1486]

1480 Restatement (Third) of Conflict of Laws, Council Draft No. 2, § 5.02 Comment c, S. 125: „The rules of this Restatement are intended to be applied without explicit consideration of the factors that have gone into their creation, unless, because of exceptional circumstances of a particular case, they direct substantially arbitrary results.“; Restatement (Third) of Conflict of Laws, Council Draft No. 2, Reporters‘ Memorandum, S. xv.

1481 Restatement (Third) of Conflict of Laws, Council Draft No. 2, Reporters’ Memorandum, S. xv.

1482 Restatement (Third) of Conflict of Laws, Council Draft No. 2, Reporters’ Memorandum, S. xv, xx.

1483 Siehe dazu Teil 2, D.I.1.

1484 Restatement (Third) of Conflict of Laws, Council Draft No. 2, § 5.02 Comment c, S. 125: „The rules of this Restatement have been derived through the two-step-test process […] by positing the likely scope of state laws in light of their likely or generally accepted purposes and then attempting to determine the most appropriate law by identifying the state with the dominant interest.“

1485 Restatement (Third) of Conflict of Laws, Council Draft No. 2, § 5.02 Comment c, S. 125.

1486 Restatement (Third) of Conflict of Laws, Council Draft No. 2, Reporters’ Memorandum, S. xvi.

Die Umsetzung des two-step-test soll zunächst anhand einer Vermutung über den Anwendungsbereich gleichartiger Sachnormen erfolgen.[1487] Im Rahmen der Prioritätsfrage wollen die Reporter die oben diskutierten Wertungsparadigmen berücksichtigen, indem gemäß § 5.01 die folgenden Erwägungen einbezogen werden:

> […] the specific policies of the relevant internal-law rules, the general policies relating to multistate occurrences, and policies relating to the predictable and efficient conduct of litigation and the protection of the rights and justified expectations of the parties. The evolution of choice of law reflects the ongoing calibration between these different policies.

Inwiefern sich diese Prinzipien bei der Normierung niederschlagen, wird in Chapter 5 nicht weiter ausgeführt. Fest steht nur, dass das Ziel der kollisionsrechtlichen Analyse die Bestimmung des Rechts mit dem stärksten Interesse an seiner Anwendung sein soll.[1488] § 5.02 (2) fasst daher die zentrale Zielsetzung der Kollisionsnormen des Restatement wie folgt zusammen: „[A] court will decide the issue under the most appropriate law, as specified in Chapters [cross-reference]".

Die Comments erläutern, dass der Begriff „most appropriate law" bewusst gewählt wurde, da er (mit Ausnahme der Oregon-Kodifikation)[1489] bisher nicht im US-amerikanischen Kollisionsrecht verwendet wird.[1490] Damit soll auch terminologisch der Unterschied in der Herangehensweise des neuen Restatement zu den bisher entwickelten Konzepten wie „more impaired" oder „most significant relationship" hervorgehoben werden.[1491] Gleichzeitig möchten die Reporter durch die Formulierung deutlich machen, dass die Regeln des Restatement sowohl mit Blick auf Rechtssicherheit, Vorhersehbarkeit und einfache Anwendbarkeit der Regelung als auch auf das Erzielen wünschenswerter Ergebnisse im Einzelfall formuliert wurden.[1492] Im ersten Preliminary Draft wurde die Suche

---

1487 Restatement (Third) of Conflict of Laws, Council Draft No. 2, Chapter 5 Introduction, S. 113: „[…] the rules have been derived by making assumptions about the likely scope of certain kinds of state laws […]."

1488 Restatement (Third) of Conflict of Laws, Council Draft No. 2, § 5.02 Comment c, S. 125.

1489 Der Begriff wird in O.R.S. § 15.445 verwendet.

1490 Restatement (Third) of Conflict of Laws, Council Draft No. 2, § 5.02 Comment c, S. 125.

1491 Restatement (Third) of Conflict of Laws, Council Draft No. 2, § 5.02 Comment c, S. 125.

1492 Restatement (Third) of Conflict of Laws, Council Draft No. 2, § 5.02 Comment c, S. 125.: „[…] 'most appropriate' is intended to convey that these rules selecting the

nach dem „most appropriate law“ noch nicht explizit in der *black-letter provision* angeführt.[1493]

5. *Die Ausweichklausel als Korrekturmechanismus*

Der zweite Council Draft beinhaltet in § 5.03 eine Ausweichklausel („escape hatch“),[1494] durch deren Anwendung das Ergebnis der kollisionsrechtlichen Analyse im Einzelfall korrigiert wird.[1495] Die Regelung sieht vor, dass im Falle außergewöhnlicher Umstände, die die Anwendung eines anderen Rechts angemessener erscheinen lassen, vom ursprünglich ermittelten Sachrecht Abstand genommen werden kann.[1496]

> The law selected by the rules of Chapters [cross-reference] will not be applied if a case presents exceptional circumstances that make the application of a different state's law manifestly more appropriate. In such cases, the court will apply the manifestly more appropriate law.

Die Comments erklären, dass außergewöhnliche Umstände grundsätzlich dann vorliegen, wenn diese bei der Normierung der eigentlich anwendbaren Kollisionsnorm nicht berücksichtigt wurden.[1497] Als Beispiel wird angeführt, dass ein abweichendes Verständnis eines Staates von der dem Restatement zugrunde liegenden Vermutung über den Anwendungsbereich des Sachrechts oder ein nicht einbezogener Anknüpfungspunkt Auslöser für eine Abweichung nach § 5.03 sein kann.[1498] Andere Gründe, die keinen direkten Bezug zur Normierung haben, kommen jedoch auch in Betracht. Sofern sich beispielsweise aus der Gesamtheit der Umstände ergibt, dass andere betroffene Staaten ein von

---

governing law have been drafted with attention to certainty, predictability, and ease of application as well as the desirability of results in individual cases.“

1493 Restatement (Third) of Conflict of Laws, Preliminary Draft No. 1, § 5.02, S. 85.

1494 Restatement (Third) of Conflict of Laws, Council Draft No. 2, Reporters' Memorandum, S. xv.

1495 In den vorangegangenen Preliminary Drafts war die Ausweichklausel noch Teil der Kollisionsnorm zur *Choice of Law Analysis* gewesen, vgl. Restatement (Third) of Conflict of Laws, Preliminary Draft No. 1, § 5.02, S. 85; Restatement (Third) of Conflict of Laws, Preliminary Draft No. 2, § 5.02, S. 120.

1496 Restatement (Third) of Conflict of Laws, Council Draft No. 2, § 5.03 Comment a, S. 131 f.

1497 Restatement (Third) of Conflict of Laws, Council Draft No. 2, § 5.03 Comment b, S. 132.

1498 Restatement (Third) of Conflict of Laws, Council Draft No. 2, § 5.03 Comment b, S. 132.

der *lex fori*-Verweisung divergierendes Recht anwenden und keine substantiellen Interessen des *forum* im Spiel sind, kann dieses andere Recht als wesentlich angemessener angesehen werden.[1499] Insofern relativieren die Reporter mit dieser Aussage ihre vorherige Beschränkung und erweitern den Anwendungsbereich der Ausweichklausel deutlich.

Konsequenz der außergewöhnlichen Umstände muss die Feststellung sein, dass im konkreten Einzelfall die Anwendung eines anderen Sachrechts offensichtlich angemessener, also „manifestly more appropriate", ist.[1500] Dabei sind die maßgeblichen Regelungsziele des *forum* und anderer betroffener Staaten, die Interessen dieser Staaten im konkreten Einzelfall mit Blick auf ihre Verbindung zum Sachverhalt sowie der Schutz der Parteierwartungen zu berücksichtigen.[1501] Gerade diese Faktoren sind für die Entscheidung, ob das gewählte Recht sinngerecht oder willkürlich ist, ausschlaggebend.[1502] Die Ausnahmeregelung ist für Fälle gedacht, in denen die Anwendung des durch die Kollisionsnorm bestimmten Rechts zu besonders willkürlichen Ergebnissen führen würde.[1503]

Die Comments stellen außerdem klar, dass es für die Anwendbarkeit der Ausweichklausel gerade nicht ausreichend ist, dass ein Gericht die oben genannten Faktoren anders gewichtet.[1504] Die durch die Normierung der Restatement-Regeln übernommenen Wertungen sind weiterhin „bindend". Die Beschränkung auf objektive Kriterien legt die Vermutung nahe, dass die Reporter einen potenziellen Missbrauch der Norm durch die Rechtsprechung verhindern wollen.

1499 Restatement (Third) of Conflict of Laws, Council Draft No. 2, § 5.03 Comment b, S. 132.

1500 Restatement (Third) of Conflict of Laws, Council Draft No. 2, § 5.03 Comment c, S. 134.

1501 Restatement (Third) of Conflict of Laws, Council Draft No. 2, § 5.03 Comment c, S. 134: „Whether a result is manifestly more appropriate is to be determined by consideration of factors including the relevant policies of the forum and other interested states, the relative interests of those states in the particular issue (determined in light of the strength and relevance of the contacts between the states and the issue), and the protection of justified expectations."

1502 Restatement (Third) of Conflict of Laws, Council Draft No. 2, § 5.03 Comment c, S. 134: „Those are the factors in terms of which a choice of law may be said to be sensible or arbitrary."

1503 Restatement (Third) of Conflict of Laws, Council Draft No. 2, § 5.03 Comment c, S. 134: „The exception is intended for cases, likely unforeseen, in which application of a rule produces a significantly arbitrary result."

1504 Restatement (Third) of Conflict of Laws, Council Draft No. 2, § 5.03 Comment c, S. 134.

Bereits im Reporters' Memorandum des ersten Preliminary Draft hatten die Reporter angekündigt, die Anwendung einer ergebnisoffenen Interessenabwägung im Sinne von § 6 (2) des zweiten Restatement beschränken zu wollen.[1505] Eine solche Abweichung solle nur noch in besonderen Fällen möglich sein.[1506]

Unabhängig von der Ausweichklausel in § 5.03 kann das Ergebnis der Prioritätsfrage auch dann korrigiert werden, wenn die Anwendung dieses Rechts gegen die öffentliche Ordnung (*public policy*)[1507] des *forum* verstößt.[1508] Die Reporter weisen darauf hin, dass diese beiden Korrekturmechanismen – trotz häufiger Vermischung in der Praxis – unabhängig voneinander betrachtet werden müssen.[1509] Grundsätzlich ist immer zuerst die Ausnahme nach § 5.03 zu prüfen.[1510]

6. *Besonderheiten bei international conflicts*

Bereits im ersten Kapitel des Restatement stellt § 1.04 klar, dass einige Kollisionsnormen des neuen Regelungswerks nur auf *interstate conflicts* anzuwenden sind. Diese Kollisionsregeln sollen jedoch explizit gekennzeichnet werden:

> Some rules in this Restatement are explicitly limited to States of the United States or to nations. Rules without such a limit apply generally to all states. It is possible, however, that factors in a particular case involving a nation or nations will call for a result different from that which would be reached in a case involving only States.

Alle anderen Regelungen des Restatement sind darauf ausgelegt, sowohl in inneramerikanisch- als auch in international-grenzüberschreitenden Konstellationen anwendbar zu sein. Laut den Comments ist dieser weite Anwendungsbereich gerechtfertigt, da in beiden Situationen ähnliche Werte und Überlegungen

---

1505 Restatement (Third) of Conflict of Laws, Preliminary Draft No. 1, Reporters' Memorandum, S. xiv.

1506 Restatement (Third) of Conflict of Laws, Preliminary Draft No. 1, Reporters' Memorandum, S. xiv.

1507 Die Regeln zur *public policy*-Ausnahme sollen in Chapter 3 des Restatement separat behandelt werden; zum Zeitpunkt der Fertigstellung der Arbeit lag der Verfasserin noch keine Entwurfsfassung vor.

1508 Restatement (Third) of Conflict of Laws, Council Draft No. 2, § 5.03 Comment d, S. 135.

1509 Restatement (Third) of Conflict of Laws, Council Draft No. 2, § 5.03 Comment d, S. 135: „This Restatement draws a clear distinction between cases in which a foreign law is offensive to forum public policy and those in which application of a law other than the one selected by this Restatement is manifestly more appropriate."

1510 Restatement (Third) of Conflict of Laws, Council Draft No. 2, § 5.03 Comment d, S. 135.

mit in die kollisionsrechtliche Analyse einbezogen werden müssen.[1511] In den Reporters' Notes wird diesbezüglich zudem darauf hingewiesen, dass auch im bisherigen Kollisionsrecht nicht zwischen *interstate* und *international conflicts* unterschieden werde.[1512]

Trotzdem stellen die Comments klar, dass es einige grundlegende Unterschiede zwischen den *interstate* und *international*-Konstellationen gibt, die unter Umständen eine separate Analyse erforderlich machen können. Zum einen existieren zu den rechtlichen und politischen Systemen ausländischer Staaten meist größere Unterschiede als innerhalb der US-amerikanischen Bundesstaaten.[1513] Des Weiteren sorgen verfassungsrechtliche und föderale Vorgaben für eine gewisse Einheitlichkeit innerhalb der USA hinsichtlich *policy considerations*, prozessualer Fairness-Standards und Anerkennungsfragen, die man im Ausland nicht antrifft.[1514] Außerdem muss beachtet werden, dass es im internationalen Kontext mutmaßlich schwieriger ist, das fremde Sachrecht zu bestimmen bzw. zu verstehen.[1515] Besonders die verfassungsrechtlichen Wertungen können Grund dafür sein, dass von den regulären Kollisionsregeln Abstand zu nehmen ist.[1516] Diese Erwägungen unterstreichen das Bedürfnis, *international conflicts* im neuen Restatement separat zu regeln.

IV. Ergebnis

Der two-step-test beinhaltet eine am Sachrecht orientierte kollisionsrechtliche Analysetechnik. Als Fortführung von *Curries* Interessenanalyse war der Test zunächst ein abstraktes Konstrukt jüngeren Datums, das für die Anwendung in der Praxis nur begrenzt brauchbar war und vorrangig in der Wissenschaft diskutiert wurde. *Kramer* präsentierte den Test erstmals als eigenständige kollisionsrechtliche Methode und entwickelte einen Auslegungskanon für die

1511 Restatement (Third) of Conflict of Laws, Tentative Draft No. 1, § 1.04 Comment c, S. 17.

1512 Restatement (Third) of Conflict of Laws, Tentative Draft No. 1, § 1.04 Reporters' Notes, S. 18.

1513 Restatement (Third) of Conflict of Laws, Tentative Draft No. 1, § 1.04 Comment d, S. 17.

1514 Restatement (Third) of Conflict of Laws, Tentative Draft No. 1, § 1.04 Comment d, S. 17.

1515 Restatement (Third) of Conflict of Laws, Tentative Draft No. 1, § 1.04 Comment d, S. 17.

1516 Restatement (Third) of Conflict of Laws, Tentative Draft No. 1, § 1.04 Comment d, S. 18.

Entscheidung der Prioritätsfrage. Die zweistufige Vorgehensweise wurde später von *Roosevelt* aufgegriffen, dessen „two-step model" aber wesentlich abstrakter blieb als *Kramers* Vorschlag. Durch das neue Restatement rückt der two-step-test nun ins Rampenlicht. Es fällt auf, dass es erkennbare Übereinstimmungen zwischen *Roosevelts* Theorie und dem two-step-test im Restatement gibt; diese sind aber weniger umfassend, als es seine Stellung als federführender Reporter hätte erwarten bzw. befürchten lassen.

Im Restatement bildet der Test das methodische Grundgerüst. Die Reporter sehen ihn als alternativlose Fortführung der bisherigen Entwicklung im US-amerikanischen Kollisionsrecht. Durch den Zweischritt soll eine Balance zwischen der Verwirklichung materiell-rechtlicher Wertungsentscheidungen und systemischer Faktoren wie Rechtssicherheit und Vorhersehbarkeit geschaffen werden. Trotzdem darf die Bedeutung des two-step-test im Restatement nicht überschätzt werden: Anders als § 6 des zweiten Restatement ist er nicht Teil der eigentlichen kollisionsrechtlichen Analyse. Der Fokus des dritten Restatement liegt stattdessen auf der Normierung von Kollisionsnormen zu den einzelnen Rechtsgebieten, die den two-step-test implizit umsetzen. Inwiefern diese Umsetzung gelingt und welche praktischen Herausforderungen der two-step-test für die kollisionsrechtliche Analyse mit sich bringt, wird an späterer Stelle untersucht.[1517]

B. Regelungen zum allgemeinen Teil des Kollisionsrechts

Neben der Normierung des two-step-test enthält Chapter 5 auch Regelungen zum allgemeinen Teil des Kollisionsrechts. Im Reporters' Memorandum zum ersten Preliminary Draft stellen die Reporter klar, dass sich die Normen des dritten Restatement in diesem Bereich stark an denen des zweiten Restatement orientieren sollen.[1518]

I. Anwendbarkeit des Restatement

Das Restatement erklärt in den Comments zu § 5.02 die Vorgehensweise der kollisionsrechtlichen Analyse: Sofern ein Gericht mit der Entscheidung über einen grenzüberschreitenden Sachverhalt konfrontiert wird, ist die Entscheidungsfindung in drei Bestandteile gegliedert. Zunächst muss das Gericht feststellen, ob

1517 Siehe dazu die Bewertung der Restatement-Entwürfe in Teil 2, D.I.1.

1518 Restatement (Third) of Conflict of Laws, Preliminary Draft No. 1, Reporters' Memorandum, S. xiv.

es sich bei der zu entscheidenden Rechtsfrage um eine materiell-rechtliche oder eine prozessuale Fragestellung handelt.[1519] Eine kollisionsrechtliche Analyse ist nur vorzunehmen, wenn materiell-rechtliche Sachnormen betroffen sind.[1520] Nach welchen Maßstäben die kollisionsrechtliche Analyse durchgeführt wird, richtet sich nach den anwendbaren Kollisionsregeln des *forum*.[1521]

Die Anwendbarkeit der Regelungen des Restatement ist in § 5.02 und den dazugehörigen Comments geregelt:

> (1) A court, subject to constitutional limitations, will follow a local statutory directive on choice of law.
> (2) When no statutory directive resolves the choice of law with respect to a particular issue, a court will decide the issue under the most appropriate law, as specified in Chapters [cross-reference].

Nach § 5.02 (1) haben geschriebene Kollisionsnormen bzw. *federal statutes* Vorrang. Als Beispiele werden u.a. die Kodifikationen von Oregon und Louisiana sowie einige Vorschriften des Uniform Commercial Code[1522] angeführt.[1523] Unter die geschriebenen *statutory directives* fallen nach den Comments auch gesetzliche Regelungen, die nicht explizit als Kollisionsnormen bezeichnet werden, aber Angaben zu beiden Komponenten des two-step-test beinhalten.[1524] In den Reporters' Notes wird diesbezüglich auf eine texanische Vorschrift zu Versicherungsverträgen verwiesen, die für Ansprüche texanischer Bürger aus solchen Verträgen die Anwendung texanischen Rechts vorschreibt.[1525] Gibt es hingegen keine vorrangigen gesetzlichen Regelungen, kommen nach § 5.02 (2) die einschlägigen Vorschriften des Restatement zur Anwendung.

1519 Restatement (Third) of Conflict of Laws, Council Draft No. 2, § 5.02 Comment f, S. 129.

1520 Restatement (Third) of Conflict of Laws, Council Draft No. 2, § 5.02 Comment f, S. 129.

1521 Restatement (Third) of Conflict of Laws, Council Draft No. 2, § 5.02 Comment f, S. 129.

1522 Darunter fallen beispielsweise U.C.C §§ 8-110, 9-301, 9-301, 9-303, 9-304, 9-305, 9-306, vgl. Restatement (Third) of Conflict of Laws, Preliminary Draft No. 1, § 5.02 Comment a, S. 85.

1523 Restatement (Third) of Conflict of Laws, Council Draft No. 2, § 5.02 Comment a, S. 123.

1524 Restatement (Third) of Conflict of Laws, Council Draft No. 2, § 5.02 Comment a, S. 123.

1525 Restatement (Third) of Conflict of Laws, Council Draft No. 2, § 5.02 Reporters' Notes, S. 130 mit Verweis auf Tex. Ins. Code. Ann. Art. 21.42: „Any contract of insurance

Das Gericht muss als nächstes die zu entscheidende Fragestellung qualifizieren, d.h. sie einem Rechtsgebiet wie dem Vertrags- oder Deliktsrecht zuordnen, um die anzuwendende Regel des Restatement zu ermitteln.[1526] An dieser Stelle ist oftmals die vom Kläger gewählte Anspruchsgrundlage ausschlaggebend, da sie Hinweis auf die rechtliche Grundlage gibt.[1527] Schließlich hat das Gericht das durch die Kollisionsregel bestimmte Sachrecht einer Angemessenheitsprüfung zu unterziehen. In Einzelfällen kann ein anderes Sachrecht wegen besonderer Umstände passender sein.[1528] Hier ist dann eine Korrektur im Sinne von § 5.03 vorzunehmen.[1529]

II. Zulässigkeit der *dépeçage*

Die *dépeçage* ist im Restatement nicht separat geregelt. Ihre Zulässigkeit ergibt sich aus dem Wortlaut von § 5.02 (2):

> When no statutory directive resolves the choice of law with respect to a particular issue, a court will decide the issue under the most appropriate law, as specified in Chapters [cross-reference].

Der Verweis auf „particular issue“ kennzeichnet, dass der zu entscheidende Lebenssachverhalt in seine einzelnen (rechtlichen) Teilaspekte aufgespalten werden kann.[1530] In den Reporters' Notes wird darauf hingewiesen, dass auch das zweite Restatement eine solche „issue by issue“-Analyse vornehme.[1531] Durch

---

payable to any citizen or inhabitant of this State by any insurance company [...] doing business within this State shall be [...] governed by [the law of this State].“

1526 Restatement (Third) of Conflict of Laws, Council Draft No. 2, § 5.02 Comment f, S. 129.

1527 Restatement (Third) of Conflict of Laws, Council Draft No. 2, § 5.02 Comment f, S. 129.

1528 Restatement (Third) of Conflict of Laws, Council Draft No. 2, § 5.02 Comment f, S. 129.

1529 Restatement (Third) of Conflict of Laws, Council Draft No. 2, § 5.02 Comment f, S. 129.

1530 Restatement (Third) of Conflict of Laws, Council Draft No. 2, § 5.02 Comment d, S. 126: „[...] this Restatement prescribes a separate choice-of-law analysis for each issue for which such analysis is appropriate. The result may be that different states' laws govern different issues or different parties within a single case (a technique called dépeçage).“

die Aufspaltung sollen gesetzgeberische Regelungsziele gestärkt werden, da ein Staat innerhalb eines Rechtsgebietes verschiedene Interessen verfolgen kann.[1532] Als Beispiel wird angeführt, dass das Deliktsrecht beispielsweise verhaltenssteuernde und schadenszuweisende Sachnormen enthalte; diesen unterschiedlichen Zielrichtungen werde durch eine *dépeçage* Rechnung getragen.[1533]

Die Comments weisen jedoch darauf hin, dass in manchen Fällen eine Aufspaltung und die daraus resultierende Anwendung mehrerer Rechtsregime auf denselben Lebenssachverhalt diesen Zielen widersprechen kann, sodass von einer „issue-by-issue" Analyse abzusehen ist.[1534] Dann muss das Gericht stattdessen einen der Teilaspekte als primäre Fragestellung identifizieren.[1535] Das auf diese Rechtsfrage anwendbare Recht gilt für den gesamten Lebenssachverhalt.[1536]

Allerdings stellen die Comments klar, dass nur grob benannt werden kann, wann diese Ausnahmefälle auftreten.[1537] Um die Zulässigkeit der *dépeçage* zu bewerten, müssen vor allem ihr Effekt auf die Parteierwartungen und die Regelungsziele der betroffenen Staaten berücksichtigt werden.[1538] Damit ist die *dépeçage* insbesondere in zwei Fällen ungeeignet: wenn die Aufteilung zweier eng miteinander verknüpfter materiell-rechtlicher Regelungen zu einer unzumutbaren Verzerrung ihres gemeinsamen Regelungsziels führt und wenn sich aus dem Zusammenspiel zweier Regelungen ein Ausgleichs- oder Milderungseffekt ergibt, der durch eine bloße Teilanwendung verloren ginge.[1539] In den

---

1531 Restatement (Third) of Conflict of Laws, Council Draft No. 2, § 5.02 Reporters' Notes, S. 131 mit Verweis auf P.V. ex rel. T.V. v. Camp Jaycee, 962 A.2d 453, 460 (N.J. 2008).

1532 Restatement (Third) of Conflict of Laws, Council Draft No. 2, § 5.02 Comment e, S. 126.

1533 Restatement (Third) of Conflict of Laws, Council Draft No. 2, § 5.02 Comment e, S. 126.

1534 Restatement (Third) of Conflict of Laws, Council Draft No. 2, § 5.02 Comment e, S. 126.

1535 Restatement (Third) of Conflict of Laws, Council Draft No. 2, § 5.02 Comment e, S. 126.

1536 Restatement (Third) of Conflict of Laws, Council Draft No. 2, § 5.02 Comment e, S. 126.

1537 Restatement (Third) of Conflict of Laws, Council Draft No. 2, § 5.02 Comment e, S. 126.

1538 Restatement (Third) of Conflict of Laws, Council Draft No. 2, § 5.02 Comment e, S. 126.

1539 Restatement (Third) of Conflict of Laws, Council Draft No. 2, § 5.02 Comment e, S. 126.

Illustrations wird folgendes Beispiel angeführt: Etabliert ein Staat eine Gefährdungshaftung, beschränkt gleichzeitig aber das Risiko durch ein *damage cap*, können beide Teilaspekte nicht auseinander gerissen werden, auch wenn es sich jeweils um einen *conduct-regulating* bzw. *loss-allocating issue* handelt.[1540] In diesem Fall ist auf beide *issues* dasselbe Recht anzuwenden.

Auffällig ist, dass die Comments und Illustrations zur *dépeçage* im zweiten Council Draft wesentlich ausführlicher sind als im ersten und zweiten Preliminary Draft.[1541] Das lässt den Schluss zu, dass dieser Aspekt der kollisionsrechtlichen Analyse im Entstehungsprozess des Restatement für erhebliche Diskussionen gesorgt hat.[1542]

III. Grundlagen der Qualifikation

Die Qualifikation ist in § 5.04 unter dem Titel „Characterization and Interpretation" geregelt:

> (1) The classification of issues or claims and the interpretation of legal terms or concepts involve questions of characterization as the term is used in this Restatement.
> (2) The classification of issues or claims is performed under the law of the forum, except as stated in § 5.05.
> (3) The classification and interpretation of conflict-of-laws concepts and terms are performed under the law of the forum, except as stated in § 5.05.
> (4) The classification and interpretation of internal-law concepts and terms are performed in accordance with the law that governs the issue involved.

Die „characterization" umfasst drei Anwendungsfälle: Auf Kollisionsrechtsebene betrifft sie die Einordnung von Rechtsfragen (*issues*) und Ansprüchen (*claims*) sowie die Auslegung von feststehenden Rechtsbegriffen (*concepts and terms*). Hier wird grundsätzlich nach der *lex fori* qualifiziert, vgl. § 5.02 (2) und (3). Auf Sachrechtsebene kommt es bei Auslegungsfragen bezüglich

---

1540 Restatement (Third) of Conflict of Laws, Council Draft No. 2, § 5.02 Comment e, S. 128.

1541 Restatement (Third) of Conflict of Laws, Preliminary Draft No. 1, § 5.02 Comment e, S. 87; Restatement (Third) of Conflict of Laws, Preliminary Draft No. 2, § 5.02 Comment d, S. 123; Restatement (Third) of Conflict of Laws, Council Draft No. 2, § 5.02 Comment d, e, S. 125 ff.

1542 Dies belegt auch der Verweis auf die Bedenken der Advisers im Reporters' Memorandum zu den *Torts* Regelungen, vgl. Restatement (Third) of Conflict of Laws, Preliminary Draft No. 3, Reporters' Memorandum, S. xvi.

feststehender Rechtsbegriffe hingegen auf das Verständnis des regelungsgebenden Staates an, vgl. § 5.04 (4).

Die Einordnung von *issues* oder *claims* ist notwendig, um bestimmen zu können, welche Kollisionsnorm im konkreten Fall anzuwenden ist. Sie wird anhand der *subject-matter* (Bsp. Vertragsrecht, Deliktsrecht etc.) des geltend gemachten Anspruchs vorgenommen.[1543] Dafür soll nach § 5.04 (2) auf die Grundsätze der *lex fori* zurückgegriffen werden, d.h. beispielsweise deren Verständnis von den Merkmalen eines vertraglichen Anspruchs zugrunde gelegt werden. In manchen Fällen ist die Qualifikation an dieser Stelle überflüssig, da sich die Einordnung des Sachverhalts bereits aus dem Klägervortrag ergibt.[1544] So kann der Kläger bereits im Rahmen der Klageerhebung festlegen, dass es ihm auf vertragliche Ansprüche ankommt, obwohl auch ein deliktsrechtlicher Anspruch möglich wäre.[1545] Die Reporters' Notes stellen diesbezüglich klar, dass diese Annahme bereits im zweiten Restatement anerkannt gewesen sei.[1546] Insgesamt wird durch dieses Prinzip die Fakultativität des Kollisionsrechts bestärkt.

Der zweite Anwendungsfall der Qualifikation betrifft die Auslegung von Rechtsbegriffen, die im Rahmen der kollisionsrechtlichen Analyse verwendet werden. Auch hier kommt es nach § 5.04 (3) auf die *lex fori* an.[1547] Die Comments weisen darauf hin, dass Rechtsbegriffe nicht nur in mehreren Staaten unterschiedliche Bedeutungen haben können, sondern auch innerhalb eines Rechtsregimes für verschiedene Zwecke verwendet werden.[1548] Es bleibt Aufgabe der Gerichte, anhand des Kontextes die richtige Bedeutung festzustellen.[1549] Grundsätzlich ist bei der Qualifikation unter einen kollisionsrechtlichen Begriff

---

1543 Restatement (Third) of Conflict of Laws, Council Draft No. 2, § 5.04 Comment a, S. 136.

1544 Restatement (Third) of Conflict of Laws, Council Draft No. 2, § 5.04 Comment a, S. 136.

1545 Restatement (Third) of Conflict of Laws, Council Draft No. 2, § 5.04 Comment a, S. 136.

1546 Restatement (Third) of Conflict of Laws, Council Draft No. 2, § 5.04 Reporters' Notes, S. 140.

1547 Restatement (Third) of Conflict of Laws, Council Draft No. 2, § 5.04 Comment c, S. 137.

1548 Restatement (Third) of Conflict of Laws, Council Draft No. 2, § 5.04 Comment c, S. 137.

1549 Restatement (Third) of Conflict of Laws, Council Draft No. 2, § 5.04 Comment c, S. 137.

ein abweichendes sachrechtliches Verständnis irrelevant.[1550] Als Beispiel wird die Beweislast genannt, die eigentlich als prozessuale Fragestellung einzustufen ist, im Kollisionsrecht allerdings auch materiell-rechtliche Wirkung haben und daher im Rahmen der kollisionsrechtlichen Analyse berücksichtigt werden kann.[1551]

Auf Sachrechtsebene ist die Qualifikationsfrage schließlich für die Auslegung von Rechtsbegriffen oder -prinzipien wichtig, die in einer Sachnorm verwendet werden. Da die Normierung des Sachrechts in den Aufgabenbereich eines souveränen Staates fällt, ist es nur folgerichtig, dass nach § 5.04 (4) in diesen Fällen nach den Grundsätzen der *lex causae* qualifiziert wird.[1552]

Eine Ausnahme von der *lex fori*-Qualifikation wird nach § 5.04 (2) und (3) in Fällen der Gesamtverweisung gemacht.[1553] Hier kommt es bei der Qualifikation auf die Grundsätze der Rechtsordnung an, auf deren Kollisionsnormen verwiesen wird.[1554] Dieses Ergebnis ist die logische Schlussfolgerung des *Renvoi*, da es in diesen Fällen nach der primären Verweisung erneut um die Anwendung einer fremden Kollisionsnorm geht, die wiederum eine eigenständige Untersuchung erfordert.

IV. Inhalt der Verweisung und *Renvoi*

Das Draft Restatement geht nach § 5.05 (1) grundsätzlich davon aus, dass die Kollisionsnormen des Restatement auf das *internal law* eines Staates verweisen:

> When the forum's choice-of-law rules direct it to apply the law of some state, the forum applies the internal law of that state, except as stated in subsection (2).

Das *internal law* bezeichnet gemäß § 1.03 (1) das Sachrecht eines Staates.[1555] Damit ist die Sachnormverweisung der Regelfall.

1550 Restatement (Third) of Conflict of Laws, Council Draft No. 2, § 5.04 Comment c, S. 137.

1551 Restatement (Third) of Conflict of Laws, Council Draft No. 2, § 5.04 Comment c, S. 138.

1552 Restatement (Third) of Conflict of Laws, Council Draft No. 2, § 5.04 Comment c, S. 137.

1553 Siehe dazu Teil 2, B.IV.

1554 Restatement (Third) of Conflict of Laws, Council Draft No. 2, § 5.05 Comment e on Subsection (1), S. 142.

1555 § 1.03 Law, Internal Law, and Whole Law Defined: (1) As used in this Restatement, the "internal law" of a state is a state's law exclusive of its choice-of-law rules. It is the body of law which the courts of that state apply when they have selected their own law as the rule of decision for one or more issues. (Tentative Draft No. 2, Stand 25. März 2021).

Eine Ausnahme von diesem Grundsatz enthält § 5.05 (2). Danach soll das *forum* eine Gesamtverweisung (*Renvoi*) auf das Kollisionsrecht des durch die Verweisung bestimmten Staates annehmen, wenn Zweck der ursprünglich angewendeten Kollisionsnorm der internationale bzw. innerstaatliche Entscheidungseinklang ist:[1556]

> When the objective of the particular choice-of-law rule is that the forum reaches the same result on the facts as would the courts of another state, the forum applies the choice-of-law rules of the other state, subject to considerations of practicability and feasibility.

So wird sichergestellt, dass ein Sachverhalt – unabhängig vom *forum* und dem hier anzuwendenden Kollisionsrecht – immer gleich entschieden wird.[1557] Die Comments stellen klar, dass das Restatement diese Fälle ausdrücklich benennt.[1558]

Begrenzt wird der *Renvoi* durch Praktibilitäts- und Umsetzbarkeitserwägungen.[1559] Sofern das Kollisionsrecht des durch die Verweisung bestimmten Staates zu ungenau ist, um den Ausgang eines identischen Falles vor den Gerichten dieses Staates vorhersagen zu können, ist von einer Gesamtverweisung abzusehen.[1560] Ebenso ist im Falle einer Rückverweisung das Sachrecht des *forum* direkt anzuwenden.[1561] Damit erinnert die Regel des Restatement an dieser Stelle an die entsprechende Norm im deutschen IPR, Art. 4 Abs. 1 S. 2 EGBGB, die den gleichen Anwendungsbefehl enthält.

Insgesamt stellt der *Renvoi* eine klare Ausnahme dar. Nach den Comments ist ein internationaler bzw. innerstaatlicher Entscheidungseinklang grundsätzlich nicht das vorrangige Ziel eines Kollisionsrechtssystems. Stattdessen soll primär das Recht des Staates mit einem vorherrschenden Interesse zur Anwendung

---

1556 Zum *Renvoi* vgl. beispielsweise *Sonnentag*, in: Encyclopedia of Private International Law, S. 1539; *Siehr*, in: Handwörterbuch des Europäischen Privatrechts, S. 1291.

1557 *Sonnentag*, in: Encyclopedia of Private International Law, S. 1539.

1558 Restatement (Third) of Conflict of Laws, Council Draft No. 2, § 5.05 Comment b, S 140 f.

1559 Restatement (Third) of Conflict of Laws, Council Draft No. 2, § 5.05 Comment j, S. 143.

1560 Restatement (Third) of Conflict of Laws, Council Draft No. 2, § 5.05 Comment j, S. 143.

1561 Restatement (Third) of Conflict of Laws, Council Draft No. 2, § 5.05 Comment j, S. 143.

kommen.[1562] Diese Zielsetzung wird – wie bereits im Vorfeld erläutert – durch die Anwendung der *lex fori*-Kollisionsnormen erreicht.[1563] Der Entscheidungseinklang kann aber neben diese Bestrebungen treten und in diesem Fall eine Gesamtverweisung erforderlich machen.[1564] Das Restatement sieht den *Renvoi* somit als eine zusätzliche kollisionsrechtliche Stellschraube, die das Ergebnis der two-step-Analyse korrigieren kann.

Aus dem Reporters' Memorandum zum zweiten Preliminary Draft geht hervor, dass die Gesamtverweisung unter den Beteiligten umstritten ist. Ein Adviser hatte das Konzept des *Renvoi* vor dem Hintergrund kritisiert, dass schwer festzustellen sei, wann die Zielsetzung einer Kollisionsnorm der Entscheidungseinklang sei.[1565] Die Reporter verteidigen ihre Herangehensweise, geben gleichzeitig aber zu, dass Angaben zum *Renvoi* aus den Kollisionsnormen zum unbeweglichen Sachenrecht im zweiten Preliminary Draft gestrichen wurden.[1566] Sie stellen daher die Überlegung in den Raum, den *Renvoi* gänzlich aus dem Restatement zu streichen.[1567] Da § 5.05 (2) aber weiterhin Bestandteil des Council Draft ist, konnte dieser Vorstoß wohl keine Früchte tragen.

V. Ergebnis

Das neue Restatement enthält in Chapter 5 mehrere Regelungen zu allgemeinen Aspekten der kollisionsrechtlichen Analyse. Die Vorschriften behandeln die Anwendbarkeit des Restatement und seiner Regelungen, die Aufspaltung in rechtliche Teilfragen, die Auslegung der im Restatement verwendeten Begriffe sowie die Reichweite der Verweisung. Damit werden Fragen, die im Rahmen der praktischen Anwendung des Restatement auftreten können, umfassend thematisiert.

1562 Restatement (Third) of Conflict of Laws, Council Draft No. 2, § 5.05 Comment e, S. 142.

1563 Restatement (Third) of Conflict of Laws, Council Draft No. 2, § 5.02 Comment f, S. 129.

1564 Restatement (Third) of Conflict of Laws, Council Draft No. 2, § 5.05 Comment e, S. 142.

1565 Restatement (Third) of Conflict of Laws, Preliminary Draft No. 2, Reporters' Memorandum, S. xxvii.

1566 Restatement (Third) of Conflict of Laws, Preliminary Draft No. 2, Reporters' Memorandum, S. xxvii.

1567 Restatement (Third) of Conflict of Laws, Preliminary Draft No. 2, Reporters' Memorandum, S. xxvii.

C. Das Deliktskollisionsrecht des neuen Restatement

Nachdem sich der erste Entwurf für das neue Restatement (Third) of Conflict of Laws zunächst nur mit allgemeinen methodischen Fragen beschäftigt hatte, wendeten sich die Reporter im zweiten Preliminary Draft u.a. dem Deliktskollisionsrecht zu. Die Regelungsvorschläge wurden für den dritten Preliminary Draft grundlegend überarbeitet und als dritter Council Draft vom Council des ALI genehmigt.[1568] Im vierten Council Draft wurden Anmerkungen der Council Members zum Draft umgesetzt. Damit ist das Deliktskollisionsrecht das Rechtsgebiet, zu dem die Ausarbeitung der besonderen Kollisionsregeln am weitesten fortgeschritten ist.

Das Deliktskollisionsrecht ist für das US-amerikanische Recht von besonderer Wichtigkeit, da das Deliktsrecht zu den Rechtsgebieten gehört, die in den USA am wenigsten vereinheitlicht sind.[1569] Früher geltende *common law standards* wurden inzwischen von detaillierten *statutes* abgelöst, die je nach Bundesstaat unterschiedliche Haftungsvoraussetzungen oder Ansprüche vorsehen.[1570] Der Frage des anwendbaren Rechts in grenzüberschreitenden inner-amerikanischen Konstellationen wohnt somit angesichts dieser Rechtszersplitterung eine besondere Bedeutung inne.[1571] Desto wichtiger ist es, dass die Deliktskollisionsregeln des neuen Restatement die Schwächen der Vorgängerversionen überwinden und eine in der Praxis einfach anwendbare Lösung bieten.

Die folgenden Ausführungen über die aktuellen Regelungsvorschläge für dieses Rechtsgebiet dienen daher als Basis für die Bewertung des dritten Restatement im anschließenden Abschnitt.

I. Vorbemerkungen

1. *Zielsetzung*

Die Reporter betonen in der Einleitung zum Deliktskollisionsrecht, dass die neuen Kollisionsregeln das Ziel haben, die Schwächen der ersten beiden Restatements zu beheben. Die neuen Regelungen sollen klar und zweckmäßig formuliert sein und den bisherigen Rechtsprechungstrend der *modern approaches*

1568 Vgl. dazu die Status Chart auf der ALI-Website des Projekts, abrufbar unter https://www.ali.org/projects/show/conflict-laws/ (zuletzt abgerufen am 12.08.2021).

1569 *Reimann*, in: Amerikanische Rechtskultur und europäisches Privatrecht, S. 135.

1570 *Reimann*, in: Amerikanische Rechtskultur und europäisches Privatrecht, S. 137; vgl. hierzu *Geistfeld*, 99 Iowa Law Review 957 (2014).

1571 *Reimann*, in: Amerikanische Rechtskultur und europäisches Privatrecht, S. 136.

wiedergeben.[1572] Dabei wird auf die Erfahrungen mit den beiden Vorgängerversionen zurückgegriffen: Es habe sich gezeigt, dass eine starre Anknüpfung am *place of wrong* oftmals zu willkürlichen Ergebnissen geführt habe.[1573] Der weit formulierte *most significant relationship*-Test des zweiten Restatement habe zwar einen großen Konsens in der Rechtsprechung gefunden, stelle aber wegen seiner Unbestimmtheit und des daraus resultierenden erhöhten Arbeitsaufwandes für Parteien und Richter keine annehmbare Methodik dar.[1574] Diese Einschätzung der Reporter entspricht dem herrschenden Meinungsstand zu den Restatements. Die Reporter möchten kein völlig neues Deliktskollisionsrecht entwickeln, sondern bei der Formulierung der Regelungen auf bestehende Rechtsprechung und erprobte Konzepte aufbauen. Das Bestreben spiegelt sich in der umfassenden Auflistung bekräftigender Rechtsprechung in den Reporters' Notes wider. Zudem wird immer wieder auf die Kodifikationen von Oregon und Louisiana sowie die europäische Rom II-VO Bezug genommen.[1575] Als Hilfestellung verweisen die Reporter außerdem auf empirische Studien zum Deliktskollisionsrecht, beispielsweise auf die Ausführungen von *Symeonides*.[1576]

2. *Umsetzung des two-step-test*

Bei der Formulierung der Kollisionsnormen greifen die Reporter auf den in Chapter 5 normierten two-step-test zurück: Zunächst soll der Anwendungsbereich (*scope*) der betroffenen Sachnormen anhand typischer Interessen und Zielsetzungen eines Staates bei der Regelungssetzung in diesem Sachbereich identifiziert werden.[1577] Im Deliktsrecht gebe es *conduct-regulating* und *loss-allocating rules*, also verhaltenssteuernde und schadenszuweisende

1572 Restatement (Third) of Conflict of Laws, Preliminary Draft No. 2, Reporters' Memorandum, S. xxix: „[…] clear and sensible rules that capture majority practice under modern approaches and are consistent with most codifications."

1573 Restatement (Third) of Conflict of Laws, Council Draft No. 3, Introductory Note, S. 1.

1574 Restatement (Third) of Conflict of Laws, Council Draft No. 3, Introductory Note, S. 1; Restatement (Third) of Conflict of Laws, Council Draft No. 4, Introductory Note, S. 1 f.

1575 Vgl. beispielsweise die Reporters' Notes zu § 6.01, Restatement (Third) of Conflict of Laws, Council Draft No. 3.

1576 Siehe beispielsweise Restatement (Third) of Conflict of Laws, Council Draft No. 3, Reporters' Memorandum, S. xvi.

1577 Restatement (Third) of Conflict of Laws, Council Draft No. 3, Reporters' Memorandum, S. xv; Restatement (Third) of Conflict of Laws, Council Draft No. 2, § 5.02 Comment c on Subsection (2), S. 125.

Regelungen.[1578] Die Reporter verwenden damit eine in Rechtsprechung und US-amerikanischen Kodifikationen inzwischen gängige Unterscheidung.

Die Kategorisierung anhand dieser Regelungsziele bietet sodann die Basis für die Entscheidung, welcher Staat im Fall von kollidierenden Sachnormen ein vorherrschendes Interesse (*dominant interest*) an der Anwendung seines Rechts hat, sodass seinem Recht *priority* einzuräumen ist.[1579] Die Reporter gehen von der Prämisse aus, dass Staaten bei verhaltenssteuernden Regeln ein besonders großes Interesse daran haben, diese auf Handlungen oder Rechtsgutverletzungen innerhalb ihres Territoriums anzuwenden.[1580] Das Interesse an einer extraterritorialen Anwendung des eigenen Rechts sei in diesen Fällen wiederum geringer.[1581] Bei schadenszuweisenden Regeln sei das Interesse eines Staates am höchsten, wenn durch die Anwendung der Regelung Gebietsansässige profitierten.[1582] Je nach Einordnung der Sachnormen werden dadurch zwei Kategorien von Anknüpfungspunkten verwendet, die sich entweder auf die Verbindung zwischen den Parteien oder den Handlungs- bzw. Erfolgsort beziehen, um so den Staat mit dem größten Interesse an der Anwendung seines Sachrechts zu bestimmen.[1583]

3. *Struktur*

Die Reporter unterteilen das Deliktskollisionsrecht in einen allgemeinen und einen besonderen Teil. Der allgemeine Teil enthält die Grundregeln für die Bestimmung des anwendbaren Rechts in deliktsrechtlichen Konstellationen. Im

---

1578 Restatement (Third) of Conflict of Laws, Council Draft No. 3, Reporters' Memorandum, S. xv.

1579 Vgl. Restatement (Third) of Conflict of Laws, Council Draft No. 3, Reporters' Memorandum, S. xv.

1580 Restatement (Third) of Conflict of Laws, Preliminary Draft No. 2, Reporters' Memorandum, S. xxix; Restatement (Third) of Conflict of Laws, Council Draft No. 4, Introductory Note, S. 3.

1581 Restatement (Third) of Conflict of Laws, Council Draft No. 3, Reporters' Memorandum, S. xvi; Restatement (Third) of Conflict of Laws, Council Draft No. 4, Introductory Note, S. 3.

1582 Restatement (Third) of Conflict of Laws, Preliminary Draft No. 2, Reporters' Memorandum, S. xxx.

1583 Restatement (Third) of Conflict of Laws, Council Draft No. 4, Introductory Note, S. 3: „[…] the significance of the distinction is that a state's interest in the application of a rule of state law will be triggered by different connecting factors depending on whether the rule is loss-allocating or conduct-regulating […]."

besonderen Teil werden einzelne Delikte separat geregelt, beispielsweise die Produkthaftung oder Umweltdelikte.[1584] Diese Regelungen haben Vorrang vor den allgemeinen Regeln.[1585]

Bezüglich der Anwendbarkeit der Deliktskollisionsnormen oder sonstiger allgemeiner Fragen enthält Chapter 6 keine eigenen Vorschriften. Stattdessen wird auf die allgemeinen Regelungen in Chapter 5 verwiesen.[1586] Daraus folgt, dass das Deliktskollisionsrecht dann heranzuziehen ist, wenn das Gericht feststellt, dass es sich bei der streitigen Rechtsanwendungsfrage um eine deliktsrechtliche Fragestellung handelt. Dies kann sich oftmals bereits aus dem Klägervortrag ergeben.[1587] Der Begriff *Tort* umfasst in diesem Zusammenhang auch Fragen, in denen es um die Beurteilung des deliktsrechtlichen Charakters einer Handlung geht.[1588]

Entsprechend dem Aufbau des two-step-test enthält der allgemeine Teil zunächst drei Regelungen zur Unterscheidung von *conduct-regulating* und *loss-allocating rules* (§§ 6.01-6.03). Im ersten Entwurf des Deliktskollisionsrechts hatte man diese Unterscheidung noch nicht vorgenommen; stattdessen wurden in sich abgeschlossen die Regeln für *loss-allocating rules* und *conduct-regulating rules* genannt.[1589] Um aber das Verständnis und die Schlüssigkeit des Restatement zu stärken, orientierte man sich in den späteren Entwürfen am zweistufigen Aufbau des two-step-test.[1590]

1584 Im dritten Preliminary Draft gab es bereits einige Vorschläge für spezielle Deliktskollisionsregeln; bisher existiert allerdings nur für Produkthaftungsfragen und *punitive damages* eine vollständige Bearbeitung, in allen anderen Fällen gibt es nur *black-letter-provisions*; der Draft sieht für folgende weitere Fragestellungen besondere Regeln vor: defamation, multistate defamation, invasion of privacy, multistate invasion of privacy, environmental torts, alienation of affection, fraud, unfair competition, malicious prosecution or abuse of process, location of internet activity, wrongful death, worker's compensation, vgl. Restatement (Third) of Conflict of Laws, Preliminary Draft No. 3, S. 43 f.

1585 Restatement (Third) of Conflict of Laws, Council Draft No. 4, Introductory Note, S. 3.

1586 Restatement (Third) of Conflict of Laws, Council Draft No. 4, Introductory Note, S. 3.

1587 Vgl. Restatement (Third) of Conflict of Laws, Council Draft No. 2, § 5.02, Comment f, S. 129.

1588 Restatement (Third) of Conflict of Laws, Council Draft No. 3, Introductory Note, S. 1: „[…] the term 'tort' is used to refer both to conduct that is tortious and to conduct that is claimed to be tortious but is not.“

1589 Restatement (Third) of Conflict of Laws, Preliminary Draft No. 2, Black Letter, S. 297 ff.

1590 Restatement (Third) of Conflict of Laws, Preliminary Draft No. 3, Reporters' Memorandum, S. xiii.

Die nachfolgenden Prioritätsregeln behandeln – getrennt nach *conduct-regulating* und *loss-allocating rules* – zunächst Konstellationen, in denen die territoriale bzw. personale Anknüpfung auf denselben Staat verweist. So regelt § 6.04 die Anknüpfung für *conduct-regulating rules* bei zusammenfallendem Handlungs- und Erfolgsort. Bei schadenszuweisenden Regelungen bestimmt § 6.06 das anwendbare Recht im Falle eines übereinstimmenden *domicile* der Parteien. § 6.07 kommt bei zusammenfallendem Handlungs- und Erfolgsort, aber unterschiedlichem *domicile* zur Anwendung. Für *cross-border torts*, die nicht von den vorangegangenen Regeln umfasst sind, gibt es eine gemeinsame Regelung in § 6.08, die auf alle deliktsrechtlichen Sachnormen anwendbar ist.

Schließlich beinhaltet der allgemeine Teil eine Auffangklausel (§ 6.09) und eine Rechtswahlmöglichkeit (§ 6.10). § 6.05 regelt die Anwendbarkeit von *punitive damages* als speziellen Fall einer *conduct-regulating rule*.

II. Die Unterscheidung zwischen *conduct-regulation* und *loss-allocation*

Als erster Schritt der kollisionsrechtlichen Analyse im Deliktskollisionsrecht müssen die von den Parteien vorgetragenen Sachnormen als verhaltenssteuernde oder schadenszuweisende Regelungen eingeordnet werden. Das Ergebnis dieser Untersuchung bestimmt, durch welche Prioritätsregel das anwendbare Sachrecht im Folgenden berufen wird.

1. *Einordnung*

Um die schnelle Einordnung einer Sachnorm als verhaltenssteuernde oder schadenszuweisende Regelung zu ermöglichen, beinhaltet das Restatement in § 6.02 und § 6.03 eine nicht abschließende Aufzählung von Normtypen, die unter die jeweilige Kategorie fallen. Als verhaltenssteuernd sind nach § 6.02 u.a. die Gefährdungshaftung, Handlungspflichten, Verhaltens- und Sicherheitsstandards oder die Beurteilungsstandards der Rechtswidrigkeit einer Handlung zu qualifizieren.[1591] Nach § 6.03 zählen hingegen Regelungen zur Haftung für

---

1591 § 6.02 Conduct-Regulating Rules: Conduct-regulating issues include, but are not limited to, the following: (a) standards of conduct or safety, (b) whether conduct is tortious or whether an interest is entitled to legal protection, (c) strict liability, (d) punitive damages, (e) whether a duty is owed to the plaintiff, (f) scope of liability, (g) defenses that negate wrongfulness, (h) requirements for liability, and (i) duty or privilege to act.

fremdes Verschulden, zur gesamtschuldnerischen Haftung, zum Mitverschulden oder die *guest statutes* zu den *loss-allocating rules*.[1592] Das Fehlen einer derartigen Regelung in einer Rechtsordnung ist ebenfalls dementsprechend zu qualifizieren.[1593]

Der Hintergrund der jeweiligen Einordnung ergibt sich aus § 6.01. Die Regelung erläutert die jeweilige Zweckrichtung von *conduct-regulating* bzw. *loss-allocating rules*:

> (1) Conduct-regulating rules, in the tort context, are rules whose predominant purpose is to impose liability for conduct deemed socially undesirable or absolve actors from liability on the ground that their conduct was not socially undesirable.
> (2) Loss-allocating rules, in the tort context, are rules whose predominant purpose is to assign loss among relevant parties on the basis of considerations other than the mere wrongfulness of the injurious conduct.

Bei den *conduct-regulating rules* steht demnach die verhaltenssteuernde Funktion der Regelungen im Vordergrund, während die *loss-allocating rules* bestimmen, welche Parteien den Schaden zu tragen haben. Diese auf den ersten Blick klare Unterscheidung steht aber unter Vorbehalt: In den Comments zu § 6.01 wird explizit darauf hingewiesen, dass deliktsrechtliche Sachnormen in der Regel beide Zielsetzungen verwirklichen wollen.[1594] Die Reporters' Notes zu § 6.01 präzisieren diesbezüglich, dass die Unterscheidung lediglich als Vehikel für die spätere Anknüpfung dienen solle.[1595] Das im dritten Council Draft in diesem Zusammenhang verwendete Beispiel der *charitable immunity* wurde inzwischen (leider) wieder aus den Comments gestrichen: Darin wurde erklärt, dass die Immunität wohltätiger Vereinigungen zwar vor allem darauf gerichtet sei, ihre Haftung zu beschränken, aber gleichzeitig das Verhalten dieser

---

1592 § 6.03 Loss-Allocating Rules: Loss-allocating issues include, but are not limited to, the following: (a) charitable immunity, (b) intra-family immunities, (c) vicarious liability, (d) damages limitations, (e) joint and several liability, (f) contribution and indemnity among tortfeasors, (g) comparative and contributory negligence, (h) survival of actions, (i) guest statutes, and (j) workers' compensation immunities.

1593 Restatement (Third) of Conflict of Laws, Council Draft No. 4, § 6.01 Illustrations, S. 5.

1594 Restatement (Third) of Conflict of Laws, Council Draft No. 4, § 6.01 Comment a, S. 5.

1595 Restatement (Third) of Conflict of Laws, Council Draft No. 4, § 6.01 Reporters' Notes, S. 7.

Organisationen beeinflusse, da sie aufgrund der Haftungsbeschränkung freier agieren könnten.[1596]

Die Comments im Council Draft No. 4 erläutern, dass es bei der Einordnung auf die überwiegende Zweckrichtung der deliktsrechtlichen Sachnorm ankomme.[1597] Die Comments im dritten Council Draft hatten vorgeschlagen, die Unterscheidung anhand der Fragestellung vorzunehmen, ob die Regelung zu einem bestimmten Verhalten ermutigen oder davon abhalten soll oder ob es vorrangig um den Grad der Sorgfalt geht.[1598] Inzwischen wurde aber auch diese Formulierung verworfen. Stattdessen wird nun lediglich darauf hingewiesen, dass die Zuordnung bestimmter Normtypen in die beiden Kategorien in der Rechtsprechung weitgehend anerkannt sei.[1599]

Etwas intuitiver als die Charakterisierung anhand der Zweckrichtung ist der Verweis auf die Wertungsentscheidung, die der jeweiligen Sachnorm zugrunde liegt.[1600] Im Deliktsrecht gilt laut den Comments der Grundsatz, dass der Schädiger gegenüber dem Opfer für seine rechtswidrige Handlung vollumfänglich haftet.[1601] Nur wenn vom Verursacherprinzip abgewichen wird, handelt es sich um eine schadenszuweisende Regelung, da die Bewertung der Handlung als unerwünscht nicht mehr im Vordergrund steht.[1602] Dies ist beispielsweise bei *charitable immunity* der Fall. Die Haftungserleichterung basiert auf der Wertungsentscheidung, dass die karitative Tätigkeit der Organisation so förderungswürdig ist, dass fahrlässig verursachte Schäden trotzdem vom Verletzten

1596 Restatement (Third) of Conflict of Laws, Council Draft No. 3, § 6.01 Comment a, S. 3; im Ergebnis handele es sich vorwiegend um eine *loss-allocating rule*; der Regelungsgeber wollte durch die Einführung der *charitable immunity* nicht ein fahrlässiges Verhalten dieser Organisationen fördern, sondern ihr für karitative Zwecke gedachtes Vermögen schützen; im Restatement (Second) of Torts wird die Haftungsbeschränkung für wohltätige Vereinigungen (*charitable immunity*) inzwischen abgelehnt, vgl. § 895E; viele Bundesstaaten haben die Doktrin ebenfalls abgeschafft, in einigen wird sie indes weiterhin angewendet; vgl. dazu die aktuelle Übersicht bei *Fairchild*, 25 A.L.R.4th. 517 (Originally published in 1983).

1597 Restatement (Third) of Conflict of Laws, Council Draft No. 4, § 6.01 Comment a, S. 5.

1598 Restatement (Third) of Conflict of Laws, Council Draft No. 3, § 6.01 Comment a, S. 3: „[…] the question is whether the rule is intended to encourage or discourage the precise conduct at issue, or whether it is intended to affect the degree of care exercised by an actor."

1599 Restatement (Third) of Conflict of Laws, Council Draft No. 4, § 6.01 Comment a, S. 5.

1600 Restatement (Third) of Conflict of Laws, Council Draft No. 3, § 6.01 Comment a, S. 3.

1601 Restatement (Third) of Conflict of Laws, Council Draft No. 4, § 6.01 Comment a, S. 4.

1602 Restatement (Third) of Conflict of Laws, Council Draft No. 4, § 6.01 Comment a, S. 4.

getragen werden müssen.[1603] Die Ausführungen in diesem Zusammenhang weisen darauf hin, dass deliktsrechtliche Sachnormen vorrangig den verhaltenssteuernden Normen zuzuordnen sind.

Fällt eine zu beurteilende Sachnorm nicht unter die in § 6.02 und § 6.03 genannten Kategorien, muss sie folglich nach Maßgabe von § 6.01 beurteilt werden. Nach den Comments kommt es bei der Einordnung auf den vorherrschenden Zweck („predominant purpose") an.[1604] Außerdem muss ein eventueller Trend in der Rechtsprechung berücksichtigt werden.[1605]

2. *Stellungnahme der Reporter*

Die Unterscheidung zwischen *conduct-regulation* und *loss-allocation* ist nicht unumstritten. Aus den Reporters' Memoranda zum dritten Preliminary Draft und zum vierten Council Draft geht hervor, dass einige Advisers und Council Members dem Ansatz kritisch gegenüberstehen.[1606] Es überrascht daher nicht, dass die Reporter die Comments und Reporters' Notes zu § 6.02 und § 6.03 im vierten Council Draft deutlich erweitert haben.

Die Reporter rechtfertigen ihre methodische Herangehensweise damit, dass sie auf einfache Weise festlege, in welchen Fällen auf territoriale oder personale Anknüpfungspunkte zurückgegriffen werden müsse.[1607] Eine ausschließliche territoriale oder personale Anknüpfung in deliktsrechtlichen Fragestellungen sei nicht angemessen, das habe die bisherige Entwicklung im Kollisionsrecht gezeigt.[1608] Stattdessen gebe es Konstellationen, in denen territoriale Bezugspunkte wichtiger seien als persönliche Verbindungen und vice versa.[1609] Die

---

1603 Restatement (Third) of Conflict of Laws, Council Draft No. 4, § 6.01 Comment a, S. 4.

1604 Restatement (Third) of Conflict of Laws, Council Draft No. 4, § 6.01 Comment a, S. 5.

1605 Restatement (Third) of Conflict of Laws, Council Draft No. 4, § 6.01 Comment a, S. 5.

1606 Restatement (Third) of Conflict of Laws, Preliminary Draft No. 3, Reporters' Memorandum, S. xiv; Restatement (Third) of Conflict of Laws, Council Draft No. 4, Reporters' Memorandum, S. xvii.

1607 Restatement (Third) of Conflict of Laws, Preliminary Draft No. 3, Reporters' Memorandum, S. xiv; Restatement (Third) of Conflict of Laws, Council Draft No. 4, Reporters' Memorandum, S. xx: „[...] the distinction gets us the right answer."

1608 Restatement (Third) of Conflict of Laws, Preliminary Draft No. 3, Reporters' Memorandum, S. xiv; Restatement (Third) of Conflict of Laws, Council Draft No. 4, Reporters' Memorandum, S. xvii.

1609 Restatement (Third) of Conflict of Laws, Preliminary Draft No. 3, Reporters' Memorandum, S. xiv; Restatement (Third) of Conflict of Laws, Council Draft No. 4, Reporters' Memorandum, S. xvii: „[...] the main insight of modern choice of law is that

Abgrenzung zeuge zwar nicht von dogmatischer Reinheit, helfe aber dabei, das Recht des Staates zu identifizieren, das den zugrunde liegenden Sachverhalt am besten regeln könne.[1610] Die Formulierung feststehender Regeln für die Abgrenzung sei vorzugswürdig, auch wenn es Konstellationen geben könne, in denen davon abgewichen werden sollte.[1611] Weiterhin gebe es keine vernünftige Alternative, die die Zielsetzungen des Restatement vergleichbar erfüllen könne.[1612]

Ein weiterer Grund, die Unterscheidung zwischen *conduct-regulation* und *loss-allocation* in das Zentrum des Deliktskollisionsrechts zu stellen, sei der klare Trend innerhalb der Rechtsprechung.[1613] Die Abgrenzung zwischen verhaltenssteuernden und schadenszuweisenden Regelungen gehe auf die Rechtsprechung der New Yorker Gerichte seit Babcock v. Jackson zurück.[1614] Inzwischen könne man die Unterscheidung in der Rechtsprechung mehrerer anderer Staaten wie Kalifornien, Wisconsin, Connecticut, Maine, New Jersey und Vermont – wenn auch teilweise nur implizit – wiederfinden.[1615] Es sei daher vernünftig, auf die bereits bestehende Terminologie zurückzugreifen.[1616] Sogar das zweite Restatement habe in den Comments zu § 146 darauf hingewiesen, dass man bei der Bestimmung des Staates mit der *most significant relationship* den Zweck der Regelungen berücksichtigen und dabei zwischen Regelungen differenzieren

different connecting factors have different significance depending on the issue under consideration."

1610 Restatement (Third) of Conflict of Laws, Council Draft No. 4, § 6.01 Reporters' Notes, S. 7.

1611 Restatement (Third) of Conflict of Laws, Council Draft No. 4, Reporters' Memorandum, S. xxi.

1612 Restatement (Third) of Conflict of Laws, Council Draft No. 4, Reporters' Memorandum, S. xvii: „[…] we do not think there is any plausible alternative"; laut dem Memorandum hatte ein Council Member alternativ eine Unterscheidung zwischen *issues of liability* und *remedies* vorgeschlagen; die Reporter erteilten dieser Idee aber eine Absage, vgl. Restatement (Third) of Conflict of Laws, Council Draft No. 4, Reporters' Memorandum, S. xxiii.

1613 Restatement (Third) of Conflict of Laws, Preliminary Draft No. 3, Reporters' Memorandum, S. xv.

1614 Restatement (Third) of Conflict of Laws, Council Draft No. 4, § 6.01 Reporters' Notes, S. 6.

1615 Restatement (Third) of Conflict of Laws, Council Draft No. 4, § 6.01 Reporters' Notes, S. 6; hinsichtlich Nebraska wird dies von Borchers ausdrücklich bejaht, vgl. *Borchers*, 53 Creighton Law Review, 339, 342 (2020).

1616 Restatement (Third) of Conflict of Laws, Council Draft No. 4, Reporters' Memorandum, S. xix.

müsse, die den Schädiger bestrafen, und solchen, die das Opfer entschädigen sollen.[1617] In den meisten Fällen sei diese Analyse Teil der Beurteilung der *state policies* gewesen.[1618]

Im Übrigen finde man die Abgrenzung in den Kodifikationen Oregons und Louisianas wieder. Selbst die EU habe mit Art. 4 Abs. 2 sowie Art. 17 Rom II-VO Kollisionsregeln erlassen, die zwischen der verhaltenssteuernden und schadenszuweisenden Funktion von Deliktsregeln unterschieden.[1619] Der Verweis auf das europäische Recht kann allerdings nur bedingt überzeugen. Art. 4 Abs. 2 Rom II-VO regelt, dass in deliktsrechtlichen Haftungsfragen, in denen die Parteien einen gemeinsamen gewöhnlichen Aufenthalt haben, das Recht dieses Staates zur Anwendung kommt. Art. 17 Rom II-VO besagt wiederum, dass bei der Beurteilung des Verhaltens einer Person die Sicherheits- und Verhaltensregeln am Handlungsort zu berücksichtigen sind. Beide Vorschriften knüpfen folglich nicht an eine konkrete Sachnorm an, sondern bestimmen das anwendbare Recht vom Rechtsverhältnis her. Eine explizite Unterscheidung zwischen *conduct-regulating* und *loss-allocating rules* für die Bestimmung des anwendbaren Rechts kennt das europäische IPR somit nicht.

III. Kollisionsregeln für *conduct-regulating rules*

Wurden im ersten Schritt die Sachnormen den *conduct-regulating rules* zugeordnet, muss nun das Recht des Staates bestimmt werden, der das vorherrschende Interesse an der Anwendung seines Rechts hat. Für *conduct-regulating rules* gibt es zwei Kollisionsregeln, die verschiedene Fallkonstellationen regeln: Während § 6.04 auf Fälle anzuwenden ist, in denen Handlungs- und Erfolgsort an demselben Ort liegen, ist bei einem Auseinanderfallen auf § 6.08 zurückzugreifen. Grundsätzlich wird bei *conduct-regulating rules* rein territorial angeknüpft.

1617 Restatement (Third) of Conflict of Laws, Council Draft No. 4, § 6.01 Reporters' Notes, S. 6.

1618 Restatement (Third) of Conflict of Laws, Council Draft No. 4, § 6.01 Reporters' Notes, S. 6.

1619 Restatement (Third) of Conflict of Laws, Council Draft No. 4, § 6.01 Reporters' Notes, S. 7.

1. *Zusammenfallende territoriale Anknüpfung*

Sofern Handlungs- und Erfolgsort zusammenfallen, kommt das Recht dieses Ortes zur Anwendung, vgl. § 6.04.[1620] Laut den Reporters' Notes normiert die Regel einen in den USA beinahe flächendeckend akzeptierten Rechtsprechungstrend.[1621] Telos der Norm ist die Annahme, dass der Zweck einer verhaltenssteuernden Regelung die Verhinderung rechtswidrigen Verhaltens und daraus entstehender Verletzungen ist. Dementsprechend muss auch der Staat, in dem beide Ereignisse stattgefunden haben, ein vorherrschendes Interesse an der Anwendung seines Rechts haben.[1622]

Der dritte Council Draft enthält in § 6.04 erstmals eine Ergänzung, die in den Vorentwürfen noch nicht in den *black-letter provisions* auftauchte:[1623] Sachnormen, die in keinem sachlichen Konflikt zueinanderstehen, sind als das Recht desselben Staates anzusehen. Damit ist gemeint, dass das Restatement auch dann von einem zusammenfallenden Handlungs- und Erfolgsort ausgeht, wenn die in Frage stehenden Sachnormen inhaltlich gleich sind. Diese Bedeutung wird allerdings erst durch Illustration 1 klarer: Besitzen zwei Staaten eine identische *statute*, die eine verschuldensunabhängige Haftung begründe, sei es unerheblich, wenn die schädigende Handlung in einem anderen Staat stattgefunden habe als die Verletzung.[1624] Nach den Comments liegt der Zweck des Zusatzes darin, die kollisionsrechtliche Analyse in Fällen, in denen zwei Staaten dieselbe *policy* besitzen, zu vereinfachen.[1625] Die Reporters' Notes bestätigen schließlich, dass die Reporter auf diese Weise klarstellen wollten, wann überhaupt eine Rechtskollision vorliege, die eine kollisionsrechtliche Analyse notwendig mache. Dort wird auf einen Kommentar zu § 145 im zweiten Restatement verwiesen, der

---

1620 § 6.04 Conduct Regulation: Conduct and Injury in Same State: When the injurious conduct and the resulting injury occur in the same state, the law of that state governs issues of conduct regulation. States whose relevant laws are not in material conflict may be considered the same state for purposes of this Section.

1621 Restatement (Third) of Conflict of Laws, Council Draft No. 4, Reporters' Notes, S. 17.

1622 Restatement (Third) of Conflict of Laws, Preliminary Draft No. 4, § 6.04 Comment a, S. 16.

1623 In den Vorversionen findet sich diese Klarstellung in den Comments, vgl. Restatement (Third) of Conflict of Laws, Preliminary Draft No. 2, § 6.05 Comment b, S. 210; Restatement (Third) of Conflict of Laws, Preliminary Draft No. 3, § 6.04 Comment b, S. 14.

1624 Restatement (Third) of Conflict of Laws, Council Draft No. 4, Comment b, S. 16.

1625 Restatement (Third) of Conflict of Laws, Council Draft No. 4, Comment b, S. 16.

erklärt, dass ein Kollisionsfall nur dann vorliegt, wenn zwischen den Sachnormen ein materieller Unterschied besteht.[1626]

Insgesamt ist der Zusatz etwas unglücklich. Aus dem Wortlaut der *black-letter provision* allein ist die Bedeutung der Regel nicht erkennbar. Die Erklärung, wann überhaupt eine kollisionsrechtliche Analyse durchzuführen ist, hätte treffender im allgemeinen Teil des Kollisionsrechts in Chapter 5 diskutiert werden können.[1627]

2. *Cross-border torts*

Fallen Handlungs- und Erfolgsort auseinander, ist gemäß § 6.08 grundsätzlich das Recht des Handlungsortes anzuwenden.[1628] § 6.08 ist keine eigene *conduct-regulating*-Kollisionsnorm, sie regelt stattdessen alle *cross-border torts* und ist daher auch auf *loss-allocating rules* anzuwenden.[1629] Gemäß Absatz 2 findet ausnahmsweise das Recht des Erfolgsortes Anwendung, wenn der Erfolgseintritt vorhersehbar war und die geschädigte Person form- und fristgerecht die Anwendung des Rechts des Erfolgsortes verlangt hat. Absatz 3 stellt schließlich klar, dass sich die Frage, ob der Schädiger eine Handlungspflicht hatte, stets nach dem Recht des Handlungsortes bestimmt. Der Effekt dieser Handlungspflicht unterliegt hingegen dem Deliktsstatut.

Die Ausgestaltung der Vorschrift ist das Ergebnis einer *policy analysis*, die man auch in der Rechtsprechung findet. Gerichte entscheiden sich laut den Comments in Sachverhalten mit grenzüberschreitenden Elementen meist für das Recht, das das Opfer besser stellt.[1630] Wenn das Opfer durch das Recht am

---

1626 Restatement (Third) of Conflict of Laws, Council Draft No. 4, Reporters' Notes, S. 17.

1627 Vgl. dazu und zu den Auswirkungen des Zusatzes auf die Methodik des Restatement Teil 2, D.I.3.d.

1628 § 6.08 Cross-Border Torts: (1) Except as otherwise provided in §§ 6.04, 6.06, and 6.07, when conduct in one state causes injury in another, the law of the state of conduct governs issues of conduct regulation and loss allocation.
(2) However, the law of the state of injury governs all issues subject to this Section if: (a) the occurrence of the injury in that state was objectively foreseeable; and (b) the injured person formally and timely requests the application of that state's law.
(3) Whether the defendant was under a duty to act is always determined with reference to the law of the state of conduct. The effect of such a duty is determined by the law selected under this Section.

1629 Siehe dazu im Folgenden Teil 2, C.III.2. sowie C.IV.3.

1630 Restatement (Third) of Conflict of Laws, Council Draft No. 4, § 6.08 Comment e, S. 33; siehe auch die Verweise auf die entsprechende Rechtsprechung in den

Handlungsort bevorzugt wird, ist unumstritten, dass der *conduct state* ein vorrangiges Interesse an der Anwendung seines Rechts hat, da er seine Verhaltensregeln durchsetzen will; der *injury state* hat indes typischerweise kein Interesse an der extraterritorialen Anwendung seines Rechts, weil er ein außerhalb seines Territoriums stattgefundenes Verhalten legitimieren würde.[1631] Anders zu beurteilen ist der Fall, wenn das Recht am Erfolgsort das Opfer bevorzugt. Zwar liegt weiterhin ein Interesse des Handlungsortes an der Regulierung bestimmten Verhaltens innerhalb seines Staatsgebietes vor.[1632] Die herrschende Meinung nimmt aber in diesem Fall an, dass der *injury state* ein dominierendes Interesse daran hat, eine Haftung zu etablieren, wenn der Erfolgseintritt vorhersehbar gewesen ist.[1633] In diesem Fall hätte der Schädiger sein extraterritoriales Verhalten, das zum Schadenseintritt im *injury state* führte, entsprechend anpassen können. Dieser Abwägung wird in Absatz 2 Rechnung getragen. Statt für eine feststehende Regel haben sich die Reporter für die Wahlmöglichkeit entschieden, um den Gerichten zu ersparen, das im konkreten Fall günstigste Recht identifizieren zu müssen.[1634] In den Comments wird argumentiert, dass diese Vorgehensweise der typischen Rechtspraxis im inländischen Kontext entspricht: Sofern einer Partei mehrere Rechtsbehelfe zur Verfügung stünden, habe die Partei ebenfalls ein Wahlrecht.[1635]

Bezüglich Absatz 3 verweisen die Comments darauf, dass Gerichte das Ermessen haben, eine Ausnahme von der Handlungsverpflichtung zuzulassen, sofern das rechtswidrige Verhalten der Erfüllung einer Handlungspflicht in einem anderen Staat diente und der Schädiger gutgläubig in Erfüllung dieser Pflicht handelte.[1636] Damit erinnert die Regelung an Art. 17 Rom II-VO, wonach

---

Reporters' Notes, vgl. Restatement (Third) of Conflict of Laws, Council Draft No. 3, § 6.08 Reporters' Notes, S. 32 ff.

1631 Restatement (Third) of Conflict of Laws, Council Draft No. 4, § 6.08 Comment d, S. 31.

1632 Restatement (Third) of Conflict of Laws, Council Draft No. 4, § 6.06 Comment d, S. 32.

1633 Restatement (Third) of Conflict of Laws, Council Draft No. 4, § 6.06 Comment d, S. 32.

1634 Restatement (Third) of Conflict of Laws, Council Draft No. 4, § 6.08 Comment d, S. 32.

1635 Restatement (Third) of Conflict of Laws, Council Draft No. 4, § 6.08 Comment e, S. 34.

1636 Restatement (Third) of Conflict of Laws, Council Draft No. 4, § 6.08 Comment h, S. 35.

bei der Beurteilung des Verhaltens einer Person die Sicherheits- und Verhaltensregeln am Handlungsort zu berücksichtigen sind.

3. *Punitive damages*

Punitive damages sind in § 6.05 als spezieller Fall der *conduct-regulating rules* gesondert geregelt. Sie können nur verhängt werden, wenn sie nach dem Recht von mindestens zwei der folgenden Staaten zulässig sind: dem *domicile* des Beklagten, dem Handlungsort oder dem Erfolgsort.[1637]

Die spezielle Regelung ist notwendig, da die Gewichtung der Anknüpfungspunkte beim Strafschadensersatz anders als im regulären Deliktsfall ist.[1638] Es kommt hier vorrangig darauf an, den Schädiger zu bestrafen, und nicht, den Geschädigten zu entschädigen.[1639] Dementsprechend spielt das *domicile* des Schädigers eine zusätzliche Rolle.[1640] Der Verweis auf sein Heimatrecht ist gerechtfertigt, da er mit der Anwendung dieser Haftungsstandards rechnen kann. Gleichzeitig sorgt die Regelung dafür, dass *punitive damages* ausgeschlossen sind, wenn ihre Billigung den staatlichen Interessen der durch das Verhalten des Schädigers betroffenen Staaten widerspricht.[1641]

Ginge es folglich um die Frage, ob gegen einen deutschen Beklagten *punitive damages* verhängt werden können, dürfte ein US-amerikanisches Gericht diesen Anspruch nach § 6.05 nur zusprechen, wenn das Recht des Handlungsorts und das des Erfolgsortes eine solche Haftung kennen. Im deutschen Recht gibt es hingegen keinen Strafschadensersatz.[1642]

1637 § 6.05 Punitive Damages: The law governing the availability of punitive damages is the law selected under the rules of Topic 1, or Topic 2 if the relevant tort is listed there. However, punitive damages may not be awarded unless they would be available under the law of at least two of the following states: (1) the defendant's domicile; (2) the place of conduct; (3) the place of injury.

1638 Restatement (Third) of Conflict of Laws, Council Draft No. 4, § 6.05 Comment a, S. 18.

1639 Restatement (Third) of Conflict of Laws, Council Draft No. 4, § 6.05 Comment a, S. 18.

1640 Restatement (Third) of Conflict of Laws, Council Draft No. 4, § 6.05 Comment a, S. 18.

1641 Restatement (Third) of Conflict of Laws, Council Draft No. 4, § 6.05 Comment a, S. 18.

1642 Nach der Rechtsprechung des BGH widerspricht eine solche Regelung dem Strafmonopol des Staates, vgl. BGH, Urteil vom 04.06.1992 - IX ZR 149/91, NJW 1992, 3096, 3103.

IV. Kollisionsregeln für *loss-allocating rules*

Handelt es sich bei den in Frage stehenden Sachnormen um *loss-allocating rules*, wird das Recht mit dem vorherrschenden Interesse an seiner Anwendung mit Hilfe der §§ 6.06-6.08 bestimmt.

1. *Zusammenfallende personale Anknüpfung*

Nach § 6.06 kommt bei einem zusammenfallenden *domicile* beider Parteien das Recht dieses Staates zur Anwendung.[1643] Diese Abweichung von der traditionellen *lex loci delicti*-Regel tritt ein, weil bei schadenszuweisenden Regelungen der Schutz von Personen im Vordergrund steht, die eine Verbindung zum regelungsgebenden Staat haben.[1644] Die Anknüpfung an das gemeinsame *domicile* ist laut den Reporters‘ Notes weit verbreitet, spiegelt sie doch eine entsprechende *policy analysis* wider.[1645] Sofern Parteien ohne Verbindung zum regelungsgebenden Staat ein Ersatzanspruch verwehrt wird, werden keine Regelungsinteressen verletzt, da der Ausgang der kollisionsrechtlichen Analyse keine Auswirkung für den Staat hat.[1646]

In den Reporters‘ Notes wird argumentiert, die Regel teile die verschiedenen Fallkonstellationen gerecht zwischen den Staaten auf und sorge somit für die Maximierung staatlicher Interessen.[1647] Die Anknüpfung ist auch aus verfassungsrechtlicher Sicht angemessen: Bei einem gemeinsamen *domicile* werden beide Parteien gleich behandelt, sodass es zu keiner (verfassungswidrigen) Diskriminierung kommen kann. Laut den Reporters’ Notes wird die Anknüpfung an das gemeinsame *domicile* auch in Art. 4 Abs. 2 Rom II-VO verwendet.[1648] Allerdings unterscheidet die Rom II-VO – wie bereits erwähnt – nicht zwischen

---

1643 § 6.06 Loss Allocation: Shared Domicile: When the relevant parties are domiciled in a single state, that state’s law governs an issue of loss allocation. States whose relevant laws are not in material conflict may be considered the same state for purposes of this Section.

1644 Restatement (Third) of Conflict of Laws, Council Draft No. 4, § 6.06 Comment a, S. 19.

1645 Restatement (Third) of Conflict of Laws, Council Draft No. 4, Reporters’ Notes, S. 21.

1646 Restatement (Third) of Conflict of Laws, Council Draft No. 4, § 6.06 Comment a, S. 19.

1647 Restatement (Third) of Conflict of Laws, Council Draft No. 4, Reporters’ Notes, S. 22.

1648 Restatement (Third) of Conflict of Laws, Council Draft No. 4, Reporters’ Notes, S. 21.

conduct-regulation und *loss-allocation*, da das Sachrecht im Rahmen der kollisionsrechtlichen Analyse keine Rolle spielt.[1649]

Die aktuelle Version von § 6.06 enthält ähnlich wie in § 6.04 seit dem dritten Council Draft einen Zusatz: Sofern die betroffenen Sachnormen in keinem materiellen Konflikt zueinander stehen, sind sie als das Recht desselben Staates anzusehen. Das bedeutet, dass die Parteien nach dem Verständnis des Restatement auch dann ein gemeinsames *domicile* haben, wenn ihr jeweiliges Heimatrecht inhaltlich gleich ist. In den beiden vorangegangenen Entwürfen war diese Klarstellung bereits in den Comments enthalten.[1650] Wie in § 6.04 ist der Wortlaut des Zusatzes allein nicht eindeutig.

Die Comments schlagen im Zusammenhang mit der „no material conflicts"-Ausnahme außerdem eine analoge Anwendung von § 6.06 vor.[1651] Laut dem dort gewählten Beispiel liegt eine vergleichbare Interessenlage bei nicht völlig identischen Regelungen vor: [1652] Wenn in einem Prozess zwischen Parteien aus unterschiedlichen Staaten beide Heimatrechte eine Begrenzung der Entschädigungssumme – trotz unterschiedlicher Höhe – vorsehen, das Recht am Unfallort aber eine unbegrenzte Haftung annimmt, darf der übereinstimmende Regelungswille der beiden Heimatrechte, die Haftung zu limitieren, nicht ignoriert werden.[1653] Dementsprechend kann in diesem Fall von der Anwendung des mangels gemeinsamem *domicile* stattdessen anwendbaren § 6.07 abgesehen werden. Welches Sachrecht, genauer gesagt, welche Schadenshöhe, in diesem Beispiel schließlich einschlägig sein soll, erläutern die Comments allerdings nicht.

Insgesamt fällt auf, dass aufgrund der Abkehr von der traditionellen *lex loci delicti*-Regel bei den *loss-allocating rules* ein größerer Begründungsaufwand nötig ist und die Comments und Reporters' Notes daher wesentlich ausführlicher sind.

1649 Vgl. Staudinger/*Looschelders*, Einleitung IPR, Rn. 54; zu den Hintergründen von Art. 4 Rom II-VO siehe BeckOGK/*Rühl*, Art. 4 Rom II-VO, Rn. 5 ff.

1650 Restatement (Third) of Conflict of Laws, Preliminary Draft No. 2, § 6.02 Comment c, S. 195; Restatement (Third) of Conflict of Laws, Preliminary Draft No. 3, § 6.06 Comment c, S. 19.

1651 Der Begriff „analoge Anwendung" wird im Restatement nicht verwendet, stattdessen wird die Ausweichklausel als Begründung herangezogen; streng genommen handelt es sich damit nicht um eine Analogie, da keine Regelungslücke vorliegt; der Begriff scheint aber angesichts der vergleichbaren Wirkungsweise angebracht.

1652 Restatement (Third) of Conflict of Laws, Council Draft No. 4, § 6.06 Comment c, S. 20.

1653 Restatement (Third) of Conflict of Laws, Council Draft No. 4, § 6.06 Comment c Illustration, S. 20.

2. *Zusammenfallende territoriale Anknüpfung*

Fehlt es an einem gemeinsamen *domicile* und die schadenszuweisenden Regelungen sind inhaltlich unterschiedlich, wird Abstand von der personalen Anknüpfung genommen. Stattdessen kommt nach § 6.07 vorrangig das Recht eines übereinstimmenden Handlungs- und Erfolgsortes zur Anwendung.[1654]

Diese Anknüpfung wird gewählt, um eine verfassungswidrige Diskriminierung in Form einer Bevorzugung eines Gebietsansässigen bzw. einer Benachteiligung eines Auswärtigen zu verhindern.[1655] Die Reporters' Notes arbeiten ausführlich heraus, dass auch die Rechtsprechung aus diesen Gründen eine territoriale Anknüpfung vertrete.[1656] Außerdem wird argumentiert, dass der Deliktsort mit Blick auf Vorhersehbarkeit und einfache Rechtsanwendung vorzugswürdig sei.[1657]

Die Comments weisen allerdings darauf hin, dass die Regel in Fällen problematisch sein kann, in denen der Deliktsort mit keinem *domicile* zusammenfällt und das jeweilige Heimatsachrecht die gebietsansässige Partei bevorzugt.[1658] An dieser Stelle ist unter Umständen erneut eine Analyse nach den Grundsätzen von § 5.03 vorzunehmen, um festzustellen, ob die Anwendung eines der Heimatrechte in dem speziellen Fall angemessener ist.[1659] Handelt es sich beispielsweise um einen Autounfall, so die Erklärung der Reporter, kann bei der Beurteilung ausschlaggebend sein, in welchem Staat die Reise begonnen hat bzw. enden sollte.[1660]

1654 § 6.07 Loss Allocation: No Shared Domicile – Intrastate Torts: When the relevant parties are domiciled in states whose laws are in material conflict, and conduct and injury occur in a single state, that state's law governs an issue of loss allocation.

1655 Restatement (Third) of Conflict of Laws, Council Draft No. 4, § 6.07 Comment b, S. 24 f.

1656 Restatement (Third) of Conflict of Laws, Council Draft No. 4, Reporters' Notes, S. 27 ff.

1657 Restatement (Third) of Conflict of Laws, Council Draft No. 3, § 6.07 Comment b, S. 24.

1658 Restatement (Third) of Conflict of Laws, Council Draft No. 3, § 6.07 Comment b, S. 25 f.

1659 Restatement (Third) of Conflict of Laws, Council Draft No. 3, § 6.07 Comment b, S. 25.

1660 Restatement (Third) of Conflict of Laws, Council Draft No. 4, § 6.07 Comment b, Illustration 7, S. 26.

3. *Cross-border torts*

Wenn der zu beurteilende Sachverhalt weder unter § 6.06 noch § 6.07 fällt, kommt § 6.08 zur Anwendung. [1661] Wie bereits erläutert, hat danach grundsätzlich das Recht des Handlungsortes Priorität, es sei denn, die Verletzung war vorhersehbar und der Kläger fordert die Anwendung des Rechts am Erfolgsort.

Laut den Comments ist im Falle von *loss-allocating rules* eigentlich eine personale Anknüpfung vorzugswürdig.[1662] Der Rückgriff auf territoriale Anknüpfungspunkte wird jedoch als „tiebreaker" für die Fälle notwendig, in denen es kein gemeinsames *domicile* gibt.[1663] Hier würde eine Anknüpfung an das *domicile* zu einer verfassungswidrigen Diskriminierung einer Partei führen. Es wird erneut auf eine abweichende Anknüpfung im Sinne von § 5.03 hingewiesen, insbesondere, wenn eines der Heimatrechte mit dem Handlungs- oder Erfolgsort übereinstimmt.[1664] Im Übrigen gelten die Ausführungen, die bereits im Rahmen der Prioritätsregel für *conduct-regulating rules* gemacht wurden.[1665] Das Wahlrecht des Klägers stellt sicher, dass das für das Opfer günstigste Recht zur Anwendung kommen kann.[1666] Schließlich betonen die Comments, dass dem

---

1661 § 6.08 Cross-Border Torts: (1) Except as otherwise provided in §§ 6.04, 6.06, and 6.07, when conduct in one state causes injury in another, the law of the state of conduct governs issues of conduct regulation and loss allocation.
(2) However, the law of the state of injury, rather than the state of conduct governs all issues subject to this Section if: (a) the occurrence of the injury in that state was objectively foreseeable; and (b) the injured person formally and timely requests the application of that state's law.
(3) Whether the defendant was under a duty to act is always determined with reference to the law of the state of conduct, regardless of whether the injured person selects a different law. The effect of such a duty is determined by the law selected under this Section.

1662 Restatement (Third) of Conflict of Laws, Council Draft No. 4, § 6.08 Comment c, S. 31.

1663 Restatement (Third) of Conflict of Laws, Council Draft No. 4, § 6.08 Comment c, S. 31.

1664 Restatement (Third) of Conflict of Laws, Council Draft No. 4, § 6.08 Comment c, S. 31.

1665 Vgl. Teil 2, C.III.2.

1666 Restatement (Third) of Conflict of Laws, Council Draft No. 4, § 6.08 Comment d, S. 31.

Kläger die Wahl des Erfolgsortes auch dann offen steht, wenn eigentlich nach § 6.06 das Recht des gemeinsamen *domicile* zur Anwendung kommt.[1667]

V. Die Auffangregel

Für alle Fallkonstellationen, die nicht von den vorgenannten Regelungen erfasst sind, enthält § 6.09 des dritten Council Draft eine Auffangregel.[1668] Sie soll lediglich für Fragestellungen gelten, in denen mangels feststehender Rechtsprechung bisher keine Kollisionsregel formuliert werden konnte.[1669] Nach den Reporters' Notes ist der Anwendungsbereich der Regelung damit begrenzt.[1670]

§ 6.09 bestimmt, dass in deliktsrechtlichen Fragestellungen stets das Recht des Staates zur Anwendung kommt, der ein vorherrschendes Interesse an der konkreten Fragestellung hat. Dafür müssen im Rahmen einer Einzelfallanalyse die *policies* des *forum* und anderer betroffener Staaten, die „relativen Interessen" der Staaten im konkreten Fall und die angemessenen Parteierwartungen untersucht werden. Insgesamt wird das Recht des Staates mit einem *dominant interest* an seiner Anwendung gesucht, da dieser Staat den größten Anspruch darauf hat, den Sachverhalt zu regeln.[1671]

Bei § 6.09 handelt es sich um eine Normierung des two-step-test. Die Analyse der *policies* des *forum* und anderer betroffener Staaten beschreibt die Frage nach dem *scope* der Sachnormen.[1672] Der Anwendungsbereich einer Sachnorm

---

1667 Restatement (Third) of Conflict of Laws, Council Draft No. 4. § 6.08 Comment b, S. 30 f.

1668 § 6.09 Residual Rule: For choice-of-law questions not explicitly provided for in this Restatement, a tort issue is governed by the law of the state with the dominant interest in that issue. The state with the dominant interest is identified by assessing the relevant policies of the forum and other interested states, the relative interests of those states in the particular issue, and the reasonable expectations of the parties.

1669 Restatement (Third) of Conflict of Laws, Council Draft No. 4, § 6.09 Comment a, S. 39.

1670 Restatement (Third) of Conflict of Laws, Council Draft No. 4, § 6.09 Reporters' Notes, S. 41.

1671 Restatement (Third) of Conflict of Laws, Council Draft No. 4, § 6.09 Comment a, S. 39; in den Preliminary Drafts hatte die Vorschrift noch auf das „most appropriate law" verwiesen, vgl. Restatement (Third) of Conflict of Laws, Preliminary Draft No. 2, § 6.07, S. 214; Restatement (Third) of Conflict of Laws, Preliminary Draft No. 3, § 6.08, S. 31.

1672 Restatement (Third) of Conflict of Laws, Council Draft No. 4, § 6.09 Comment b, S. 39.

wird bestimmt, indem man untersucht, ob durch die Anwendung der Regelung die dahinter stehenden *policies* gewahrt würden.[1673] Grundsätzlich wird vermutet, dass dies dann der Fall ist, wenn eine mit dem regelungsgebenden Staat verbundene Partei aus der Anwendung des Sachrechts einen Nutzen zieht.[1674] Kommt man im Rahmen dieser Untersuchung zur möglichen Anwendbarkeit mehrerer Sachnormen, ist die Prioritätsfrage anhand der relativen Interessen der betroffenen Staaten zu beantworten.[1675] Ausschlaggebend für die Bestimmung des vorrangig anzuwendenden Sachrechts kann beispielsweise die Anzahl der jeweiligen Kontaktpunkte oder der primäre Zweck der Sachnormen sein.[1676] Letztlich steht das anzuwendende Sachrecht unter dem Vorbehalt, dass es für die Parteien nicht völlig unvorhersehbar ist.[1677] Damit werden die verfassungsrechtlichen Anforderungen an die kollisionsrechtliche Analyse in den two-step-test integriert.

VI. Rechtswahl

§ 6.10 des dritten Council Draft sieht eine nachträgliche und eine anfängliche Rechtswahl vor.[1678] Eine nachträgliche Rechtswahl soll nach Absatz 1 in

---

1673 Restatement (Third) of Conflict of Laws, Council Draft No. 4, § 6.09 Comment b, S. 39: „Whether an issue falls within the scope of a state's substantive law is to be determined, in the absence of explicit direction, by asking whether application of that law would promote the policies behind it."

1674 Restatement (Third) of Conflict of Laws, Council Draft No. 4, § 6.09 Comment b, S. 40.

1675 Restatement (Third) of Conflict of Laws, Council Draft No. 4, § 6.09 Comment c, S. 40.

1676 Restatement (Third) of Conflict of Laws, Council Draft No. 4, § 6.09 Comment c, S. 40.

1677 Restatement (Third) of Conflict of Laws, Council Draft No. 4, § 6.09 Comment d, S. 41.

1678 § 6.10 Party Choice: (1) Parties may, by mutual agreement, choose the law to govern a tort after it occurs to the same extent as they could settle a tort claim under the law that would apply in the absence of a choice.
(2) Parties may, by mutual agreement, choose the law to govern a tort before it occurs to the same extent as they could choose the law to govern a contractual issue that they could not have resolved by an explicit provision in their agreement directed to that issue. Parties may choose a law that eliminates tort liability to the same extent that they could agree to waive that liability under the law that would apply in the absence of a choice.

demselben Ausmaß möglich sein wie ein Vergleich zwischen den Parteien.[1679] Vom Grundgedanken her sind beide Fälle gleich.[1680] Da es (bisher) keine Restatement-Regelungen gibt, die die Zulässigkeit eines solchen Vergleiches regeln, fehlen weitere Ausführungen oder Verweise zu dieser Thematik.

Die Anforderungen an eine anfängliche Rechtswahl sind höher. Die Comments zu § 6.10 erklären, dass die Rechtswahl denselben Grenzen unterliegt wie eine Parteivereinbarung zu vertragsrechtlichen Fragestellungen, die nicht explizit geregelt werden können.[1681] Es wird daher auf die entsprechende Regelung zum Vertragskollisionsrecht in Chapter 8 verwiesen.[1682] Der aktuelle Entwurf zum Vertragskollisionsrecht sieht in § 8.02 (2) vor, dass das gewählte Recht in diesem Fall entweder eine wesentliche Verbindung zu den Parteien haben muss oder es eine sonstige angemessene Grundlage für die Rechtswahl gibt.[1683] Sofern durch das gewählte Recht eine Haftung ausgeschlossen wird, die nach dem ansonsten anwendbaren Recht gegeben wäre, ist die Rechtswahl gemäß § 6.10 nur zulässig, wenn die Parteien eine deliktsrechtliche Haftung grundsätzlich ausgeschlossen haben.[1684] Die Zulässigkeit des Haftungsausschlusses beurteilt sich wiederum nach dem Recht, das ohne die Rechtswahl auf die deliktsrechtliche Fragestellung anzuwenden gewesen wäre.

Das neue Restatement möchte die Parteiautonomie nicht nur im Vertragsrecht, sondern auch im Deliktsrecht stärken.[1685] Damit soll eine unter dem

---

1679 Restatement (Third) of Conflict of Laws, Council Draft No. 4, § 6.10 Comment b, S. 42.

1680 Restatement (Third) of Conflict of Laws, Council Draft No. 4, § 6.10 Comment b, S. 42.

1681 Restatement (Third) of Conflict of Laws, Council Draft No. 4, § 6.10 Comment c, S. 43.

1682 Restatement (Third) of Conflict of Laws, Council Draft No. 4, § 6.10 Comment c, S. 43.

1683 Restatement (Third) of Conflict of Laws, Preliminary Draft No. 5, § 8.02: (2) Subject to Subsection (3) of this Section, the law of the State chosen by the parties to govern their contractual rights and duties will be applied to resolve an issue, even if the issue is one that the parties could not have resolved by an explicit provision in their agreement so long as either (a) the chosen State has a substantial relationship to the parties or (b) there is a reasonable basis for the parties' choice.

1684 Restatement (Third) of Conflict of Laws, Council Draft No. 4, § 6.10 Comment c, S. 43.

1685 Restatement (Third) of Conflict of Laws, Council Draft No. 4, § 6.10 Comment a, S. 42.

zweiten Restatement begonnene Entwicklung weitergeführt werden.[1686] Das zweite Restatement habe nur eine nachträgliche Rechtswahl zugelassen; trotzdem gebe es in der Rechtsprechung genug Fälle, in denen Gerichte auch eine nachträgliche Vereinbarung des anwendbaren Rechts zugelassen hätten.[1687] Die Reporters' Notes weisen darauf hin, dass sich die Reporter bei der Ausformulierung der Regelung an den Kodifikationen in Louisiana und Oregon sowie an der Rom II-Verordnung orientiert hätten.[1688] Die europäische Regelung in Art. 14 Rom II-VO unterscheidet ebenfalls zwischen einer anfänglichen und einer nachträglichen Rechtswahl; zudem enthält Abs. 2 eine Begrenzung der Rechtswahl hinsichtlich zwingender Bestimmungen am Handlungsort.

Insgesamt spiegelt die Kollisionsregel die wachsende Bedeutung der Parteiautonomie im amerikanischen Kollisionsrecht wider. Die Platzierung der Regelung am Ende des allgemeinen Teils macht allerdings auch deutlich, dass eine Rechtswahl in deliktsrechtlichen Konstellationen eine weniger prominente Stellung als im Vertragskollisionsrecht einnimmt. In Chapter 8 stehen die Kollisionsregeln zur Rechtswahl am Anfang des Kapitels.[1689] Eine vergleichbare Struktur weisen die Rom I-Verordnung und die Rom II-Verordnung auf: Im Vertragsrecht wird die Rechtswahl in Art. 3 Rom I-VO vor den sonstigen Verweisungsnormen geregelt; in der Rom II-Verordnung findet sich die Vorschrift zur Rechtswahl erst in Art. 14 Rom II-VO nach den allgemeinen und besonderen Kollisionsregeln.

VII. Produkthaftung als Beispiel für eine besondere Kollisionsregel

In der Rechtsprechung existiert aufgrund der Komplexität von Produkthaftungsfällen keine klare Linie, sodass die Reporter eine neue Regel bilden mussten, die die verschiedenen Strömungen der bisherigen Entscheidungen systematisiert.[1690] Die Kollisionsregel des dritten Restatement findet auf alle Haftungsansprüche gegen Hersteller, Verkäufer oder andere Personen innerhalb der Lieferkette Anwendung, unabhängig davon, ob es sich um eine Gefährdungshaftung oder

1686 Restatement (Third) of Conflict of Laws, Council Draft No. 4, § 6.10 Comment a, S. 42.

1687 Restatement (Third) of Conflict of Laws, Council Draft No. 4, Reporters' Notes, S. 43.

1688 Restatement (Third) of Conflict of Laws, Council Draft No. 4, Reporters' Notes, S. 43.

1689 Vgl. Restatement (Third) of Conflict of Laws, Preliminary Draft No. 5, S. 183 ff.

1690 Diese Strömungen werden in den Reporters' Notes aufgeschlüsselt, vgl. Restatement (Third) of Conflict of Laws, Preliminary Draft No. 3, § 6.10 Reporters' Notes, S. 40 ff.

um eine Haftung wegen fahrlässigen Verhaltens handelt.[1691] Die allgemeinen Deliktskollisionsregeln sind in Produkthaftungsfragen nicht angemessen, da zusätzliche Anknüpfungspunkte und die besondere Risikoverteilung zwischen dem Hersteller und dem Geschädigten zu berücksichtigen sind.[1692] Zudem muss die vorrangige Anknüpfung an den Handlungsort korrigiert werden. Hier kann auch der Erfolgsort ein vorherrschendes Interesse an der extraterritorialen Anwendung seines Rechts haben, wenn er Hersteller dazu ermutigt hat, in einem anderen Staat Handel zu betreiben.[1693]

Die Kollisionsregel für Produkthaftungsfragen sieht eine Anknüpfungsleiter vor.[1694] Zuerst wird an den Erwerbsort angeknüpft, danach an den *central link* des Klägers und schließlich an den Herstellungsort des Produktes. Alle drei Anknüpfungspunkte stehen unter dem Vorbehalt, dass sie zumindest mit dem *domicile* einer der Parteien, dem Erfolgsort oder dem Herstellungsort übereinstimmen und man das Produkt in dem durch den Anknüpfungspunkt bestimmten Staat auf dem gewöhnlichen Handelsweg erwerben kann. Die letzte Voraussetzung soll laut den Comments sicherstellen, dass ein Hersteller nicht von der Anwendung eines Rechts überrascht wird, in dessen regelungsgebendem Staat er seine Produkte gar nicht verkauft.[1695]

1691 Restatement (Third) of Conflict of Laws, Preliminary Draft No. 3, § 6.10 Comment a, S. 38.

1692 Restatement (Third) of Conflict of Laws, Preliminary Draft No. 3, § 6.10 Comment b, S. 38.

1693 Restatement (Third) of Conflict of Laws, Council Draft No. 3, § 6.08 Comment d, S. 28.

1694 Restatement (Third) of Conflict of Laws, Preliminary Draft No. 3, § 6.10: (1) Liability for injury caused by a product is determined by the law of (a) the state where the product was delivered to the first end user, if that state is also the plaintiff's central link, or the place of injury, or the place of manufacture, or the defendant's central link and the product was available in that state through ordinary commercial channels; or if not (b) the plaintiff's central link, if that state is also the place of injury, or the place of manufacture, or the defendant's central link and the product was available in that state through ordinary commercial channels; or if not (c) the place of manufacture, if that state is also the place of injury or the defendant's central link and the product was available in that state through ordinary commercial channels.
(2) If Subsection (1) does not select the governing law, liability is determined in accordance with the general tort rules.
(3) Issues relating to damages are determined by the law selected under the rules for such damages or the general tort rules.

1695 Restatement (Third) of Conflict of Laws, Preliminary Draft No. 3, § 6.10 Comment f, S. 40.

Vorrangig ist nach der Anknüpfungsleiter das Recht des Staates anzuwenden, in dem das Produkt vom ersten Käufer erworben wurde. Dahinter steht der Gedanke, dass dieser Ort von Hersteller und Erstkäufer freiwillig gewählt wurde und die Anwendung dieses Rechts daher vorhersehbar ist.[1696] Da ein Hersteller seine Preise in der Regel so anpasst, dass mögliche Haftungsrisiken gedeckt sind, kommt es immer auf den Erstkäufer an.[1697]

Ist der oben genannte Vorbehalt (=Erwerbsort fällt mit den genannten Kontaktpunkten zusammen) nicht erfüllt, wird stattdessen an den *central link* des Geschädigten, also im Falle von natürlichen Personen an sein *domicile*, angeknüpft. Dieser Staat hat ein besonderes Interesse daran, dass der verletzte Kläger entschädigt wird.[1698] Gleichzeitig ist es im Interesse dieses Staates, dass seine Gebietsangehörigen Zugang zu angemessen bepreisten Produkten haben.[1699] Für die Bestimmung des *central link* kommt es grundsätzlich auf den Zeitpunkt der haftungsbegründenden Umstände an.[1700]

Wenn der Erwerbsort sowie der *central link* des Klägers nicht mit den im Vorbehalt genannten Kontaktpunkten übereinstimmen, ist die letzte Anknüpfungsmöglichkeit der Herstellungsort des Produktes. Sofern dieser ebenfalls nicht mit einem der Kontaktpunkte zusammenfällt, sind nach Absatz 2 der Produkthaftungsregelung die allgemeinen Deliktskollisionsregeln anzuwenden.

VIII. Ergebnis

Im Deliktskollisionsrecht des neuen Restatement ist die Unterscheidung zwischen *conduct-regulating* und *loss-allocating rules* die zentrale Stellschraube der kollisionsrechtlichen Analyse. Durch den Fokus auf die Regelungsziele deliktsrechtlicher Sachnormen soll der erste Schritt des two-step-test umgesetzt werden. Dementsprechend hängt die weitere Bestimmung des vorrangig anzuwendenden

---

1696 Restatement (Third) of Conflict of Laws, Preliminary Draft No. 3, § 6.10 Comment b, S. 38.

1697 Restatement (Third) of Conflict of Laws, Preliminary Draft No. 3, § 6.10 Comment c, S. 38.

1698 Restatement (Third) of Conflict of Laws, Preliminary Draft No. 3, § 6.10 Comment b, S. 38.

1699 Restatement (Third) of Conflict of Laws, Preliminary Draft No. 3, § 6.10 Comment b, S. 38.

1700 Restatement (Third) of Conflict of Laws, Preliminary Draft No. 3, § 6.10 Comment e, S. 39.

Rechts von dieser Zuordnung ab, es wird zwischen Kollisionsregeln für *conduct-regulating rules* und solchen für *loss-allocating rules* differenziert.

Bei der Wahl der Anknüpfungspunkte orientieren sich die Kollisionsregeln an der bisherigen Rechtsprechung. Grundsätzlich wird territorial angeknüpft. Lediglich bei schadenszuweisenden Regelungen, die ein besonderes Interesse des regelungsgebenden Staates am Schutz seiner Gebietsansässigen implizieren, wählt das Restatement personale Anknüpfungspunkte. Beinahe alle Kollisionsregeln beinhalten eine Einzelanknüpfung. Bei *cross-border torts* sieht das Restatement allerdings zusätzlich eine Wahlmöglichkeit des Klägers vor. Auch die Kollisionsregel für Produkthaftungsfälle weicht von der üblichen Struktur ab und verwendet eine Anknüpfungsleiter.

D. Evolution statt Revolution – Zukunftsperspektiven des Kollisionsrechts

Das dritte Restatement of Conflict of Laws wird von Wissenschaft und Praxis mit Spannung erwartet. Ob die Neufassung die in sie gesetzten Hoffnungen erfüllen und eine Auflösung des doppelten Methodenpluralismus im US-amerikanischen Kollisionsrecht vorantreiben kann, bedarf der Analyse. Dafür wird zunächst eine Bewertung der Restatement-Entwürfe vorgenommen. Die anschließenden Ausführungen skizzieren die Auswirkungen des neuen Restatement für das US-amerikanische Kollisionsrecht. Aus rechtsvergleichender Perspektive ist es schließlich aufschlussreich, die Implikationen des dritten Restatement für das deutsche bzw. europäische IPR zu beleuchten.

I. Bewertung der Restatement-Entwürfe

Die bisherigen Entwürfe zum Restatement (Third) of Conflict of Laws bieten die Möglichkeit, eine erste Bewertung des Regelungswerkes und seiner Kollisionsregeln vorzunehmen. Dabei liegt ein besonderes Augenmerk auf dem viel gepriesenen two-step-test. Außerdem sind die Kollisionsregeln des Restatement für den allgemeinen Teil und das Deliktskollisionsrecht zu untersuchen. Die Analyse wendet sich abschließend der Fragestellung zu, ob das dritte Restatement einen internationaleren Blickwinkel als die Vorgängerversionen einnimmt.

1. Der two-step-test als generische Methode

Der two-step-test stellt das „conceptual framework" des neuen Restatement dar. Der Test wird in der Literatur grundsätzlich positiv bewertet und ist in den

Augen von *Brilmayer/Listwa* die wichtigste Neuerung des Regelungswerks.[1701] Die folgende Analyse hinterfragt das beifällige Votum und versucht, Schwachstellen des two-step-test herauszuarbeiten.

a. Methodik im Restatement

Zunächst muss man sich die Frage stellen, ob ein Restatement überhaupt eine „Grundmethode" benötigt. *Roosevelt* argumentiert, ein methodisches Fundament ermögliche es den Nutzern des Restatement zu verstehen, wie die Kollisionsregeln gebildet wurden, welchen Zweck sie haben und in welchen Fällen es angemessen sein könne, von den Regeln abzuweichen.[1702] Dieser Begründung des federführenden Reporters ist zuzustimmen. Methodik hat im Kollisionsrecht einen hohen Stellenwert.[1703] Für die effektive und funktionsfähige Koordination mehrerer Rechtsordnungen ist es unerlässlich, dass die kollisionsrechtliche Analyse einer bestimmten Struktur folgt und das Ergebnis der Rechtsanwendung nachvollziehbar macht. Mit einer klaren Methodik schafft ein Restatement of Conflict of Laws zudem eine wichtige Voraussetzung dafür, sich in der Rechtsprechung etablieren zu können. US-amerikanisches Recht hat als *common law*-Jurisdiktion wegen des Analogiegedankens ein starkes Bedürfnis nach Stringenz. Gerichte werden nur dann den Regelungen des Restatement folgen und ggf. von ihrer bisherigen Linie abweichen, wenn die Kollisionsregeln des neuen Regelungswerkes auf einem kohärenten Fundament aufbauen.

Zwar ist anzuerkennen, dass ein Restatement vor allem die bisherige Rechtsprechung abbilden soll. Gleichzeitig ist es dazu bestimmt, die Trends des *case law* zu systematisieren und auf eine Vielzahl von Fällen anwendbar zu machen. Ein schlüssiges methodisches Vorgehen stellt mithin die einzige Möglichkeit dar, dieser Doppelfunktion gerecht zu werden. Es wäre wenig zielführend, wenn lediglich zusammenhanglos bestehende Rechtsprechungslinien wiedergegeben würden, da das Restatement in diesem Fall nur auf diese konkreten Konstellationen anwendbar wäre.

In diesem Zusammenhang scheint es auch überzeugend, dass sich der two-step-test durch das ganze Restatement ziehen soll. Zum einen ermöglicht er die Etablierung des Restatement als taugliches Regelungsvorbild für das gesamte Kollisionsrecht. Weiterhin wird sichergestellt, dass das Restatement für Fälle eine Lösung bereithält, die nicht explizit in ihm geregelt sind. Im Übrigen kann

---

1701 *Brilmayer/Listwa*, 128 The Yale Law Journal Forum 266, 269 (2018).
1702 *Roosevelt III*, in: FS Brilmayer, S. 25.
1703 Vgl. dazu Teil 1, C.I.

das von Wissenschaft und Praxis lautstark geforderte Bedürfnis nach Rechtssicherheit nur gewährleistet werden, wenn die kollisionsrechtliche Analyse einer feststehenden und nachvollziehbaren Struktur folgt. Andernfalls würde das Ergebnis der Rechtsanwendung dem Zufall überlassen. Die Existenz einer Grundmethodik des Restatement ist mithin zwingend.

Zu hinterfragen ist allerdings, ob sie – wie der two-step-test in Chapter 5 – im Restatement normiert werden muss. Stattdessen hätte die Methodik lediglich in der Einführung des Regelungswerkes erläutert werden können. Für die explizite Formulierung des two-step-test als Restatement-Regel spricht jedoch, dass die methodische Vorgehensweise auf diese Weise nicht verloren geht und ihr Stellenwert unterstrichen wird. Des Weiteren ist es angesichts des bestehenden Methodenpluralismus im US-amerikanischen Kollisionsrecht sinnvoll, die Herangehensweise der kollisionsrechtlichen Analyse klar zu identifizieren. So kann vermieden werden, dass Gerichte versuchen, die neuen Regeln des Restatement in ihre bestehenden methodischen Ansätze einzufügen und den „Methodenwirrwarr" weiter zu verstärken. Dass die explizite Normierung auch Probleme hinsichtlich des Zusammenspiels mit den besonderen Kollisionsnormen mit sich bringt, wird an späterer Stelle thematisiert.[1704]

b. *Ursprünge der Methodik*

Die Reporter rechtfertigen die Verwendung des two-step-test als Grundmethode des Restatement damit, dass der Test eine alternativlose Fortführung der bisherigen Entwicklung des US-amerikanischen Kollisionsrechts darstelle.[1705] Fraglich ist, ob diese Behauptung tatsächlich überzeugen kann.[1706]

Brilmayer/Listwa stellen zutreffend fest, dass die Wurzeln des two-step-test in der Wissenschaft liegen.[1707] Der Test übernimmt *Curries* Grundannahme, dass bei der Bestimmung des anwendbaren Rechts die zugrunde liegenden Regelungsziele des Sachrechts zu berücksichtigen seien und man dieses dafür auslegen müsse.[1708] Dieser Gedankengang wurde in der *Conflicts Revolution*

1704 Siehe Teil 2, D.I.1.d.

1705 Vgl. beispielsweise Restatement (Third) of Conflict of Laws, Council Draft No. 2, Chapter 5 Introduction, S. 111.

1706 Kritisch demgegenüber *Brilmayer/Listwa*, 128 The Yale Law Journal Forum 266, 269 (2018).

1707 *Brilmayer/Listwa*, 128 The Yale Law Journal Forum 266, 269 (2018).

1708 Zu der Entwicklung des two-step-test bei *Kramer* und *Roosevelt* vgl. Teil 2, A.II.; *Brilmayer/Listwa* bezeichnen den two-step-test als „neuverpackte" Interessenanalyse,

von Wissenschaft und Praxis aufgegriffen und weiterentwickelt. Die vorangegangene Untersuchung hat bereits gezeigt, dass der überwiegende Teil der methodischen Ansätze im US-amerikanischen Kollisionsrecht inzwischen ein sachrechtsorientiertes Denkmodell vertritt. Das Sachrecht ist zu einem festen Bestandteil der kollisionsrechtlichen Analyse geworden. Selbst der *comparative impairment approach,* der dem effizienzorientierten Denkmodell zuzuordnen ist, nimmt zunächst eine Untersuchung der betroffenen Sachnormen vor. Insofern ist es schlüssig, dass sich die Reporter im neuen Restatement ebenfalls dafür entschieden haben, das Sachrecht in die Bestimmung des anwendbaren Rechts einzubeziehen.

Die Überlegungen in Teil 1 haben aber ebenfalls deutlich gemacht, dass innerhalb des sachrechtsorientierten Denkmodells Unterschiede bei der methodischen Ausgestaltung bestehen. Laut *Roosevelt/Jones* ist der two-step-test abstrakt genug, um auf alle bestehenden *modern approaches* zu passen.[1709] Es trifft zu, dass das Grundgerüst des two-step-test viele Freiheiten bei der Ausgestaltung der einzelnen Stufen lässt. Man stellt jedoch fest, dass die Umsetzung des two-step-test im Restatement weniger pauschal gehalten ist. Die Reporter machen bereits von Beginn an klar, dass sie ein Gleichgewicht zwischen Flexibilität und Rechtssicherheit schaffen und daher auch systemische Faktoren in die Analyse einbeziehen wollen.[1710] Insofern „passt" der two-step-test des Restatement nur bedingt auf stark materiell-rechtlich ausgerichtete Ansätze wie den *better law approach*, der Einheitlichkeit und Vorhersehbarkeit keinen Stellenwert einräumt. Trotzdem ändert diese Feststellung nichts daran, dass der two-step-test die bisherige Rechtsprechungsentwicklung fortführt. Die Entscheidung der Reporter, bei der Ausgestaltung des Tests eine spezielle Richtung einzuschlagen und die genannten Wertungsprinzipien in die kollisionsrechtliche Analyse einfließen zu lassen, ist gerechtfertigt. In der Rechtsprechung besteht zu viel Inkohärenz, als dass sich an dieser Stelle eine einzige Methodik durchsetzen konnte. Das Restatement muss sich sowohl für ein Denkmodell entscheiden als auch die Vorgehensweise innerhalb dieses Modells klar definieren, wenn es den doppelten Methodenpluralismus auflösen will.

---

vgl. *Brilmayer/Listwa*, 128 The Yale Law Journal Forum 266, 267 (2018); *Brilmayer/Listwa*, 89 Fordham Law Review 889, 919 (2020).

1709 *Roosevelt III/Jones*, 128 The Yale Law Journal Forum 293, 312 (2018).

1710 Restatement (Third) of Conflict of Laws, Preliminary Draft No. 1, § 5.01 Comment d, S. 82; Email von *Kermit Roosevelt* an ALI-Direktor *Ricky Revesz* vom 24. September 2014 (unveröffentlicht, liegt der Verfasserin vor).

Widersprechen muss man *Roosevelt* allerdings, wenn er argumentiert, dass sich sogar der *traditional approach* und das darauf aufbauende erste Restatement unter den two-step-test subsumieren ließen.[1711] Wie bereits an anderer Stelle erläutert, sind beide dem rechtsfragenorientierten Denkmodell zuzuordnen, das materiell-rechtliche Erwägungen bei der Bestimmung des anwendbaren Rechts gerade nicht berücksichtigt. Insofern ist die von *Roosevelt* gezogene Parallele, die die territoriale Verweisung der Ansätze mit der *scope*-Untersuchung gleichstellt, abzulehnen. Zentraler Bestandteil der *scope*-Komponente ist eine detaillierte Analyse des zugrunde liegenden Sachrechts. Eine solche wird im Rahmen des *traditional approach* eben nicht vorgenommen. Im Übrigen kann *Roosevelts* Bestrebung, alle in den Bundesstaaten vertretenen kollisionsrechtlichen Ansätze unter einer Grundmethode zusammenzufassen, schon wegen der zuständigkeitsorientierten *lex fori*-Lehre nicht überzeugen.

Grundsätzlich ist aber der Annahme der Reporter, der two-step-test führe die bisherige Rechtsprechungslinie fort, zuzustimmen. Der Test stellt materiellrechtliche Erwägungen in den Fokus der kollisionsrechtlichen Analyse und setzt damit ein sachrechtsorientiertes Denkmodell um. Infolgedessen kommen die Reporter ihrer Aufgabe nach, im Restatement das bestehende Recht wiederzugeben. Diese Kohärenz ist wohl auch der Grund dafür, dass in den bisherigen Beiträgen zum dritten Restatement niemand dem Test an sich widersprochen hat.[1712]

c. Ausgestaltung des Tests

aa. Adäquanz

Grundgedanke des two-step-test ist, dass die kollisionsrechtliche Analyse mit der gewöhnlichen Analyse im inländischen Sachverhalt kongruent ist: Gerichte müssen in beiden Konstellationen einer vergleichbaren Struktur folgen. Die Reporter versuchen auf diese Weise, der kollisionsrechtlichen Analyse ihren Schrecken zu nehmen und sie zu „domestizieren".[1713] Anstatt unbestimmte Konzepte

---

1711 *Roosevelt III*, in: FS Brilmayer, S. 26.

1712 Die meisten Autoren befürworten die two-step-Methodik explizit, vgl. *Vázquez*, in: FS Brilmayer, S. 42 ff.; *Buxbaum*, 27 Duke Journal of Comparative & International Law 381 (2017); *Whytock*, 110 AJIL Unbound 150 (2016); selbst *Brilmayer/Listwa*, die dem Draft sehr zurückhaltend gegenüber stehen, kritisieren nicht den Test an sich, sondern nur seine Umsetzung im Restatement, *Brilmayer/Listwa*, 128 The Yale Law Journal Forum 266 (2018).

1713 So auch *Brilmayer/Listwa*, 89 Fordham Law Review 889, 919 (2020).

wie *state interests* zu verwenden, wird auf bekannte Begriffe wie *statutory interpretation* und den *scope* einer Sachnorm zurückgegriffen. In der Wissenschaft wurde schon mehrfach auf die komplizierte und missverständliche Terminologie im Kollisionsrecht hingewiesen.[1714] Angesichts der häufigen Unsicherheit US-amerikanischer Gerichte in kollisionsrechtlichen Fallkonstellationen ist der Rückgriff auf den two-step-test somit positiv zu werten.[1715]

Der Aufbau des two-step-test spiegelt die zweifache Zielsetzung der Reporter für die Kollisionsregeln des Restatement wider. *Roosevelt/Jones* erklären, dass die Kollisionsregeln zum einen die seit der *Conflicts Revolution* einzubeziehenden Regelungsinteressen eines Staates berücksichtigen sollen.[1716] Auf der anderen Seite hätten die Regeln den Anspruch, systemische Erwägungen wie Einheitlichkeit, einfache Anwendbarkeit und Vorhersehbarkeit zu verwirklichen.[1717] Der erste Punkt wird auf Ebene der *scope*-Bestimmung umgesetzt. Den systemischen Faktoren wird wiederum durch die Formulierung feststehender Prioritätsregeln Wirkung verliehen. Daher ist der two-step-test ein taugliches Instrument, um die von der Literatur geforderte Balance zwischen Flexibilität und Rechtssicherheit umzusetzen.

bb. Probleme der scope-Komponente

Trotz der gerade genannten positiven Attribute birgt der two-step-test auch Schwierigkeiten. Die größte Schwachstelle des Tests ist die *scope*-Komponente. Die Untersuchung des Anwendungsbereichs soll die Regelungsinteressen des Staates in die kollisionsrechtliche Analyse einbeziehen. Aufgrund der Komplexität dieser Untersuchung gibt es allerdings zahlreiche Faktoren, die die Analyse erschweren und deshalb kritisch betrachtet werden müssen.

In *Greens* Augen ist der Ansatz beim Sachrecht bereits grundsätzlich problematisch, da man darauf aufbaue, dass Sachnormen einen räumlichen Anwendungsbereich hätten.[1718] *Green* weist darauf hin, dass der Regelungsgeber bei der Formulierung seines Sachrechts nicht den grenzüberschreitenden Fall im

1714 *Juenger*, 75 Indiana Law Journal 403 (2000); *Kramer*, 89 Michigan Law Review 2134, 2149 (1991).

1715 So auch *Brilmayer/Listwa*, 128 The Yale Law Journal Forum, 266 (2018).

1716 *Roosevelt III/Jones*, 128 The Yale Law Journal Forum 293, 313 (2018).

1717 *Roosevelt III/Jones*, 128 The Yale Law Journal Forum 293, 313 (2018): „The results the Draft Restatement sets out in rule form respect state policies (modern insight) while also serving the systemic values of uniformity, simplicity, and predictability (the benefit of rules)."

1718 *Green*, 51 Georgia Law Review 761, 791 (2017).

Blick gehabt habe.[1719] Es sei daher nicht sachgerecht, formalistisch anhand des Zwecks der Regelung den vermeintlichen Anwendungsbereich dieser für den inländischen „Gebrauch“ gedachten Sachnorm zu bestimmen.[1720] Erwägungen des Regelungsgebers könnten nicht einfach auf den kollisionsrechtlichen Kontext übertragen werden, die Interessenabwägung sei eine andere.[1721] Für die kollisionsrechtliche Analyse bedeute dies, dass man unter Berücksichtigung der Parteierwartungen und übergreifender staatlicher Regelungsinteressen zu untersuchen habe, welche Regel der Gesetzgeber für einen grenzüberschreitenden Fall vermutlich gebildet hätte.[1722]

Man muss *Green* entgegenhalten, dass seine Argumentation zu kurz greift. Er impliziert, dass Sachrecht grundsätzlich nur territorial angewendet werden soll. Tatsächlich kann ein Regelungsgeber ein Interesse daran haben, eigene Staatsbürger auch außerhalb seines Hoheitsgebiets zu schützen. Weiterhin geht es bei der Bestimmung des Anwendungsbereichs nicht nur um die räumliche, sondern auch um die sachliche Komponente. Im Übrigen spricht der Rückgriff auf einen mutmaßlichen Willen des Regelungsgebers in grenzüberschreitenden Konstellationen nicht dagegen, bei der kollisionsrechtlichen Analyse mit der Bestimmung des *scope* zu beginnen. Wie bereits *Kramer* feststellte, kommt es auch bei der *statutory interpretation* stets darauf an, einen nicht explizit genannten Regelungszweck zu identifizieren.[1723] Insofern ist der Ansatz beim Sachrecht weniger problematisch, als *Green* ihn darstellt.

Eine weitere Schwierigkeit allerdings liegt im Maßstab, nach dem der *scope* zu bestimmen ist. Das Restatement gibt vor, fremdes Sachrecht nach den Grundsätzen des regelungsgebenden Staates auszulegen.[1724] Dass sich die Reporter für eine subjektive Auslegung entschieden haben, ist positiv zu bewerten. Die Frage nach den Interessen des Regelungsgebers macht nur Sinn, wenn seine Sichtweise bei dieser Untersuchung eingenommen wird. Andernfalls hätte das Restatement zusätzlich Auslegungsstandards definieren müssen, um eine objektive

---

1719 *Green*, 51 Georgia Law Review 761, 791 (2017); grundlegend zu der Problematik *Brilmayer/Seidell*, 86 University of Chicago Law Review 2031, 2059 ff. (2019).

1720 *Green*, 51 Georgia Law Review 761, 791 (2017).

1721 *Green*, 51 Georgia Law Review 761, 803 (2017): „The decision that lawmakers made about the relative weights of policies in non-conflict cases cannot tell us what rule those lawmakers would want for conflicts cases.“

1722 *Green*, 51 Georgia Law Review 761, 791 (2017): „One must figure out what law Arizona lawmakers would want to be *created* for the case.“

1723 Vgl. dazu Teil 2, A.II.1.b.

1724 Vgl. Teil 2, A.III.2.a.

Analyse zu ermöglichen. Es ist mehr als unwahrscheinlich, dass dabei ein Konsens gefunden würde. Insbesondere ist zu berücksichtigen, dass die Regelungen des Restatement keine Bindungswirkung haben und objektive Auslegungsmaßstäbe dafür sorgen könnten, dass Gerichte von einer Adaption des Restatement absehen oder trotzdem ihre eigenen Maßstäbe anlegen.[1725] Die Diskussion um Qualifikationsmaßstäbe im europäischen Kollisionsrecht[1726] kann auf die Problematik nicht übertragen werden, da es auf der ersten Stufe des two-step-test eben nicht um die Auslegung autonom vereinbarter Kollisionsnormen, sondern um das Sachrecht eines souveränen Staates geht. Insofern ist den Reportern zuzustimmen, wenn sie bei der Auslegung fremden Sachrechts dafür plädieren, die Maßstäbe des Regelungsgebers zu verwenden.

Die Ablehnung einer *presumption against extraterritoriality* für das *state law* ist ebenfalls beifällig zu bewerten. Andernfalls würde der in der Mehrzahl der Bundesstaaten abgelehnte Territorialitätsgrundsatz umgesetzt. Weiterhin entfiele die Notwendigkeit der Prioritätsregeln, da es zu keiner Rechtskollision käme und das anwendbare Recht bereits auf der ersten Stufe des Tests bestimmt würde.[1727] Die Zurückweisung einer *pesumption against extraterritoriality* ist demnach methodisch konsequent.

Vázquez bringt bezüglich der Untersuchung des Anwendungsbereichs vor, dass die *scope*-Begrenzungen eines Staates nicht bindend seien.[1728] Er erklärt, *comity*-Erwägungen seien der eigentliche Grund für eine geographische Beschränkung des Anwendungsbereichs.[1729] Die Limitierungen bedeuteten aber nicht zwangsläufig, dass ein Staat in diesem Fall ein fremdes Sachrecht angewendet sehen wolle.[1730] *Vázquez'* Argumentation kann jedoch nicht überzeugen. Er geht davon aus, dass ein Staat stets ein Interesse an der Anwendung des eigenen Rechts habe, da es aus Sicht des Regelungsgebers die „beste Lösung" enthalte.[1731] Diese These

1725 MüKo BGB/*von Hein*, Einleitung zum Internationalen Privatrecht, Rn. 133 ff.

1726 Vgl. dazu *Mansel*, in: FS Canaris, S. 756 ff.

1727 So auch *Buxbaum*, 27 Duke Journal of Comparative & International Law 381, 396 (2017); *Dodge*, 133 Harvard Law Review 1583 (2020).

1728 *Vázquez*, in: FS Brilmayer, S. 64.

1729 *Vázquez*, in: FS Brilmayer, S. 66: „Geographic scope limitations, by contrast, do not reflect a determination that the substantive rule is inappropriate for persons or situations that fall outside the law's scope. Geographic scope limitations ordinarily reflect the state's forbearance from applying its substantive rule to disputes that other states might have a stronger claim to regulate. Geographic scope limitations, in other words, ordinarily reflect comity concerns."

1730 *Vázquez*, in: FS Brilmayer, S. 66 f.

1731 *Vázquez*, in: FS Brilmayer, S. 70 ff.

hatte *Currie* in seiner Interessenanalyse eindeutig widerlegt.[1732] Ein Staat schafft ein Rechtssystem, um Vorfälle in seinem Staatsgebiet zu regeln und seine Staatsbürger zu schützen.[1733] In Fällen, in denen es keine substanzielle Verbindung zum Sachverhalt gibt, wird diese Zielsetzung in keiner Weise realisiert. Dass auch *comity*-Erwägungen dahinterstehen können, steht einer grundsätzlichen Beachtung von *scope*-Beschränkungen nicht entgegen. Im Übrigen widerspräche die von *Vázquez* vorgeschlagene Vorgehensweise der bisherigen Rechtsprechungslinie des U.S. Supreme Court zur Anwendung von *federal law* in internationalen Sachverhalten. Das Gericht entschied in der Sache Kiobel v. Royal Dutch Petrol Co., dass *federal law* grundsätzlich nur innerhalb der USA gelte und nicht die ganze Welt regulieren solle, es sei denn, es gebe ausdrückliche Hinweise, dass eine extraterritoriale Anwendung gewünscht sei.[1734] Auch wenn die darin ausgedrückte *presumption against extraterritoriality* zunächst nur für das *federal law* gilt, kann der darin Ausdruck findende Rechtsgedanke auf die grundsätzliche *scope*-Bestimmung übertragen werden. Kernaussage der Entscheidung ist, dass der Wille des Gesetzgebers, den Anwendungsbereich seines Rechts zu begrenzen, beachtet werden muss. Wieso dies im *state law* oder im Kollisionsfall allgemein anders sein soll, ist nicht ersichtlich.

Vázquez argumentiert in der Debatte um die Bestimmung des Anwendungsbereichs außerdem, dass die Kollisionsregeln eines Staates Aufschluss darüber gäben, wie die Sachnormen dieses Staates räumlich anzuwenden seien. Er ist der Ansicht, auch Prioritätsregeln im Sinne des two-step-test könnten den Anwendungsbereich des Sachrechts eines Staates begrenzen.[1735] Durch die Entscheidung, einem anderen Recht Vortritt zu lassen, beschränkten Gerichte den Anwendungsbereich des eigenen Rechts.[1736] Dem ist entgegenzuhalten, dass eine solche Lesart die methodische Struktur des two-step-test zerstören würde. Auf der zweiten Stufe sollen vor allem systemische Erwägungen durchgesetzt werden. Des Weiteren käme es zu einem Zirkelschluss, wenn man auf der ersten Stufe der kollisionsrechtlichen Analyse bereits auf die Prioritätsregeln einginge. Ohne explizite Äußerungen des Regelungsgebers kann somit nicht davon ausgegangen werden, dass ein Staat durch seinen kollisionsrechtlichen Ansatz den Anwendungsbereich seines Sachrechts begrenzen möchte.[1737] Ein weiteres

---

1732 Siehe zu Curries Theorie bereits Teil 1, B.I.2.c.
1733 So auch *Roosevelt III*, in: FS Brilmayer, S. 36.
1734 Kiobel v. Royal Dutch Petroleum Co., 469 U.S. 108, 115 (2013).
1735 *Vázquez*, in: FS Brilmayer, S. 44.
1736 *Vázquez*, in: FS Brilmayer, S. 55.
1737 So auch *Roosevelt III/Jones*, 128 The Yale Law Journal Forum 293, 310 (2018).

überzeugendes Gegenargument präsentiert *Buxbaum*. Sie erklärt, dass die Systematik des Restatement dagegenspreche, das Kollisionsrecht in die *scope*-Analyse einzubeziehen.[1738] Das Regelungswerk trenne in § 1.03 klar zwischen Sach- und Kollisionsrecht.[1739] Beschränkungen des Anwendungsbereichs seien laut den Comments Teil des „internal law".[1740] Auffallend ist, dass das Restatement an dieser Stelle von der ursprünglichen Sichtweise seines federführenden Reporters abweicht. *Roosevelt* hatte in seinen wissenschaftlichen Beiträgen zunächst wie *Vázquez* dafür plädiert, den kollisionsrechtlichen Ansatz bei der Auslegung zu berücksichtigen.

Die vorangegangenen Überlegungen zeigen, dass die *scope*-Bestimmung im Rahmen des two-step-test nicht unproblematisch ist. Vermutlich möchte das Restatement aus diesem Grund auch keine separate two-step-Analyse in grenzüberschreitenden Konstellationen vornehmen, sondern stattdessen direkt die Kollisionsregeln anwenden. Auf die Umsetzung der beiden Komponenten in den Kollisionsnormen und das Zusammenspiel zwischen Test und Kollisionsnormen wird im folgenden Abschnitt separat eingegangen. Die Probleme der *scope*-Komponente in *international conflicts* werden ebenfalls an späterer Stelle thematisiert. Unabhängig von allen Schwierigkeiten, die bei der Bestimmung des Anwendungsbereichs einer Sachnorm auftreten können, ist der Ansatzpunkt am Sachrecht angesichts der bisherigen Rechtsprechungslinie jedoch unausweichlich. Insofern kommt man zu dem Schluss, dass die soeben identifizierten Problemfelder im Restatement überzeugend gelöst werden.

cc. Fehlende true/false conflicts-Terminologie

Ein weiterer Kritikpunkt des neuen Restatement ist, dass es nicht explizit auf die von *Currie* vorgenommene Unterscheidung zwischen *true* und *false conflicts* eingeht. Zwar wird der Begriff *false conflict* an wenigen Stellen in den Comments zum Deliktskollisionsrecht verwendet; in den Black Letter oder in Chapter 5 taucht er indes an keiner Stelle auf. Es wird auch nicht erläutert, warum der Terminologie keine weitere Bedeutung zugemessen wird. Das Schweigen des Restatement in diesem Zusammenhang überrascht. In der Wissenschaft wird *Curries* Entdeckung der *false conflicts* als eine der wichtigsten Errungenschaften der

---

1738 *Buxbaum*, 27 Duke Journal of Comparative & International Law 381, 383 (2017).

1739 § 1.03 Law, Internal Law, and Whole Law Defined: (1) As used in this Restatement, the 'internal law' of a state is a state's law exclusive of its choice-of-law rules.

1740 Restatement (Third) of Conflict of Laws, Tentative Draft No. 1, § 1.03 Comment a, S. 11.

Conflicts Revolution bezeichnet.[1741] *Kramer* hatte in seinem Beitrag zum two-step-test *Curries* Unterscheidung aufgenommen und eine vergleichbare Dreiteilung vorgenommen.[1742] In der Rechtsprechung haben die *true* und *false conflicts* ebenfalls viel Beachtung gefunden. Viele Gerichte untersuchen zunächst, ob überhaupt eine Rechtskollision vorliegt, die eine kollisionsrechtliche Analyse notwendig macht, und verwenden dabei *Curries* Terminologie.[1743]

Es ist zu vermuten, dass der Grund für das Schweigen des Restatement in diesem Punkt das Verständnis der Reporter des two-step-test ist. Sie gehen davon aus, dass die Kollisionsregeln den two-step-test direkt umsetzen und so ausgestaltet sind, dass kein separater Test notwendig wird. Sofern der Sachverhalt nicht vom Anwendungsbereich einer Sachnorm umfasst ist, also in der Terminologie *Curries* ein *false conflict* vorliegt, sorgen die Kollisionsregeln durch die festgelegte Verweisung automatisch dafür, dass das Recht des (einzig) interessierten Staates zur Anwendung kommt. Obwohl diese Argumentationslinie nachvollzogen werden kann, erschließt sich nicht, warum entsprechende Erläuterungen nicht wenigstens in der Einführung zu Chapter 5 eingefügt worden sind. Mangels ausreichender Hinweise besteht die Gefahr, dass Gerichte, die bisher eine *true/false conflict*-Analyse vorgenommen haben, weiterhin so vorgehen. In diesem Fall würde die Untersuchung der Anwendung der Restatement-Regeln vorgeschoben, was wiederum der Methodik des Restatement widerspräche. Es wäre angemessen gewesen, die Problematik zumindest in den Comments zu thematisieren und darauf hinzuweisen, dass die Unterscheidung zwischen *false* und *true conflicts* implizit im Rahmen der Kollisionsnormen vorgenommen wird.

Erstaunlich ist zudem, dass das Restatement im Deliktskollisionsrecht durch die „no material conflict"-Ausnahme inzident zu der Frage Stellung nimmt. Die Bedeutung und die Konsequenzen dieser Regelungen werden im Abschnitt zum Deliktskollisionsrecht thematisiert.[1744]

dd. Priority rules

Die Ausführungen in Chapter 5 zur Bestimmung des vorrangig anwendbaren Rechts sind sehr abstrakt gehalten. Es soll eine Balance zwischen Rechtssicherheit und Flexibilität, Vorhersehbarkeit und Einzelfallberücksichtigung gefunden

---

1741 *Roosevelt III*, 65 Mercer Law Review 501, 508 (2014).

1742 Vgl. zu *Kramers* Theorie Teil 2, A.II.1.b.

1743 So beispielsweise der Supreme Court von Pennsylvania in Melmark, Inc. v. Schutt by and Through Schutt, 206 A.3d 1096, 1104 (Pa. 2019).

1744 Siehe dazu Teil 2, D.I.3.d.

werden. Im konkreten Fall helfen diese Angaben kaum, man muss stattdessen die besonderen Kollisionsnormen betrachten, um die Vorgehensweise des Restatement nachvollziehen zu können.

Im Deliktskollisionsrecht greift das Restatement vorrangig auf Einzelanknüpfungen zurück. *Brilmayer* hatte dafür plädiert, davon Abstand zu nehmen und stattdessen – wie das zweite Restatement – eine alternative Anknüpfung zu wählen.[1745] *Roosevelt* verteidigt jedoch die Verwendung der *single-factor-trigger-points*. Sofern man das zugrunde liegende Sachproblem eng genug definiere, könne man die bei einer Einzelanknüpfung typischerweise auftauchenden Probleme umgehen.[1746] Der Reporter argumentiert außerdem, dass ein *multi-factor-balancing* den Gerichten keine ausreichende Führung biete.[1747] Die Wahl eines einzigen Anknüpfungspunkts sei im Interesse der Rechtssicherheit die beste Lösung. [1748]

Dieser Ansicht der Reporter ist zuzustimmen, die Verwendung von Einzelanknüpfungen im Restatement ist grundsätzlich positiv zu bewerten. Wie *Roosevelt* zutreffend feststellt, wird dadurch Rechtssicherheit gefördert. Da die Anwendungsfälle der Kollisionsnormen gleichzeitig recht eng formuliert sind (Stichwort: *dépeçage*) und durch die Ausweichklausel korrigiert werden können, wird der Einzelfall ausreichend berücksichtigt. Die von *Brilmayer* kritisierte Starrheit des Systems wird auf diese Weise abgeschwächt.

ee. *Ausweichklausel*

Um dem Restatement die nötige Flexibilität zu geben und – wie im Fall des ersten Restatement – ein Scheitern des Regelungswerkes wegen zu starrer Regelungen zu vermeiden, haben die Reporter in § 5.03 eine Ausweichklausel vorgesehen. Sie ziehen bei der Formulierung der Regelung ihre Lehren aus dem zweiten Restatement: Anstatt in jeder besonderen Kollisionsregel auf die *Choice of Law Principles* in § 6 (2) als Korrektiv hinzuweisen, wird § 5.03 im allgemeinen Teil in Chapter 5 formuliert und bei den besonderen Kollisionsregeln nur in den Comments erwähnt. Dadurch wird der Ausnahmecharakter der Regelung unterstrichen.

1745 *Brilmayer*, 110 AJIL Unbound 144, 145 (2016).

1746 *Roosevelt III*, in: FS Brilmayer, S. 39.

1747 *Roosevelt III*, in: FS Brilmayer, S. 39.

1748 *Roosevelt III*, in: FS Brilmayer, S. 40: „Sometimes then, a single factor may be the best we can do […].“

Trotzdem kritisieren *Brilmayer/Listwa*, dass durch die Ausweichklausel ein riesiges Schlupfloch geschaffen worden sei, das einem Alleingang der Gerichte Tür und Tor öffnen könne.[1749] Eine Partei müsse lediglich vortragen, dass die eigentlich anwendbare Kollisionsregel nicht anwendbar sei.[1750] In diesem Fall könne das Gericht nach einer Abwägung zu dem Ergebnis kommen, dass die Restatement *rules* zu keinem angemessenen Ergebnis führten und dementsprechend einem anderen Recht zur Anwendung verhelfen.[1751] Das dritte Restatement enthalte somit ähnlich „weiche" Kollisionsregeln wie das zweite.[1752]

Dieser Kritik muss widersprochen werden. Zunächst entspricht es der Natur und dem Sinn einer Ausweichklausel, dass diese ein abweichendes Vorgehen der Gerichte zulässt. Die Alternative wäre ein striktes Kollisionsrechtssystem, das aber – wie das erste Restatement gezeigt hat – nur bedingt funktionieren kann. Weiterhin ist § 5.03 klar als Ausnahme formuliert, sodass ein Vergleich mit dem zweiten Restatement diesbezüglich leerläuft. Das verdeutlicht insbesondere der Hinweis in den Comments, dass eine abweichende Abwägungsentscheidung eines Gerichts noch kein Grund für die Anwendung der Ausweichklausel sei.[1753] Dementsprechend ist die Vorschrift nur dann einschlägig, wenn es sich um einen von den Restatement *rules* nicht umfassten Sachverhalt handelt. Die Flexibilität tritt hier zugunsten der Rechtssicherheit in den Hintergrund. Insgesamt ist die Verwendung einer Ausweichklausel trotzdem positiv zu bewerten, da sie den Gerichten den notwendigen Freiraum lässt.

d. *Zusammenspiel von two-step-test und Kollisionsregeln*

Das Zusammenspiel von two-step-test und Kollisionsregeln ist ein zentraler Streitpunkt des neuen Restatement. Bereits aus dem einführenden Memorandum zum zweiten Council Draft wird deutlich, dass einige Advisers die Vereinbarkeit des two-step-test mit den besonderen Kollisionsnormen kritisch sehen.[1754] Die Kollisionsregeln des neuen Restatement sollen den two-step-test unmittelbar umsetzen, sodass eine separate Analyse nicht notwendig ist. Die Reporter verwenden in den besonderen Kollisionsregeln für die Bestimmung

1749 *Brilmayer/Listwa*, 128 The Yale Law Journal Forum 266, 284 (2018).

1750 *Brilmayer/Listwa*, 128 The Yale Law Journal Forum 266, 289 (2018).

1751 *Brilmayer/Listwa*, 128 The Yale Law Journal Forum 266, 288 (2018).

1752 *Brilmayer/Listwa*, 128 The Yale Law Journal Forum 266, 289 (2018).

1753 Restatement (Third) of Conflict of Laws, Council Draft No. 2, § 5.03 Comment c, S. 134.

1754 Restatement (Third) of Conflict of Laws, Council Draft No. 2, S. xv.

des Anwendungsbereichs der betroffenen Sachnormen eine Vermutung über den *scope* gleichartiger Regelungen. *Roosevelt/Jones* erklären, dass dafür die bestehende Rechtsprechung sowie Quellen aus dem Ausland analysiert worden seien.[1755]

Diese in den Kollisionsregeln enthaltenen Vermutungen der Reporter über den *scope* bestimmter Normtypen sind Ausgangspunkt der Kritik von *Brilmayer/Listwa*. Beide vertreten die Auffassung, dass der two-step-test als Bestandteil der *scope*-Analyse eine *statutory interpretation* der konkreten Sachnormen erfordere.[1756] Dafür müssten die Regel nach den Grundsätzen des regelungsgebenden Staates ausgelegt werden.[1757] Der „stylized scope" der Kollisionsregeln stehe im Widerspruch zu dieser methodischen Herangehensweise.[1758] *Brilmayer/Listwa* argumentieren daher, dass der Test nicht als Basis der Restatement *rules* genutzt werden könne.[1759] Zielsetzung eines Restatement sei die Wiedergabe der bestehenden Rechtsprechungslinie, während der two-step-test eine auf den Einzelfall konzentrierte kollisionsrechtliche Analyse vorsehe.[1760] Damit passten beide Komponenten des Restatement nicht zusammen.[1761] *Brilmayer/Listwa* werfen dem Restatement mithin methodische Inkonsistenz vor.

Roosevelt/Jones gehen in ihrer Replik nicht direkt auf diese Kritik ein. Sie verteidigen den „stylized scope" damit, dass der in den Kollisionsregeln verwendete Anwendungsbereich weit genug gefasst sei, um den Großteil aller Sachnormen einzuschließen.[1762] Sofern der Anwendungsbereich einer Sachnorm tatsächlich beschränkter sei, als es die Restatement *rules* vorsähen, habe dies meist wenig Auswirkungen.[1763] Das Restatement knüpfe im Deliktsrecht vorrangig territorial an; es könne daher grundsätzlich davon ausgegangen werden, dass das Sachrecht am Handlungs- oder Erfolgsort stets auf den Sachverhalt anwendbar

1755 *Roosevelt III/Jones*, 128 The Yale Law Journal Forum 293, 298 (2018).

1756 *Brilmayer/Listwa*, 128 The Yale Law Journal Forum 266, 279 (2018).

1757 *Brilmayer/Listwa*, 128 The Yale Law Journal Forum 266, 276 (2018).

1758 *Brilmayer/Listwa*, 128 The Yale Law Journal Forum 266, 283 (2018).

1759 *Brilmayer/Listwa*, 128 The Yale Law Journal Forum 266, 283 (2018); die gleiche Argumentation findet sich in *Brilmayer/Listwa*, 89 Fordham Law Review 899, 919 (2020).

1760 *Brilmayer/Listwa*, 128 The Yale Law Journal Forum 266, 277 (2018): „[…] there is a deep incompatibility between the method of resolving conflicts of law advocated by the 'two-step' theory and the very notion of a rules-based restatement."

1761 *Brilmayer/Listwa*, 128 The Yale Law Journal Forum 266, 268 (2018): „[…] 'two-step' theory and a Restatement-based set of rules just don't go together […]."

1762 *Roosevelt III/Jones*, 128 The Yale Law Journal Forum 293, 309 (2018).

1763 *Roosevelt III/Jones*, 128 The Yale Law Journal Forum 293, 309 (2018).

sei.[1764] Lediglich bei einem zusammenfallenden *domicile* werde eine personale Anknüpfung verwendet.[1765] Der einzige problematische Fall liege vor, wenn das *domiciliary law* nicht extraterritorial anwendbar sei.[1766] Die Comments wiesen aber explizit darauf hin, dass in dieser Konstellation die Ausweichklausel zur Anwendung komme und man auf diese Weise dem Regelungsgedanken des *domiciliary law* Geltung verleihen könne.[1767] Im Übrigen entspreche es dem Charakter eines Restatement, die bestehende Rechtsprechung in klaren Regeln wiederzugeben.[1768]

Zum Zusammenspiel von two-step-test und Kollisionsnormen äußern sich die beiden Autoren damit nur indirekt. Führt man aber insbesondere den letzten Gedanken von *Roosevelt/Jones* weiter, kommt man zum Ergebnis, dass ein Restatement die von *Brilmayer/Listwa* geforderte Einzelfallanalyse nicht darstellen kann. In diesem Fall bestünde das Restatement nur aus dem two-step-test. Es ist aber gerade Ziel des Regelungswerkes, aus der bisher ergangenen Rechtsprechung Trends abzuleiten und diese in feststehenden Regeln zu normieren.

Brilmayer/Listwa schreiben dem Test insgesamt eine zu große Bedeutung zu. Das liegt einerseits an der expliziten Normierung des two-step-test als Regelung im Restatement. Hierdurch scheint der Test auf dieselbe Stufe wie die Kollisionsregeln gehoben zu werden. Andererseits kann man seit jeher in der US-amerikanischen Literatur eine große Abneigung gegenüber feststehenden Regeln erkennen. Viele Autoren, angefangen bei *Currie*, bevorzugen eine einzelfallorientierte Analyse.[1769] Zu Recht stellen *Brilmayer/Listwa* fest, dass dieser Einzelfallbezug durch die *scope*-Komponente des Tests gewährleistet werden soll. Beiden ist aber nicht zuzustimmen, wenn sie daraus ableiten, dass der two-step-test und die Kollisionsregeln des Restatement nicht zusammenpassen.

Der two-step-test dient als methodisches Fundament des dritten Restatement. Das bedeutet, dass er die Ausgestaltung der Kollisionsregeln erklären und in Fällen, in denen die Kollisionsregeln nicht anwendbar sind, einen Lösungsweg bereitstellen soll. Im Verhältnis zu den Kollisionsregeln nimmt er somit eine Hintergrundrolle ein. Eine Normierung der *scope*-Komponente ist ohne

---

1764 *Roosevelt III/Jones*, 128 The Yale Law Journal Forum 293, 309 (2018).
1765 *Roosevelt III/Jones*, 128 The Yale Law Journal Forum 293, 309 (2018).
1766 *Roosevelt III/Jones*, 128 The Yale Law Journal Forum 293, 309 (2018).
1767 *Roosevelt III/Jones*, 128 The Yale Law Journal Forum 293, 309 (2018).
1768 *Roosevelt III/Jones*, 128 The Yale Law Journal Forum 293, 310 (2018).
1769 So auch die prägnante These *Curries*: „We would be better off without choice-of-law rules.", vgl. *Currie*, Selected Essays on the Conflict of Laws, 1963, S. 183.

eine gewisse Verallgemeinerung unmöglich.[1770] Die einzige Alternative wäre, dass das Restatement lediglich Prioritätsregeln enthielte. In diesem Fall wären die Gerichte aber weiterhin stark auf sich allein gestellt, sodass eine Adaption der Restatement-Regeln in der Rechtsprechung unwahrscheinlich erschiene. Im Übrigen zeigt die Fülle an Gerichtsentscheidungen in den Reporters' Notes, dass es – zumindest für den inner-amerikanischen Bereich – ausreichend Rechtsprechung gibt, um einen „stylized scope" zu bilden.[1771] Die Ausführungen von *Roosevelt/Jones* in ihrer Replik belegen außerdem, dass die von *Brilmayer/Listwa* gefürchteten „falschen" Lösungen nur in seltenen Fällen auftreten und durch die Ausweichklausel umgangen werden können. Im internationalen Kontext könnte hingegen häufiger auf die Ausweichklausel zurückgegriffen werden müssen.

Letzten Endes hebt die Kritik von *Brilmayer/Listwa* die Herausforderungen bei der Normierung der Kollisionsregeln, eine Balance zwischen Flexibilität und Rechtssicherheit zu finden, und die potenzielle Fehleranfälligkeit des two-step-test hervor. Das Zusammenspiel funktioniert nur, wenn die besonderen Kollisionsregeln methodisch den two-step-test wiedergeben. Dafür muss der Ansatz am Sachrecht eingehalten und in den Normen erkennbar sein. Dass dies in der Praxis Schwierigkeiten mit sich bringt, zeigt die Regelung zur Produkthaftung, auf die an späterer Stelle eingegangen wird.[1772]

Schließlich muss bezüglich der Ausweichklausel noch angemerkt werden, dass ihre Anwendbarkeit die von den Reportern vorgesehene Symbiose aus besonderen Kollisionsregeln und two-step-test ins Wanken bringen könnte. Ohne eine detaillierte Analyse der betroffenen Sachnormen scheint es kaum möglich, eine Fallkonstellation zu identifizieren, in der die Ausweichklausel einschlägig ist. Der two-step-test müsste also der Anwendung der besonderen Regeln „vorgeschaltet" werden. Das widerspricht aber der Konzeption der Reporter. Ein möglicher Ausweg könnte ein expliziter Hinweis in den besonderen Kollisionsregeln sein, wann eine Abweichung notwendig sein könnte. In den

---

1770 Das geben selbst *Brilmayer/Listwa* zu, vgl. *Brilmayer/Listwa*, 128 The Yale Law Journal Forum 266, 286 (2018).

1771 So auch die Aussage der Reporter selbst, vgl. Restatement (Third) of Conflict of Laws, Council Draft No. 4, Reporters' Memorandum, S. xix: „[…] we believe there are enough decisions and academic analysis of modern choice of law to come up with some rules."

1772 Siehe dazu Teil 2, D.I.3.e.

Comments mehrerer Kollisionsregeln in Chapter 6 zum Deliktskollisionsrecht wird ein solcher Verweis bereits verwendet.[1773]

2. Der allgemeine Teil

Das neue Restatement erläutert in Chapter 5 nicht nur die methodische Grundausrichtung des Regelungswerkes, sondern beinhaltet auch Regelungen zum allgemeinen Teil des Kollisionsrechts. Bereits das zweite Restatement hatte versucht, die Probleme, die aus dem Schweigen des ersten Restatement in diesem Bereich entstanden waren, zu beheben und Fragestellungen wie die der Qualifikation und des Inhalts der Verweisung zu regeln. Dass das dritte Restatement diesen Denkansatz übernimmt, muss beifällig bewertet werden.

Inhaltlich stimmen die Regelungen stark mit denen des zweiten Restatement überein. Insbesondere die Vorschriften zur Qualifikation und zum *Renvoi* entsprechen beinahe wörtlich ihren Pendants in der Vorgängerversion.[1774] Beide Instrumente waren im Zusammenhang mit dem ersten Restatement als „escape devices“ verwendet worden,[1775] sodass klare Regeln an dieser Stelle besonders begrüßenswert sind. Die Tatsache, dass der *Renvoi* eine Ausnahme darstellen

---

1773 Beispielsweise wird in den Comments zu § 6.07 auf eine Fallkonstellation hingewiesen, in der die Anwendung der Ausweichklausel angemessen sein kann, vgl. Restatement (Third) of Conflict of Laws, Council Draft No. 3, § 6.07 Comment a, S. 22: „If the law of the third state is substantially different, invocation of the exception of § 5.03 may be appropriate.“

1774 Restatement (Second) of Conflict of Laws, § 7: „Characterization: (1) The classification and interpretation of legal concepts and terms involve questions of characterization, as the term is used in the Restatement of this Subject. (2) The classification and interpretation of Conflict of Laws concepts and terms are determined in accordance with the law of the forum, except as stated in § 8. (3) The classification and interpretation of local law concepts and terms are determined in accordance with the law that governs the issue involved.; § 8 Applicability of Choice-of-Law Rules of Another State (Renvoi): (1) When directed by its own choice-of-law rule to apply "the law" of another state, the forum applies the local law of the other state, except as stated in Subsections (2) and (3). (2) When the objective of the particular choice-of-law rule is that the forum reach the same result on the very facts involved as would the courts of another state, the forum will apply the choice-of-law rules of the other state, subject to considerations of practicability and feasibility. (3) When the state of the forum has no substantial relationship to the particular issue or the parties and the courts of all interested states would concur in selecting the local law rule applicable to this issue, the forum will usually apply this rule.“

1775 Vgl. dazu Teil 1, B.1.3.a.

soll, muss besonders positiv hervorgehoben werden. Eine Gesamtverweisung würde das Ziel des neuen Regelungswerks, eine einfache Anwendung in der Praxis und die Vorhersehbarkeit zu fördern, nicht erfüllen können.

Auch die vom neuen Restatement propagierte Aufspaltung kollisionsrechtlicher Fragestellungen nach „issues" ist bereits Bestandteil des zweiten Restatement. § 145 des Restatement (Second) bestimmt das anwendbare Recht für einen „issue in tort". Allerdings nimmt das ältere Regelungswerk an keiner Stelle explizit Stellung zu der Thematik: Weder im allgemeinen Teil noch in den besonderen Kollisionsregeln finden sich Ausführungen zu den Problemen, die die *dépeçage* mit sich bringen kann.[1776] Insofern zeigen die ausführlichen Comments zu den Grenzen der *dépeçage* im neuen Restatement, dass sich die Reporter dieser Schwierigkeiten bewusst sind.

Ob die Aufspaltung des Sachverhalts nach „issues" sinnvoll ist, bleibt eine andere Frage. Tatsächlich stellt diese Vorgehensweise die vorzugswürdigste Möglichkeit dar, um den two-step-test effektiv umzusetzen und den Interessen des regelungsgebenden Staates Wirkung zu verleihen. Die Kollisionsregeln im Deliktsrecht machen deutlich, dass die Aufspaltung mit Blick auf den Zweck und die Wertungsprinzipien des Sachrechts vorgenommen wird. Damit ist die *dépeçage* eine zwingende Konsequenz des sachrechtsorientierten Denkmodells und muss in Kauf genommen werden. *Symeonides* weist außerdem zutreffend darauf hin, dass im Deliktsrecht die Wahrscheinlichkeit einer möglicherweise unangemessenen *dépeçage* nur im Zusammenhang mit einem ausgeübten Wahlrecht nach § 6.08 auftreten könne.[1777] Zu hinterfragen ist daher der Vorbehalt der Reporter, die *dépeçage* in Einzelfällen nicht zuzulassen.[1778] Ihre Argumentation an dieser Stelle ist zwar nachvollziehbar, kann aber in der Praxis zu Unsicherheit und Missbrauch führen und so den Zielen des Restatement widersprechen. Zudem erfordert die Ausnahme eine noch detailliertere Analyse des Sachrechts. Die Ausführungen in den Comments zu diesem Punkt sind deshalb kritisch zu sehen. Statt die *dépeçage* in den von den Reportern genannten Fällen einzuschränken, hätte man hier auf die Ausweichklausel in § 5.03 zurückgreifen können.

1776 Zu den Problemen der *dépeçage* vgl. *Symeonides*, Codifying Choice of Law Around the World, 2014, S. 222 ff.

1777 *Symeonides*, 92 Tulane Law Review 1, 46 f. (2017).

1778 Vgl. hierzu Teil 2, B.II.

3. *Das Deliktskollisionsrecht*

In den Literaturbeiträgen zum Deliktskollisionsrecht in den Restatement Drafts werden die bisherigen Regelungen überwiegend positiv bewertet. *Symeonides* führt aus, dass es den Reportern in bewundernswerter Weise gelungen sei, die bestehenden Rechtsprechungstrends zu systematisieren und in klar verständlichen und ausreichend flexiblen Kollisionsnormen zusammenzufassen.[1779] Dadurch würden die Erkenntnisse aus der *Conflicts Revolution* angemessen genutzt.[1780] Außerdem sei hervorzuheben, dass die Reporter bei der Normierung auch internationale Kodifikationen berücksichtigt hätten.[1781]

Symeonides' positives Votum überrascht wenig, da das Deliktskollisionsrecht des neuen Restatement inhaltlich stark an seinen Vorschlag aus dem Jahr 2000 im Indiana Law Journal erinnert.[1782] *Symeonides* hatte ebenfalls unterschiedliche Kollisionsregeln für *conduct-regulating* und *loss-allocating rules* gebildet und für diese Konstellationen ähnliche Anknüpfungen verwendet.[1783] Weiterhin bestehen viele Übereinstimmungen mit dem kodifizierten Kollisionsrecht von Oregon und Louisiana, an dessen Erstellung *Symeonides* maßgeblich beteiligt

1779 *Symeonides*, 92 Tulane Law Review 1, 48 (2017): „[...] the reporters have admirably handled this tension by (1) accurately capturing the decisional patterns emerging from the majority of the cases decided in the more than forty jurisdictions that have abandoned the traditional *lex loci delicti* rule; (2) expressing those pattern in a 'new form' that is clear, concise, and, at the same time, sufficiently flexible; and (3) providing logical and persuasive reasons for each of the proposed rules."

1780 *Symeonides*, 92 Tulane Law Review 1, 48 (2017).

1781 *Symeonides*, 92 Tulane Law Review 1, 7 (2017).

1782 *Symeonides*, 75 Indiana Law Journal 437 (2000); auffallend ist allerdings, dass trotz dieser Parallelen im Restatement an keiner Stelle auf *Symeonides'* Aufsatz verwiesen wird.

1783 Bei den *conduct-regulating rules* schlägt *Symeonides* eine Anknüpfung am Handlungsort vor, von der aber zugunsten des Rechts am Erfolgsort abgewichen werden kann, wenn der Erfolg vorhersehbar war und die geschädigte Partei die Anwendung verlangt; im Falle einer *loss-allocating rule* verwendet *Symeonides* eine Anknüpfungsleiter; so soll zunächst auf das *domicile* des Geschädigten abgestellt werden, sofern dieses mit dem *domicile* des Schädigers übereinstimmt oder die beiden Heimatrechte inhaltlich identisch sind; ist dies nicht der Fall, kommt bei Zusammenfallen von Handlungs- und Erfolgsort das Recht dieses Staates zur Anwendung; bei *cross-border torts* wird schließlich an das *domicile* des Geschädigten angeknüpft, solange der Erfolgseintritt dort vorhersehbar war und die Anwendung vom Geschädigten verlangt wurde, vgl. *Symeonides*, 75 Indiana Law Journal 437, 450 (2000); vgl. außerdem die vorangegangenen Ausführungen in Teil 1, D.II.6.

war.[1784] *Borchers* lobt ebenfalls die Internationalität der neuen Kollisionsnormen.[1785] Er identifiziert allerdings auch einige Schwachstellen.[1786]

Im Folgenden werden die Regelungen des neuen Restatement unter Berücksichtigung der beiden Literaturansichten im Detail untersucht und eine eigene Bewertung vorgenommen.

a. Struktur

Das Deliktskollisionsrecht ist klar strukturiert, es gibt einen allgemeinen und einen besonderen Teil. Die besonderen Kollisionsregeln haben Vorrang vor den allgemeinen Regelungen. Dadurch wird ein Mangel der Vorgängerversion bereinigt, denn das zweite Restatement stellt nicht explizit klar, in welchem Verhältnis die Generalklausel in § 145 zu den übrigen Kollisionsnormen steht. Dementsprechend wird in der Praxis häufig auf die sehr weit gefasste Generalklausel zurückgegriffen, anstatt der klareren Verweisung in den speziellen Regelungen zu folgen.[1787] Durch die Vorrangstellung der besonderen Kollisionsregeln als *lex specialis* enthalten die Gerichte eine vorgegebene Linie, sodass Entscheidungen einheitlicher und vorhersehbarer werden können.

Auch die allgemeinen Deliktskollisionsnormen lassen einem logischen Aufbau erkennen. Zunächst wird zwischen den beiden Normtypen im Deliktsrecht differenziert, danach folgen für beide Fallgruppen eigene Kollisionsnormen. Damit schlägt sich der two-step-test auch strukturell nieder, die Bedeutung der *scope*-Komponente wird deutlich. Lediglich § 6.08 fällt ein wenig aus dem Muster: Die Regelung gilt sowohl für *conduct-regulating* als auch für *loss-allocating rules.* Für ein einfacheres Verständnis könnte dies zumindest in der Überschrift kenntlich gemacht werden. Im vorangegangenen Entwurf hatte man den Inhalt von § 6.08 noch in zwei getrennten Regelungen für schadenszuweisende und für verhaltenssteuernde Sachnormen normiert. So war die Anwendung der Kollisionsnormen etwas intuitiver.

§ 6.09 enthält schließlich die Ausweichklausel für alle Fallkonstellationen, die nicht von den Deliktskollisionsnormen des Restatement erfasst werden. Eine allgemeine Ausweichklausel mit beinahe gleichem Inhalt gibt es bereits in Chapter

---

1784 *Nafziger*, 58 American Journal of Comparative Law 165, 172, 175 (2010).
1785 *Borchers*, 27 Duke Journal of Comparative & International Law 461, 477 (2017).
1786 *Borchers*, 27 Duke Journal of Comparative & International Law 461, 478 (2017).
1787 Vgl. dazu Teil 1, C.III.2.c.

5.[1788] Erstaunlicherweise sind die Comments zu § 6.09 aber in einigen Punkten detaillierter. Insbesondere wird mehrfach explizit eine Parallele zu § 6 des zweiten Restatement gezogen.[1789] Diese Anmerkungen fehlen in Chapter 5; stattdessen wendet man sich dort ausdrücklich vom *multi-factor-test* in § 6 ab.[1790] Im Interesse der Einheitlichkeit des gesamten Regelungswerkes wäre es vorzugswürdig gewesen, in § 6.09 lediglich auf § 5.03 zu verweisen und ggf. spezielle Unterschiede im Deliktskollisionsrecht hervorzuheben.

Positiv fällt allerdings auf, dass die Reporter durch den Rückgriff auf die Ausweichklausel auf eine mit § 145 des zweiten Restatement vergleichbare Generalklausel verzichtet haben. Die Comments in der Neuauflage unterstreichen, dass die Norm nur in besonderen Fällen zur Anwendung kommen und ansonsten auf die klaren Verweisungsregeln zurückgegriffen werden soll. Der Entscheidungsspielraum der Gerichte wird so im Interesse der Rechtssicherheit und Vorhersehbarkeit klar eingegrenzt, anstatt ihnen durch weite Formulierungen einen generellen „Freifahrtschein" zu erteilen.

b. *Conduct-regulation und loss-allocation*

Durch die Unterscheidung zwischen *conduct-regulating* und *loss-allocating rules* soll der Regelungszweck der möglicherweise anwendbaren Sachnormen in die kollisionsrechtliche Analyse einbezogen werden. Damit wird der erste Schritt des two-step-test umgesetzt. Grundsätzlich ist der Rückgriff auf die Unterscheidung zu befürworten. In Rechtsprechung und Literatur wird seit der Entscheidung Babcock v. Jackson im Deliktsrecht (implizit) zwischen schadenszuweisenden und verhaltenssteuernden Regelungen differenziert, unabhängig davon, welchem methodischen Ansatz der jeweilige Bundesstaat folgt.[1791] Die Kategorisierung stellt ein taugliches Instrument dar, um festzustellen, in welchen Fällen eine territoriale oder eine personale Anknüpfung vorzugswürdig ist.[1792] Eine

---

1788 Sogar die Reporters' Notes heben den universellen Charakter der Regelung hervor, vgl. Restatement (Third) of Conflict of Laws, Council Draft No. 3, § 6.09 Reporters' Notes, S. 38.

1789 Restatement (Third) of Conflict of Laws, Council Draft No. 3, § 6.09 Comment b, S. 36.

1790 Vgl. Teil 2, A.III.1.

1791 Babcock v. Jackson, 191 N.E.2d 279 (N.Y. 1963), wenn auch noch nicht explizit mit der später etablierten Terminologie; zur Verbreitung der Unterscheidung vgl. *Hay/ Borchers et al.*, Conflict of Laws, 2018, S. 786 ff.; mit entsprechenden Verweisen auf das *case law Symeonides*, 82 Tulane Law Review 1741, 1746 f. (2008).

1792 So auch *Symeonides*, 92 Tulane Law Review 1, 15 (2017).

empirische Untersuchung von *Borchers* deutet darauf hin, dass die Unterscheidung in der Praxis funktioniert. *Borchers* fand heraus, dass nach der Kodifikation des Kollisionsrechts von Louisiana, das ebenfalls getrennte Kollisionsregeln für *loss-allocation* und *conduct-regulation issues* beinhaltet, die Zahl der abgewiesenen Berufungsverfahren gestiegen sei.[1793] Insofern vollendet das Restatement auf diese Weise das Erbe der *Conflicts Revolution*. Es spricht daher vieles dafür, diese Unterscheidung zur zentralen Stellschraube des Deliktskollisionsrechts zu machen.

Die auf den ersten Blick simple Differenzierung birgt allerdings Tücken. In den Comments wird zutreffend darauf hingewiesen, dass eine Sachnorm sowohl verhaltenssteuernde als auch schadenszuweisende Elemente beinhalten kann.[1794] Die Subsumtion des Sachrechts unter die entsprechende Kollisionsnorm stellt somit die größte Schwierigkeit dar und wird dementsprechend in der Literatur am stärksten diskutiert.[1795] Ein Blick auf die Rechtsprechung zeigt, dass die Gerichte die Zuordnungsproblematik erkannt haben. In Padula v. Lilarn Properties Corp. kam der New York Court of Appeals zu dem Ergebnis, dass – sofern eine Sachnorm Elemente beider Normtypen enthalte – es auf den vorherrschenden Zweck der Regelung ankomme.[1796] Das Restatement übernimmt diese Terminologie und stellt ebenfalls auf den „primary purpose" ab. Gegen den Einwand, dies sei ein vager Begriff, wendet *Symeonides* ein, dass die teleologische Auslegung von Rechtsbegriffen ein zentraler Bestandteil jeder rechtlichen Analyse sei.[1797] Dem ist zuzustimmen: Der Rückgriff auf den vorherrschenden Zweck ist die beste Möglichkeit, den Willen des Regelungsgebers angemessen zu berücksichtigen.

Im Restatement greifen die Reporter bei der Zuordnung dementsprechend auf die vorherrschende Zweckrichtung der Sachnormen und die zugrunde liegenden Wertungsentscheidungen zurück. Auf dieser Basis ordnen sie in § 6.02 und § 6.03 bestimmte deliktsrechtliche Fragestellungen einer der beiden Kategorien zu. Die Reporter gehen von der Prämisse aus, dass deliktsrechtliche Sachnormen grundsätzlich verhaltenssteuernd sind. Nur wenn vom Verursacherprinzip

1793 *Borchers*, 60 Louisiana Law Review 1061, 1062, 1068 (2000).

1794 So bereits Hurtado v. Superior Court, 522 P.2d 666 (1974); ausführlich dazu *Perdue*, 60 Louisiana Law Review 1251, 1252 (2000).

1795 *Cross*, 36 Creighton Law Review 425 (2003); *Borchers*, 27 Duke Journal of Comparative & International Law 461 (2017); *Perdue*, 60 Louisiana Law Review 1251 (2000).

1796 Padula v. Lilarn Properties Corp., 644 N.E.2d 1001, 1003 (N.Y. 1994).

1797 *Symeonides*, 92 Tulane Law Review 1, 13 (2017).

abgewichen werde, handele es sich um eine schadenszuweisende Regelung.[1798] Die gegenteilige Ansicht vertritt *Borchers*: Er argumentiert, dass im Restatement zu viele Regelungen als verhaltenssteuernd charakterisiert würden.[1799] Die Kategorie solle nur Normen beinhalten, die einen direkten Einfluss auf das primäre Verhalten hätten.[1800] Das bedeute, dass Deliktsregeln, die eine vorsätzliche Missachtung rechtlicher Vorschriften erforderten, darunter fielen.[1801] Entsprechend sei beispielsweise die „strict liability" tatsächlich eine schadenszuweisende Regelung:[1802] Die verschuldensunabhängige Haftung habe keine direkten Auswirkungen darauf, wie eine Person sich verhalte und müsse daher als *loss-allocating rule* eingestuft werden.[1803] *Borchers* Argumentation stellt damit vorrangig auf den Effekt einer Deliktsregel ab, nicht hingegen auf ihre Zweckrichtung.

Welche Prämisse vorzugswürdig ist, kann letztlich dahinstehen. Es ist verständlich, dass es verschiedene Ansichten gibt. Festzuhalten bleibt aber, dass das Restatement klar entscheiden muss, auf welcher Basis die Zuordnung vorzunehmen ist. Andernfalls können die Kollisionsregeln keine einheitlichen und vorhersehbaren Entscheidungen hervorbringen. Daher ist es begrüßenswert, dass die Reporter in § 6.02 und § 6.03 eine Richtschnur für die Zuordnung formulieren, um die Anwendung in der Praxis zu erleichtern. Dass die jeweilige Zuordnung zu einer der beiden Kategorien nicht aus der Luft gegriffen ist, zeigt die zitierte Rechtsprechung in den Reporters' Notes. Es fällt allerdings auf, dass im Rahmen von § 6.02, der die verhaltenssteuernden Sachnormen aufzählt, lediglich Entscheidungen von New Yorker Gerichten genannt werden. Bei den *loss-allocating rules* wird indes *case law* aus verschiedenen Bundesstaaten aufgezählt. Dieses Phänomen lässt sich dadurch erklären, dass sich die meisten Entscheidungen, in denen die beiden Normtypen explizit thematisiert werden, auch *loss-allocating issues* betreffen. In diesen Fällen wird von der traditionellen territorialen Anknüpfung abgewichen, sodass ein besonderes Begründungsbedürfnis besteht.

1798 Restatement (Third) of Conflict of Laws, Council Draft No. 4, § 6.01 Comment a, S. 4.
1799 *Borchers*, 27 Duke Journal of Comparative & International Law 461, 480 (2017).
1800 *Borchers*, 27 Duke Journal of Comparative & International Law 461, 481 (2017).
1801 *Borchers*, 27 Duke Journal of Comparative & International Law 461, 481 (2017).
1802 *Borchers*, 27 Duke Journal of Comparative & International Law 461, 480 (2017).
1803 *Borchers*, 27 Duke Journal of Comparative & International Law 461, 481 (2017).

c. *Anknüpfung*

Die Reporter haben sich bei der Formulierung der allgemeinen Deliktskollisionsregeln dafür entschieden, eine Einzelanknüpfung zu verwenden und so die Vorhersehbarkeit der Entscheidungen zu fördern. Es ist entweder auf den Handlungsort, den Erfolgsort oder das *domicile* abzustellen. Damit ist die Terminologie in der Neuauflage wesentlich eindeutiger als noch im ersten Restatement, wo an den *place of wrong* angeknüpft wurde. Hintergrund der drei Anknüpfungspunkte ist die Überlegung, dass Staaten entweder Handlungen oder Rechtsgutverletzungen innerhalb ihres Territoriums regeln oder Gebietsansässige schützen möchten. Insofern wird die *policy analysis* auch hier weitergeführt.

Innerhalb der *conduct-regulation-* bzw. *loss-allocation*-Kollisionsregeln wird sodann zwischen zwei Fallkonstellationen differenziert, für die jeweils separate Regeln gebildet werden. Auf der einen Seite stehen die Sachverhalte, in denen die territorialen oder – im Fall von *loss-allocating rules* – personalen Verbindungspunkte zusammenfallen. Hier wird stets an das Recht des Staates mit den übereinstimmenden Kontaktpunkten angeknüpft. Auf der anderen Seite stehen die *cross-border torts*. Hier kommt es vorrangig auf das Recht des Handlungsortes an, es sei denn, die geschädigte Partei verlangt die Anwendung des Rechts am Erfolgsort.

Die gewählten Anknüpfungspunkte geben größtenteils die Trends der Praxis in der bisherigen Rechtsprechung im Deliktskollisionsrecht wieder.[1804] Zusätzlich besteht eine große Übereinstimmung mit den beiden Kodifikationen in Oregon und Louisiana.[1805] Insofern erfüllt das Restatement an dieser Stelle die geforderte Funktion, *case law* zu systematisieren und in feststehenden Regelungen umzusetzen.

Betrachtet man das Ergebnis der Rechtsanwendung, wird vorrangig das Recht am Handlungsort angewendet. Einzige Ausnahmen sind das zusammenfallende *domicile* der Parteien bei schadenszuweisenden Sachnormen oder eine Wahl des Erfolgsortes der geschädigten Partei. Die Kollisionsregeln könnten daher stark vereinfacht dargestellt werden, sogar die Unterscheidung zwischen

---

1804 Vgl. dazu beispielsweise *Cross*, 36 Creighton Law Review 425, 438 (2003): „[…] the [conduct-regulating] exception is also evident in many other states. […] Courts favor CS law regardless of which modern choice-of-law method is in force."; *Symeonides*, 75 Indiana Law Journal 437, 451 ff. (2000); *Hay/Borchers et al.*, Conflict of Laws, 2018, S. 794 ff.; im Ergebnis so wohl auch *Sedler*, 60 Louisiana Law Review 1331, 1335 (2000).

1805 *Symeonides*, 92 Tulane Law Review 1, 17 f. (2017).

loss-allocation und *conduct-regulation* wäre grundsätzlich nicht notwendig. Eine solche Kollisionsregel könnte beispielsweise lauten:

(1) In deliktsrechtlichen Fragestellungen wird grundsätzlich an das Recht am Handlungsort angeknüpft.
(2) Sofern die Anwendung des Rechts am Erfolgsortes vorhersehbar war und die geschädigte Partei die Anwendung verlangt, kann auch auf das Recht am Erfolgsort abgestellt werden.
(3) Handelt es sich bei den zu beurteilenden Sachnormen um *loss-allocating rules* und haben die Parteien ein gemeinsames *domicile*, kommt das Recht dieses Staates zur Anwendung.

Dass sich die Reporter trotzdem für die wesentlich ausführlicheren Kollisionsregeln entschieden haben, lässt sich indes gut begründen. Die Regeln des neuen Restatement spiegeln – wie bereits ausgeführt – strukturell den two-step-test wider. Weiterhin indizieren die auf verschiedene Fallkonstellationen gemünzten Kollisionsnormen, dass die Reporter bei der Normierung eine spezielle Abwägung vorgenommen und sich an den Beispielen in der Rechtsprechung orientiert haben. Der obige Vorschlag unterschlägt diese *policy analysis* und erinnert stattdessen an eine klassische Kollisionsnorm des rechtsfragenorientierten Denkmodells. Angesichts des Trends im US-amerikanischen Kollisionsrechts, dem Einzelfall und dem Inhalt des Sachrechts ausreichend Berücksichtigung zukommen zu lassen, ist die kleinschrittige Vorgehensweise somit nachvollziehbar und methodisch konsequent. Um eine flächendeckende Adaption des neuen Regelungswerks in der Rechtsprechung sicherzustellen, muss die Neuversion außerdem eine Verbesserung im Vergleich zu den beiden Vorgängern darstellen. Eine starre Generalklausel, wie der oben genannte Vorschlag, würde jedoch genau das Gegenteil bewirken und die größten Kritikpunkte am ersten und zweiten Restatement manifestieren.

Schließlich muss noch auf das in § 6.08 enthaltene Wahlrecht des Klägers eingegangen werden. An dieser Stelle sind die Reporter rechtsfortbildend tätig, eine explizite Feststellung einer solchen Wahlmöglichkeit findet sich bisher nicht in der Rechtsprechung.[1806] Trotzdem ist die Klausel beifällig zu bewerten.[1807] Sie spiegelt eine Tendenz in der Rechtsprechung wider, wonach Gerichte oftmals das Recht anwenden, das „opferfreundlich" ist.[1808] Um dem Gericht die in diesem

1806 *Borchers*, 27 Duke Journal of Comparative & International Law 461, 478 (2017).

1807 A.A. *Borchers*, 27 Duke Journal of Comparative & International Law 461, 478 (2017).

1808 *Borchers*, 49 Washington and Lee Law Review 357, 377 f. (1992); *Solimine*, 24 Georgia Law Review 49, 88 f. (1989); zu einem anderen Ergebnis kommt hingegen

Fall notwendige Abwägungsentscheidung zu ersparen, wird die Entscheidung der geschädigten Partei überlassen. Das Wahlrecht beruht auf der Prämisse, dass eine Partei nur ein Recht wählen würde, dessen Anwendung im Ergebnis für sie besser sei. Angesichts der Unvorhersehbarkeit des Ausgangs solcher Abwägungsentscheidungen sorgt die Regelung folglich für Rechtssicherheit.[1809] Damit das Wahlrecht nicht unzulässig ausgedehnt wird, muss der Erfolgseintritt für den Schädiger vorhersehbar gewesen sein. So werden unerwartete Haftungsrisiken für den Schädiger ausgeschlossen.

d. „No material conflict"-Ausnahme

Die größte Änderung im dritten Council Draft ist der „no material conflict"-Zusatz in § 6.04 und § 6.06. Danach wird auch dann von einem zusammenfallenden Handlungs- und Erfolgsort bzw. *domicile* ausgegangen, wenn die in Frage stehenden Sachnormen inhaltlich gleich sind. Zuvor hatte diese Erläuterung lediglich in die Comments der jeweiligen Regelung Eingang gefunden.

Der Zusatz nimmt eine wichtige Klarstellung vor. Insofern ist es angemessen, dass er nun Teil der *black-letter provisions* ist. Allerdings bleibt die Verwendung der „no material conflict"-Ausnahme im Deliktskollisionsrecht fraglich. Die Reporter nehmen hier indirekt Stellung zu der Problematik, wann überhaupt eine Rechtskollision vorliegt. In Rechtsprechung und Literatur wird der von dem Zusatz beschriebene Fall auch als *false conflict* bezeichnet.[1810] Thematisch handelt es sich dabei um eine methodische Fragestellung, die systematisch besser zu Chapter 5 passen würde. Ein Blick auf die möglichen Fallkonstellationen zeigt allerdings, dass die Ausnahme im Ergebnis einen geringen Anwendungsbereich hat. Tatsächlich relevant wird die Klausel nur bei *loss-allocating issues*, für die am *domicile* angeknüpft wird. Sofern die Parteien ein unterschiedliches *domicile* haben und der Handlungsort in einem dritten Staat liegt, müsste nach § 6.08 entweder das Recht des Handlungs- oder des Erfolgsortes zur Anwendung kommen. Die „no material conflict"-Ausnahme stellt sicher, dass bei inhaltlich übereinstimmendem Heimatrecht dieses anstelle eines anderen Rechts angewendet wird. Anders ist die Situation hingegen bei *conduct-regulating rules* zu bewerten, in denen ohnehin an den Handlungs- oder den Erfolgsort angeknüpft wird. Ist

---

Symeonides, The American Choice-of-Law Revolution: Past, Present and Future, 2006, S. 273 ff.; zu den Studien vgl. *Whytock*, 84 New York University Law Review 719, 746 ff. (2009).

1809 So auch *Symeonides*, 92 Tulane Law Review 1, 35 (2017).

1810 Vgl. dazu bereits Teil 1, B.I.2.c. sowie B.I.3.

das Recht in beiden Staaten inhaltlich gleich, ändert sich in der Rechtsanwendung nichts. Dementsprechend kann der „no material conflict"-Zusatz in § 6.04 durchaus kritisch bewertet werden. Ginge es den Reportern um eine generelle methodische Frage, wäre es vorzugswürdig gewesen, das Problem bereits in Chapter 5 anzusprechen.[1811]

Die „no material conflict"-Ausnahme kann allerdings in ihrer praktischen Anwendung problematisch sein. Es wird nicht geregelt, welche der identischen Sachnormen letzten Endes angewendet werden soll. Relevant wird diese Lücke beispielsweise bei der im Restatement vorgeschlagenen analogen Anwendung von § 6.06 im Falle von *damage caps* in unterschiedlicher Höhe.[1812] Es bleibt unklar, welche Haftungsbeschränkung einschlägig ist. Zudem befeuert die „no material conflict"-Ausnahme ein Heimwärtsstreben der Gerichte. Obwohl sich die Regelung an keiner Stelle auf die *lex fori* bezieht, ist es trotzdem wahrscheinlich, dass ein Gericht stets dem eigenen Recht den Vorzug geben wird.

e. *Produkthaftung*

Für eine Bewertung muss als Erstes beantwortet werden, ob die Kollisionsregel des dritten Restatement für Produkthaftungsfälle überhaupt erforderlich ist. Wendete man die allgemeinen deliktsrechtlichen Kollisionsnormen der Neuauflage an, käme man zunächst zu dem Ergebnis, dass die Produkthaftung zu den *conduct-regulating rules* zählt, da sie auf das Verhalten von Herstellern einwirken und Schäden kompensieren soll, die aus der Benutzung fehlerhafter Produkte entstehen. Nach § 6.04 bzw. § 6.08 wäre sodann territorial an den Handlungs- oder Erfolgsort anzuknüpfen, da Staaten bei verhaltenssteuernden Regeln ein besonders großes Interesse daran haben, diese auf Handlungen oder Rechtsgutverletzungen innerhalb ihres Territoriums anzuwenden.

Im Fall von Produkthaftungskonstellationen ist diese Anknüpfung allerdings wenig hilfreich. Das stellen auch die Comments klar. Der Handlungsort ist in Produkthaftungsfällen schwer festzustellen: Viele Produkte werden an unterschiedlichen Orten entwickelt, hergestellt und getestet, sodass der Ort, an dem der Fehler verursacht wurde, oftmals nicht intuitiv erkennbar ist.[1813] Auch der Erfolgsort kann bei bestimmten Produkten Probleme bereiten: Geht es beispielsweise um Tabakprodukte und eine dadurch verursachte Erkrankung, kann es sein, dass der Geschädigte die Produkte über längere Zeit an verschiedenen

1811 Vgl. dazu bereits Teil 2, D. I.1.c.cc.
1812 Vgl. dazu Teil 2, C.IV.1.
1813 *Hay/Borchers et al.*, Conflict of Laws, 2018, S. 929.

Orten konsumiert hat.[1814] Insofern ist es sachgerecht, für deliktsrechtliche Konstellationen, in denen Ansprüche gegen Hersteller wegen Produktmängeln geltend gemacht werden, eine spezielle Anknüpfung zu verwenden.

In methodischer Hinsicht ist die Norm allerdings fragwürdig. Weder aus der Kollisionsregel noch aus den Comments wird ersichtlich, dass bei der Normierung eine *policy analysis* vorgenommen wurde. Stattdessen werden alle Produkthaftungsstandards „in einen Topf geworfen", obwohl sich die Regelung sowohl auf die – nach deutschem Verständnis – „klassische" verschuldensunabhängige Produkthaftung als auch auf deliktsrechtliche Ansprüche wegen fahrlässigem Verhalten bezieht.

Bei erwartungsgemäßer Anwendung des two-step-test müsste im Rahmen der kollisionsrechtlichen Analyse zunächst gefragt werden, welche Sachnorm überhaupt anwendbar ist. Dafür wären die Regelungsinteressen des jeweiligen Staates zu untersuchen. Hintergrund der Produkthaftung ist, dass der Hersteller für Schäden haften soll, die aus der Benutzung eines von ihm in den Verkehr gebrachten fehlerhaften Produkts entstehen. Die Ausgestaltung dieser Haftungsstandards variiert in den verschiedenen Bundesstaaten.[1815] Diese Unterschiede deuten auf unterschiedliche Regelungsinteressen der Staaten hin, die wiederum bei der Bestimmung des anwendbaren Rechts nach dem two-step-test zu berücksichtigen sind. Für eine entsprechende Umsetzung könnte man – wie schon bei der Unterscheidung zwischen *conduct-regulation* und *loss-allocation* im allgemeinen Teil – die Regelungen zur Produkthaftung in zwei Kategorien einordnen:[1816] käuferfreundliche und herstellerfreundliche Produkthaftungsstandards. Unter die käuferfreundlichen Haftungsregelungen fallen beispielsweise die verschuldensunabhängige Haftung, *corporate liability* oder *punitive damages*, durch die der Schädiger besonders bestraft und andere Hersteller von einem ähnlichen Verhalten abgeschreckt werden sollen.[1817] Zweck dieser Regelungen ist es, Konsumenten, die im regelungsgebenden Staat ansässig sind, das fehlerhafte Produkt in dem Staat erworben oder in diesem Staat eine Verletzung erlitten haben, besonders zu schützen. Auf der anderen Seite stehen wiederum Regelungen, die

---

1814 *Hay/Borchers et al.*, Conflict of Laws, 2018, S. 929 f.

1815 *Wajert*, in: Westlaw Practical Law.

1816 So auch im Ergebnis *Hay/Borchers et al.*, Conflict of Laws, 2018, S. 933 f.; zu den unterschiedlichen Zielen der Produkthaftung auch *Kozyris*, 60 Louisiana Law Review 1161, 1173 (2000); er schlägt außerdem vor, nach verschiedenen Arten von Produkten zu differenzieren, *Kozyris*, 60 Louisiana Law Review 1161 (2000).

1817 *Hay/Borchers et al.*, Conflict of Laws, 2018, S. 933.

primär herstellerfreundlich sind und das Haftungsrisiko beschränken, um den Handel des regelungsgebenden Staates voranzutreiben und ihn als Wirtschaftsstandort für Unternehmen attraktiv zu machen: Hierzu zählen z.B. Haftungsstandards, die ein fahrlässiges Verhalten erfordern, der Ausschluss von *punitive damages* oder Haftungsobergrenzen.[1818]

Wenn die betroffenen Sachnormen derselben Kategorie angehören und inhaltlich gleich sind, liegt – nach *Curries* Terminologie – ein *false conflict* vor. Die allgemeinen Deliktskollisionsnormen regeln diesen Fall durch die oben besprochene „no material conflict"-Ausnahme: Es wird hier ein Zusammenfallen der Anknüpfungspunkte fingiert, sodass keine Entscheidung zwischen den relevanten Sachnormen getroffen werden muss. Da die allgemeinen Deliktskollisionsregeln als Ausnahmeregelungen dienen sollen, wenn der Sachverhalt nicht von der Produkthaftungskollisionsregel umfasst ist, wäre es aus methodischer Sicht nur konsequent, die „no material conflict"-Annahme auch in Produkthaftungsfragen gelten zu lassen. Dementsprechend müsste man bei übereinstimmenden Produkthaftungsstandards keine kollisionsrechtliche Entscheidung treffen.

Sofern die betroffenen Sachnormen jedoch unterschiedlichen Kategorien zuzuordnen sind, liegt eine Rechtskollision vor. In diesem Fall muss die Prioritätsfrage beantwortet und damit eine entsprechende Anknüpfung gewählt werden. Ein bloßes „Kontaktpunkte-Zählen" kann hier nicht überzeugen. Die Rechtsprechung zeigt, dass die Gerichte vieler Bundesstaaten in Produkthaftungsfragen häufig auf den *place of acquisition* des Erstkäufers abstellen. Aus interessensanalytischer Sicht ist der Erwerbsort hierfür grundsätzlich geeignet: Während der Hersteller sein Produkt in der Regel dort in den Verkehr gegeben hat, traf der Käufer bewusst die Entscheidung, das Produkt an diesem Ort zu erwerben. Die Anknüpfung kann aber problematisch sein, wenn der Anspruchsinhaber nicht der Erstkäufer ist und das Produkt in der Lieferkette Grenzen „überschritten" hat. Ein weiteres Problem könnte vorliegen, falls das Produkt am Ort des Ersterwerbs gar nicht in den Verkehr gebracht wurde. Um diese beiden Fälle abzudecken und ein unangemessenes Risiko auszuschließen, könnte die Anknüpfung unter dem Vorbehalt stehen, dass der *place of acquisition* sowohl für Käufer als auch Hersteller vorhersehbar bzw. zumutbar ist. § 6.10 enthält bereits jetzt einen Zusatz mit ähnlichem Hintergrund: Der Anknüpfungspunkt muss zumindest

---

1818 *Hay/Borchers et al.*, Conflict of Laws, 2018, S. 934; das dritte Restatement für *Torts* regelt beispielsweise, dass bei Konstruktions- und Instruktionsfehlern nur dann eine Haftung besteht, wenn die Gefahr vorhersehbar war, vgl. Restatement (Third) of Torts (1998), Products Liability, Chapter 1, Topic 1, § 2.

mit dem *domicile* einer der Parteien, dem Erfolgsort oder dem Herstellungsort übereinstimmen; außerdem soll das Produkt in diesem Staat auf dem gewöhnlichen Handelsweg zu erwerben sein. Diese sperrige Formulierung könnte durch den oben vorgeschlagenen Zusatz stark vereinfacht werden.

Da die Anknüpfung an den *place of acquisition* unter Umständen fehl läuft, macht es Sinn, eine Anknüpfungsleiter zu verwenden. Die im neuen Restatement gewählte gestufte Anknüpfung am *domicile* des Klägers und schließlich am Herstellungsort scheint auch in der Rechtsprechung verwendet zu werden. Um aber abschließend ihre Tauglichkeit bewerten zu können, wäre eine detaillierte Abwägung der verschiedenen Fallkonstellationen notwendig. An dieser Stelle hat das Restatement Nachholbedarf.

Letztlich kommt man damit zu dem Ergebnis, dass die Vorgehensweise der Produkthaftungsregelung vor dem Hintergrund des two-step-test methodisch inkonsistent ist. Es fehlt die erste Komponente des Tests, bei der die Regelungsinteressen des jeweiligen regelungsgebenden Staates untersucht werden. Zwar ist die momentane Version von § 6.10 für die Gerichte einfacher anzuwenden, da ihnen eine *policy analysis* erspart bleibt. Sie passt aber wegen ihrer Sachrechtsneutralität nicht in das sachrechtsorientierte Denkmodell. Stattdessen erinnert die Kollisionsregel stark an ihr Pendant im europäischen Recht, Art. 5 Rom II-VO. Hier wird ebenfalls eine Anknüpfungsleiter verwendet, nur die Reihenfolge der Anknüpfungspunkte ist unterschiedlich: An erster Stelle steht der gewöhnliche Aufenthalt der geschädigten Partei, danach folgt der *place of acquisition*, sodann der Erfolgsort und schließlich der gewöhnliche Aufenthalt des Herstellers.[1819]

1819 Art. 5 (1) Rom II-VO: „Unbeschadet des Artikels 4 Absatz 2 ist auf ein außervertragliches Schuldverhältnis im Falle eines Schadens durch ein Produkt folgendes Recht anzuwenden:

a) das Recht des Staates, in dem die geschädigte Person beim Eintritt des Schadens ihren gewöhnlichen Aufenthalt hatte, sofern das Produkt in diesem Staat in Verkehr gebracht wurde, oder anderenfalls
b) das Recht des Staates, in dem das Produkt erworben wurde, falls das Produkt in diesem Staat in Verkehr gebracht wurde, oder anderenfalls
c) das Recht des Staates, in dem der Schaden eingetreten ist, falls das Produkt in diesem Staat in Verkehr gebracht wurde.

Jedoch ist das Recht des Staates anzuwenden, in dem die Person, deren Haftung geltend gemacht wird, ihren gewöhnlichen Aufenthalt hat, wenn sie das Inverkehrbringen des Produkts oder eines gleichartigen Produkts in dem Staat, dessen Recht nach den Buchstaben a, b oder c anzuwenden ist, vernünftigerweise nicht voraussehen konnte.“

Die ersten drei Anknüpfungspunkte stehen zudem unter dem Vorbehalt, dass das Produkt in diesem Staat auch in den Verkehr gebracht wurde. Wie bereits im ersten Teil der Arbeit erwähnt, wählt der europäische Gesetzgeber Anknüpfungsleitern, um materiell-rechtliche Erwägungen in das eigentlich sachrechtsneutrale, da rechtsfragenorientierte Denkmodell zu integrieren.[1820] Die bei der Normierung erfolgten Abwägungsentscheidungen sind aber nicht mit der *policy analysis* im Rahmen des two-step-test vergleichbar. Insofern bleibt eine methodische Inkonsistenz von § 6.10 bestehen. Auffallend ist, dass ein Verweis auf die europäische Regelung im Restatement fehlt – vielleicht auch, um die Parallelen nicht noch offensichtlicher zu machen und die rechtsfragenorientierte Methodik nicht hervorzuheben.

Insgesamt deutet die Kollisionsregel für Produkthaftungsfragen darauf hin, dass die vermeintliche Grundmethodik des two-step-test, der sich durch das gesamte Restatement ziehen soll, nicht immer stringent angewendet wird. Da sich die Untersuchung in dieser Arbeit auf Fragen des Deliktskollisionsrechts beschränkt, werden Kollisionsregeln zu anderen Rechtsgebieten nicht analysiert. Die Beobachtungen zur Produkthaftung müssen aber bei einer zukünftigen Gesamtbewertung des dritten Restatement überprüft und entsprechend bedacht werden.

4. *Internationalität und international conflicts*

Im Gegensatz zu seinen Vorgängerversionen berücksichtigen die bisherigen Drafts des neuen Restatement internationale Entwicklungen und Trends. An einigen Stellen wird dementsprechend auf ausländisches Kollisionsrecht verwiesen: Die Reporters' Notes im Deliktskollisionsrecht zitieren beispielsweise Vorschriften aus der Rom II-VO, die vergleichbare Anknüpfungen verwenden. Damit greifen die Reporter Verbesserungsvorschläge der Wissenschaft auf, die die einseitige und protektionistische Sichtweise der bisherigen *Conflicts Restatements* kritisiert hatte.[1821] *Borchers* beurteilt das Ergebnis positiv: Das Restatement treibe Harmonisierung und internationalen Entscheidungseinklang voran, indem es im Deliktsrecht bei *loss-allocating rules* an den Erfolgsort anknüpfe, sofern keine gemeinsame geographische Verbindung vorliege.[1822] Die „common domicile"-Regel sei inzwischen weltweit anerkannt.[1823]

1820 Siehe dazu bereits Teil 1, C.II.2.d.

1821 Vgl. dazu die Vorschläge zur Internationalisierung in Teil 1, D.II.5.

1822 *Borchers*, 27 Duke Journal of Comparative & International Law 461, 477 (2017).

1823 *Borchers*, 27 Duke Journal of Comparative & International Law 461, 477 (2017).

Die rechtsvergleichende Arbeitsweise und die daraus resultierende Vereinheitlichung im neuen Restatement ziehen sich aber nicht durch alle Bereiche. So wurde dem Bestreben, das *domicile* durch den „gewöhnlichen Aufenthalt" als Anknüpfungspunkt zu ersetzen, schnell eine Absage erteilt. Im ersten Preliminary Draft hatten die Reporter noch optimistisch versucht, den Wechsel zum „gewöhnlichen Aufenthalt" als eine Modernisierung zu preisen, die das Kollisionsrecht an die Bedürfnisse des 21. Jahrhunderts anpassen könne.[1824] Der Versuch scheiterte unter anderem, weil die Reporter versuchten, *domicile*-Grundsätze in den Begriff „habitual residence" zu pressen. In allen nachfolgenden Entwürfen wird daher wieder auf das *domicile* abgestellt. Im Reporters' Memorandum zum zweiten Preliminary Draft erklären die Reporter ihren Richtungswechsel damit, dass zahlreiche Advisers auf die fehlende Grundlage in der Rechtsprechung für einen Wechsel zum „gewöhnlichen Aufenthalt" hingewiesen hätten.[1825] *Borchers* kritisiert, dass sich die USA in diesem Punkt weiterhin vom Rest der Welt unterschieden.[1826] Vor dem Hintergrund, dass der gewöhnliche Aufenthalt inzwischen in vielen internationalen Abkommen verwendet werde, denen auch die USA angehöre, wäre ein Wechsel angemessen gewesen.[1827] Tatsächlich ist ein Restatement aber nicht in der Position, nur aus Gründen internationaler Einheitlichkeit von der bestehenden eindeutigen Rechtsprechungslinie abzuweichen und stattdessen den „gewöhnlichen Aufenthalt" als personalen Anknüpfungspunkt zu etablieren. Dafür müssten zunächst die Gerichte tätig werden. Das *domicile* ist weiterhin zentraler Bestandteil der US-amerikanischen Anknüpfungsdogmatik und wird stets als personaler Verbindungspunkt verwendet. Insofern ist dem Richtungswechsel der Reporter zuzustimmen.

Hinsichtlich der Behandlung von *international conflicts* hat das Restatement allerdings noch Nachholbedarf. Zwar enthält das Regelungswerk in § 1.04 eine Vorschrift, die auf die Besonderheit international-grenzüberschreitender Konstellationen hinweist. Die Regel erklärt, dass es hier notwendig sein kann, spezielle Kollisionsregeln zu bilden, und weist darauf hin, dass das Restatement solche Regelungen enthalten wird. Die Comments erkennen zudem an, dass insbesondere die *scope*-Komponente des two-step-test bei *international*

1824 Restatement (Third) of Conflict of Laws, Preliminary Draft No. 1, Reporters' Memorandum, S. xiv.

1825 Restatement (Third) of Conflict of Laws, Preliminary Draft No. 2, Reporters' Memorandum, S. xxvi.

1826 *Borchers*, 27 Duke Journal of Comparative & International Law 461, 481 (2017).

1827 *Borchers*, 27 Duke Journal of Comparative & International Law 461, 481 (2017).

conflicts möglicherweise problematisch ist.[1828] Eine Lösung bietet das Restatement aber (bisher) nicht an. Das Deliktskollisionsrecht beinhaltet keine der in § 1.04 angesprochenen „internationalen“ Kollisionsregeln. Auch die Comments zu den Deliktskollisionsregeln thematisieren die *international conflicts* nicht. Angesichts der Tatsache, dass die zentrale Stellschraube der Kollisionsregeln die Unterscheidung zwischen *conduct-regulating* und *loss-allocating rules* ist und eine tiefgehende Analyse des ausländischen Sachrechts notwendig macht, hätte man sich an dieser Stelle einen entsprechenden Hinweis gewünscht. Zudem wurden bei der Normierung der Anknüpfungspunkte verfassungsrechtliche Grundsätze berücksichtigt, die im internationalen Kontext keine Bedeutung mehr haben. Stattdessen könnten an dieser Stelle beispielsweise außenpolitische Überlegungen Gewicht erlangen. Insofern kann das neue Restatement (bisher) nicht die Erwartungen erfüllen, den Stellenwert der *international conflicts* im US-amerikanischen Kollisionsrecht angemessen hervorzuheben und spezielle Kollisionsregeln zu bilden.

5. *Zwischenergebnis*

Zu Beginn der Arbeiten am dritten Restatement standen die Reporter vor einer großen Herausforderung: Um ein zusammenhängendes Regelungswerk mit einfach anwendbaren Kollisionsregeln schaffen zu können, mussten sie einen Weg finden, den doppelten Methodenpluralismus im US-amerikanischen Kollisionsrecht aufzulösen. Eine erste Bewertung der bisherigen Restatement-Entwürfe zeigt, dass der notwendige Grundstein dafür gelegt wurde. Der two-step-test als „conceptual framework“ des neuen Regelungswerks führt die bisherigen Trends der Rechtsprechung fort.

Trotzdem ist der Test in seiner Anwendung nicht unproblematisch: Die Analyse hat gezeigt, dass insbesondere die *scope*-Komponente und das Zusammenspiel von Test und besonderen Kollisionsnormen in der Praxis für Schwierigkeiten sorgen können. Weiterhin besteht an einigen Stellen Nachholbedarf, *international conflicts* werden immer noch nicht ausreichend berücksichtigt.

Ungeachtet dessen überwiegt der positive Eindruck. Die geforderte Balance zwischen Flexibilität und Rechtssicherheit kann erzielt werden. Anknüpfungsleitern, Ausweichklauseln und eine detaillierte Aufteilung in einzelne Teilfragen sorgen dafür, dass die Gerichte bei der Anwendung der Kollisionsregeln einen angemessenen Spielraum haben. Die Deliktskollisionsregeln des Restatement

1828 Restatement (Third) of Conflict of Laws, Council Draft No. 2, S. 17.

orientieren sich an der bisherigen Rechtsprechung und ermöglichen zusammen mit den dazugehörigen Comments eine praxistaugliche Anwendung.

Das beifällige Votum steht allerdings unter dem Vorbehalt, dass der two-step-test methodisch konsequent im gesamten Restatement verwendet wird. Das sachrechtsorientierte Denkmodell hat seinen Ursprung unter anderem im Deliktskollisionsrecht. Es überrascht daher nicht, dass sich der two-step-test in diesem Rechtsgebiet besonders gut umsetzen lässt. Um aber methodisch konsistent zu sein und eine breite Adaption des Restatement in der Rechtsprechung zu ermöglichen, müssen die restlichen Kollisionsregeln der Neufassung ebenfalls den Zweischritt des two-step-test, vor allem die *policy analysis*, widerspiegeln.

II. Die Bedeutung des Restatement für das US-amerikanische Kollisionsrecht

Der erste Teil der Untersuchung hat gezeigt, dass die ersten beiden Restatements in der Vergangenheit eine wichtige Rolle im US-amerikanischen Kollisionsrecht eingenommen und es entscheidend mitgeprägt haben. Es stellt sich somit die Frage, ob die Neuauflage es den beiden Vorgängerversionen gleichtun kann. Voraussetzung dafür ist, dass die Rechtsprechung die Regelungen des neuen Restatement und seine Methodik adaptiert. Noch befindet sich das Restatement (Third) of Conflict of Laws in der Entstehungsphase. Bis zur Fertigstellung und Genehmigung durch die Mitglieder des ALI werden vermutlich einige Jahre vergehen. Trotzdem gibt der momentane Stand der Entwürfe ausreichend Anlass, eine Prognose hinsichtlich der Auswirkungen des Regelungswerks auf das US-amerikanische Kollisionsrecht abzugeben.

Das dritte Restatement geht im Vergleich zu seinen Vorgängern methodisch neue Wege. Durch den two-step-test als „conceptual framework" werden der Inhalt des Sachrechts und die zugrunde liegenden staatlichen Regelungsziele zu einem zentralen Bestandteil der kollisionsrechtlichen Analyse. Das Regelungswerk unterscheidet sich damit wesentlich von den ersten beiden Restatements. Im ersten Restatement spielen materiell-rechtliche Erwägungen keine Rolle; das zweite Restatement versucht zwar, bei der Bestimmung des anwendbaren Rechts eine *policy analysis* vorzunehmen, ist aber bei der Umsetzung zu zögerlich und daher methodisch inkonsistent.[1829] Außerdem wurden hier bis zur finalen Fertigstellung immer wieder Änderungen an § 6, dem methodischen „Herzstück" des zweiten Restatement, vorgenommen. Die Entscheidung der Reporter, direkt

1829 Vgl. dazu Teil 1, C.III.1.

zu Beginn des Arbeitsprozesses zum dritten Restatement eine klare Grundmethodik zu etablieren, zeigt, dass sie aus den Fehlern des zweiten Restatement gelernt haben. Die Entwurfsfassungen des neuen Restatement implizieren, dass der two-step-test in seiner momentanen Form keine größeren Änderungen mehr erfahren wird. Die Reporter müssen allerdings sicherstellen, dass die Grundmethodik auch im restlichen Restatement schlüssig umgesetzt wird. Das momentane Deliktskollisionsrecht indiziert, dass hier noch Nachholbedarf besteht.[1830] Der two-step-test ist insgesamt in Relation zu den Kollisionsnormen zu sehen, die in der praktischen Anwendung im Vordergrund stehen sollen. Trotzdem ist der Ansatz beim Sachrecht angesichts des two-step-test kompromisslos, materiell-rechtliche Erwägungen sind nach dem dritten Restatement zwangsläufig bei der Bestimmung des anwendbaren Rechts in grenzüberschreitenden Konstellationen einzubeziehen. Sofern es die Neuauflage schafft, diese Methodik klar durchzusetzen, kann sie sich von den beiden Vorgängern positiv absetzen.

Das neue Restatement bleibt durch den Rückgriff auf den two-step-test außerdem dem Charakter der ALI-Regelungswerke treu. Auch damit variiert die Neufassung von den ersten beiden Versionen. Während *Beales* erstes Restatement vorrangig die Auffassungen des Reporters anstatt der bisherigen Rechtsprechung zusammenfasste, konnte das zweite Restatement aufgrund des von der *Conflicts Revolution* verursachten Umbruchs in der kollisionsrechtlichen Denkweise gar nicht erst auf klare Trends im *case law* zurückgreifen. Es fällt zwar auf, dass der „two-step-test" eine vom federführenden Reporter *Roosevelt* mitgeprägte Konstruktion der Wissenschaft ist. Der Blick auf das Deliktskollisionsrecht der Restatement Drafts zeigt aber, dass die *lex lata*-Komponente der Regelungswerke trotzdem angemessen umgesetzt werden konnte. Die Unterscheidung zwischen *conduct-regulation* und *loss-allocation* sowie die entsprechende Anknüpfung finden sich in zahlreichen Entscheidungen wieder.[1831] Fast alle Regelungen basieren somit auf bestehendem *case law*, es wurde Rechtsprechung aus verschiedensten Bundesstaaten ausgewertet. Folglich stellt das neue Restatement im Vergleich zu seinen beiden Vorgängern eine Verbesserung dar, da es die Restatement-Attribute des Regelungswerks zutreffend berücksichtigt.

Dass das dritte Restatement die bisherige Rechtsprechungslinie wiedergibt, erhöht die Chancen, von der Rechtsprechung übernommen zu werden, insbesondere in Bundesstaaten, die bereits ein sachrechtsorientiertes Denkmodell verfolgen. Bei Staaten, die methodisch andere Wege gehen, besteht trotzdem

---

1830 Vgl. dazu Teil 2, D.I.3.e.
1831 Vgl. dazu Teil 2, D.I.3.b.

die Möglichkeit, dass die Neufassung Einfluss auf deren Kollisionsrecht nimmt. Die Rezeption der beiden Vorgängerversionen hat hervorgehoben, dass Staaten gerne auf die Restatements zurückgreifen, da die Regelungswerke die komplexe kollisionsrechtliche Analyse klar herausarbeiten und systematisieren. Es ist somit nachvollziehbar, dass die Reporter den Anspruch haben, Rechtssicherheit und Vorhersehbarkeit stärken zu wollen. Voraussetzung für eine Adaption des dritten Restatement ist, dass dessen Regelungen vorzugswürdig zum regulären Ansatz der Gerichte sind.

Das neue Restatement besitzt eine eingängige Struktur, die Kollisionsregeln sind klar formuliert und mit Hilfe der Comments nachvollziehbar und verständlich. Die Regelungen im allgemeinen Teil sorgen größtenteils dafür, dass bei der Anwendung des Restatement keine Unklarheiten auftreten.[1832] Um den feststehenden Regeln ihre Schärfe zu nehmen und den Gerichten die geforderte Flexibilität zu lassen, werden an verschiedenen Stellen Ausweichmöglichkeiten bereitgehalten. Zudem versuchen die Reporter, den komplexen grenzüberschreitenden Sachverhalten den Schrecken zu nehmen, indem sie Parallelen mit der „normalen" rechtlichen Analyse im Inlandsfall herausarbeiten. Für die praktische Umsetzung bedeutet dies, dass das Restatement den Gerichten die Lösung grenzüberschreitender Sachverhalte erleichtern kann. Auch wenn einige der im vorigen Abschnitt herausgearbeiteten Schwächen in der Methodik und den einzelnen Kollisionsregeln weiterhin Herausforderungen für die Gerichte bereithalten, ist davon auszugehen, dass das Restatement durch seine Kollisionsregeln die kollisionsrechtliche Analyse in der Praxis vereinfacht.

Nichtsdestotrotz gibt es einige Punkte, in denen das dritte Restatement nachbessern muss, um eine klare Verbesserung zu den beiden Vorgängern darzustellen. Hier ist insbesondere die Problematik der *international conflicts* zu nennen. Die bisherigen Ausführungen zu dieser Thematik sind nicht ausreichend, um in der Praxis eine sichere Anwendung des Restatement in international-grenzüberschreitenden Sachverhalten sicherzustellen.[1833] Es bleibt abzuwarten, ob die Neufassung diesbezüglich für die erforderliche Klarstellung sorgen kann.

Schließlich muss noch einmal darauf hingewiesen werden, dass das Restatement keinen absoluten Geltungsanspruch besitzt. Die Entscheidung über das anwendbare Recht verbleibt am Ende stets bei den Gerichten. Das Restatement kann den Richtern allerdings hilfreiche Anhaltspunkte für die Rechtsfindung geben und diese erleichtern. Das bedeutet allerdings nicht, dass in „hard cases"

1832 Vgl. dazu Teil 2, D.I.2.
1833 Vgl. dazu Teil 2, D.I.4.

nicht eine abweichende Lösung notwendig werden bzw. das Gericht die jeweilige Regelung hinterfragen kann.[1834]

Im Ergebnis besitzt das neue Restatement das notwendige Potenzial, um das US-amerikanische Kollisionsrecht in Zukunft entscheidend mitzuprägen. Die überwiegend positive Rezeption in der Literatur spricht dafür, dass viele Kollisionsrechtler das neue Restatement als eine Verbesserung ansehen.[1835] Die Regeln spiegeln die Entwicklung des US-amerikanischen *Conflicts law* wider und machen die Lehren der *Conflicts Revolution* praxisfähig. Damit symbolisiert das dritte Restatement die Vollendung der Revolution. Anstatt für einen erneuten Umbruch zu sorgen, führt das Regelungswerk den Kurs weiter, den das US-amerikanische Recht in den vergangenen fünfzig Jahren eingeschlagen hat. Das neue Restatement ist mithin erneut ein Sinnbild für eine *Conflicts Evolution*.

III. Implikationen für das europäische und das deutsche IPR

Der Fokus der vorangegangenen Untersuchung lag auf der Entwicklung des US-amerikanischen Kollisionsrechts und der Bedeutung der Restatements für dieses Rechtsgebiet. Abschließend soll ein Blick über den Atlantik geworfen und der Einfluss des US-amerikanischen *Conflicts Law* auf das europäische und deutsche IPR beleuchtet werden.[1836] Die Vergangenheit zeigt, dass der durch die *Conflicts Revolution* ausgelöste Umbruch in der US-amerikanischen Methodik in Europa nicht unbeachtet geblieben ist.[1837] Es stellt sich die Frage, welche Auswirkungen das neue Restatement (Third) of Conflict of Laws auf das kontinentaleuropäische IPR haben kann und welche Lehren Wissenschaft und Praxis möglicherweise aus der US-amerikanischen Entwicklung für die Zukunft ziehen werden.

1. Der bisherige Einfluss der US-amerikanischen Kollisionsrechtsmethodik

Betrachtet man das Kollisionsrecht in Europa und in den USA in den letzten 150 Jahren, fällt auf, dass sich die methodische Herangehensweise zu Beginn

1834 Vgl. ebenso *Singer*, 50 Cumberland Law Review 347, 385 (2020).

1835 So beispielsweise *Borchers*, 27 Duke Journal of Comparative & International Law 461, 483 (2017); *Brilmayer/Listwa*, 128 The Yale Law Journal Forum 266, 268 (2018); *Singer*, 50 Cumberland Law Review 347, 384 (2020).

1836 Zur Vergleichbarkeit des US-amerikanischen und europäischen Kollisionsrechts, insbesondere hinsichtlich verfassungs- bzw. europarechtlicher Aspekte, siehe *Meeusen*, 67 American Journal of Comparative Law 637 (2019).

1837 Siehe dazu im Folgenden Teil 2, D.III.1.

stark ähnelte.[1838] Beeinflusst von den „Gründervätern“ *Story* und *Savigny* gingen sowohl das US-amerikanische als auch das deutsche IPR sachrechtsneutral vor; für die Bestimmung des anwendbaren Rechts wurde an der Rechtsfrage bzw. am Rechtsverhältnis angesetzt.[1839] Es sollte das Recht gefunden werden, das räumlich am besten auf den zu beurteilenden Sachverhalt passte.[1840] Dementsprechend waren die Kollisionsnormen in methodischer Hinsicht ausgestaltet; der für eine Rechtsfrage festgelegte Anknüpfungspunkt verwies mechanisch auf das anzuwendende Recht. Eine Zuordnung anhand der im ersten Teil der Arbeit identifizierten kollisionsrechtlichen Denkmodelle kommt zu dem Ergebnis, dass das deutsche IPR in dieser Zeit einem rechtsfragenorientierten Denkmodell folgte.

Die methodische Ausrichtung des US-amerikanischen Kollisionsrechts durchlief in der Folgezeit einen Wandel: Die *Conflicts Revolution* sorgte dafür, dass die bisherige „ergebnisblinde“ Verweisung hinterfragt und schließlich in den meisten Bundesstaaten von einem sachrechtsorientierten Denkmodell abgelöst wurde.[1841] Der methodische Umbruch in Wissenschaft und Praxis blieb auf der anderen Seite des Atlantiks nicht unbemerkt; die Theorien von *Currie*, *Ehrenzweig*, *Leflar* und anderen wurden kurz darauf auch in Europa thematisiert.[1842] Vor allem in den deutschsprachigen Jurisdiktionen entbrannte

1838 *Symeonides*, 82 Tulane Law Review 1741, 1744 (2008); *Zweigert*, RabelsZ 37 (1973), 435, 438.

1839 Vgl. dazu bereits die Ursprünge des rechtsfragenorientierten Ansatzes in Teil 1, C. II.2.

1840 *Savigny*, System des heutigen Römischen Rechts VIII, 1849, S. 28, 108; *Story*, Commentaries on the Conflict of Laws, 1857, S. 369, § 242.

1841 Vgl. zur *Conflicts Revolution* Teil 1, B.I.2.c.; zur Verbreitung des sachrechtsorientierten Denkmodells in der Rechtsprechung siehe Teil 1, C.III.2.c.

1842 Vgl. beispielsweise *Jayme*, in: FS Kegel, S. 359; eine detaillierte Untersuchung und Bewertung der neuen US-amerikanischen Theorien und der zugehörigen Rechtsprechung führt *Joerges* durch; er kommt zu dem Ergebnis, dass „der methodische Neubeginn der governmental interest analysis [...] sämtliche tragenden Prinzipien des klassischen IPR in Frage“ stelle, die Struktur der Kollisionsnormen verändere und neue kollisionsrechtliche Maßstäbe setze, *Joerges*, Zum Funktionswandel des Kollisionsrechts, 1971, S. 156; *Siehr* wiederum begutachtete *Ehrenzweigs lex-fori-approach* und prüfte, ob das System für das deutsche IPR brauchbar sei, *Siehr*, RabelsZ 34 (1970), 585, 624 ff.; insgesamt ist *Siehrs* Votum sehr positiv, er bescheinigte der *lex-fori*-Theorie das Vermögen, den „Methodensumpf“ im Kollisionsrecht auszutrocknen; *Juenger* beklagte ebenfalls den Konstruktionsfehler des klassischen IPR, das keine Verwirklichung materieller Werte zulasse, *Juenger*, Zum Wandel des Internationalen Privatrechts, 1974, S. 7; *Hanotiau* weist darauf hin, dass bereits lange vor der US-amerikanischen *Conflicts Revolution* einige europäische Autoren versucht

daraufhin eine Diskussion, ob das geltende kollisionsrechtliche Modell grundlegend umgestaltet werden müsse und man statt am Rechtsverhältnis am Sachrecht ansetzen solle.[1843] Es wurde beanstandet, dass das klassische IPR einem „Glasperlenspiel"[1844] ähnele und einen „Sprung ins Dunkle"[1845] darstelle, bei dem materiell-rechtliche Erwägungen völlig außer Acht gelassen würden. Befeuert wurde diese Kontroverse in Deutschland durch die Spanier-Entscheidung des Bundesverfassungsgerichts von 1971.[1846] Das Gericht kam hier zu dem Ergebnis, dass deutsche Grundrechte auch dann gelten, wenn die deutsche Kollisionsnorm die Anwendung von ausländischem Sachrecht beruft.[1847] Das Ergebnis der Auslands-Rechtsanwendung muss sich stets an den Grundrechten messen lassen und kann im Einzelfall auch dazu führen, dass ausländisches Recht nicht anzuwenden ist.[1848] Die bis dahin geltende „Verfassungsneutralität" des IPR war somit Geschichte. Es stellte sich die Frage, ob die „Sachrechtsneutralität" des Kollisionsrechts als nächstes gekippt werden sollte.[1849]

Einige Wissenschaftler befürworteten dies und griffen in ihrer Argumentation Aspekte der *Conflicts Revolution* auf. *Zweigert* attestierte dem Internationalen Privatrecht beispielsweise eine „Armut an sozialen Werten".[1850] Gesellschaftliche Tatsachen und Wertungen hätten kaum Auswirkungen auf die Normierung und Anwendung des Kollisionsrechts, es sei „keimfrei".[1851] Moderne Entwicklungen zeigten aber, dass materiell-rechtlichen Wertungen auch im Kollisionsrecht größerer Raum gegeben werden solle.[1852] Die Ansätze von *Ehrenzweig*, *Currie* und *Leflar* sah *Zweigert* trotzdem kritisch.[1853] Er schlug stattdessen einen

---

hätten, das Sachrecht in die kollisionsrechtliche Analyse zu integrieren (Bsp. *Pillet*), vgl. *Hanotiau*, 30 American Journal of Comparative Law 73, 85 (1982).

1843 *Kronke*, in: FS Kirchhof, S. 1308.

1844 So *Neuhaus*, RabelsZ 35 (1971), 401, 412.

1845 *Raape/Sturm*, Internationales Privatrecht, 1977, S. 8 mit Verweis auf die Vorauflage.

1846 BVerfG, Beschluss vom 04.05. 1971 - 1 BvR 636/68, NJW 1971, 1509; vgl. *Flessner*, Interessenjurisprudenz im internationalen Privatrecht, 1990, S. 26 ff.; *Kronke*, in: FS Kirchhof, S. 1309.

1847 BVerfG, Beschluss vom 04.05. 1971 - 1 BvR 636/68, NJW 1971, 1509, 1510.

1848 BVerfG, Beschluss vom 04.05. 1971 - 1 BvR 636/68, NJW 1971, 1509, 1511.

1849 Vgl. zu dieser Frage beispielsweise *Kegel*, in: *Juenger*, Zum Wandel des Internationalen Privatrechts, 1974, S. 35; *Siehr*, RabelsZ 34 (1970), 585, 624 ff.

1850 *Zweigert*, RabelsZ 37 (1973), 435.

1851 *Zweigert*, RabelsZ 37 (1973), 435, 443.

1852 *Zweigert*, RabelsZ 37 (1973), 435, 444.

1853 *Zweigert*, RabelsZ 37 (1973), 435, 439 f.

vom *better law approach* inspirierten Ansatz vor: Sofern sich die Parteien auf die Anwendung der *lex fori* berufen hätten,[1854] es aber keine eindeutige Verweisung gebe, solle der Richter das Sachrecht anwenden, „welche[s] das betroffene Rechtsgut am wirksamsten schütz[e]".[1855] *Zweigert* plädierte zudem dafür, den „issue-approach" der USA zu übernehmen und die Kollisionsnormen zu verfeinern.[1856] Insgesamt bezweckte *Zweigerts* Vorschlag aber keine Abkehr vom bisherigen Denkmodell, sondern sollte die Methodik des klassischen IPR (lediglich) um die Möglichkeit der Berücksichtigung materiell-rechtlicher Erwägungen erweitern.[1857]

Rehbinder sah ebenfalls Anlass für eine Politisierung des IPR.[1858] Das IPR habe einen Strukturwandel durchlaufen: Die von *Savigny* angenommene Distanz des Staates zum Privatrecht bestehe nicht mehr.[1859] Daher müssten die regulativen Zwecke und Funktionen der Sachnormen bei der Bestimmung des anwendbaren Rechts mitberücksichtigt werden.[1860] Ähnlich wie *Zweigert* wollte auch *Rehbinder* keinen Umsturz des klassischen Systems: Er schlug vor, neben das traditionelle IPR ein „ergänzendes kollisionsrechtliches System für soziales, wirtschafts- und unternehmensordnendes Privatrecht" – vergleichbar mit einer Sonderanknüpfung – zu stellen.[1861] *Rehbinder* gestand jedoch ein, dass ein solcher Ansatz in der Praxis kaum umsetzbar sei.[1862]

Die Denkanstöße aus der Literatur konnten in der Praxis einige Früchte tragen, auch wenn der Großteil der deutschen Wissenschaft sich klar gegen ein sachrechtsorientiertes Denkmodell im deutschen Kollisionsrecht aussprach.[1863] Vor allem *Kegel*, der die neuen amerikanischen Lehren kritisch als „Traumhaus"[1864]

1854 Für ein fakultatives Kollisionsrecht plädierte zuvor bereits *Flessner*, vgl. *Flessner*, RabelsZ 34 (1970), 547.

1855 *Zweigert*, RabelsZ 37 (1973), 435, 444.

1856 *Zweigert*, RabelsZ 37 (1973), 435, 446.

1857 *Zweigert*, RabelsZ 37 (1973), 435, 451.

1858 Eine ähnliche Argumentation verfolgte *Neuhaus*, vgl. *Neuhaus*, RabelsZ 35 (1971), 401.

1859 *Rehbinder*, JZ 1973, 151, 153.

1860 *Rehbinder*, JZ 1973, 151, 155.

1861 *Rehbinder*, JZ 1973, 151, 156.

1862 *Rehbinder*, JZ 1973, 151, 158.

1863 So u.a. *E. Lorenz*, Zur Struktur des internationalen Privatrechts, 1977, S. 91 ff.; *Schurig*, Kollisionsnorm und Sachrecht, 1981, S. 350 ff.; zu den Schwächen der US-amerikanischen Interessenlehre *Flessner*, Interessenjurisprudenz im internationalen Privatrecht, 1990, S. 8 ff.

1864 *Kegel*, in: FS Beitzke.

bezeichnete, betrachtete sie als Auslöser einer Krise des internationalen Privatrechts.[1865] Er plädierte dafür, an der Anknüpfung am Rechtsverhältnis festzuhalten und zwischen international-privatrechtlicher und materiell-rechtlicher Gerechtigkeit zu trennen.[1866] Trotzdem hielten in der zweiten Hälfte der 70er Jahre vermehrt materiell-rechtliche Wertungen Einzug in das deutsche Kollisionsrecht. *Zimmer* legt dar, dass ein Blick auf die 1986 in Kraft getretene Neufassung des EGBGB die materiell-rechtliche „Aufladung" der Kollisionsnormen deutlich mache:[1867] Das Ergebnis der Verweisung sei in den Vordergrund gerückt, man versuche, bestimmte im deutschen materiellen Recht angelegte Ziele zu verwirklichen.[1868]

Festzustellen ist jedenfalls, dass die vormals mechanische Anknüpfung eines Rechtsverhältnisses an einen einzigen Anknüpfungspunkt zu bröckeln begann. Stattdessen wurden vermehrt alternative Anknüpfungspunkte verwendet, Rechtsverhältnisse in mehrere Teilbereiche aufgespalten und die Bedeutung von Eingriffsnormen hervorgehoben.[1869] Die klassische Verweisungsmethode sollte durch „stärker an Sachnormen orientierte Ansätze" erweitert werden.[1870] Auch die Rechtsprechung griff die Materialisierungstendenzen auf, wie ein Urteil des BGH im Deliktskollisionsrecht zeigt: Das Gericht entschied 1985, dass von dem im deutschen IPR geltenden Tatortprinzip nur ausnahmsweise abgewichen werden könne, wenn beide Parteien einen gemeinsamen gewöhnlichen Aufenthalt und sonst keine Beziehung zum Tatort hätten.[1871] In diesem

1865 *Kegel*, Recueil des cours 112 (1964), 91; *Kronstein* hatte den Begriff bereits 1949 verwendet, er sah allerdings die Sachrechtsneutralität des Kollisionsrechts als Krise an, vgl. *Kronstein*, 37 Georgetown Law Journal 483 (1949).

1866 *Kegel*, in: *Juenger*, Zum Wandel des Internationalen Privatrechts, 1974, S. 38 f.; *Kegel/Schurig*, Internationales Privatrecht, 2004, S. 131 ff.; zur Trennung ferner Staudinger/*Looschelders*, Einleitung IPR, Rn. 58.

1867 *Zimmer*, in: FS Sturm, S. 1716; ebenso *Jayme*, in: Forty Years On - The Evolution of Postwar Private International Law in Europe, S. 23.

1868 *Zimmer*, in: FS Sturm, S. 1717; *Zimmer* nennt als Beispiel u.a. Art 13 Abs. 2 EGBGB, wonach subsidiär die *lex fori* anwendbar ist, wenn das Heimatrecht eines Verlobten ein Ehehindernis enthält.

1869 *Kühne*, in: FS Schurig, S. 131 f.; zu den verschiedenen Phänomenen insbesondere *Vischer*, in: FS von Mehren, S. 462 ff.

1870 *Kühne*, in: FS Schurig, S. 132; zu den Änderungen in europäischen Kodifikationen und Rechtsprechung *Hanotiau*, 30 American Journal of Comparative Law 73, 90 ff. (1982).

1871 BGH, Urteil vom 08. 01. 1985 - VI ZR 22/83, NJW 1985, 1285; heute ist dieser Grundsatz in Art. 4 Abs. 2 Rom II-VO normiert.

Fall trete das kollisionsrechtliche Interesse an der Rechtssicherheit gegenüber den Regulierungsstandards des gemeinsamen Aufenthaltsstaates zurück.[1872] In anderen Fälle müsse aber am Tatortprinzip festgehalten werden.[1873] Das Urteil ist Sinnbild dafür, dass ein Umbruch in der kollisionsrechtlichen Denkweise in Deutschland gerade nicht stattfand – im Gegensatz zu den USA, wo der New Yorker Court of Appeals in Babcock v. Jackson dem *traditional approach* des ersten Restatement explizit den Rücken kehrte und eine Abwägung der staatlichen Interessen vornahm.[1874] Der Gesetzesentwurf zur EGBGB-Reform von 1986 erteilte den von der *Conflicts Revolution* inspirierten wissenschaftlichen Vorschlägen, für die Bestimmung des anwendbaren Rechts die Sachnormen hinsichtlich der von ihnen verfolgten rechtspolitischen Interessen auszulegen, sogar eine eindeutige Absage.[1875] Trotzdem kam es – im Ganzen betrachtet – zu einer leichten „Akzentverschiebung"[1876] im deutschen Kollisionsrecht.

Die methodischen Entwicklungen in den USA prägten auch das langsam entstehende europäische IPR. Im Zuge der europäischen Föderalisierung des Kollisionsrechts wurde materiell-rechtlichen Erwägungen ein stärkeres Gewicht zuerkannt, teilweise zulasten der Rechtssicherheit.[1877] *Jayme* legt dar, dass Art. 4 EVÜ sogar die Methodik des zweiten Restatement kopiert habe.[1878] Nach Art. 4 Abs. 1 EVÜ unterliegt ein Vertrag, sofern keine Rechtswahl vorgenommen

1872 BGH, Urteil vom 08. 01. 1985 - VI ZR 22/83, NJW 1985, 1285, 1286; vor der Entscheidung des BGH hatten bereits mehrere Autoren für eine Abkehr von der strikten *lex loci delicti*-Anknüpfung in speziellen Fallkonstellationen plädiert, vgl. *Binder*, RabelsZ 20 (1955), 401, 485 ff.; *Kropholler*, RabelsZ 33 (1969), 601, 602; trotz dieser Entscheidung bildete die *lex loci delicti* auch im Folgenden weiterhin die Basis für die Bestimmung des anwendbaren Rechts in deliktsrechtlichen Konstellationen, vgl. *Jayme*, in: Forty Years On - The Evolution of Postwar Private International Law in Europe, S. 22.

1873 BGH, Urteil vom 08. 01. 1985 - VI ZR 22/83, NJW 1985, 1285, 1286.

1874 Babcock v. Jackson, 191 N.E.2d 279, 284 (N.Y. 1963).

1875 Bundestagsdrucksache 10/504 (20.10.1983), Entwurf eines Gesetzes zur Neuregelung des internationalen Privatrechts, S. 26: „Unbeschadet einer hier nicht vorzunehmenden wissenschaftlichen Bewertung [...] kommen die dargelegten Reformvorschläge als Grundlage für eine gesetzgeberische Neuerung [...] nicht in Betracht."

1876 So *Weller*, RabelsZ 81 (2017), 747, 757.

1877 Kritisch bezüglich der Entwicklungen *Kronke*, in: FS Kirchhof, S. 1310 f.

1878 *Jayme*, in: Forty Years On - The Evolution of Postwar Private International Law in Europe, S. 19 f.; ebenso *Juenger*, in: Contract Conflicts, S. 297 ff.; *Juenger* zeigt zudem weitere Parallelen des EVÜ mit dem zweiten Restatement auf.

wurde, dem Recht des Staates, mit dem er die engste Verbindung aufweist.[1879] Erst Abs. 2 enthält die Vermutung, dass dieser Staat dort liegt, wo die Partei, welche die charakteristische Leistung zu erbringen hat, zum Zeitpunkt des Vertragsabschlusses ihren gewöhnlichen Aufenthalt hat. Damit wird durch den unbestimmten Anknüpfungspunkt das bisherige strenge Verweisungssystem durchbrochen. Dass die neuartige Vorschrift ohne größere Ablehnung akzeptiert wurde, ist in *Jaymes* Augen ein klares Zeichen für den steigenden Einfluss der US-amerikanischen Theorien im europäischen Kollisionsrechtsdenken.[1880] Flexibilität habe bei der Bestimmung des anwendbaren Rechts immer mehr an Bedeutung gewonnen.[1881] Ein Ansatz beim Sachrecht für die Bestimmung des anwendbaren Rechts liegt aber gerade nicht vor, da der Inhalt der möglicherweise anwendbaren Sachnormen keine Bedeutung für die kollisionsrechtliche Analyse hat. Das IPR folgte somit weiterhin einem rechtsfragenorientierten Denkmodell.

Ähnliche Beobachtungen lassen sich bei den Rom-Verordnungen machen. Ein Blick auf die Entstehung der Rom II-Verordnung zeigt, dass das aus dem US-amerikanischen Kollisionsrecht bekannte Ringen zwischen *flexibility* und *certainty* auch hier auftrat.[1882] Während der vorbereitende GEDIP-Vorschlag von 1998[1883] ähnlich wie das EVÜ sehr weit formulierte Regeln enthielt, die lose auf das Recht des Staates mit der engsten Verbindung verwiesen,[1884] war der spätere Kommissionsentwurf darauf fixiert, eindeutige Verweisungsnormen

1879 Zum Prinzip der engsten Verbindung vgl. *Lagarde*, Recueil des cours 196 (1986), 1.

1880 *Jayme*, in: Forty Years On - The Evolution of Postwar Private International Law in Europe, S. 19.

1881 *Jayme*, in: Forty Years On - The Evolution of Postwar Private International Law in Europe, S. 20.

1882 *Symeonides*, 56 American Journal of Comparative Law 173, 179 f. (2008); zur Entstehung der Rom II-VO siehe BeckOGK/*Schmidt*, Art. 1 Rom II-VO, Rn. 2 ff.

1883 Proposal for a European Convention on the Law Applicable to Non-Contractual Obligations (final version), verfügbar unter https://www.gedip-egpil.eu/documents/gedip-documents-8pe.html (zuletzt abgerufen am 12.08.2021).

1884 Proposal for a European Convention on the Law Applicable to Non-Contractual Obligations (final version): Art. 3: „A non-contractual obligation arising out of a harmful event shall be governed by the law of the country with which it is most closely connected […]"; verfügbar unter https://www.gedip-egpil.eu/documents/gedip-documents-8pe.html (zuletzt abgerufen am 12.08.2021).

zu formulieren, durch die größtmögliche Vorhersehbarkeit erreicht werden konnte.[1885] Das Europäische Parlament versuchte zwar unter der Federführung von *Diana Wallis*, Berichterstatterin im Rechtsausschuss des Europäischen Parlaments, flexiblere Kollisionsnormen in den Gesetzesentwurf zu integrieren.[1886] So sollte Art. 4 Abs. 3 Rom II-VO um Abwägungsfaktoren zur Bestimmung der engsten Verbindung ergänzt werden, die stark an § 6 (2) des zweiten Restatement erinnerten.[1887] Die Vorschläge wurden aber von der Kommission und dem Europäischen Rat abgelehnt.[1888] Man war der Ansicht, dass offene Kollisionsregeln zu Unsicherheit führen könnten und zudem wegen der *common law*-Wurzeln in *civil law*-Jurisdiktionen nur schwer umsetzbar seien.[1889]

Art. 4 Rom II-VO enthält daher in der seit 2009 rechtskräftigen Fassung in Abs. 3 nur die Vermutung, dass sich eine die klassische Verweisung korrigierende engere Verbindung insbesondere aus einem bereits bestehenden Rechtsverhältnis zwischen den Parteien ergeben kann. Man behielt somit die klassischen Verweisungsnormen bei, die sich aus klar definierten Anknüpfungspunkten und Anknüpfungsgegenständen zusammensetzen und für die Bestimmung des anwendbaren Rechts das zugrunde liegende Rechtsverhältnis betrachten.[1890] Es

---

1885 Vorschlag für eine Verordnung des Europäischen Parlaments und des Rates über das auf außervertragliche Schuldverhältnisse anzuwendende Recht („Rome II") vom 22.07.2003, KOM(2003), 427 final, S. 4 ff.

1886 Bericht über den Vorschlag für eine Verordnung des Europäischen Parlaments und des Rates über das auf außervertragliche Schuldverhältnisse anzuwendende Recht („Rome II") vom 27.06.2005, Eur. Parl. Doc. A6-0211/2005, S. 19.

1887 Vgl. dazu den Parlamentsvorschlag, veröffentlicht in IPRax 2006, 413; es werden u.a. der Schutz legitimer Erwartungen oder die dem anzuwendenden Recht zugrunde liegende Politik und die Konsequenzen der Anwendung dieses Rechts als Abwägungskriterien genannt; vgl. ebenso *von Hein*, 82 Tulane Law Review 1663, 1685 (2008).

1888 *Symeonides* nennt die Rom II-VO daher eine „verpasste Gelegenheit", vgl. *Symeonides*, 56 American Journal of Comparative Law 173, 216 f. (2008).

1889 *Von Hein*, 82 Tulane Law Review 1663, 1689 f. (2008).

1890 *Kropholler/von Hein*, in: FS von Mehren, S. 321; in den Worten von Generalanwalt *Nils Wahl* stellt die Rom II-Verordnung folglich „einen Kompromiss zwischen der Notwendigkeit, ein gewisses Maß an Rechtssicherheit zu gewährleisten und dabei die berechtigten Erwartungen der Parteien durch Erarbeitung konkreter Anknüpfungskriterien zu schützen, und dem Wunsch […], eine gewisse Flexibilität zu behalten, wenn die Anwendung dieser Kriterien zu unangemessenen Ergebnissen führt" dar, vgl. Schlussanträge des Generalanwalts Wahl vom 10.09.2015, Rs. C-350/14 – Lazar, Rn. 20.; *Kaminsky*, 85 Tulane Law Review 55, 71 (2010).

besteht eine „methodische Kontinuität", das Sekundärrecht führt das kollisionsrechtliche Erbe der Mitgliedsstaaten fort.[1891]

Nichtsdestotrotz wird die ursprüngliche Sachrechtsneutralität des Savigny'schen IPR aufgeweicht,[1892] es zeigt sich eine „Politisierung der Anknüpfungen".[1893] Anstatt direkt beim Sachrecht anzusetzen, werden materiell-rechtlichen Wertungen und den europäischen Grundfreiheiten auf eigenständige Weise Geltung verliehen, z.B. durch den Grundsatz der Parteiautonomie oder die Spezialisierung der Anknüpfungsgegenstände.[1894] Aus der *Conflicts Revolution* bekannte Gedankengänge finden sich in mehreren Erwägungsgründen der EU-Verordnungen wieder.[1895] *Junker* stellt fest, dass die europäischen Verordnungen sogar stärker mit solchen Erwägungen aufgeladen sind als das traditionelle deutsche IPR, da Kollisionsregeln wie Art. 7 Rom II-VO von konkreten sachrechtlichen Ergebnissen gesteuert seien.[1896] *Weller* argumentiert, dass das Prinzip der engsten Verbindung durch materielle Aspekte überlagert werde, da die Durchsetzung materiell-rechtlicher Wertungen nicht länger allein dem Sachrecht

1891 Schlussanträge des Generalanwalts Wahl vom 10.09.2015, Rs. C-350/14 – Lazar, Rn. 20; ebenso *Hay*, 2015 University of Illinois Law Review 2053, 2055 (2015); MüKo BGB/*von Hein*, Einleitung zum Internationalen Privatrecht, Rn. 40.

1892 *Kropholler/von Hein*, in: FS von Mehren, S. 337: „European conflicts thinking is still firmly committed to the 'savignyian' values of multilaterialism and predictability, although substantivism has made some inroads into the 'classic' system."

1893 *Weller*, RabelsZ 81 (2017), 747, 758; *Weller*, in: Grundfragen des Europäischen Kollisionsrechts, S. 142 ff.; *Weller*, IPRax 2011, 429, 436; zu den Anknüpfungsprinzipien im Detail *Schwemmer*, Anknüpfungsprinzipien im Europäischen Kollisionsrecht, 2018; ferner *Uhlmann*, in: IPR für eine bessere Welt, im Erscheinen.

1894 Staudinger/*Looschelders*, Einleitung IPR, Rn. 62; *Mansel*, in: Encyclopedia of Private International Law, S. 451; *Wilke*, A Conceptual Analysis of the Private International Law of the EU and its Member States, 2019, S. 291 ff.

1895 Vgl. beispielsweise Erwägungsgrund 14 der Rom II-VO: „Diese Gesamtregelung schafft einen flexiblen Rahmen kollisionsrechtlicher Regelungen. Sie ermöglicht es dem angerufenen Gericht gleichfalls, Einzelfälle in einer angemessenen Weise zu behandeln."; Erwägungsgrund 34 der Rom II-VO: „[z]ur Wahrung eines angemessenen Interessenausgleichs zwischen den Parteien"; ähnlich auch Erwägungsgrund 16 der Rom I-VO: „Dennoch sollten die Gerichte über ein gewisses Ermessen verfügen, um das Recht bestimmen zu können, das zu dem Sachverhalt die engste Verbindung aufweist."

1896 *Junker*, in: FS Schurig, S. 96.

überlassen werden könne.[1897] Um dies in der Praxis effektiv umsetzen zu können, müsse die klassische Verweisung um die Methoden der Anerkennung und Berücksichtigung zu einer Methodentrias erweitert werden.[1898]

Eine solche Fortentwicklung der methodischen Umsetzung ist innerhalb des rechtsfragenorientierten Denkmodells möglich. Eine europäische *Conflicts Revolution*, die – wie in den USA – zu einem Wechsel von einem rechtsfragenorientierten zu einem sachrechtsorientierten Denkmodell führen müsste, liegt daher nicht vor.[1899] Stattdessen ist mit *Symeonides* von einer *Conflicts Evolution* auszugehen.[1900] Wissenschaft und Praxis in Europa hätten sich zwar mit dem US-amerikanischen Methodenumbruch beschäftigt, die Lehren aus dieser Entwicklung aber in das bestehende System integriert, ohne es in seinen Grundfesten zu erschüttern.[1901] Dass Flexibilität inzwischen einen höheren Stellenwert im europäischen IPR habe, sei das Ergebnis einer homogenen Entwicklung.[1902]

Damit lässt sich festhalten, dass das US-amerikanische Kollisionsrecht, insbesondere die Gedanken der *Conflicts Revolution*, wichtigen Einfluss auf die

1897 *Weller*, in: Grundfragen des Europäischen Kollisionsrechts, S. 142; als Grund für diese Entwicklung identifiziert *Weller* die aus Art. 5 Abs. 2 S. 1 i.V.m Art. 3 EUV resultierende Regelungsaufgabe des europäischen Gesetzgebers.

1898 *Weller*, RabelsZ 81 (2017), 747, 770; zur Funktion der Anerkennung im europäischen IPR außerdem *Hübner*, RabelsZ (2021), 106.

1899 Mehrere Autoren beschreiben die Entwicklungen im europäischen IPR als europäische *Conflicts Revolution*; *Michaels* beobachtet im europäischen Recht einen Paradigmenwechsel, anders als bei Savigny stünden nun Föderalisierung, Konstitutionalisierung und Pluralisierung im Vordergrund; trotzdem bestehe die Möglichkeit, dass sich diese Entwicklungen auf Dauer in das traditionelle System eingliedern könnten, vgl. *Michaels*, in: FS Kropholler, S. 157 f., 172; *Michaels*, 82 Tulane Law Review 1607 (2008); eine Revolution erkennt ebenfalls *Meeusen*, 9 European Journal of Migration and Law 287 (2007); gegen eine Revolution argumentiert *Schurig*, in: Internationales Privatrecht im 20. Jahrhundert, S. 6; *Weller* lässt die Frage, ob es eine „zweite kopernikanische Wende" gegeben habe, offen, vgl. *Weller*, in: Grundfragen des Europäischen Kollisionsrechts, S. 161.

1900 *Symeonides*, 82 Tulane Law Review 1741, 1743 (2008): „European PIL has rejected the road of revolution and has instead chosen the route of evolution."; *Symeonides*, Codifying Choice of Law Around the World, 2014, S. 215; ebenso im Ergebnis *Remien*, in: Brauchen wir eine Rom 0-Verordnung?, S. 224.

1901 *Symeonides*, 82 Tulane Law Review 1741, 1749 ff. (2008).

1902 *Symeonides*, 82 Tulane Law Review 1741, 1795 f. (2008).

Entwicklung des deutschen und europäischen IPR genommen haben.[1903] Eine Revolution auf Grundlage des US-amerikanischen Kollisionsrecht fand hingegen nicht statt.[1904] Sowohl das deutsche als auch das europäische Recht setzen weiterhin am Rechtsverhältnis an, materiell-rechtliche Erwägungen bleiben bei der Bestimmung des anwendbaren Rechts aber nicht mehr länger außen vor.[1905] Um abschließend mit einem Bild aus der Musik zu sprechen: Es lassen sich vereinzelt Melodien aus dem US-amerikanischen Kollisionsrecht wiedererkennen, die Tonart des deutschen und europäischen IPR hat sich aber nicht geändert.

2. Potenzielle Auswirkungen und Lehren für die Zukunft

Welche Auswirkungen mag das dritte Restatement of Conflict of Laws in Zukunft für das deutsche und europäische IPR haben? Werden Regelungen der Neuauflage Einzug in das nationale Recht oder das europäische Sekundärrecht zum Kollisionsrecht finden können?

Die vorangegangene Analyse hat die Einflüsse des methodischen Umbruchs im US-amerikanischen Kollisionsrecht auf das deutsche und europäische IPR in den vergangenen 50 Jahren herausgearbeitet. Zieht man einen Vergleich zwischen den damaligen und den gegenwärtigen Umständen, erkennt man, dass die Ausgangslage heutzutage eine andere ist. Das deutsche und europäische IPR sind in methodischer Hinsicht weitgehend gefestigt. Es werden zwar immer noch Diskussionen über die Methoden des IPR geführt; dieser Austausch betrifft aber nicht länger das Fundament des IPR.[1906] In den 1970er Jahren hatten die Rechtsprechung des Bundesverfassungsgerichts und die Debatten über die Theorien der *Conflicts Revolution* dazu geführt, dass die klassische Verweisungsmethode grundlegend in Frage gestellt wurde.[1907] Solche Kontroversen beherrschen heute nicht länger den wissenschaftlichen Diskurs. Stattdessen konzentrieren sich aktuelle Beiträge darauf, die klassische Verweisungsmethode an moderne Bedürfnisse anzupassen.[1908] Eine Herausforderung besteht beispielsweise darin,

---

1903 *Jayme*, in: Forty Years On - The Evolution of Postwar Private International Law in Europe, S. 24; in *von Heins* Augen ist der Einfluss eher klein, vgl. *von Hein*, 82 Tulane Law Review 1663, 1684 (2008).

1904 *Von Hein*, 82 Tulane Law Review 1663, 1684 (2008).

1905 *Hay*, 2015 University of Illinois Law Review 2053, 2067 (2015).

1906 *Schurig* stellt prägnant fest: „Das Fundament hält noch.“, vgl. *Schurig*, in: Internationales Privatrecht im 20. Jahrhundert, S. 5.

1907 Vgl. hierzu Teil 2, D.III.1.

1908 Vgl. statt vieler *Stürner*, in: FS Kronke, S. 557 ff.; *Weller*, RabelsZ 81 (2017), 747, 774.

der verstärkten Politisierung des Privatrechts auf Kollisionsrechtsebene zu begegnen. Hierfür werden verschiedene Instrumente vorgeschlagen, die letztlich auf *Savignys* Methodik aufbauen.[1909] Eine erneute „Krise des Internationalen Privatrechts“[1910], die die Grundfesten der deutschen und europäischen kollisionsrechtlichen Methodik in Frage stellt, ziehen diese Debatten aber nicht nach sich. Insofern existiert nicht länger ein fruchtbarer Boden für eine methodische Diskussion über den vorzugswürdigen Ansatzpunkt der kollisionsrechtlichen Analyse.

Zum anderen besteht momentan kein Anlass, Vorschriften des neuen Restatement in das nationale oder europäische IPR integrieren zu wollen. Die Frage einer Rechtsübernahme stellt sich vor allem dann, wenn Recht reformiert oder neu gefasst werden soll.[1911] In der Vergangenheit haben der deutsche und der europäische Gesetzgeber die US-amerikanischen Theorien sowie Regelungen des zweiten Restatement im Rahmen der EGBGB-Reformen und der Ausarbeitung verschiedener EU-Rechtsakte herangezogen. Inzwischen ist der Großteil des europäischen Kollisionsrechts kodifiziert, Reformbestrebungen gibt es nicht. Diskutiert wird nur immer wieder, ob nicht allgemeine Fragen der kollisionsrechtlichen Analyse wie die Qualifikation für das europäische IPR in einer separaten Verordnung („Rom 0-VO“) geregelt werden sollen.[1912] Das dritte Restatement könnte an dieser Stelle Denkanstöße liefern, es beinhaltet in Chapter 5 derartige Regelungen. Hinsichtlich des Regelungsinhalts bestehen allerdings teilweise erhebliche Divergenzen: Während das Restatement beispielsweise eine

1909 *Weller* schlägt beispielsweise eine „cupierte“ Verweisung vor, die eine teleologische Reduktion des Verweisungsbefehls vornimmt und stattdessen die *lex fori* zur Anwendung kommen lässt, wenn die *lex causae* mit inländischen Grundwerten unvereinbar ist, vgl. *Weller/Thomale/Zimmermann*, JZ 2017, 1080.

1910 Vgl. *Kegel*, Recueil des cours 112 (1964), 91.

1911 Zu *legal transplants* grundlegend *Watson*, 92 The Law Quarterly Review 79 (1976); kritisch gegenüber dem Konzept *Legrand*, 4 Maastricht Journal of European and Comparative Law 111 (1997); vgl. auch *Kischel*, Rechtsvergleichung, 2015, S. 63 ff.

1912 Diese Frage wurde beispielsweise im Rahmen eines Symposiums an der Universität Bayreuth im Jahr 2012 zur Diskussion gestellt; die Beiträge der Referenten wurden gesammelt veröffentlicht in *Leible/Unberath* (Hrsg.), Brauchen wir eine Rom 0-Verordnung?; erste Vorarbeiten in diese Richtung hat bereits *Wilke* geleistet, vgl. *Wilke*, A Conceptual Analysis of the Private International Law of the EU and its Member States, 2019; er untersucht sowohl die existierenden EU-Instrumente im IPR als auch die Ansätze der Mitgliedsstaaten und arbeitet heraus, wie allgemeine Fragestellungen hier behandelt werden.

lex fori-Qualifikation vorschreibt,[1913] wird im europäischen IPR grundsätzlich autonom qualifiziert.[1914] Insofern kann das Restatement wohl nur als Vorbild dafür dienen, wie mit der Problematik divergierender Standards in den EU-Mitgliedsstaaten bei Fragen des Allgemeinen Teils umzugehen ist.

In den übrigen Rechtsgebieten, die noch nicht auf europäischer Ebene vereinheitlich sind,[1915] werden die Regelungen des Restatement keine Berücksichtigung finden können. Zwar soll das dritte Restatement Kollisionsregeln zu *Property*, *Business Corporations* und *Families* enthalten.[1916] Diese Regelungen lassen sich aber nicht in das europäische Kollisionsrecht und sein klassisches Verweisungssystem übertragen. Das europäische IPR folgt eindeutig dem rechtsfragenorientierten Denkmodell, es wurde stets an der Anknüpfung am Rechtsverhältnis festgehalten und zwischen Sach- und Kollisionsrecht getrennt.[1917] Die Kollisionsregeln des neuen Restatement setzen hingegen den two-step-test, also ein sachrechtsorientiertes Denkmodell, um.[1918] Nach *Dölle* ist eine „fremde Rechtslösung … nur dann zur Rezeption geeignet, wenn sie Geist von unserem Geist ist und sich systematisch, dogmatisch und rechtspolitisch ohne Bruch in unseren eigenen Lebensstrom einschmelzen lässt".[1919]

Der „Geist" von US-amerikanischem und europäischem IPR variiert jedoch grundlegend. Beide setzen für die Bestimmung des anwendbaren Rechts an unterschiedlichen Punkten an. Die Übernahme der *most significant relationship*-Komponente des zweiten Restatement in EVÜ und den Rom-Verordnungen war nur möglich, weil das Restatement auch Elemente des rechtsfragenorientierten Denkmodells enthält.[1920] Ein *legal transplant* der Regelungen des dritten Restatement in das europäische Kollisionsrecht ist hingegen nicht

1913 Restatement of the Law (Third) Conflict of Laws, Council Draft No. 2, § 5.04; dazu im Detail Teil 2, B.III.

1914 Vgl. hierzu MüKo BGB/*von Hein*, Einleitung zum Internationalen Privatrecht, Rn. 133 ff.; nach *Basedow* greift der EuGH bei der autonomen Qualifikation auch Elemente einer rechtsvergleichenden Methode auf, vgl. *Basedow*, JZ 2016, 269, 277 f.

1915 Hierzu zählen das Internationale Sachenrecht, das Gesellschaftsrecht und Teile des Personen- und Familienrechts, vgl. *Basedow*, JZ 2016, 269, 279.

1916 Vgl. hierzu das geplante Inhaltsverzeichnis im Restatement (Third) of Conflict of Laws, Tentative Draft No. 1, S. xxv ff.

1917 Vgl. dazu Teil 2, D.III.1.

1918 Vgl. dazu Teil 2, D.I.

1919 *Dölle*, ÖJZ 1954, 278, 279.

1920 Vgl. dazu Teil 1, C.III.1.b.

möglich. Die Neuauflage manifestiert die durch die *Conflicts Revolution* ausgelöste methodische Neuausrichtung der USA hin zu einem sachrechtsorientierten Denkmodell.[1921]

Auf die Frage, welche Auswirkungen das dritte Restatement of Conflict of Laws für das deutsche und europäische IPR haben wird, muss man daher antworten, dass der Einfluss gering sein wird. Um an das zuvor verwendete Bild anzuknüpfen: Das Kollisionsrecht der USA und das deutsche und europäische IPR spielen in verschiedenen Tonarten; eine Modulation ist in Zukunft nicht zu erwarten. Daher werden weder der nationale noch der europäische Gesetzgeber Regelungen des neuen Restatement in ihr jeweiliges Kollisionsrecht übertragen.

IV. Ergebnis: *Conflicts Evolution*

Sowohl das Kollisionsrecht der USA als auch das europäische und deutsche IPR haben in der Vergangenheit eine *Conflicts Evolution* durchlaufen – allerdings auf unterschiedliche Art und Weise. Die Entwicklung des US-amerikanischen Kollisionsrechts war durch einen fundamentalen methodischen Umbruch geprägt, der durch die *Conflicts Revolution* in Gang gesetzt wurde. Das neue Restatement (Third) führt diesen Richtungswechsel weiter und normiert das in den Einzelstaaten dominierende sachrechtsorientierte Denkmodell. Die Revolution wird damit vollendet. Die Ausgestaltung des Restatement spricht dafür, dass das Regelungswerk – wie seine Vorgängerversionen – das US-amerikanische Kollisionsrecht in Zukunft nachhaltig beeinflussen wird. Die Neuauflage ist damit erneut Motor einer US-amerikanischen *Conflicts Evolution*.

Auf der anderen Seite des Atlantiks hat das Kollisionsrecht eine gegenteilige Entwicklung erlebt. Auch wenn die Theorien der *Conflicts Revolution* in Europa diskutiert wurden, führten sie nicht zu einer Abkehr vom rechtsfragenorientierten Denkmodell. Stattdessen hält man bis heute an der klassischen Verweisungsmethode fest und nimmt lediglich methodische Ergänzungen innerhalb der Grenzen dieses Modells vor. Das neue Restatement und sein two-step-test manifestieren somit die bestehenden methodischen Divergenzen auf beiden Seiten des Atlantiks. Wegen dieser grundlegenden Unterschiede zwischen der US-amerikanischen und der europäischen Denkweise wird das neue Restatement daher kaum Einfluss auf das deutsche bzw. europäische IPR nehmen können.

1921 So auch *Uhlmann*, in: IPR für eine bessere Welt, im Erscheinen.

E. Zusammenfassung der Ergebnisse in Thesen

1. Der two-step-test ist das „conceptual framework“ des neuen Restatement (Third) of Conflict of Laws. Die erste Stufe des Tests untersucht, ob der Sachverhalt und die daraus resultierende Rechtsfrage vom *scope* der Sachnormen umfasst sind, deren Regelungsgeber eine Verbindung zum Sachverhalt haben. Sofern dies nur bei einem Sachrecht der Fall ist, wird dieses automatisch angewendet. Ist hingegen der Anwendungsbereich mehrerer Rechtsregeln eröffnet, liegt eine Rechtskollision vor. In diesem Fall legt die zweite Stufe fest, welche Sachnorm Vorrang *(priority)* hat. Damit beinhaltet der two-step-test eine am Sachrecht orientierte kollisionsrechtliche Analysetechnik.
2. Der two-step-test ist ein Produkt der Wissenschaft: Er baut auf *Curries* Ausführungen zur Interessenanalyse auf und wurde maßgeblich durch die Beiträge von *Larry Kramer* und *Kermit Roosevelt III* geprägt. Beide Autoren vergleichen die kollisionsrechtliche Analyse mit der rechtlichen Behandlung inländischer Konstellationen und begutachten sie aus einem prozessualen Blickwinkel. Zudem befürworten sowohl *Kramer* als auch *Roosevelt* den Gebrauch feststehender Kollisionsregeln und heben in diesem Zusammenhang die Bedeutung der Vorhersehbarkeit von Entscheidungen sowie einer einfachen Anwendung in der Praxis hervor.
3. Der Einfluss der methodischen Ansätze von *Kramer* und *Roosevelt* ist im dritten Restatement klar erkennbar. Angesichts *Roosevelts* Stellung als federführender Reporter fällt aber positiv auf, dass das Restatement keine bloße „Neuauflage“ seiner Theorie ist, sondern an einigen Stellen von seinen vorherigen Ausführungen abweicht.
4. Im neuen Restatement ist der two-step-test in Chapter 5 geregelt. Die explizite Normierung soll die Einheitlichkeit in der Methodik des gesamten Regelungswerkes gewährleisten. Die Reporter sehen den Test als Fortführung der bisherigen methodischen Entwicklung im Kollisionsrecht und argumentieren, dass seit der *Conflicts Revolution* die Rechtsprechung bei der Bestimmung des anwendbaren Rechts in einem Zweischritt vorgehe. Die Kollisionsregeln des neuen Restatement sollen diese Herangehensweise widerspiegeln.
5. Auf der ersten Stufe des two-step-test steht die Auslegung der möglicherweise anwendbaren Sachnormen hinsichtlich ihres *scope*. Der jeweilige Anwendungsbereich ist nach den Grundsätzen der regelungsgebenden Rechtsordnung zu bestimmen. Das Restatement geht davon aus, dass das Kollisionsrechtsregime eines Staates keine Anhaltspunkte für den Anwendungsbereich des Sachrechts enthält; außerdem verneint es die Annahme

einer *presumption against extraterritoriality* im Recht der US-amerikanischen Einzelstaaten.

6. Die Entscheidung über das vorrangig anwendbare Recht bei zwei oder mehreren kollidierenden Sachnormen ist eine Frage der *lex fori*. Das bedeutet, dass jeder Staat stets seine eigenen Prioritätsregeln anwendet. Die Reporter erklären, dass bei der Bestimmung der Vorrangstellung sowohl materiellrechtliche Wertungsentscheidungen als auch systemische Faktoren berücksichtigt werden müssen. Ziel des Restatement ist es, eine Balance zwischen Rechtssicherheit und Flexibilität, Vorhersehbarkeit und Einzelfallberücksichtigung zu finden.
7. Der two-step-test nimmt trotz der ausdrücklichen Normierung nur eine Nebenrolle in der praktischen Anwendung des Restatement ein. Anders als die *Choice of Law Principles* in § 6 (2) des zweiten Restatement ist der Test nicht Teil der eigentlichen kollisionsrechtlichen Analyse. Stattdessen stehen in der Praxis die Kollisionsregeln im Vordergrund, die die zweistufige Vorgehensweise implizit umsetzen sollen.
8. Das anhand der Restatement-Regeln ermittelte anwendbare Recht kann im Einzelfall über eine Ausweichklausel in Chapter 5 korrigiert werden. Erforderlich sind außergewöhnliche Umstände, in denen die Anwendung eines anderen Sachrechts „manifestly more appropriate" ist. Sie liegen vor, wenn bestimmte Aspekte des Einzelfalls bei der Normierung der eigentlich anwendbaren Kollisionsnorm nicht berücksichtigt wurden.
9. Die Kollisionsregeln des neuen Restatement sind grundsätzlich sowohl auf *interstate* als auch auf *international conflicts* anwendbar. Für Konstellationen, in denen der international-grenzüberschreitende Bezug allerdings eine eigenständige Analyse erfordert, soll das Regelungswerk separate Kollisionsregeln beinhalten, die die speziellen Wertungen in *international conflicts* berücksichtigen.
10. Das neue Restatement enthält mehrere Regelungen, in denen allgemeine Aspekte der kollisionsrechtlichen Analyse behandelt werden. Die Vorschriften betreffen die Anwendbarkeit des Restatement, die *dépeçage*, die Qualifikation sowie den *Renvoi*. Damit werden vor allem Fragen geregelt, die im Rahmen der praktischen Anwendung des Restatement auftreten und in der Vergangenheit in der Rechtsprechung – insbesondere bei der Anwendung des ersten Restatement – für Probleme gesorgt haben.
11. Die Regelungen zum Deliktskollisionsrecht im neuen Restatement haben die Zielsetzung, die bisherige Rechtsprechungslinie der US-amerikanischen Gerichte wiederzugeben und eine klare und einfache Anwendbarkeit in der Praxis zu gewährleisten. Die Kollisionsregeln spiegeln die methodische

Vorgehensweise des two-step-test wider und setzen auf diese Weise ein sachrechtsorientiertes Denkmodell um.

12. Die zentrale Stellschraube der kollisionsrechtlichen Analyse im Deliktsrecht ist die Unterscheidung zwischen *conduct-regulating* und *loss-allocating rules*. Hierdurch sollen typische Interessen und Zielsetzungen eines Staates bei der Regelungssetzung des jeweiligen Sachbereichs identifiziert und der Boden für die Bestimmung des Rechts mit einem *dominant interest* geebnet werden. Die Reporter gehen von der Prämisse aus, dass Staaten bei verhaltenssteuernden Regeln ein besonders großes Interesse daran haben, die Sachnormen auf Handlungen oder Rechtsgutverletzungen innerhalb ihres Territoriums anzuwenden. Daher wird bei diesen Normtypen für die Bestimmung des vorrangig anwendbaren Rechts auf den Handlungs- oder Erfolgsort abgestellt. Bei schadenszuweisenden Regeln ist das Interesse eines Staates hingegen dann am höchsten, wenn durch die Anwendung der Sachnorm Gebietsansässige profitieren. Die Kollisionsregeln berücksichtigen in diesen Fällen vorrangig ein gemeinsames *domicile* der Parteien; liegt eine solche Verbindung hingegen nicht vor, besteht kein Grund, von der territorialen Anknüpfung abzuweichen.
13. Das neue Restatement enthält sowohl Regelungen zur Unterscheidung von *conduct-regulating* und *loss-allocating rules* (§§ 6.01-6.03) als auch Prioritätsregeln für diese beiden Normtypen (§§ 6.04-6.08). Die *priority rules* unterscheiden zwischen Konstellationen, in denen die territoriale bzw. personale Anknüpfung auf denselben Staat verweist, und *cross-border torts*, in denen Handlungs- und Erfolgsort bzw. das *domicile* der Parteien in unterschiedlichen Staaten liegen. Weiterhin beinhaltet der allgemeine Teil des Deliktskollisionsrechts eine Auffangklausel (§ 6.09) sowie eine Rechtswahlmöglichkeit (§ 6.10). Im sich anschließenden besonderen Teil des Deliktskollisionsrechts werden einzelne Delikte, wie z.B. die Produkthaftung, separat geregelt.
14. Beinahe alle Prioritätsregeln verwenden eine Einzelanknüpfung. Eine Wahlmöglichkeit des Klägers ist lediglich bei *cross-border torts* vorgesehen. Die Kollisionsregel für Produkthaftungsfälle weicht ebenfalls von der üblichen Struktur ab und verwendet eine Anknüpfungsleiter. Die Starrheit der Einzelanknüpfung wird durch die Ausweichklausel und eine Analyse nach „issues" aufgeweicht, durch die die Gerichte einen angemessenen Spielraum bei der Bestimmung des anwendbaren Rechts erhalten. So wird die geforderte Balance zwischen Flexibilität und Rechtssicherheit erreicht.
15. Eine Bewertung der bisherigen Entwürfe des neuen Restatement zeigt, dass die Reporter die notwendigen Voraussetzungen geschaffen haben, um das

US-amerikanische Deliktskollisionsrecht aus dem Methodenpluralismus zu führen. Die Wahl des two-step-test als Grundmethodik des neuen Regelungswerkes ist grundsätzlich positiv zu bewerten; der Test führt die überwiegenden Trends der Rechtsprechung fort. Trotzdem hat die Methode auch Schwachstellen: Vor allem die *scope*-Komponente und das komplexe Zusammenspiel zwischen two-step-test und besonderen Kollisionsnormen können in der Praxis für Schwierigkeiten sorgen. Um eine zutreffende Anwendung des Restatement zu gewährleisten, müssen die Gerichte darauf achten, den Stellenwert des Tests nicht zu überschätzen und stattdessen die Kollisionsregeln in den Vordergrund der kollisionsrechtlichen Analyse zu stellen.

16. Die Entwürfe zum Restatement können nicht in allen Teilen überzeugen. Besonderer Nachholbedarf besteht weiterhin im Bereich der *international conflicts*, diese werden noch nicht ausreichend berücksichtigt. Zudem zeigt die Kollisionsregel zur Produkthaftung, dass die Umsetzung des two-step-test in den Kollisionsregeln nicht immer stringent durchgeführt wird. Eine methodische Schlüssigkeit ist jedoch notwendig, um eine möglichst breite Adaption des gesamten Restatement in der Rechtsprechung zu ermöglichen.
17. Das neue Restatement (Third) wird das US-amerikanische Kollisionsrecht in Zukunft maßgeblich beeinflussen. Durch den two-step-test als Grundmethode kommt das Restatement dem Erfordernis nach, ein sachrechtsorientiertes Denkmodell für die kollisionsrechtliche Analyse zu verwenden und materiell-rechtliche Erwägungen bei der Bestimmung des anwendbaren Rechts in grenzüberschreitenden Konstellationen einzubeziehen. Das klare methodische Bekenntnis und die nachvollziehbare Struktur unterscheiden die Neufassung von ihren Vorgängern. Zudem wird den vom ALI vorgesehenen Restatement-Attributen ausreichend Rechnung getragen. Der Blick auf das Deliktskollisionsrecht zeigt, dass die Vorschriften die bisherigen Entscheidungstrends der Rechtsprechung abbilden und mit Hilfe der Comments eine funktionale Anwendung in der Praxis ermöglichen. Diese Merkmale bestärken die positive Prognose, dass das Restatement in der Rechtsprechung schnell adaptiert werden wird.
18. Das neue Restatement ist wie seine Vorgänger Sinnbild für eine *Conflicts Evolution*, die das Kollisionsrecht in den vergangenen 150 Jahren durchlaufen hat. Die Regeln machen die Lehren der *Conflicts Revolution* praxisfähig und führen sie zu ihrer Vollendung. Anstatt für einen erneuten Umbruch zu sorgen, fügt sich das Regelungswerk nahtlos in die Entwicklung ein, die in den vergangenen 50 Jahren stattgefunden hat.

19. Im deutschen und europäischen IPR wird das dritte Restatement kaum Einfluss entfalten. Die Anknüpfung am Rechtsverhältnis und die Umsetzung eines rechtsfragenorientierten Denkmodells sind zentrale und unumstößliche Merkmale des deutschen und europäischen Kollisionsrechts. Das neue Restatement zementiert hingegen das in den USA dominierende sachrechtsorientierte Denkmodell. Die fundamentalen methodischen Unterschiede auf beiden Seiten des Atlantiks verhindern daher, dass Regelungen der Neuauflage Einzug in das deutsche oder europäische Kollisionsrecht finden werden.

Gesamtergebnis in Thesen

Die vorliegende Arbeit hat den Versuch unternommen, die Bedeutung der Restatements of Conflict of Laws für das US-amerikanische Kollisionsrecht herauszuarbeiten. Dabei sollte insbesondere die Frage beantwortet werden, inwiefern das neue Restatement (Third) das Kollisionsrecht in Zukunft beeinflussen wird. Die wesentlichen Ergebnisse der Analyse lassen sich wie folgt zusammenfassen:

1. Die Restatements of Conflict of Laws sind Motor einer *Conflicts Evolution*, die das US-amerikanische Kollisionsrecht in den vergangenen 150 Jahren durchlaufen hat. Der hohe Stellenwert der Regelungswerke resultiert aus der Symbiose reproduzierender und rechtsfortbildender Elemente. Wegen der besonderen Komplexität des Kollisionsrechts in den USA wenden sich Wissenschaft und Praxis bevorzugt den Restatements zu und nutzen sie sowohl als Ansatzpunkt methodischer Diskussionen als auch als Wegweiser bei der Rechtsfindung.
2. Die Vielschichtigkeit der kollisionsrechtlichen Analyse zeigt sich in den verschiedenen methodischen Ansätzen, die die Einzelstaaten seit der *Conflicts Revolution* bei der Bestimmung des anwendbaren Rechts in grenzüberschreitenden Konstellationen verwenden. Auch wenn gegenwärtig die überwiegende Mehrheit auf Regelungen der Restatements zurückgreift, divergieren die Bundesstaten bei der Anwendung dieser *Conflicts rules*. Diese Vielfalt stellt die Reporter des neuen Restatement (Third) vor eine Herausforderung, da sie in der Neuauflage die bestehende Rechtslage im Kollisionsrecht der USA wiedergeben und systematisieren sollen.
3. Trotz des „Methodenwirrwarrs" lassen sich unter den verschiedenen methodischen Ansätzen in der Rechtsprechung der Einzelstaaten vier kollisionsrechtliche Denkmodelle identifizieren. Die Modelle setzen bei der Bestimmung des anwendbaren Rechts an verschiedenen Punkten an (Zuständigkeit, Rechtsfrage, Sachrecht oder Effizienz) und variieren hinsichtlich ihrer Vorgehensweise. Die methodische Kontextualisierung im Lichte dieser Denkmodelle zeigt, dass die Mehrheit der Einzelstaaten mittlerweile ein sachrechtsorientiertes Denkmodell verfolgt. Gleichwohl besteht innerhalb dieser Denkmodelle, insbesondere bei der Orientierung am Sachrecht, wenig Einheitlichkeit. Im US-amerikanischen Kollisionsrecht existiert somit ein doppelter Methodenpluralismus auf Ebene der Denkmodelle und der Methoden innerhalb eines Modells.

4. Das neue Restatement (Third) stellt die erfolgversprechendste Möglichkeit dar, den Methodenpluralismus aufzulösen. Um für möglichst viele Einzelstaaten und ihre Gerichte eine vorzugswürdige Alternative zur bisherigen Vorgehensweise zu bieten, muss die Neuauflage an die vorherrschende Rechtsprechungslinie anknüpfen und ein sachrechtsorientiertes Denkmodell umsetzen. Materiell-rechtliche Erwägungen sind seit der *Conflicts Revolution* ein maßgeblicher Bestandteil der kollisionsrechtlichen Analyse in den USA.
5. Die Umsetzung eines sachrechtsorientierten Denkmodells bedeutet nicht, dass die Vorhersehbarkeit von Entscheidungen und die daraus resultierende Rechtssicherheit vernachlässigt werden müssen. Auch wenn die Interessen des regelungsgebenden Staates ein bedeutender Teil der kollisionsrechtlichen Analyse sind, benötigt das neue Regelungswerk einen gewissen Formalismus. Daraus folgt, dass die Neuauflage des Restatement trotz der Einzelfallorientierung feststehende Regeln beinhalten sollte.
6. Der two-step-test ist das „conceptual framework" des neuen Restatement (Third) of Conflict of Laws; er beinhaltet eine am Sachrecht orientierte kollisionsrechtliche Analysetechnik. Auf erster Stufe steht die Auslegung der möglicherweise anwendbaren Sachnormen hinsichtlich ihres Anwendungsbereichs (*scope*). Sofern der Anwendungsbereich von zwei oder mehreren Sachnormen eröffnet ist, muss in einem zweiten Schritt festgelegt werden, welche Regelung Vorrang (*priority*) hat. Im Verhältnis zu den Kollisionsregeln tritt der Test allerdings in den Hintergrund: Die *Conflicts rules* sollen den two-step-test direkt umsetzen, eine separate Anwendung bei der Bestimmung des anwendbaren Rechts ist nicht vorgesehen.
7. Die Wahl des two-step-test als Grundmethodik des neuen Restatement (Third) ist grundsätzlich positiv zu bewerten. Der Test setzt die mehrheitliche Vorgehensweise der Rechtsprechung um. Allerdings hat die Methode auch Schwachstellen: Vor allem die Bestimmung des Anwendungsbereichs der Sachnormen und das Zusammenspiel von Test und Kollisionsregeln können in der praktischen Anwendung problematisch werden. Zudem müssen Gerichte die Vorrangstellung der Kollisionsregeln beachten. Das klare methodische Bekenntnis unterscheidet die Neuauflage aber positiv von ihren Vorgängern.
8. Im Deliktskollisionsrecht ist die Unterscheidung zwischen *conduct-regulating* und *loss-allocating rules* die zentrale Stellschraube der kollisionsrechtlichen Analyse. Das Restatement (Third) knüpft damit an den bisherigen Trend der Rechtsprechung an. Im Zusammenspiel mit den jeweiligen Comments erlauben die Kollisionsregeln eine effiziente Anwendung in der Praxis. Damit ist auch das Deliktskollisionsrecht beifällig zu bewerten.

9. Das Restatement (Third) besitzt alle notwendigen Voraussetzungen, um an die Rolle seiner Vorgängerversionen anzuknüpfen und das US-amerikanische Kollisionsrecht in Zukunft maßgeblich zu prägen. Die Neuauflage manifestiert den methodischen Richtungswechsel, den das Kollisionsrecht seit der *Conflicts Revolution* eingeschlagen hat, und führt die Revolution zu ihrer Vollendung. Das Restatement ist daher Sinnbild der *Conflicts Evolution* im US-amerikanischen IPR.
10. Die fundamentalen methodischen Unterschiede zwischen dem US-amerikanischen und dem deutschen bzw. europäischen IPR führen allerdings dazu, dass das neue Restatement im europäischen Rechtsraum kaum Einfluss nehmen wird.

Literaturverzeichnis

Adams, Kristen David, Blaming the Mirror: The Restatements and the Common Law, 40 Indiana Law Journal, S. 205–270 (2007).

– , The Folly of Uniformity - Lessons from the Restatement Movement, 33 Hofstra Law Review, S. 423–473 (2004).

Alexy, Robert, Theorie der Grundrechte, Baden-Baden 1985 (zitiert: *Alexy*, Theorie der Grundrechte, 1985).

Bar, Christian von/Mankowski, Peter, Internationales Privatrecht, 2. Aufl., München 2003 (zitiert: *von Bar/Mankowski*, Internationales Privatrecht, 2003).

Bariatti, Stefania, Classification (characterization), in: Basedow, Jürgen/Rühl, Giesela/Ferrari, Franco et al. (Hrsg.), Encyclopedia of Private International Law, Cheltenham 2017, S. 357–365 (zitiert: *Bariatti*, in: Encyclopedia of Private International Law).

Basedow, Jürgen (Hrsg.), An Economic Analysis of Private International Law, Tübingen 2006 (zitiert: Basedow (Hrsg.), An Economic Analysis, 2016).

– , Aufgabe und Methodenvielfalt des internationalen Privatrechts im Wandel der Gesellschaft, in: Rupp, Caroline S./Antomo, Jennifer/Duden, Konrad et al. (Hrsg.), IPR zwischen Tradition und Innovation, Tübingen 2019, S. 1–14 (zitiert: *Basedow*, in: IPR zwischen Tradition und Innovation).

– , Private International Law, Methods of, in: Basedow, Jürgen/Rühl, Giesela/Ferrari, Franco et al. (Hrsg.), Encyclopedia of Private International Law, Cheltenham 2017, S. 1401–1407 (zitiert: *Basedow*, in: Encyclopedia of Private International Law).

– , Vested Rights Theory, in: Basedow, Jürgen/Rühl, Giesela/Ferrari, Franco et al. (Hrsg.), Encyclopedia of Private International Law, Cheltenham 2017, S. 1813–1820 (zitiert: *Basedow*, in: Encyclopedia of Private International Law).

– , Hundert Jahre Rechtsvergleichung, JZ 2016, S. 269–280.

– , Federal Choice of Law in Europe and the United States - A Comparative Account of Interstate Conflicts, 82 Tulane Law Review, S. 2119–2146 (2008).

Batiffol, Henri, Réflexions sur la coordination des systèmes nationaux, Recueil des cours 120 (1967), S. 165–190.

Baxter, William F., Choice of Law and the Federal System, 16 Stanford Law Review, S. 1–42 (1963).

Beale, Joseph H., A Treatise on the Conflict of Laws, New York 1935 (zitiert: *Beale*, A Treatise on the Conflict of Laws, 1935).

– , A Selection of Cases on the Conflict of Laws, Volume III, The Recognition and Enforcement of Rights, Cambridge 1902 (zitiert: *Beale*, A Selection of Cases on the Conflict of Laws, 1902).

Becker, Gary Stanley, The Economic Approach to Human Behavior, Chicago 1976 (zitiert: *Becker*, The Economic Approach to Human Behavior, 1976).

Beck'scher Online Kommentar BGB, Bamberger, Georg/Roth, Herbert et al. (Hrsg.), 58. Edition, München, Stand: 01.11.2020 (zitiert: BeckOK BGB/*Bearbeiter*).

Beck-online.GROSSKOMMENTAR zum Zivilrecht, Gsell, Beate/Krüger, Wolfgang et al. (Hrsg.), München, Aktualisierungen berücksichtigt bis 08/2021 (zitiert: BeckOGK/*Bearbeiter*).

Binder, Heinz, Zur Auflockerung des Deliktsstatuts, RabelsZ 20 (1955), S. 401–499.

Bitter, Georg/Rauhut, Tilman, Grundzüge zivilrechtlicher Methodik - Schlüssel einer gelungenen Fallbearbeitung, JuS 2009, S. 289–298.

Black's Law Dictionary, Garner, Bryan A./Black, Henry Campbell (Hrsg.), 11. Aufl., St. Paul, Minn. 2019 (zitiert: Black's Law Dictionary).

Bonell, Michael J., The UNIDROIT Principles of International Commercial Contracts and the Harmonisation of International Sales Law, 36 Revue juridique Thémis, S. 335–354 (2002).

Boosfeld, Kristin, Die beiden Statutenlehren - Geschichte eines rechtshistorischen Missverständnisses, ZRG GA 2019, S. 76–93.

Borchers, Patrick J., Nebraska Choice of Law: An Updated Synthesis, 53 Creighton Law Review, S. 339–358 (2020).

– , How „International“ Should a Third Conflicts Restatement be in Tort and Contract?, 27 Duke Journal of Comparative & International Law, S. 461–483 (2017).

– , An Essay on Predictability in Choice-of-Law Doctrine and Implications For a Third Conflicts Restatement, 49 Creighton Law Review, S. 495–506 (2016).

– , Louisiana‘s Conflicts Codification: Some Empirical Observations Regarding Decisional Predictability, 60 Louisiana Law Review, S. 1061–1070 (2000).

– , Courts and the Second Conflicts Restatement: Some Observations and an Empirical Note, 56 Maryland Law Review, S. 1232–1247 (1997).

– , Origins of Diversity Jurisdiction, the Rise of Legal Positivism, and a Brave New World for Erie and Klaxon, 72 Texas Law Review, S. 79–134 (1993).

– , The Choice-of-Law Revolution: An Empirical Study, 49 Washington and Lee Law Review, S. 357–384 (1992).

Bridges, James R./Segal, William D., The Second Conflicts Restatement of Torts: A Caveat, 51 California Law Review, S. 762–791 (1963).

Brilmayer, Lea, What I Like Most About the Restatement (Second) of Conflicts, and Why It Should Not Be Thrown Out With the Bathwater, 110 AJIL Unbound, S. 144–149 (2016).

– , Hard Cases, Single Factor Theories, And A Second Look At The Restatement 2D of Conflicts, 2015 University of Illinois Law Review, S. 1969–1998 (2015).

– , Conflict of Laws, Foundations and Future Directions, Boston 1991 (zitiert: *Brilmayer*, Conflict of Laws, 1991).

– , Rights, Fairness, and Choice of Law, 98 The Yale Law Journal, S. 1277–1319 (1989).

Brilmayer, Lea/Goldsmith, Jack/O'Connor, Erin O'Hara, Conflict of Laws, Cases and Materials, New York 2015 (zitiert: *Brilmayer/Goldsmith/O'Connor*, Conflict of Laws, 2015).

Brilmayer, Lea/Listwa, Daniel B., A Common Law of Choice of Law, 89 Fordham Law Review, S. 889–930 (2020).

– , Continuity and Change in the Draft Restatement (Third) of Conflict of Laws: One Step Forward and Two Steps Back?, 128 The Yale Law Journal Forum, S. 266–292 (2018).

Brilmayer, Lea/Seidell, Charles, Jurisdictional Realism: Where Modern Theories of Choice of Law Went Wrong, and What Can Be Done to Fix Them, 86 Chicago Law Review, S. 2031–2099 (2019).

Burnham, William, Introduction to the Law and Legal System of the United States, 6. Aufl., St. Paul 2016 (zitiert: *Burnham*, Introduction to the Law and Legal System of the United States, 2016).

Buxbaum, Hannah L., Determining the Territorial Scope of State Law in Interstate and International Conflicts: Comments on the Draft Restatement (Third) and on the Role of Party Autonomy, 27 Duke Journal of Comparative & International Law, S. 381–403 (2017).

Calabresi, Guido, Some Thoughts on Risk Distribution and the Law of Torts, 70 The Yale Law Journal, S. 499–553 (1961).

Canaris, Claus-Wilhelm, Systemdenken und Systembegriff in der Jurisprudenz, entwickelt am Beispiel des deutschen Privatrechts, 2. Aufl., Berlin 1983 (zitiert: *Canaris*, Systemdenken und Systembegriff, 1983).

Cavers, David F., The Choice-of-Law Process, Ann Arbor 1965 (zitiert: *Cavers*, The Choice-of-Law Process, 1965).

– , A Critique of the Choice-of-Law Problem, 47 Harvard Law Review, S. 173–208 (1933).

Cheatham, Elliott E., A Federal Nation and Conflict of Laws, 22 Rocky Mountain Law Review, S. 109–116 (1950).

Childress III, Donald E., International Conflict of Laws and the New Conflicts Restatement, 27 Duke Journal of Comparative & International Law, S. 361–379 (2017).

– , When Erie Goes International, 105 Northwestern University Law Review, S. 1531–1580 (2011).

Coase, Ronald H., The Problem of Social Cost, 3 The Journal of Law & Economics, S. 1–44 (1960).

Committee on the Establishment of a Permanent Organization for the Improvement of the Law Proposing the Establishment of an American Law Institute, Report of the Committee on the Establishment of a Permanent Organization for the Improvement of the Law Proposing the Establishment of an American Law Institute, Philadelphia 1923. (zit. als: Committee on the Establishment of a Permanent Organization for the Improvement of the Law Proposing the Establishment of an American Law Institute, Report of the Committee).

Cook, Walter Wheeler, The Logical and Legal Bases of the Conflict of Laws, 33 Yale Law Journal, S. 457–488 (1924).

– , Powers of Congress under the Full Faith and Credit Clause, 28 Yale Law Review, S. 421–449 (1919).

Cross, John T., The Conduct-Regulating Exception in Modern United States Choice-of-Law, 36 Creighton Law Review, S. 425–478 (2003).

Cuniberti, Gilles, Conflict of Laws, A Comparative Approach, Cheltenham, UK, Northhampton, MA, USA 2017 (zitiert: *Cuniberti*, Conflict of Laws, 2017).

Currie, Brainerd G., Selected Essays on the Conflict of Laws, Durham 1963 (zitiert: *Currie*, Selected Essays on the Conflict of Laws, 1963).

– , The Disinterested Third State, 28 Law and Contemporary Problems, S. 754–794 (1963).

– , On the Displacement of the Law of the Forum, 58 Columbia Law Review, S. 964–1028 (1958).

Dane, Perry, Conflict of Laws, in: Patterson, Dennis Michael (Hrsg.), A Companion to Philosophy of Law and Legal Theory, 2. Aufl., Malden 2010, S. 197–208 (zitiert: *Dane*, in: Companion to Philosophy of Law and Legal Theory).

– , Vested Rights, Vestedness, and Choice of Law, 96 Yale Law Journal, S. 1191–1275 (1987).

Das Herkunftswörterbuch, Etymologie der deutschen Sprache, Dudenredaktion (Hrsg.), Mannheim 2015 (zitiert: Das Herkunftswörterbuch, 2015).

Dicey, Albert V., A Digest of the Law of England with Reference to the Conflict of Laws, 2. Aufl., London 1908 (zitiert: *Dicey*, A Digest of the Law of England with Reference to the Conflict of Laws, 1908).

Dietrich, Marc, Die situative Anwendung von Art. 17 Brüssel Ia-VO und Art. 6 Rom I-VO, Eine Untersuchung des kollisions- und zuständigkeitsrechtlichen Verbraucherschutzes unter Berücksichtigung US-amerikanischer Grundsätze, Tübingen 2020 (zitiert: *Dietrich*, Die situative Anwendung von Art. 17 Brüssel Ia-VO und Art. 6 Rom I-VO, 2020).

– , Internationalizing the Conflict of Laws Restatement, Symposium zum Restatement Third of Conflict of Laws an der Duke Law School vom 4. bis 5.11.2016, IPRax 2017, S. 420–422.

Dodge, William S., Presumption Against Extraterritoriality in State Law, 133 Harvard Law Review, S. 1583–1654 (2020).

– , Extraterritoriality and Conflict-of-Laws Theory: An Argument for Judicial Unilateralism, 39 Harvard International Law Journal, S. 101–169 (1998).

Dolinger, Jacob, In Defense of the „General Part“ Principles, in: Borchers, Patrick J./Zekoll, Joachim (Hrsg.), International Conflict of Laws for the Third Millennium - Essays in Honor of Friedrich K. Juenger, Transnational Classics in International Law, Ardsley, NY 2001, S. 23–51 (zitiert: *Dolinger*, in: FS Juenger).

Dölle, Hans, Probleme der modernen Rechtsvergleichung, ÖJZ 1954, S. 278–280.

Dworkin, Ronald, The Model of Rules, 35 University of Chicago Law Review, S. 14–46 (1967).

Ehrenzweig, Albert A., Das Desperanto des zweiten „Restatement of Conflict of Laws“, in: von Caemmerer, Ernst/Mentschikoff, Soia/Zweigert, Konrad (Hrsg.), Ius Privatum Gentium - Festschrift für Max Rheinstein zum 70. Geburtstag am 5. Juli 1969, Tübingen 1969, S. 343–362 (zitiert: *Ehrenzweig*, in: FS Rheinstein).

– , Specific Principles of Private International Law, Recueil des cours 124 (1968), S. 167–370.

– , The Second Conflicts Restatement: A Last Appeal for Its Withdrawal, 113 University of Pennsylvania Law Review, S. 1230–1244 (1965).

– , A Treatise on the Conflict of Laws, St. Paul, Minn. 1962 (zitiert: *Ehrenzweig*, A Treatise on the Conflict of Laws, 1962).

– , Interstate and International Conflicts Law: A Plea for Segregation, 41 Minnesota Law Review, S. 717–729 (1957).

Eidenmüller, Horst, Effizienz als Rechtsprinzip, Möglichkeiten und Grenzen der ökonomischen Analyse des Rechts, 4. Aufl., Tübingen 2015 (zitiert: *Eidenmüller*, Effizienz als Rechtsprinzip, 2015).

Ellsworth, Phoebe C., Legal Reasoning, in: Holyoak, Keith J./Morrison, Robert G. (Hrsg.), The Cambridge Handbook of Thinking and Reasoning, Cambridge 2005 (zitiert: *Ellsworth*, in: Handbook of Thinking and Reasoning).

Elson, Alex, The Case for an In-Depth Study of the American Law Institute, 23 Law & Social Inquiry, S. 625–640 (1998).

Fairchild, Janet, Tort Immunity of Nongovernmental Charities - Modern Status, 25 A.L.R.4th., S. 517 (Originally published in 1983).

Federal Rules of Civil Procedure, Rules and Commentary, Mulligan, Lumen N./Gensler, Steven S. (Hrsg.), Stand: 2021 (zitiert: FRCP Commentary/*Bearbeiter*).

Flessner, Axel, Interessenjurisprudenz im internationalen Privatrecht, Tübingen 1990 (zitiert: *Flessner*, Interessenjurisprudenz im internationalen Privatrecht, 1990).

– , Fakultatives Kollisionsrecht, RabelsZ 34 (1970), S. 547–584.

Francq, Stéphanie, Unilateralism, in: Basedow, Jürgen/Rühl, Giesela/Ferrari, Franco et al. (Hrsg.), Encyclopedia of Private International Law, Cheltenham 2017, S. 1779–1791 (zitiert: *Francq*, in: Encyclopedia of Private International Law).

Frank, John P., The American Law Institute, 1923 - 1998, 26 Hofstra Law Review, S. 615–639 (1998).

Franklin, Mitchell, The Kantian Foundations of the Historical School of Law of Savigny, 22 Revista Jurídica de la Universidad de Puerto Rico, S. 64–89 (1952-1953).

– , The Historic Function of the American Law Institute: Restatement as Transitional to Codification, 47 Harvard Law Review, S. 1367–1394 (1934).

Freer, Richard D., Civil Procedure, 4. Aufl., New York 2017 (zitiert: *Freer*, Civil Procedure, 2017).

Friedenthal, Jack H./Kane, Mary Kay/Miller, Arthur R., Civil Procedure, Hornbook Series, 4. Aufl., 2005 (zitiert: *Friedenthal/Kane/Miller*, Civil Procedure, 2005).

Fuller, Lon L., The Morality of Law, 15. Aufl., New Haven 1978 (zitiert: *Fuller*, The Morality of Law, 1978).

Gamillscheg, Franz, Der Einfluss Dumoulins auf die Entwicklung des Kollisionsrechts, Berlin 1955 (zitiert: *Gamillscheg*, Der Einfluss Dumoulins auf die Entwicklung des Kollisionsrechts, 1955).

George, James P., Choice of Law: A Guide for Texas Attorneys, 25 Texas Tech Law Review, S. 833–872 (1994).

Geistfeld, Mark A., Tort Law in the Age of Statutes, 99 Iowa Law Review, S. 957–1020 (2014).

Goodrich, Herbert F., The Story of the American Law Institute, 1951 Washington University Law Quarterly, S. 283–305 (1951).

Gottesman, Michael H., Adrift on the Sea of Indeterminacy, 75 Indiana Law Journal, S. 527–534 (2000).

– , Draining the Dismal Swamp: The Case for Federal Choice of Law Statutes, 80 Georgetown Law Journal, S. 1–51 (1991).

Gray, Whitmore, E pluribus unum? A Bicentennial Report on Unification of Law in the United States, RabelsZ 50 (1986), S. 111–165.

Green, Michael S., The Return of the Unprovided-for Case, 51 Georgia Law Review, S. 761–804 (2017).

Gutzwiller, Max, Geschichte des Internationalprivatrechts, Von den Anfängen bis zu den grossen Privatrechtskodifikationen, Basel 1977 (zitiert: *Gutzwiller*, Geschichte des Internationalprivatrechts, 1977).

– , Le développement historique du droit international privé, Recueil des cours 29 (1929), S. 287–394.

– , Der Einfluss Savignys auf die Entwicklung des Internationalprivatrechts, Freiburg (Schweiz) 1923 (zitiert: *Gutzwiller*, Der Einfluss Savignys auf die Entwicklung des Internationalprivatrechts, 1923).

Hanotiau, Bernard, The American Conflicts Revolution and European Tort Choice-of-Law Thinking, 30 American Journal of Comparative Law, S. 73–98 (1982).

Harper, Fowler V., Das "Restatement of Conflict of Laws" des amerikanischen "Law Institute", RabelsZ 9 (1935), S. 821–854.

Harzard Jr., Geoffrey C., The American Law Institute is Alive and Well, 26 Hofstra Law Review, S. 661–665 (1998).

Harzard Jr., Geoffrey C./Leubsdorf, John/Bassett, Debra Lyn/James, Fleming, Civil Procedure, 6. Aufl., New York 2011 (zitiert: *Harzard Jr./Leubsdorf/Bassett/James*, Civil Procedure, 2011).

Hay, Peter, Berücksichtigung von Aussagen ausländischer Regierungen zum eigenen Recht im US-amerikanischen Zivilprozess (zu U.S. Supreme Court 14.6.2018, Animal Science Products, Inc., et al. v. Hebei Welcome Pharmaceutical Co. Ltd. et al, 138 S.Ct. 1865 (2018), 2018 WL 297345), IPRax 2019, S. 169–170.

– , European Conflicts Law After the American „Revolution" - Comparative Notes, 2015 University of Illinois Law Review, S. 2053–2074 (2015).

– , US-Amerikanisches Recht, 6. Aufl., München 2015 (zitiert: *Hay*, US-Amerikanisches Recht, 2015).

– , The Use and Determination of Foreign Law in Civil Litigation in the United States, 62 American Journal of Comparative Law, S. 213–240 (2014).

– , International versus Interstate Conflicts Law in the United States, A Summary of the Case Law, RabelsZ 35 (1971), S. 429–490.

Hay, Peter/Borchers, Patrick J./Symeonides, Symeon C./Whytock, Christopher A., Conflict of Laws, 6. Aufl., St. Paul, Minn. 2018 (zitiert: *Hay/Borchers/Symeonides/Whytock*, Conflict of Laws, 2018).

Hay, Peter/Ellis, Robert B., Bridging the Gap between Rules and Approaches in Tort Choice of Law in the United States: A Survey of Current Case Law, 27 The International Lawyer, S. 369–395 (1993).

Hein, Jan von, Something Old and Something Borrowed, but Nothing New? Rome II and the European Choice-of-Law Revolution, 82 Tulane Law Review, S. 1663–1707 (2008).

Helms, Fred B., The Restatements: Existing Law or Prophecy, 56 A.B.A. Journal, S. 152–154 (1970).

Henninger, Thomas, Europäisches Privatrecht und Methode, Entwurf einer rechtsvergleichend gewonnenen juristischen Methodenlehre, Tübingen 2009 (zitiert: *Henninger*, Europäisches Privatrecht und Methode, 2009).

Herman, Shael, Schicksal und Zukunft der Kodifikationsidee in Amerika, in: Zimmermann, Reinhard (Hrsg.), Amerikanische Rechtskultur und europäisches Privatrecht - Impressionen aus der Neuen Welt, Tübingen 1995, S. 45–86 (zitiert: *Herman*, in: Amerikanische Rechtskultur und europäisches Privatrecht).

Hoffmann, Bernd von/Thorn, Karsten/Firsching, Karl, Internationales Privatrecht, Einschließlich der Grundzüge des internationalen Zivilverfahrensrechts, 9. Aufl., München 2007 (zitiert: *von Hoffmann/Thorn/Firsching*, Internationales Privatrecht, 2007).

Holmes, Oliver Wendell, The Common Law, 45. Aufl. Boston 1923 (zitiert: *Holmes*, The Common Law, 1923).

Horowitz, Harold W., Toward a Federal Common Law of Choice of Law, 14 UCLA Law Review, S. 1191–1210 (1967).

Hübner, Leonhard, Die Integration der primärrechtlichen Anerkennungsmethode in das IPR, RabelsZ 85 (2021), S. 106-145.

Hull, Natalie E. H., Restatement and Reform: A New Perspective on the Origins of the American Law Institute, 8 Law and History Review, S. 55–96 (1990).

Jayme, Erik, Neue Kodifikation des Internationalen Privatrechts in Louisiana, IPRax 1993, S. 56–58.

– , The American Conflicts Revolution and its Impact on European Private International Law, in: de Boer, Theodorus M. (Hrsg.), Forty Years On - The Evolution of Postwar Private International Law in Europe, Deventer 1990, S. 15–27 (zitiert: *Jayme*, in: Forty Years On - The Evolution of Postwar Private International Law in Europe).

– , Zur Krise des „Governmental-Interest Approach", in: Lüderitz, Alexander/Schröder, Jochen (Hrsg.), Internationales Privatrecht und Rechtsvergleichung im Ausgang des 20. Jahrhunderts, Bewahrung oder Wende? - Festschrift für Gerhard Kegel, Frankfurt am Main 1977, S. 359–366 (zitiert: *Jayme*, in: FS Kegel).

Joerges, Christian, Zum Funktionswandel des Kollisionsrechts, Die „Governmental Interest Analysis" und die „Krise des Internationalen Privatrechts", Tübingen 1971 (zitiert: *Joerges*, Zum Funktionswandel des Kollisionsrechts, 1971).

Juenger, Friedrich K., A Third Conflicts Restatement?, 75 Indiana Law Journal, S. 403–416 (2000).

– , The Problem with Private International Law, in: Basedow, Jürgen (Hrsg.), Private Law in the International Arena - From National Conflict Rules Towards Harmonization and Unification; liber amicorum Kurt Siehr, The Hague 2000, S. 289–309 (zitiert: *Juenger*, in: FS Siehr).

– , The Need for a Comparative Approach of Choice of Law Problems, 73 Tulane Law Review, S. 1309–1335 (1999).

– , Choice of Law and Multistate Justice, Dordrecht 1993 (zitiert: *Juenger*, Choice of Law and Multistate Justice, 1993).

– , The E.E.C Convention on the Law Applicable to Contractual Obligations: An American Assessment, in: North, P. M. (Hrsg.), Contract Conflicts, The E.E.C. Convention on the Law Applicable to Contractual Obligations : a Comparative Study, Amsterdam, New York, NY 1982, S. 295–322 (zitiert: *Juenger*, in: Contract Conflicts).

– , Zum Wandel des Internationalen Privatrechts, Karlsruhe 1974 (zitiert: *Juenger*, Zum Wandel des Internationalen Privatrechts, 1974).

Junker, Abbo, Internationales Privatrecht, 4. Aufl., München 2021 (zitiert: *Junker*, Internationales Privatrecht, 2019).

– , Kollisionsnorm und Sachrecht im IPR der unerlaubten Handlung, in: Michaels, Ralf/Solomon, Dennis (Hrsg.), Liber amicorum Klaus Schurig, München 2012, S. 81–96 (zitiert: *Junker*, in: FS Schurig).

Kaminsky, Clay H., The Rome II Regulation: A Comparative Perspective on Federalizing Choice of Law, 85 Tulane Law Review, S. 55–108 (2010).

Kay, Herma Hill, A Defense of Currie's Governmental Interest Analysis, Recueil des cours 215 (1989), S. 13–204.

– , The Use of Comparative Impairment to Resolve True Conflicts: An Evaluation of the California Experience, 68 California Law Review, S. 577–617 (1980).

Kegel, Gerhard, Joseph Story, RabelsZ 43 (1979), S. 609–631.

– , Vaterhaus und Traumhaus, in: Sandrock, Otto (Hrsg.), Festschrift für Günther Beitzke, Zum 70. Geburtstag am 26. April 1979, Berlin 1979, S. 551–573 (zitiert: *Kegel*, in: FS Beitzke).

– , The Crisis of Conflict of Laws, Recueil des cours 112 (1964), S. 91–286.

– , Begriffs- und Interessenjurisprudenz im Internationalen Privatrecht, in: Festschrift Hans Lewald, bei Vollendung des vierzigsten Amtsjahres als ordentlicher Professor im Okt. 1953 überreicht von seinen Freunden und Kollegen mit Unterstützung der Basler Juristischen Fakultät, Basel 1953, S. 259–288 (zitiert: *Kegel*, in: FS Lewald).

Kegel, Gerhard/Schurig, Klaus, Internationales Privatrecht, 9. Aufl., München 2004 (zitiert: *Kegel/Schurig*, Internationales Privatrecht, 2004).

Kinsch, Patrick, Le rôle du politique en droit international privé, Recueil des cours 492 (2019), S. 1–384.

Kischel, Uwe, Rechtsvergleichung, München 2015 (zitiert: *Kischel*, Rechtsvergleichung, 2015).

Kleinschmidt, Jens, Tagungsbericht - Erster Kongress des European Law Institute, JZ 2011, S. 1063–1065.

Klode, Michael, Punitive Damages, NJOZ 2009, S. 1762–1773.

Kozyris, Phaedon John, Conflicts Theory for Dummies: Apres le Deluge, Where are We on Producers Liability, 60 Louisiana Law Review, S. 1161–1188 (2000).

Kramer, Larry, More Notes on Methods and Objectives in the Conflict of Laws, 24 Cornell International Law Journal, S. 245–278 (1991).

– , On the Need for a Uniform Choice of Law Code, 89 Michigan Law Review, S. 2134–2149 (1991).

– , Return of the Renvoi, 66 New York University Law Review, S. 979–1044 (1991).

– , Vestiges of Beale: Extraterritorial Application of American Law, 1991 The Supreme Court Review, S. 179–224 (1991).

– , Rethinking Choice of Law, 90 Columbia Law Review, S. 277–345 (1990).

– , Interest Analysis and the Presumption of Forum Law, 56 The University of Chicago Law Review, S. 1301–1310 (1989).

– , The Myth of the Unprovided-For Case, 75 Virginia Law Review, S. 1045–1074 (1989).

Kronke, Herbert, § 120. Internationales Privatrecht, in: Kube, Hanno/Mellinghoff, Rudolf/Morgenthaler, Gerd et al. (Hrsg.), Leitgedanken des Rechts - Paul Kirchhof zum 70. Geburtstag, Band II: Staat und Bürger, Heidelberg 2013, S. 1305–1314 (zitiert: *Kronke*, in: FS Kirchhof).

Kronstein, Heinrich, Crisis of Conflict of Laws, 37 Georgetown Law Journal, S. 483–513 (1949).

Kropholler, Jan, Ein Anknüpfungssystem für das Deliktsstatut, RabelsZ 33 (1969), S. 601–653.

Kropholler, Jan/von Hein, Jan, From Approach to Rule-Orientation in American Tort Conflicts?, in: Nafziger, James A. R./Symeonides, Symeon C. (Hrsg.), Law and Justice in a Multistate World - Essays in honor of Arthur T. von Mehren, Ardsley, NY 2002, S. 317–340 (zitiert: *Kropholler/von Hein*, in: FS von Mehren).

Kühne, Gunther, Methodeneinheit und Methodenvielfalt im Internationalen Privatrecht, in: Michaels, Ralf/Solomon, Dennis (Hrsg.), Liber amicorum Klaus Schurig, München 2012, S. 129–146 (zitiert: *Kühne*, in: FS Schurig).

Lagarde, Paul, Le Principe de Proximité dans le Droit International Privé Contemporain, Recueil des cours 196 (1986), S. 1–238.

LaPiana, William P., A Task of No Common Magnitude: The Founding of the American Law Institute, 11 Nova Law Review, S. 1085–1126 (1987).

Larenz, Karl/Canaris, Claus-Wilhelm, Methodenlehre der Rechtswissenschaft, 3. Aufl., Berlin 1995 (zitier: *Larenz/Canaris*, Methodenlehre, 1995).

Larsen, Sonja/Oakes, Karl, Conflict of Laws, in: West (Hrsg.), American Jurisprudence, 2d (zitiert: *Larsen/Oakes, §)*.

Laycock, Douglas, Equal Citizens of Equal and Territorial States: The Constitutional Foundations of Choice of Law, 92 Columbia Law Review, S. 249–337 (1992).

Leflar, Robert A., The Torts Provisions of the Restatement (Second), 72 Columbia Law Review, S. 267–278 (1972).

– , True False Conflicts, 48 Boston University Law Review, S. 164–174 (1968).

– , Choice-Influencing Considerations in Conflicts Law, 41 New York University Law Review, S. 267–327 (1966).

– , Conflicts Law: More on Choice-Influencing Considerations, 54 California Law Review, S. 1584–1598 (1966).

Legrand, Pierre, The Impossibility of „Legal Transplants", 4 Maastricht Journal of European and Comparative Law, S. 111–124 (1997).

Lewis, William D., Present Status of the American Law Institute, 6 New York University Law Review, S. 337–345 (1929).

– , American Law Institute Begins Its Work, 9 A.B.A. Journal, S. 366–367 (1923).

– , Cambridge Conference of American Law Institute, 9 A.B.A. Journal, S. 495–497 (1923).

– , Plan To Establish American Law Institute, 9 A.B.A. Journal, S. 77–79 (1923).

– , Work of the American Law Institue, 9 A.B.A. Journal, S. 636–637 (1923).

Lipstein, Kurt, The General Principles of Private International Law, Recueil des cours 135 (1972), S. 72–230.

Lobinger, Thomas, Perspektiven der Privatrechtsdogmatik am Beispiel des allgemeinen Gleichbehandlungsrechts, AcP 216 (2016), S. 28–106.

Lorenz, Egon, Verweisungsrecht und Statutentheorie im mittelalterlichen Oberitalien, in: Rauscher, Thomas (Hrsg.), Festschrift für Werner Lorenz zum 80. Geburtstag, München 2001, S. 357–373 (zitiert: *E. Lorenz*, in: FS Lorenz).

– , Zur Struktur des internationalen Privatrechts, Ein Beitrag zur Reformdiskussion, Berlin 1977 (zitiert: *Lorenz*, Zur Struktur des internationalen Privatrechts, 1977).

Lorenzen, Ernest G., Selected Articles on the Conflict of Laws, New Haven 1947 (zitiert: *Lorenzen*, Selected Articles on the Conflict of Laws, 1947).

Lorenzen, Ernest G./Heilman, Raymond J., The Restatement of the Conflict of Laws, 83 University of Pennsylvania Law Review, S. 555–589 (1935).

Maier, Harold G., The Utilitarian Role of a Restatement of Conflicts in a Common Law System: How Much Judicial Deference Is Due To The Restaters or „Who Are These Guys Anyway?“, 75 Indiana Law Journal, S. 541–548 (2000).

Mansel, Heinz-Peter, Connecting factor, in: Basedow, Jürgen/Rühl, Giesela/Ferrari, Franco et al. (Hrsg.), Encyclopedia of Private International Law, Cheltenham 2017, S. 441–451 (zitiert: *Mansel*, in: Encyclopedia of Private International Law).

– , Privatrechtsdogmatik und Internationales Privatrecht, in: Auer, Marietta/Grigoleit, Hans Christoph/Hager, Johannes et al. (Hrsg.), Privatrechtsdogmatik im 21. Jahrhundert - Festschrift für Claus-Wilhelm Canaris zum 80. Geburtstag, Berlin, Boston 2017, S. 739–788 (zitiert: *Mansel*, in: FS Canaris).

Mansel, Heinz-Peter/von Hein, Jan/Weller, Marc-Philippe, Reform der Juristenausbildung: Staatsexamen ohne Internationales Privatrecht?, JZ 2016, S. 855–856.

Martiny, Dieter, Die Anknüpfung am Markt, in: Basedow, Jürgen/Hopt, Klaus J./Kötz, Hein (Hrsg.), Festschrift für Ulrich Drobnig zum siebzigsten Geburtstag, Tübingen 1998, S. 389–408 (zitiert: *Martiny*, in: FS Drobnig).

McGrath, Colm Peter/Koziol, Helmut, Is Style of Reasoning a Fundamental Difference Between the Common Law and the Civil Law, RabelsZ 78 (2014), S. 709–749.

Meeusen, Johan, Comparing Interstate and European Conflict of Laws from a Constitutional Perspective: Can the United States Inspire the European Union?, 67 American Journal of Comparative Law, S. 637–676 (2019).

– , Instrumentalisation of Private International Law in the European Union: Towards a European Conflicts Revolution?, 9 European Journal of Migration and Law, S. 287–305 (2007).

Mehren, Arthur T. von, Recent Trends in Choice-Of-Law Methodology, 60 Cornell Law Review, S. 927–968 (1974-1975).

Mehren, Arthur T. von/Murray, Peter L., Das Recht in den Vereinigten Staaten von Amerika, Eine Einführung, Berlin 2008 (zitiert: *von Mehren/Murray*, Das Recht in den Vereinigten Staaten von Amerika, 2008).

Mehren, Arthur T. von/Trautman, Donald T., The Law of Multistate Problems, Cases and Materials on Conflict of Laws, Boston, Toronto 1965 (zitiert: *von Mehren/Trautman*, The Law of Multistate Problems, 1965).

Mennenöh, Henning, Das Deliktskollisionsrecht in der Rechtsprechung der Vereinigten Staaten von Amerika, Unter besonderer Berücksichtigung der Entscheidungen zur Produkthaftpflicht, München 1990 (zitiert: *Mennenöh*, Das Deliktskollisionsrecht in der Rechtsprechung der Vereinigten Staaten von Amerika, 1990).

Michaels, Ralf, A Global Restatement of Private International Law?, in: Benicke, Christoph/Huber, Stefan (Hrsg.), National, International, Transnational: Harmonischer Dreiklang im Recht - Festschrift für Herbert Kronke zum 70. Geburtstag, Bielefeld 2020, S. 387–398 (zitiert: *Michaels*, in: FS Kronke).

– , Story, Joseph, in: Basedow, Jürgen/Rühl, Giesela/Ferrari, Franco et al. (Hrsg.), Encyclopedia of Private International Law, Cheltenham 2017, S. 1659–1667 (zitiert: *Michaels*, in: Encyclopedia of Private International Law).

– , The Conflicts Restatement and the World, 110 AJIL Unbound, S. 155–160 (2016).

– , Post-Critical Private International Law, in: Muir Watt, Horatia/Fernández Arroyo, Diego P. (Hrsg.), Private International Law and Global Governance, Oxford 2015, S. 54–67 (zitiert: *Michaels*, in: Private International Law and Global Governance).

– , Restatements, in: Basedow, Jürgen (Hrsg.), The Max Planck Encyclopedia of European Private Law, Oxford 2012, S. 1464–1468 (zitiert: *Michaels*, in: Encyclopedia of European Private Law).

– , Die europäische IPR-Revolution, in: Baetge, Dietmar/Hein, Jan von/Hinden, Michael von (Hrsg.), Die richtige Ordnung - Festschrift für Jan Kropholler zum 70. Geburtstag, Tübingen 2008, S. 151–173 (zitiert: *Michaels*, in: FS Kropholler).

– , Economics of Law as Choice of Law, 71 Law and Contemporary Problems, S. 73–105 (2008).

– , Public and Private International Law: German Views on Global Issues, 4 Journal of Private International Law, S. 121–138 (2008).

– , The New European Choice-of-Law Revolution, 82 Tulane Law Review, S. 1607–1644 (2008).

– , Globalizing Savigny? The State in Savigny's Private International Law and the Challenge from Europeanization and Globalization, in: Stolleis, Michael/Streeck, Wolfgang (Hrsg.), Aktuelle Fragen zu politischer und rechtlicher Steuerung im Kontext der Globalisierung, Baden-Baden 2007, S. 119–144 (zitiert: *Michaels*, in: Aktuelle Fragen zu politischer und rechtlicher Steuerung im Kontext der Globalisierung).

– , Two Economists, Three Opinions? Economic Models for Private International Law - Cross-Border Torts as Example, in: Basedow, Jürgen (Hrsg.), An Economic Analysis of Private International Law, Conference […] on the Island of Naoshima in the Japanese Inland Sea in March 2005, Bd. 46, Tübingen 2006, S. 143–184 (zitiert: *Michaels*, in: Economic Analysis of Private International Law).

Michaels, Ralf/Whytock, Christopher A., Internationalizing the New Conflict of Laws Restatement, 27 Duke Journal of Comparative & International Law, S. 349–359 (2017).

Mills, Alex, The Identities of Private International Law: Lessons from the U.S. and EU Revolutions, 23 Duke Journal of Comparative & International Law, S. 445–475 (2013).

Minor, Raleigh C., Conflict of Laws, or, Private International Law, Boston 1901 (zitiert: *Minor*, Conflict of Laws, 1901).

Möllers, Thomas M. J., Juristische Methodenlehre, München 2017 (zitiert: *Möllers*, Juristische Methodenlehre, 2017).

Morris, J.H.C., Law and Reason Triumphant or How Not To Review A Restatement, 21 American Journal of Comparative Law, S. 322–330 (1973).

Münchener Kommentar zur Zivilprozessordnung mit Gerichtsverfassungsgesetz und Nebengesetzen, Rauscher, Thomas/Krüger, Wolfgang (Hrsg.), 6. Aufl., München 2020 (zitiert: MüKo ZPO/*Bearbeiter*).

Münchener Kommentar zum Bürgerlichen Gesetzbuch, Bd. 12 - Internationales Privatrecht I, Europäisches Kollisionsrecht, Art. 1-26 EGBGB, Säcker, Franz

Jürgen/Rixecker, Roland et al. (Hrsg.), 8. Aufl., München 2020 (zitiert: MüKo BGB/*Bearbeiter*).

Münchener Kommentar zum Bürgerlichen Gesetzbuch, Bd. 13 - Internationales Privatrecht II, Internationales Wirtschaftsrecht, Einführungsgesetz zum Bürgerlichen Gesetzbuch (Art. 50-253), Säcker, Franz Jürgen/Rixecker, Roland et al. (Hrsg.), 8. Aufl., München 2021 (zitiert: MüKo BGB/*Bearbeiter*).

Nadelmann, Kurt H., Joseph Story's Contribution to American Conflicts Law: A Comment, 5 American Journal of Legal History, S. 230–253 (1961).

– , Some Historical Notes on the Doctrinal Sources of American Conflicts Law, in: Juristische Fakultät der Universität Freiburg (Schweiz) (Hrsg.), Ius et Lex - Festgabe zum 70. Geburtstag von Max Gutzwiller, Basel 1959, S. 263–281 (zitiert: *Nadelmann*, in: FS Gutzwiller).

Nafziger, James A. R., The Louisiana and Oregon Codifications of Choice-of-Law Rules in Context, 58 American Journal of Comparative Law, S. 165–193 (2010).

Neuhaus, Paul Heinrich, Neue Wege im europäischen internationalen Privatrecht?, RabelsZ 35 (1971), S. 401–426.

– , Savigny und die Rechtsfindung aus der Natur der Sache, RabelsZ 15 (1949/50), S. 364–381.

Nevers, Shawn G., Restatements: An Influential Secondary Source, 42 The Student Lawyer, S. 19–20 (2013).

Nishitani, Yuko, Foreign Law in Domestic Courts: Challenges and Future Developments, in: Ferrari, Franco/Fernández Arroyo, Diego P. (Hrsg.), Private International Law, Contemporary Challenges and Continuing Relevance, Cheltenham, UK, Northampton, MA, USA 2019, S. 412–433 (zitiert: *Nishitani*, in: Private International Law, Contemporary Challenges and Continuing Relevance).

Nussbaum, Arthur, The Problem of Proving Foreign Law, 50 Yale Law Journal, S. 1018–1044 (1941).

O'Hara, Erin A./Ribstein, Larry E., Conflict of Laws and Choice of Law, University of Illinois College of Law, Law & Economics Research Paper Series, Paper No. LE09-30, 2009 (zitiert: *O'Hara/Ribstein*, Conflict of Laws and Choice of Law, 2009).

– , From Politics to Efficiency in Choice of Law, 67 The University of Chicago Law Review, S. 1151–1232 (2000).

Ott, Claus/Schäfer, Hans-Bernd, Die ökonomische Analyse des Rechts - Irrweg oder Chance wissenschaftlicher Rechtserkenntnis?, JZ 1988, S. 213–223.

Perdue, Wendy Collins, A Reexamination of the Distinction between Loss-Allocating and Conduct-Regulating Rules, 60 Louisiana Law Review, S. 1251–1258 (2000).

Peterson, Courtland H., Restating Conflicts Again: A Cure for Schizophrenia?, 75 Indiana Law Journal, S. 549–559 (2000).

Posnak, Bruce, The Restatement (Second): Some Not So Fine Tuning For a Restatement (Third): A Very Well-Curried Leflar Over Reese With Korn On the Side (Or Is It Cob?), 75 Indiana Law Journal, S. 561–573 (2000).

Posner, Richard A., Economic Analysis of Law, 7. Aufl., Austin, Tex. 2007 (zitiert: *Posner*, Economic Analysis of Law, 2007).

Pound, Roscoe, Law in Books and Law in Action, 44 American Law Review, S. 12–36 (1910).

Prosser, William L., Interstate Publication, 51 Michigan Law Review, S. 959–1000 (1952-1953).

Raape, Leo, Internationales Privatrecht, 4. Aufl., Berlin und Frankfurt a.M. 1955 (zitiert: *Raape*, Internationales Privatrecht, 1955).

Raape, Leo/Sturm, Fritz, Internationales Privatrecht, 6. Aufl., München 1977 (zitiert: *Raape/Sturm*, Internationales Privatrecht, 1977).

Rabel, Ernst, Das Problem der Qualifikation, Darmstadt 1962 (zitiert: *Rabel*, Das Problem der Qualifikation, 1962).

– , The Conflict of Laws: A Comparative Study, Volume 1: Introduction, Family Law, 2. Aufl., Ann Arbor 1958 (zitiert: *Rabel*, The Conflict of Laws: A Comparative Study, 1958).

Rademacher, Lukas, Das Rechtsverhältnis im Internationalen Privatrecht bei Savigny, RabelsZ 81 (2017), S. 661–691.

Reese, Willis L. M., General Course on Private International Law, Recueil des cours 150 (1976), S. 1–194.

– , Choice of Law: Rules or Approach, 57 Cornell Law Review, S. 315–334 (1972).

– , Conflict of Laws and the Restatement Second, 28 Law and Contemporary Problems, S. 679–699 (1963).

Rehbinder, Eckard, Zur Politisierung des Internationalen Privatrechts, JZ 1973, S. 151–158.

Reimann, Mathias W., Better Law Approach, in: Basedow, Jürgen/Rühl, Giesela/Ferrari, Franco et al. (Hrsg.), Encyclopedia of Private International Law, Cheltenham 2017, S. 179–187 (zitiert: *Reimann*, in: Encyclopedia of Private International Law).

– , Interest and Policy Analysis in Private International Law, in: Basedow, Jürgen/Rühl, Giesela/Ferrari, Franco et al. (Hrsg.), Encyclopedia of Private International Law, Cheltenham 2017, S. 980–988 (zitiert: *Reimann*, in: Encyclopedia of Private International Law).

– , Domestic and International Conflicts Law in the United States and Western Europe, in: Borchers, Patrick J./Zekoll, Joachim (Hrsg.), International Conflict of Laws for the Third Millennium - Essays in Honor of Friedrich K. Juenger, Transnational classics in international law, Ardsley, NY 2001, S. 109–123 (zitiert: *Reimann*, in: FS Juenger).

– , A New Restatement - For the International Age, 75 Indiana Law Journal, S. 575–589 (2000).

– , Amerikanisches Privatrecht und europäische Rechtseinheit - Können die USA als Vorbild dienen?, in: Zimmermann, Reinhard (Hrsg.), Amerikanische Rechtskultur und europäisches Privatrecht - Impressionen aus der Neuen Welt, Tübingen 1995, S. 132–155 (zitiert: *Reimann*, in: Amerikanische Rechtskultur und europäisches Privatrecht).

Remien, Oliver, Engste Verbindung und Ausweichklausel, in: Leible, Stefan/Unberath, Hannes (Hrsg.), Brauchen wir eine Rom 0-Verordnung?, Überlegungen zu einem Allgemeinen Teil des europäischen IPR, Jena 2013, S. 223–240 (zitiert: *Remien*, in: Brauchen wir eine Rom 0-Verordnung?).

Reppy Jr., William A., Codifying Interest Analysis In The Torts Chapter Of A New Restatement, 75 Indiana Law Journal, S. 591–614 (2000).

Revesz, Richard L., Restatements as Legislative Enactments, 40 The ALI Reporter, S. 1–3 (2018).

Reynolds, William L., Legal Process and Choice of Law, 56 Maryland Law Review, S. 1371–1410 (1997).

– , What Happens When Parties Fail to Prove Foreign Law?, 48 Mercer Law Review, S. 775–779 (1997).

Richardson, Megan, Policy versus Pragmatism? Some Economics of Conflict of Laws, Review Article, 31 Common Law World Review, S. 189–204 (2002).

Richman, William M./Reynolds, William L., Prologomenon to an Empirical Restatement of Conflicts, 75 Indiana Law Journal, S. 417–435 (2000).

Richman, William M./Riley, David, The First Restatement of Conflict of Laws on the Twenty-Fifth Anniversary of its Successor: Contemporary Practice in Traditional Courts, 56 Maryland Law Review, S. 1196–1231 (1997).

Roosevelt III, Kermit, Certainty vs. Flexibility in the Conflict of Laws, in: Ferrari, Franco/Fernández Arroyo, Diego P. (Hrsg.), Private International Law, Contemporary Challenges and Continuing Relevance, Cheltenham, UK,

Northampton, MA, USA 2019, S. 6–26 (zitiert: *Roosevelt*, in: Private International Law, Contemporary Challenges and Continuing Relevance).

– , Professor Brilmayer and the Third Restatement, in: Giorgetti, Chiara/Klein, Natalie (Hrsg.), Resolving Conflicts in the Law - Essays in Honour of Lea Brilmayer, Boston 2019, S. 24–41 (zitiert: *Roosevelt*, in: FS Brilmayer).

– , In Response to Celia Wasserstein Fassbender, Realism and Revolution in Conflict of Laws: In with a Bang and Out with a Whimper, 163 University of Pennsylvania Law Review Online, S. 325–329 (2015).

– , Brainerd Currie's Contribution to Choice of Law: Looking Back, Looking Forward, 65 Mercer Law Review, S. 501–520 (2014).

– , Conflict of Laws, New York 2014 (zitiert: *Roosevelt*, Conflict of Laws, 2014).

– , Choice of Law in Federal Courts: From Erie and Klaxon to Cafa and Shady Grove, 106 Northwestern University Law Review, S. 1–53 (2012).

– , Guantanamo and the Conflict of Laws: Rasul and Beyond, 153 University of Pennsylvania Law Review, S. 2017–2071 (2005).

– , Resolving Renvoi: The Bewitchment of Our Intelligence by Means of Language, 80 Notre Dame Law Review, S. 1821–1891 (2005).

– , The Myth of Choice of Law: Rethinking Conflicts, 97 Michigan Law Review, S. 2448–2538 (1999).

Roosevelt III, Kermit/Jones, Bethan, The Draft Restatement (Third) of Conflict of Laws: A Response to Brilmayer & Listwa, 128 The Yale Law Journal Forum, S. 293–314 (2018).

– , What a Third Restatement of Conflict of Laws Can Do, 110 AJIL Unbound, S. 139–143 (2016).

Rüfner, Thomas, Historische Rechtsschule, in: Basedow, Jürgen/Hopt, Klaus J./Zimmermann, Reinhard et al. (Hrsg.), Handwörterbuch des Europäischen Privatrechts, Tübingen 2009, S. 829–833 (zitiert: *Rüfner*, in: Handwörterbuch des Europäischen Privatrechts).

Rühl, Giesela, Economic Analysis and Private International Law, in: Basedow, Jürgen/Rühl, Giesela/Ferrari, Franco et al. (Hrsg.), Encyclopedia of Private International Law, Cheltenham 2017, S. 575–583 (zitiert: *Rühl*, in: Encyclopedia of Private International Law).

– , Private international law, foundations, in: Basedow, Jürgen/Rühl, Giesela/Ferrari, Franco et al. (Hrsg.), Encyclopedia of Private International Law, Cheltenham 2017, S. 1381–1389 (zitiert: *Rühl*, in: Encyclopedia of Private International Law).

– , Unilateralism (PIL), in: Basedow, Jürgen (Hrsg.), The Max Planck Encyclopedia of European Private Law, Oxford 2012, S. 1735–1739 (zitiert: *Rühl*, in: Encyclopedia of European Private Law).

– , Statut und Effizienz, Ökonomische Grundlagen des internationalen Privatrechts, Tübingen 2011 (zitiert: *Rühl*, Statut und Effizienz, 2011).

– , Methods and Approaches in Choice of Law: An Economic Perspective, 24 Berkeley Journal of International Law, S. 801–841 (2006).

Rüthers, Bernd/Fischer, Christian/Birk, Axel, Rechtstheorie, 12. Aufl., München 2021 (zitiert: *Rüthers/Fischer/Birk*, Rechtstheorie, 2018).

Sammeck, Sarah, Die internationale Produkthaftung nach Inkrafttreten der Rom II-VO im Vergleich zu der Rechtslage in den USA, Tübingen 2017 (zitiert: *Sammeck*, Die internationale Produkthaftung nach Inkrafttreten der Rom II-VO im Vergleich zu der Rechtslage in den USA, 2017).

Savigny, Friedrich Carl von, System des heutigen Römischen Rechts I, Berlin 1840 (zitiert: *Savigny*, System des heutigen Römischen Rechts I, 1840).

– , System des heutigen Römischen Rechts VIII, Berlin 1849 (zitiert: *Savigny*, System des heutigen Römischen Rechts VIII, 1849).

– , Vom Beruf unsrer Zeit für Gesetzgebung und Rechtswissenschaft, Heidelberg 1814 (zitiert: *Savigny*, Vom Beruf unsrer Zeit für Gesetzgebung und Rechtswissenschaft, 1814).

Scalia, Antonin, The Rule of Law as a Law of Rules, 56 University of Chicago Law Review, S. 1175–1188 (1989).

Schäfer, Hans-Bernd/Lantermann, Katrin, Choice of Law from an Economic Perspective, in: Basedow, Jürgen (Hrsg.), An Economic Analysis of Private International Law, Conference […] on the Island of Naoshima in the Japanese Inland Sea in March 2005, Bd. 46, Tübingen 2006, S. 87–119 (zitiert: *Schäfer/Lantermann*, in: Economic Analysis of Private International Law).

Schäfer, Hans-Bernd/Ott, Claus, Lehrbuch der ökonomischen Analyse des Zivilrechts, 5. Aufl., Berlin, Heidelberg 2012 (zitiert: *Schäfer/Ott*, Lehrbuch der ökonomischen Analyse des Zivilrechts, 2012).

Schindler, Thomas, Die Restatements und ihre Bedeutung für das amerikanische Privatrecht, ZEuP 1998, S. 277–295.

Schröder, Vincent, Die Verweisung auf Mehrrechtsstaaten im deutschen Internationalen Privatrecht, Unter besonderer Berücksichtigung der Verweisung auf die Vereinigten Staaten von Amerika, Tübingen 2012 (zitiert: *Schröder*, Die Verweisung auf Mehrrechtsstaaten im deutschen Internationalen Privatrecht, 2012).

Schurig, Klaus, Das Fundament trägt noch, in: Mansel, Heinz-Peter (Hrsg.), Internationales Privatrecht im 20. Jahrhundert - Der Einfluss von Gerhard

Kegel und Alexander Lüderitz auf das Kollisionsrecht, Tübingen 2014, S. 5–25 (zitiert: *Schurig*, in: Internationales Privatrecht im 20. Jahrhundert).

– , Kollisionsnorm und Sachrecht, Zu Struktur, Standort und Methode des internationalen Privatrechts, Berlin 1981 (zitiert: *Schurig*, Kollisionsnorm und Sachrecht, 1981).

Schwemmer, Anja Sophia, Anknüpfungsprinzipien im Europäischen Kollisionsrecht, Integrationspolitische Zielsetzungen und das Prinzip der engsten Verbindung, Tübingen 2018 (zitiert: *Schwemmer*, Anknüpfungsprinzipien im Europäischen Kollisionsrecht, 2018).

Scoles, Eugene F., Interstate and International Distinctions in Conflict of Laws in the United States, 54 California Law Review, S. 1599–1623 (1966).

Scoles, Eugene F./Hay, Peter/Borchers, Patrick J./Symeonides, Symeon C., Conflict of Laws, 4. Aufl., St. Paul, Minn. 2004 (zitiert: *Scoles/Hay/Borchers/Symeonides*, Conflict of Laws, 2004).

Sedler, Robert A., American Federalism, State Sovereignity, and the Interest Analysis Approach to Choice of Law, in: Nafziger, James A. R./Symeonides, Symeon C. (Hrsg.), Law and Justice in a Multistate World - Essays in honor of Arthur T. von Mehren, Ardsley, NY 2002, S. 369–382 (zitiert: *Sedler*, in: FS von Mehren).

– , Choice Of Law In Conflicts Torts Cases: A Third Restatement Or Rules Of Choice Of Law?, 75 Indiana Law Journal, S. 615–633 (2000).

– , The Louisiana Codification and Tort Rules of Choice of Law, 60 Louisiana Law Review, S. 1331–1344 (2000).

– , Rules of Choice of Law versus Choice-of-Law Rules: Judicial Method in Conflicts Torts Cases, 44 Tennessee Law Review, S. 975–1041 (1977).

Seif, Ulrike, Savigny und das Internationale Privatrecht des 19. Jahrhunderts, RabelsZ 65 (2001), S. 492–512.

Sellers, Mortimer N., The Doctrine of Precedent in the United States of America, 54 American Journal of Comparative Law, S. 67–88 (2006).

Shakespeare, William, The Tragedy of Hamlet, Prince of Denmark, hrsg. von Barbara A. Mowat, Paul Werstine, The New Folger Library Shakespeare, New York 2014.

Shaman, Jeffrey M., The Vicissitudes of Choice of Law: The Restatement (First, Second) and Interest Analysis, 45 Buffalo Law Review, S. 329–367 (1997).

Shreve, Gene R., Conflicts Altruism, in: Nafziger, James A. R./Symeonides, Symeon C. (Hrsg.), Law and Justice in a Multistate World - Essays in honor of Arthur T. von Mehren, Ardsley, NY 2002, S. 383–390 (zitiert: *Shreve*, in: FS von Mehren).

– , Introduction (Preparing for the Next Century-A New Restatement of Conflicts? Symposium), 75 Indiana Law Journal, S. 399–401 (2000).

Siehr, Kurt, Ehrenzweig, Albert A., in: Basedow, Jürgen/Rühl, Giesela/Ferrari, Franco et al. (Hrsg.), Encyclopedia of Private International Law, Cheltenham 2017, S. 584–592 (zitiert: *Siehr*, in: Encyclopedia of Private International Law).

– , Private International Law, History of, in: Basedow, Jürgen/Rühl, Giesela/Ferrari, Franco et al. (Hrsg.), Encyclopedia of Private International Law, Cheltenham 2017, S. 1390–1401 (zitiert: *Siehr*, in: Encyclopedia of Private International Law).

– , Renvoi, in: Basedow, Jürgen/Hopt, Klaus J./Zimmermann, Reinhard et al. (Hrsg.), Handwörterbuch des Europäischen Privatrechts, Tübingen 2009, S. 1291–1295 (zitiert: *Siehr*, in: Handwörterbuch des Europäischen Privatrechts).

– , Revolution and Evolution in Conflicts Law, 60 Louisiana Law Review, S. 1353–1360 (2000).

– , Ökonomische Analyse des Internationalen Privatrechts, in: Henrich, Dieter (Hrsg.), Festschrift für Karl Firsching zum 70. Geburtstag, München 1985, S. 269–294 (zitiert: *Siehr*, in: FS Firsching).

– , Ehrenzweigs lex fori-Theorie und ihre Bedeutung für das amerikanische und deutsche Kollisionsrecht, RabelsZ 34 (1970), S. 585–635.

Silberman, Linda J., (American) Conflict of Laws Revolution, in: Basedow, Jürgen/Rühl, Giesela/Ferrari, Franco et al. (Hrsg.), Encyclopedia of Private International Law, Cheltenham 2017, S. 66–70 (zitiert: *Silberman*, in: Encyclopedia of Private International Law).

– , Currie, Brainerd, in: Basedow, Jürgen/Rühl, Giesela/Ferrari, Franco et al. (Hrsg.), Encyclopedia of Private International Law, Cheltenham 2017, S. 506–512 (zitiert: *Silberman*, in: Encyclopedia of Private International Law).

– , USA, in: Basedow, Jürgen/Rühl, Giesela/Ferrari, Franco et al. (Hrsg.), Encyclopedia of Private International Law, Cheltenham 2017, S. 2637–2647 (zitiert: *Silberman*, in: Encyclopedia of Private International Law).

Simson, Gary J., Leave Bad Enough Alone, 75 Indiana Law Journal, S. 649–666 (2000).

Singer, Joseph William, Choice of Law Rules, 50 Cumberland Law Review, S. 347–385 (2020).

– , Pay No Attention To That Man Behind The Curtain: The Place Of Better Law In A Third Restatement Of Conflicts, 75 Indiana Law Journal, S. 659–666 (2000).

S.J.R., Book review: A Treatise on the Conflict of Laws, or Private International Law by Francis Wharton, 19 Harvard Law Review, S. 75–76 (1905).

Solimine, Michael E., Game Theory and Private International Law, in: Basedow, Jürgen/Rühl, Giesela/Ferrari, Franco et al. (Hrsg.), Encyclopedia of Private International Law, Cheltenham 2017, S. 830–835 (zitiert: *Solimine*, in: Encyclopedia of Private International Law).

– , An Economic and Empirical Analysis of Choice of Law, 24 Georgia Law Review, S. 49–93 (1989).

Sonnentag, Michael, Renvoi, in: Basedow, Jürgen/Rühl, Giesela/Ferrari, Franco et al. (Hrsg.), Encyclopedia of Private International Law, Cheltenham 2017, S. 1537–1545 (zitiert: *Sonnentag*, in: Encyclopedia of Private International Law).

– , Savigny, Friedrich Carl von, in: Basedow, Jürgen/Rühl, Giesela/Ferrari, Franco et al. (Hrsg.), Encyclopedia of Private International Law, Cheltenham 2017, S. 1609–1615 (zitiert: *Sonnentag*, in: Encyclopedia of Private International Law).

Southerland, Harold P., A Plea for the Proper Use of the Second Restatement of Conflict of Laws, 27 Vermont Law Review, S. 1–47 (2002).

Staudinger, Julius von (Begr.), Staudingers Kommentar zum Bürgerlichen Gesetzbuch mit Einführungsgesetz und Nebengesetzen, Internationales Privatrecht, Berlin, Neubearbeitung 2019, Updatestand 01.06.2021 (zitiert: Staudinger/*Bearbeiter*).

Story, Joseph, Commentaries on the Conflict of Laws, Foreign and Domestic, In Regard to Contracts, Rights, and Remedies, and especially in Regard to Marriages, Divorces, Wills, Successions, and Judgments, 5. Aufl., Boston 1857 (zitiert: *Story*, Commentaries on the Conflict of Laws, 1857).

Stürner, Michael, Politische Interessen und Internationales Privatrecht, in: Benicke, Christoph/Huber, Stefan (Hrsg.), National, International, Transnational: Harmonischer Dreiklang im Recht - Festschrift für Herbert Kronke zum 70. Geburtstag, Bielefeld 2020, S. 557–568 (zitiert: *Stürner*, in: FS Kronke).

– , Die Zivilrechtswissenschaft und ihre Methodik – zu rechtsanwendungsbezogen und zu wenig grundlagenorientiert?, AcP 214 (2014), S. 7–54.

– , Das Zivilrecht der Moderne und die Bedeutung der Rechtsdogmatik, JZ 2012, S. 10–24.

Symeonides, Symeon C., Choice of Law in the American Courts in 2020: Thirty-Fourth Annual Survey, 69 American Journal of Comparative Law, (im Erscheinen 2021).

– , Choice of Law in the American Courts in 2018: Thirty-Second Annual Survey, 67 American Journal of Comparative Law, S. 1–97 (2019).

– , Private International Law: Idealism, Pragmatism, Eclecticism, Recueil des cours 384 (2017), S. 1–385.

– , Restatement (First and Second) of Conflict of Laws, in: Basedow, Jürgen/Rühl, Giesela/Ferrari, Franco et al. (Hrsg.), Encyclopedia of Private International Law, Cheltenham 2017, S. 1545–1553 (zitiert: *Symeonides*, in: Encyclopedia of Private International Law).

– , The Third Conflicts Restatement's First Draft on Tort Conflicts, 92 Tulane Law Review, S. 1–52 (2017).

– , Choice of Law, New York, NY 2016 (zitiert: *Symeonides*, Choice of Law, 2016).

– , The Choice-of-Law Revolution Fifty Years After Currie: An End and a Beginning, 2015 University of Illinois Law Review, S. 1847–1921 (2015).

– , Codifying Choice of Law Around the World, An International Comparative Analysis, Oxford 2014 (zitiert: *Symeonides*, Codifying Choice of Law Around the World, 2014).

– , Choice of Law in the American Courts in 2010: Twenty-Fourth Annual Survey, 59 American Journal of Comparative Law, S. 303–394 (2011).

– , A New Conflicts Restatement: Why not?, 5 Journal of Private International Law, S. 383–424 (2009).

– , Oregon's New Choice-of-Law Codification for Tort Conflicts: An Exegesis, 88 Oregon Law Review, S. 963–1052 (2009).

– , Rome II and Tort Conflicts: A Missed Opportunity, 56 American Journal of Comparative Law, S. 173–222 (2008).

– , The American Revolution and the European Evolution in Choice of Law: Reciprocal Lessons, 82 Tulane Law Review, S. 1741–1799 (2008).

– , The First Conflict Restatement Through the Eyes of Old: As Bad as its Reputation?, 32 Southern Illinois University Law Journal, S. 39–82 (2007).

– , The American Choice-of-Law Revolution: Past, Present and Future, Leiden 2006 (zitiert: *Symeonides*, The American Choice-of-Law Revolution: Past, Present and Future, 2006).

– , Accomodative Unilateralism as a Starting Premise in Choice of Law, in: Rasmussen-Bonne, Eric/Freer, Richard/Lüke, Wolfgang et al. (Hrsg.), Balancing Interests - Liber Amicorum Peter Hay zum 70. Geburtstag, Frankfurt am Main 2005, S. 417–434 (zitiert: *Symeonides*, in: FS Hay).

– , Material Justice and Conflicts Justice in Choice of Law, in: Borchers, Patrick J./Zekoll, Joachim (Hrsg.), International Conflict of Laws for the Third Millennium - Essays in Honor of Friedrich K. Juenger, Transnational classics in international law, Ardsley, NY 2001, S. 125–140 (zitiert: *Symeonides*, in: FS Juenger).

– , The Need for a Third Conflicts Restatement (And a Proposal for Tort Conflicts), 75 Indiana Law Journal, S. 437–474 (2000).

– , The Judicial Acceptance of the Second Conflicts Restatement: A Mixed Blessing, 56 Maryland Law Review, S. 1248–1283 (1997).

– , Choice of Law in the American Courts in 1994: A View from the Trenches, 43 American Journal of Comparative Law, S. 1–92 (1995).

– , Louisiana's New Law of Choice of Law for Tort Conflicts: An Exegesis, 66 Tulane Law Review, S. 677–770 (1991-1992).

Teitz, Louise Ellen, The Challenge of Accommodating Foreign Law in Domestic Courts, in: Ferrari, Franco/Fernández Arroyo, Diego P. (Hrsg.), Private International Law, Contemporary Challenges and Continuing Relevance, Cheltenham, UK, Northampton, MA, USA 2019, S. 434–462 (zitiert: *Teitz*, in: Private International Law, Contemporary Challenges and Continuing Relevance).

– , Children Crossing Borders: Internationalizing the Restatement of the Conflict of Laws, 27 Duke Journal of Comparative & International Law, S. 519–540 (2017).

– , Transnational litigation, Charlottesville, Va. 1996 (zitiert: *Teitz*, Transnational litigation, 1996).

The American Law Institute, A Handbook for ALI Reporters and Those Who Review Their Work, Philadelphia 2015. (zitiert: *The American Law Institute*, Handbook for ALI Reporters).

Thoma, Ioanna, Public policy (ordre public), in: Basedow, Jürgen/Rühl, Giesela/Ferrari, Franco et al. (Hrsg.), Encyclopedia of Private International Law, Cheltenham 2017, S. 1453–1459 (zitiert: *Thoma*, in: Encyclopedia of Private International Law).

Trautman, Donald T., The Relation between American Choice of Law and Federal Common Law, 41 Law and Contemporary Problems, S. 105–130 (1977).

Traynor, Michael, The First Restatements and the Vision of the American Law Institute, 32 Southern Illinois University Law Journal, S. 145–171 (2007).

Twerski, Aaron D., One Size Does Not Fit All: The Third Multi-Track Restatement of Conflict of Laws, 75 Indiana Law Journal, S. 667–678 (2000).

Uhlmann, Christian, Politisierung des IPR links und rechts des Atlantiks – Wege und Irrwege zwischen governmental interest analysis und zunehmender Politisierung des (europäischen) Kollisionsrechts, in: Duden/ Konrad et al. (Hrsg.), IPR für eine bessere Welt: Vision – Realität – Irrwege?, im Erscheinen (zitiert: *Uhlmann*, in: IPR für eine bessere Welt, im Erscheinen).

Unbekannt, The American Law Institute Considers the Ought-To-Be, 22 A.B.A. Journal S. 36 (1936).

Vázquez, Carlos M., Choice-of-Law as Geographic Scope Limitation, in: Giorgetti, Chiara/Klein, Natalie (Hrsg.), Resolving Conflicts in the Law - Essays in Honour of Lea Brilmayer, Boston 2019, S. 42–77 (zitiert: *Vázquez*, in: FS Brilmayer).

Vischer, Frank, Der Trend zum Unilateralismus in American Conflict of Laws, Bemerkungen zum Sammelband: „American Conflicts Law at the Dawn of the 21st Century", 2003 Swiss Review of International & European Law (2003).

– , New Tendencies in European Conflict of Laws and the Influence of the U.S. Doctrine - A Short Survey, in: Nafziger, James A. R./Symeonides, Symeon C. (Hrsg.), Law and Justice in a Multistate World - Essays in honor of Arthur T. von Mehren, Ardsley, NY 2002, S. 459–471 (zitiert: *Vischer*, in: FS von Mehren).

– , Das neue Restatement „Conflict of Laws", RabelsZ 38 (1974), S. 128–154.

Volken, Paul, Wenn Wächter mit Story, in: Basedow, Jürgen (Hrsg.), Private Law in the International Arena - From National Conflict Rules Towards Harmonization and Unification; liber amicorum Kurt Siehr, The Hague 2000, S. 815–828 (zitiert: *Volken*, in: FS Siehr).

– , How Common are the General Principles of Private International Law? America and Europe compared, YPIL 1 (1999), S. 85–102.

Wächter, Carl Georg von, Ueber die Collision der Privatrechtsgesetze verschiedener Staaten, AcP 25 (1842), S. 1–59.

– , Ueber die Collision der Privatrechtsgesetze verschiedener Staaten, AcP 24 (1841), S. 230–311.

Wajert, Sean P., Product Liability Claims, Defenses, and Remedies; Practice Note 2-504-1711, in: Westlaw (Hrsg.), Practical Law Practice Notes, New York, Aktualisierungen berücksichtigt bis 10/2020 (zitiert: *Wajert*, in: Westlaw Practical Law).

Watson, Alan, Legal Transplants and Law Reform, 92 The Law Quarterly Review, S. 79–84 (1976).

Wechsler, Herbert, The Course of the Restatement, 55 A.B.A. Journal, S. 147–151 (1969).

– , Restatements and Legal Change: Problems of Policy in the Restatement Work of the American Law Institute, 13 Saint Louis University Law Journal, S. 185–194 (1968).

Weinberg, Louise, A Radically Transformed Restatement for Conflicts, 2015 University of Illinois Law Review, S. 1999–2052 (2015).

– , A Structural Revision of the Conflicts Restatement, 75 Indiana Law Journal, S. 475–508 (2000).

– , Methodological Interventions and the Slavery Cases; or, Night-Thoughts of a Legal Realist, 56 Maryland Law Review, S. 1316–1370 (1997).

– , Against Comity, 80 Georgetown Law Journal, S. 53–94 (1991).

Weintraub, Russell J., The Restatement Third of Conflict of Laws: An Idea Whose Time Has Not Come, 75 Indiana Law Journal, S. 679–686 (2000).

– , Commentary on the Conflict of Laws, 3. Aufl., Mineola, NY 1986 (zitiert: *Weintraub*, Commentary on the Conflict of Laws, 1986).

Weller, Marc-Philippe, Vom Staat zum Menschen: Die Methodentrias des Internationalen Privatrechts unserer Zeit, RabelsZ 81 (2017), S. 747–780.

– , Anknüpfungsprinzipien im Europäischen Kollisionsrecht - eine neue „kopernikanische Wende“?, in: Arnold, Stefan (Hrsg.), Grundfragen des Europäischen Kollisionsrechts, Tübingen 2016, S. 133–162 (zitiert: *Weller*, in: Grundfragen des Europäischen Kollisionsrechts).

– , Die lex personalis im 21. Jahrhundert: Paradigmenwechsel von der lex patriae zur lex fori, in: Zwischenbilanz, Festschrift für Dagmar Coester-Waltjen zum 70. Geburtstag, Bielefeld 2015, S. 899–912 (zitiert: *Weller*, in: FS Coester-Waltjen).

– , Anknüpfungsprinzipien im Europäischen Kollisionsrecht: Abschied von der „klassischen“ IPR-Dogmatik?, IPRax 2011, S. 429–437.

– , Die Vertragstreue, Vertragsbindung – Naturalerfüllungsgrundsatz – Leistungstreue, Tübingen 2009 (zitiert: *Weller*, Vertragstreue, 2009).

Weller, Marc-Philippe/Thomale, Chris/Zimmermann, Anton S., Massenmigration und Geschlechtergleichstellung im IPR: Die „cupierte Verweisung“, JZ 2017, S. 1080–1088.

Wendehorst, Christiane, Denkschulen im Internationalen Privatrecht, in: Fassbender, Bardo/Wendehorst, Christiane (Hrsg.), Paradigmen im internationalen Recht - Implikationen der Weltfinanzkrise für das internationale Recht, Berichte der Deutschen Gesellschaft für Völkerrecht Bd. 45, Heidelberg, Hamburg 2012, S. 33–61 (zitiert: *Wendehorst*, in: Paradigmen im internationalen Recht).

Westen, Peter K., False Conflicts, 55 California Law Review, S. 74–122 (1967).

Wharton, Francis, A Treatise on the Conflict of Laws, or Private International Law, Philadelphia 1872 (zitiert: *Wharton*, A Treatise on the Conflict of Laws, or Private International Law, 1872).

Whincop, Michael J./Keyes, Mary, Policy and Pragmatism in the Conflict of Laws, Aldershot 2001 (zitiert: *Whincop/Keyes*, Policy and Pragmatism in the Conflict of Laws, 2001).

Whytock, Christopher A., Toward a New Dialogue between Conflict of Laws and International Law, 110 AJIL Unbound, S. 150–154 (2016).

– , Myth of Mess - International Choice of Law in Action, 84 New York University Law Review, S. 719–790 (2009).

Wilderspin, Michael, Overriding Mandatory Provisions, in: Basedow, Jürgen/Rühl, Giesela/Ferrari, Franco et al. (Hrsg.), Encyclopedia of Private International Law, Cheltenham 2017, S. 1330–1335 (zitiert: *Wilderspin*, in: Encyclopedia of Private International Law).

Wilke, Felix, A Conceptual Analysis of the Private International Law of the EU and its Member States, Cambridge 2019 (zitiert: *Wilke*, A Conceptual Analysis of the Private International Law of the EU and its Member States, 2019).

Wolff, Martin, Internationales Privatrecht, Berlin, Heidelberg, s.l. 1933 (zitiert: *Wolff*, Internationales Privatrecht, 1933).

Wolfram, Charles W., Bismarck's Sausages and the ALI's Restatements, 26 Hofstra Law Review, S. 817–834 (1998).

Yntema, Hessel E., The Historic Bases of Private International Law, 2 American Journal of Comparative Law, S. 297–317 (1953).

– , The Restatement of the Law of Conflict of Laws, 36 Columbia Law Review, S. 183–223 (1936).

– , What Should the American Law Institute Do, 34 Michigan Law Review, S. 461–473 (1936).

Zekoll, Joachim/Collins, Michael/Rutherglen, George, Transnational Civil Litigation, St. Paul, MN 2013 (zitiert: *Zekoll/Collins/Rutherglen*, Transnational Civil Litigation, 2013).

Zimmer, Daniel, Savigny und das internationale Privatrecht unserer Zeit, in: Gerkens, Jean-François (Hrsg.), Mélanges Fritz Sturm - Offerts par ses collègues et ses amis à l'occasion de son soixante-dixième anniversaire ; [droit romain, histoire du droit, droit civil, droit comparé, droit international privé], Liège 1999 (zitiert: *Zimmer*, in: FS Sturm).

Zimmermann, Reinhard, „Common law" und „civil law", Amerika und Europa, in: Zimmermann, Reinhard (Hrsg.), Amerikanische Rechtskultur und europäisches Privatrecht - Impressionen aus der Neuen Welt, Tübingen 1995, S. 1–10 (zitiert: *R. Zimmermann*, in: Amerikanische Rechtskultur und europäisches Privatrecht).

– , Law Reviews - ein Streifzug durch eine fremde Welt, in: Zimmermann, Reinhard (Hrsg.), Amerikanische Rechtskultur und europäisches Privatrecht - Impressionen aus der Neuen Welt, Tübingen 1995, S. 87–131 (zitiert: *R. Zimmermann*, in: Amerikanische Rechtskultur und europäisches Privatrecht).

Zippelius, Reinhold, Juristische Methodenlehre, 12. Aufl., München 2021 (zitiert: *Zippelius*, Juristische Methodenlehre, 2021).

Zweigert, Konrad, Zur Armut des Internationalen Privatrechts an sozialen Werten, RabelsZ 37 (1973), S. 435–452.

Zweigert, Konrad/Kötz, Hein, Einführung in die Rechtsvergleichung, Auf dem Gebiet des Privatrechts, 3. Aufl., Tübingen 1996 (zitiert: *Zweigert/Kötz*, Einführung in die Rechtsvergleichung, 1996).

Annex: Black Letter der Restatement[1922] Drafts[1923]

1922 Mit Ausnahme der Tentative Drafts No. 1 und No. 2 sind die Entwürfe bisher nicht veröffentlicht worden, sondern lediglich für Mitglieder des American Law Institute zugänglich. Die Entwurfsfassungen sollen als Gesprächsgrundlage dienen und stellen nicht die Ansicht des Instituts zu den behandelten Themen dar. Alle Urheberrechte liegen beim American Law Institute. Das American Law Institute hat der Verfasserin das Abdrucken der Drafts für die Zwecke dieser wissenschaftlichen Arbeit gestattet. Die Verfasserin dankt Herrn Prof. Dr. Ralf Michaels, LL.M. (Cambridge) für die freundliche Überlassung der unveröffentlichten Drafts.

1923 Im Folgenden werden die *black-letter provisions* aus den jeweiligen Entwurfsfassungen synoptisch nebeneinandergestellt; Änderungen in der jeweils älteren Fassung sind in dieser durch Streichung gekennzeichnet, die entsprechende Neuerung im Vergleich zum Vorentwurf durch doppelte Unterstreichung.

Preliminary Draft No. 1 (Stand 1. Oktober 2015)	Preliminary Draft No. 2 (Stand: 12. August 2016)	Council Draft No. 2 (Stand: 12. September 2017)	Tentative Draft No. 1 (Stand 21. April 2020)	Tentative Draft No. 2 (Stand 25. März 2021)
§ 1.05. Interstate and International Conflict of Laws ~~For the purposes of Conflict of Laws, the interstate and international contexts are broadly similar, but there are some significant differences.~~ Some rules in ~~the~~ Restatement ~~of this Subject limit their application~~ to States of the United States or to nations~~.~~ ~~Rules that contain no such limitation are generally applicable, although it remains possible that factors in a particular international case will call for a result different from that which would be reached~~	**§ 1.04. Interstate and International Conflict of Laws** Some rules in this Restatement ~~limit their application~~ to States of the United States or to nations. ~~Rules that contain no such limitation are generally applicable, although it remains possible that factors in a particular international case~~ will call for a result different from that which would be reached in ~~an interstate case.~~	**§ 1.04. Interstate and International Conflict of Laws** Some rules in this Restatement are explicitly limited to States of the United States or to nations. Rules without such a limit apply generally to all states. It is possible, however, that factors in a particular case involving a nation or nations will call for a result different from that which would be reached in a case involving only States.	**§ 1.04. Interstate and International Conflict of Laws** Some rules in this Restatement are explicitly limited to States of the United States or to nations. Rules without such a limit apply generally to all states. It is possible, however, that factors in a particular case involving a nation or nations will call for a result different from that which would be reached in a case involving only States.	**§ 1.04. Interstate and International Conflict of Laws** Some rules in this Restatement are explicitly limited to States of the United States or to nations. Rules without such a limit apply generally to all states. It is possible, however, that factors in a particular case involving a nation or nations will call for a result different from that which would be reached in a case involving only States.

Preliminary Draft No. 1 (Stand: 1. Oktober 2015)	**Preliminary Draft No. 2 (Stand: 12. August 2016)**	**Council Draft No. 2 (Stand: 12. September 2017)**
§ 5.01. Nature and Development of Choice of Law The rules of choice of law are largely decisional and, to the extent that this is so, are as open to reexamination as any other common law rules. The process of formulation and reexamination of these rules requires consideration, not only of the specific policies of the relevant internal-law rules, but also of the general policies relating to multistate occurrences and policies relating to the predictable and efficient conduct of litigation and the structuring of out-of-court behavior. The evolution of choice of law displays a continual recalibration of trade-offs between these different policies.	**§ 5.01. Nature and Development of Choice of Law** ~~The rules of choice of law are largely decisional and, to the extent that this is so, are as open to reexamination as any other common law rules. The process of formulation and reexamination of these rules requires consideration not only of the specific policies of the relevant internal law rules but also of the general policies relating to multistate occurrences and policies relating to the predictable and efficient conduct of litigation and the structuring of out-of-court behavior. The evolution of choice of law displays a continual recalibration of trade-offs between these different policies.~~	**§ 5.01. Nature and Development of Choice of Law** Choice-of-law rules (i) identify the laws that are relevant to the determination of the rights and liabilities of persons involved in matters having connection to more than one state and (ii) select the law to govern particular issues in such matters. Choice-of-law rules are largely decisional and, to that extent, are as open to reexamination as other common-law rules. Formulating and reexamining these rules requires a court to consider the specific policies of the relevant internal-law rules, the general policies relating to multistate occurrences, and policies relating to the predictable and efficient conduct of litigation and the protection of the rights and justified expectations of the parties. The evolution of choice of law reflects the ongoing calibration between these different policies.

Preliminary Draft No. 1 (Stand: 1. Oktober 2015)	Preliminary Draft No. 2 (Stand: 12. August 2016)	Council Draft No. 2 (Stand: 12. September 2017)
§ 5.02. Choice-of-Law Analysis (1) A court, subject to constitutional limits, will follow ~~an authoritative statutory directive on choice of law or the scope of internal law.~~	**§ 5.02. Choice-of-Law Analysis** (1) A court, subject to constitutional limits, will follow (a) a local statutory directive on choice of law, ~~(b) a local statutory directive on the scope of local law, and~~ ~~(c) a foreign statutory directive on the scope of foreign law.~~	**§ 5.02. Choice-of-Law Analysis** (1) A court, subject to constitutional limitations, will follow a local statutory directive on choice of law.
(2) When no ~~authoritative~~ statutory directive resolves the choice of law with respect to a particular issue, a court will ~~follow the rules of this Restatement unless they violate the limitations on permissible choice of law or a different result is manifestly more appropriate.~~	(3) When no statutory directive resolves the choice of law with respect to a particular issue, a court will ~~apply~~ the most appropriate law as specified in Chapters [cross-references]. ~~(3) The rules of Chapters [cross-reference] will not apply if, under the exceptional circumstances of a particular case, a different state's law is manifestly more appropriate.~~	(2) When no statutory directive resolves the choice of law with respect to a particular issue, a court will decide the issue under the most appropriate law, as specified in Chapters [cross-reference].
	§ 5.03. Manifestly More Appropriate Law The law selected by the rules of Chapters [cross-reference] will not be applied if a case presents exceptional circumstances that make the application of a different state's law manifestly more appropriate. In such cases, the court will apply the manifestly more appropriate law.	

Preliminary Draft No. 1 (Stand: 1. Oktober 2015)	**Preliminary Draft No. 2 (Stand: 12. August 2016)**	**Council Draft No. 2 (Stand: 12. September 2017)**
§ 5.03. Characterization (1) The classification of issues or claims and the interpretation of legal terms or concepts involve questions of characterization as the term is used in the Restatement of this Subject.	**§ 5.03. Characterization** (1) The classification of issues or claims and the interpretation of legal terms or concepts involve questions of characterization as the term is used in ~~the~~ Restatement ~~of this subject~~.	**§ 5.04. Characterization** and Interpretation (1) The classification of issues or claims and the interpretation of legal terms or concepts involve questions of characterization as the term is used in this Restatement.
(2) The classification of issues or claims is performed under the law of the forum, except as stated in § 5.04.	(2) The classification of issues or claims is performed under the law of the forum, except as stated in ~~§ 5.04~~.	(2) The classification of issues or claims is performed under the law of the forum, except as stated in § 5.05.
(3) The classification and interpretation of conflict-of-laws concepts and terms are performed under the law of the forum, except as stated in § 5.04.	(3) The classification and interpretation of conflict-of-laws concepts and terms are performed under the law of the forum, except as stated in ~~§ 5.04~~.	(3) The classification and interpretation of conflict-of-laws concepts and terms are performed under the law of the forum, except as stated in § 5.05.
(4) The classification and interpretation of internal-law concepts and terms are ~~determined~~ in accordance with the law that governs the issue involved.	(4) The classification and interpretation of internal law concepts and terms are performed in accordance with the law that governs the issue involved.	(4) The classification and interpretation of internal-law concepts and terms are performed in accordance with the law that governs the issue involved.
§ 5.04. Significance of the Choice-of-law Rules of Another State: Renvoi (1) When directed by its own choice-of-law rule to apply the law of any state, the forum applies the internal law of that state, except as stated in Subsection (2).	**§ 5.04. Significance of the Choice-of-Law Rules of Another State: Renvoi** (1) ~~When directed by its own choice-of-law rule~~ to apply the law of ~~any state~~, the forum applies the internal law of that state, except as stated in Subsection (2).	§ 5.05. **Significance of the Choice-of-Law Rules of Another State: Renvoi** (1) When the forum's choice-of-law rules direct it to apply the law of some state, the forum applies the internal law of that state, except as stated in subsection (2).

Preliminary Draft No. 1 (Stand: 1. Oktober 2015)	**Preliminary Draft No. 2 (Stand: 12. August 2016)**	**Council Draft No. 2 (Stand: 12. September 2017)**
(2) When the objective of the particular choice-of-law rule is that the forum reach the same result on the very facts involved as would the courts of another state, the forum will apply the choice-of-law rules of the other state, subject to considerations of practicability and feasibility.	(2) When the objective of the particular choice-of-law rule is that the forum reach the same result on the ~~very~~ facts ~~involved~~ as would the courts of another state, the forum ~~will apply~~ the choice-of-law rules of the other state, subject to considerations of practicability and feasibility.	(2) When the objective of the particular choice-of-law rule is that the forum reach the same result on the facts as would the courts of another state, the forum <u>applies</u> the choice-of-law rules of the other state, subject to considerations of practicability and feasibility.
~~§ 5.05. Limitations on Choice of Law~~ ~~A court may not apply any state's internal law to determine a particular issue if application of such law would be unreasonable in light of the relationship of the state to the person, thing, or occurrence involved.~~		

Chapter 6: Torts

Preliminary Draft No. 2 (Stand: 12. August 2016)	*Preliminary Draft No. 3 (Stand: 3. Oktober 2017)*	*Council Draft No. 3 (Stand: 5. Dezember 2019)*	*Council Draft No. 4 (Stand: 4. September 2020)*
	§ 6.01. Conduct Regulation and Loss Allocation (1) Conduct-regulating rules, in the tort context, are rules whose ~~primary~~ purpose is to impose liability for conduct deemed socially undesirable or absolve actors from liability on the grounds that their conduct was not socially undesirable.	**§ 6.01. Conduct Regulation and Loss Allocation** (1) Conduct-regulating rules, in the tort context, are rules whose predominant purpose is to impose liability for conduct deemed socially undesirable or absolve actors from liability on the ~~grounds~~ that their conduct was not socially undesirable.	**§ 6.01. Conduct Regulation and Loss Allocation** (1) Conduct-regulating rules, in the tort context, are rules whose predominant purpose is to impose liability for conduct deemed socially undesirable or to absolve actors from liability on the ground that their conduct was not socially undesirable.
	(2) Loss-allocating rules, in the tort context, are rules whose ~~primary~~ purpose is to assign loss among relevant parties on the basis of considerations other than the mere wrongfulness of conduct.	(2) Loss-allocating rules, in the tort context, are rules whose predominant purpose is to assign loss among relevant parties on the basis of considerations other than the mere wrongfulness of conduct.	(2) Loss-allocating rules, in the tort context, are rules whose predominant purpose is to assign loss among relevant parties on the basis of considerations other than the mere wrongfulness of the injurious conduct.

Preliminary Draft No. 2 *(Stand: 12. August 2016)*	*Preliminary Draft No. 3* *(Stand: 3. Oktober 2017)*	*Council Draft No. 3* *(Stand: 5. Dezember 2019)*	*Council Draft No. 4* *(Stand: 4. September 2020)*
§ 6.04. **Conduct-Regulating Rules** ~~(1) Conduct-regulating rules, in the tort context, are rules whose primary purpose is to impose liability for conduct deemed socially undesirable or absolve actors from liability on the grounds that their conduct was not socially undesirable.~~	**§ 6.02. Conduct-Regulating Rules**	**§ 6.02. Conduct-Regulating** ~~Rules~~	**§ 6.02. Conduct-Regulating** Issues
(2) Conduct-regulating issues include, but are not limited to, the following: (a) standards of conduct or safety, (b) tortious character of conduct/interest entitled to legal protection, (c) strict liability, (d) punitive damages, (e) duty owed plaintiff, (f) legal cause, (g) defenses that negate wrongfulness, (h) requirements for liability, and (i) duty or privilege to act.	Conduct-regulating issues include, but are not limited to, the following: (a) standards of conduct or safety, (b) ~~tortious character of conduct/interest entitled to legal protection,~~ (c) strict liability, (d) punitive damages, (e) ~~duty owed plaintiff~~, (f) legal cause, (g) defenses that negate wrongfulness, (h) requirements for liability, and (i) duty or privilege to act.	Conduct-regulating issues include, but are not limited to, the following: (a) standards of conduct or safety, (b) whether conduct is tortious or whether an interest is entitled to legal protection, (c) strict liability, (d) punitive damages, (e) whether a duty is owed to the plaintiff, (f) ~~legal cause,~~ (g) defenses that negate wrongfulness, (h) requirements for liability, and (i) duty or privilege to act.	Conduct-regulating issues include, but are not limited to, the following: (a) standards of conduct or safety; (b) whether conduct is tortious or whether an interest is entitled to legal protection; (c) strict liability; (d) punitive damages; (e) whether a duty is owed to the plaintiff; (f) scope of liability; (g) defenses that negate wrongfulness; (h) requirements for liability; and (i) duty or privilege to act.

Preliminary Draft No. 2 (Stand: 12. August 2016)	*Preliminary Draft No. 3 (Stand: 3. Oktober 2017)*	*Council Draft No. 3 (Stand: 5. Dezember 2019)*	*Council Draft No. 4 (Stand: 4. September 2020)*
§ 6.01. Loss-Allocating Rules (1) Loss-allocating rules, in the tort context, are rules whose primary purpose is to assign loss among relevant parties on the basis of considerations other than the mere wrongfulness of conduct.	**§ 6.03. Loss-Allocating Rules**	**§ 6.03. Loss-Allocating Rules**	**§ 6.03. Loss-Allocating Rules**
(2) Loss-allocating rules include, but are not limited to, the following: (a) charitable immunity, (b) intra-family immunities, (c) vicarious liability, (d) damages limitations, (e) joint and several liability, (f) contribution and indemnity among tortfeasors, (g) comparative and contributory negligence, (h) survival of actions, (i) guest statutes, and (j) workers‘ compensation.	Loss-allocating issues include, but are not limited to, the following: (a) charitable immunity, (b) intra-family immunities, (c) vicarious liability, (d) damages limitations, (e) joint and several liability, (f) contribution and indemnity among tortfeasors, (g) comparative and contributory negligence, (h) survival of actions, (i) guest statutes, and (j) workers' compensation.	Loss-allocating issues include, but are not limited to, the following: (a) charitable immunity, (b) intra-family immunities, (c) vicarious liability, (d) damages limitations, (e) joint and several liability, (f) contribution and indemnity among tortfeasors, (g) comparative and contributory negligence, (h) survival of actions, (i) guest statutes, and (j) workers'-compensation immunities.	Loss-allocating issues include, but are not limited to, the following: (a) charitable immunity; (b) intra-family immunities; (c) vicarious liability; (d) damages limitations; (e) joint and several liability; (f) contribution and indemnity among tortfeasors; (g) comparative and contributory negligence; (h) survival of actions; (i) guest statutes; and (j) workers'-compensation immunities.

Preliminary Draft No. 2 (Stand: 12. August 2016)	*Preliminary Draft No. 3 (Stand: 3. Oktober 2017)*	*Council Draft No. 3 (Stand: 5. Dezember 2019)*	*Council Draft No. 4 (Stand: 4. September 2020)*
§ 6.05. Conduct and Injury in Same State When conduct and injury occur in the same state, the law of that state will govern an issue of conduct regulation.	**§ 6.04. Conduct Regulation: Conduct and Injury in Same State** When ~~conduct and injury~~ occur in the same state, the law of that state ~~will~~ govern ~~an issue~~ of conduct regulation.	**§ 6.04. Conduct Regulation: Conduct and Injury in Same State** When the injurious conduct and the resulting injury occur in the same state, the law of that state governs issues of conduct regulation. States whose relevant laws are not in material conflict may be considered the same state for purposes of this Section.	**§ 6.04. Conduct Regulation: Conduct and Injury in Same State** When the injurious conduct and the resulting injury occur in the same state, the law of that state governs issues of conduct regulation. States whose relevant laws are not in material conflict may be considered the same state for purposes of this Section.
	§ 6.11. Punitive Damages The law governing the availability of punitive damages is the law selected under the rules of Topic 1, or Topic 2 if the relevant tort is listed there. However, punitive damages may not be awarded unless they are available under the law of at least two of the following states: (1) the defendant's linked state; (2) the place of conduct; (3) the place of injury.	**§ 6.05. Punitive Damages** The law governing the availability of punitive damages is the law selected under the rules of Topic 1, or Topic 2 if the relevant tort is listed there. However, punitive damages may not be awarded unless they ~~are~~ available under the law of at least two of the following states: (1) the defendant's ~~linked state;~~ (2) the place of conduct; (3) the place of injury.	**§ 6.05. Punitive Damages** The law governing the availability of punitive damages is the law selected under the rules of Topic 1, or Topic 2 if the relevant tort is listed there. However, punitive damages may not be awarded unless they would be available under the law of at least two of the following states: (1) the defendant's domicile; (2) the place of conduct; (3) the place of injury.

Preliminary Draft No. 2 (Stand: 12. August 2016)	*Preliminary Draft No. 3 (Stand: 3. Oktober 2017)*	*Council Draft No. 3 (Stand: 5. Dezember 2019)*	*Council Draft No. 4 (Stand: 4. September 2020)*
§ 6.06. Conduct and Injury in Different States When conduct in one state causes injury in another, the law of the state of conduct will govern an issue of conduct regulation. However, if the location of the injury was foreseeable, the injured person may select the law of the state of injury.	~~§ 6.05. Conduct Regulation: Conduct and Injury in Different States~~ ~~When conduct in one state causes injury in another, the law of the state of conduct will govern an issue of conduct regulation. However, if the location of the injury was foreseeable, the injured person may select the law of the state of injury. If the injured person selects the law of the state of injury for any issue, that law will govern every issue of conduct regulation presented by the same tort claim.~~		
§ 6.02. Shared ~~Affiliation~~ When the relevant parties share a central geographical link to a single state, that state's law will govern an issue of loss allocation.	**§ 6.06.** Loss Allocation: Shared ~~Central Link~~ When the relevant parties ~~share a central link to~~ a single state, that state's law will govern an issue of loss allocation.	**§ 6.06. Loss Allocation: Shared** Domicile When the relevant parties are domiciled in a single state, that state's law governs an issue of loss allocation. States whose relevant laws are not in material conflict may be considered the same state for purposes of this Section.	**§ 6.06. Loss Allocation: Shared Domicile** When the relevant parties are domiciled in a single state, that state's law governs an issue of loss allocation. States whose relevant laws are not in material conflict may be considered the same state for purposes of this Section.

Preliminary Draft No. 2 (Stand: 12. August 2016)	*Preliminary Draft No. 3 (Stand: 3. Oktober 2017)*	*Council Draft No. 3 (Stand: 5. Dezember 2019)*	*Council Draft No. 4 (Stand: 4. September 2020)*
		<u>§ 6.07. Loss Allocation: No Shared Domicile—Intrastate Torts When the relevant parties are domiciled in states whose laws are in material conflict, and conduct and injury occur in a single state, that state's law governs an issue of loss allocation.</u>	**<u>§ 6.07. Loss Allocation: No Shared Domicile—Intrastate Torts</u>** When the relevant parties are domiciled in states whose laws are in material conflict, and conduct and injury occur in a single state, that state's law governs an issue of loss allocation.

Preliminary Draft No. 2 (Stand: 12. August 2016)	*Preliminary Draft No. 3 (Stand: 3. Oktober 2017)*	*Council Draft No. 3 (Stand: 5. Dezember 2019)*	*Council Draft No. 4 (Stand: 4. September 2020)*
~~§ 6.03. Split Affiliation~~ (1) When the relevant parties have central geographical links to different states, and conduct and injury occur in a single state, that state's law will govern an issue of loss allocation.	~~§ 6.07. Loss Allocation: No Shared Central Link~~ ~~(1) When the relevant parties have central links to different states, and conduct and injury occur in a single state, that state's law will govern an issue of loss allocation.~~		
(2) When the relevant parties have central ~~geographical~~ links to different states, and conduct and injury occur in different states, the law of the state of conduct will presumptively govern an issue of loss allocation unless (a) the injured person is ~~affiliated with~~ the state of injury, (b) the occurrence of injury in that state was objectively foreseeable, and (c) the injured person requests application of the law of the state of injury.	~~(2) When the relevant parties have central links to different states, and conduct and injury occur in different states, the law of the state of conduct will presumptively govern an issue of loss allocation unless~~ ~~(a) the injured person is linked to the state of injury,~~ ~~(b) the occurrence of injury in that state was objectively foreseeable, and~~ ~~(c) the injured person requests application of the law of the state of injury.~~		

Preliminary Draft No. 2 (Stand: 12. August 2016)	*Preliminary Draft No. 3 (Stand: 3. Oktober 2017)*	*Council Draft No. 3 (Stand: 5. Dezember 2019)*	*Council Draft No. 4 (Stand: 4. September 2020)*
	~~(3) If the injured person requests application of the law of the state of injury for any issue, that law will govern every issue of loss allocation presented by the same tort claim.~~		
		§ 6.08. Cross-Border Torts (1) Except as otherwise provided in §§ 6.04, 6.06, and 6.07, when conduct in one state causes injury in another, the law of the state of conduct governs issues of conduct regulation and loss allocation.	**§ 6.08. Cross-Border Torts** (1) Except as otherwise provided in §§ 6.04, 6.06, and 6.07, when conduct in one state causes injury in another, the law of the state of conduct governs issues of conduct regulation and loss allocation.
		(2) However, the law of the state of injury governs all issues subject to this Section if: (a) the occurrence of the injury in that state was objectively foreseeable; and (b) the injured person formally and timely requests the application of that state's law.	(2) However, the law of the state of injury, rather than the state of conduct governs all issues subject to this Section if: (a) the occurrence of the injury in that state was objectively foreseeable; and (b) the injured person formally and timely requests the application of that state's law.

Preliminary Draft No. 2 (Stand: 12. August 2016)	*Preliminary Draft No. 3 (Stand: 3. Oktober 2017)*	*Council Draft No. 3 (Stand: 5. Dezember 2019)*	*Council Draft No. 4 (Stand: 4. September 2020)*
		(3) Whether the defendant was under a duty to act is always determined with reference to the law of the state of conduct. ~~The effect of such a duty is determined by the law selected under this Section.~~	(3) Whether the defendant was under a duty to act is always determined with reference to the law of the state of conduct, regardless of whether the injured person selects a different law. The effect of such a duty is determined by the law selected under this Section.
§ 6.07. Residual Rule For choice-of-law questions not explicitly provided for in this Restatement, a tort issue will be governed by the most appropriate law, determined by an assessment of the relevant policies of the forum and other interested states, the relative interests of those states in the particular issue, and the reasonable expectations of the parties.	**§ 6.08. Residual Rule** For choice-of-law questions not explicitly provided for in this Restatement, a tort issue ~~will be~~ governed by ~~the most appropriate law, determined by~~ an assessment of the relevant policies of the forum and other interested states, the relative interests of those states in the particular issue, and the reasonable expectations of the parties.	**§ 6.09. Residual Rule** For choice-of-law questions not explicitly provided for in this Restatement, a tort issue is governed by the law of the state with the dominant interest in that issue. The state with the dominant interest is identified by ~~an assessment of~~ the relevant policies of the forum and other interested states, the relative interests of those states in the particular issue, and the reasonable expectations of the parties.	**§ 6.09. Residual Rule** For choice-of-law questions not explicitly provided for in this Restatement, a tort issue is governed by the law of the state with the dominant interest in that issue. The state with the dominant interest is identified by assessing the relevant policies of the forum and other interested states, the relative interests of those states in the issue, and the reasonable expectations of the parties.

Preliminary Draft No. 2 (Stand: 12. August 2016)	*Preliminary Draft No. 3 (Stand: 3. Oktober 2017)*	*Council Draft No. 3 (Stand: 5. Dezember 2019)*	*Council Draft No. 4 (Stand: 4. September 2020)*
§ 6.08. Party Choice (1) Parties may choose the law to govern a tort after its occurrence by mutual agreement to the same extent as they could settle a tort claim.	**§ 6.09. Party Choice** (1) Parties may choose the law to govern a tort after its occurrence by mutual agreement to the same extent as they could settle a tort claim under the law that would apply in the absence of a choice.	**§ 6.10. Party Choice** (1) Parties may choose the law to govern a tort ~~after its occurrence by mutual agreement~~ to the same extent as they could settle a tort claim under the law that would apply in the absence of a choice.	**§ 6.10. Party Choice** (1) Parties may, by mutual agreement, choose the law to govern a tort after it occurs, to the same extent as they could settle a tort claim under the law that would apply in the absence of a choice.
(2) Parties may choose the law to govern a tort before its occurrence by mutual agreement to the same extent as they could choose the law to govern a contractual issue that they could not have resolved by an explicit provision in their agreement directed to that issue. Parties may choose a law that eliminates tort liability to the same extent that they could agree to waive that liability.	(2) Parties may choose the law to govern a tort before its occurrence by mutual agreement to the same extent as they could choose the law to govern a contractual issue that they could not have resolved by an explicit provision in their agreement directed to that issue. ~~[however phrased in Contracts Chapter]~~ Parties may choose a law that eliminates tort liability to the same extent that they could agree to waive that liability under the law that would apply in the absence of a choice.	(2) Parties may choose the law to govern a tort ~~before its occurrence by mutual agreement~~ to the same extent as they could choose the law to govern a contractual issue that they could not have resolved by an explicit provision in their agreement directed to that issue. Parties may choose a law that eliminates tort liability to the same extent that they could agree to waive that liability under the law that would apply in the absence of a choice.	(2) Parties may, by mutual agreement, choose the law to govern a tort before it occurs, to the same extent as they could choose the law to govern a contractual issue that they could not have resolved by an explicit provision in their agreement directed to that issue. Parties may choose a law that eliminates tort liability to the same extent that they could agree to waive that liability under the law that would apply in the absence of a choice.

Preliminary Draft No. 2 (Stand: 12. August 2016)	*Preliminary Draft No. 3 (Stand: 3. Oktober 2017)*	*Council Draft No. 3 (Stand: 5. Dezember 2019)*	*Council Draft No. 4 (Stand: 4. September 2020)*
	§ 6.10. Products Liability (1) Liability for injury caused by a product is determined by the law of (a) the state where the product was delivered to the first end user, if that state is also the plaintiff's central link, or the place of injury, or the place of manufacture, or the defendant's central link and the product was available in that state through ordinary commercial channels; or if not (b) the plaintiff's central link, if that state is also the place of injury, or the place of manufacture, or the defendant's central link and the product was available in that state through ordinary commercial channels; or if not		

Preliminary Draft No. 2 (Stand: 12. August 2016)	*Preliminary Draft No. 3 (Stand: 3. Oktober 2017)*	*Council Draft No. 3 (Stand: 5. Dezember 2019)*	*Council Draft No. 4 (Stand: 4. September 2020)*
	(c) the place of manufacture, if that state is also the place of injury or the defendant's central link and the product was available in that state through ordinary commercial channels. (2) If Subsection (1) does not select the governing law, liability is determined in accordance with the general tort rules. (3) Issues relating to damages are determined by the law selected under the rules for such damages or the general tort rules.		

www.ingramcontent.com/pod-product-compliance
Ingram Content Group UK Ltd.
Pitfield, Milton Keynes, MK11 3LW, UK
UKHW021830290926
8980IPUK00004B/372

9 783631 867617